গুরুদেব

সুমেরু শিখর চূড়ায়

গুরুদেব

সুমেরু শিখর চূড়ায়

শ্রী শ্রী রবিশঙ্করের জীবনী

ভানুমতী নরসিংহম

First published in English in 2018 by Westland Publications Private Limited

First published in Bengali in 2018 by Westland Publications Private Limited
61, 2nd Floor, Silverline Building, Alapakkam Main Road, Maduravoyal, Chennai 600095

ISBN: 9789387894099

10 9 8 7 6 5 4 3 2 1

Typeset by *i*Cues
Printed at Manipal Technologies Limited, Manipal

অনন্তের দিকে যাত্রার নিমিত্তে দৈব তার পথ বিছিয়ে রাখে, যেহেতু অনেকে অপেক্ষায় আছে..

সূচীপত্র

প্রস্তাবনা

একই সত্যের বহুরূপে প্রকাশ।

হোটেল ন্যাশনাল ডি কিউবার বলরুমে আয়োজিত সাংবাদিক সম্মেলনে প্রথম সারিতে বসে মনে হল আমি এক নির্জন, শান্ত দ্বীপের মধ্যে রয়েছি আর আমার চারপাশে সফেন সমুদ্র; সেই সমুদ্রে প্রচুর মানুষের আশা- আশঙ্কা, উদ্বেগ ফেনায়িত হয়ে চলেছে; হাজারো মানুষ কিছু প্রশ্নের উত্তর পাওয়ার জন্য অশান্ত, উদ্বিগ্ন, শঙ্কায় ভরা মন নিয়ে অপেক্ষা করছে। ঘরের মধ্যে স্পেনীয় ভাষায় হাজারো রকমের আলোচনার শব্দের গুঞ্জন প্রতিধ্বনিত হয়ে ঘুরে বেড়াচ্ছে, কোনো কিছুর অর্থ স্পষ্টভাবে বোঝা যাচ্ছে না। ঘরের মেঝেতে গুচ্ছ গুচ্ছ তার সাপের মত এদিক ওদিক ছড়িয়ে রয়েছে; বিভিন্ন টি.ভি চ্যানেলের ক্যামেরা নিয়ে চিত্র সাংবাদিকের দল কোথায় ক্যামেরা লাগালে সবথেকে সুবিধাজনক অবস্থায় রেকর্ডিং করা যাবে সেই উদ্দেশ্যে এদিক ওদিক ছুটে বেড়াচ্ছে; কেউই এই পরম লগ্নের একটা মুহুর্তও হারাতে রাজী নয়। কিন্তু কী যে ঘটতে চলেছে, সেই বিষয়ে কারোর মনে কোন ধারণা ছিল না। রেভেলিউশনারি আর্মড ফোর্স অফ কলম্বিয়া- পিপল্স আর্মির (ফার্ক) নেতা ইভান মার্কুয়েজ এবং তাঁর পিছনে পিছনে গুরুদেবও তাঁর শ্বেত শুভ্র বসনে, লম্বা চুল দাড়ির আড়াল থেকে সমস্ত হলে দীপ্তি ছড়াতে ছড়াতে হলের মধ্যে প্রবেশ করে তাঁদের নির্দিষ্ট আসন গ্রহণ করলেন। উপস্থিত সমস্ত সদস্যদের মধ্যে গুরুদেবের ঋষিসুলভ উপস্থিতি সহজেই সকলের দৃষ্টি আকর্ষণ করছিল। আচমকা ইভান মার্কুয়েজের কণ্ঠস্বরে সকলের দৃষ্টি স্টেজের দিকে নিবদ্ধ হল, তিনি বলতে শুরু করলেন, "আমরা সকলেই গুরুদেব শঙ্করের সঙ্গে একমত যে অন্তর থেকে আমরা উপলব্ধি করতে পেরেছি আমরা সকলেই পরিস্থিতির শিকার। এই সত্যকে স্বীকার করে নিয়ে সঠিক সমঝোতার মাধ্যমে আমরা যদি এগোতে পারি, তাহলে বিগত দিনের ইতিহাসকে মুছে ফেলতে পারব এবং ভবিষ্যতে তার আর পুনরাবৃত্তি যাতে না হয় সেই ব্যাপারে সচেষ্ট থাকব। গুরুদেবের সহায়তায় আমাদের সমস্ত শক্তিকে দেশের পুনর্গঠনের কাজে নিয়োজিত করব, শান্তিপূর্ণ সহাবস্থানের মাধ্যম সকলের সঙ্গে একযোগে দেশকে উন্নতির পথে এগিয়ে নিয়ে যাব, যেখানে ভবিষ্যতে কখনও যুদ্ধের আবহ

থাকবে না। আমাদের নতুন রাজনৈতিক লক্ষ্য বা মতবাদ প্রস্তুত হবে এবং তা অহিংসার এক নতুন ভাবধারায় গড়ে উঠবে।"

একথা সত্যি যে বিগত পঞ্চাশ বছরের গৃহযুদ্ধে নিহত প্রায় আড়াই লক্ষ মানুষের মৃত্যুর জন্য বেশীরভাগ মানুষই 'ফার্ক' কে দোষী সাব্যস্ত করে। তবুও, গুরুদেবের কথায়, তারাও পরিস্থিতির শিকার যারা অসহায়ভাবে সাহায্যের জন্য আর্তনাদ করে গেছে। যুদ্ধে নিহত মানুষেরাও কিন্তু অন্তরে তাদের উত্তরসুরীদের জন্য এক সুন্দর ভবিষ্যতের কথাই চিন্তা করে গেছেন। এমন নয় যে এই ধরণের সমস্যার সমাধানের প্রচেষ্টা গুরুদেব এই প্রথম করছেন। ইরাকের 'রেড জোন', যেখানে 'ইউ. এন' এর লোকেরাও যাবার আগে দুবার ভাবে, এমন স্থানে; শ্রীলঙ্কার 'নো ম্যানস ল্যান্ডে' গিয়ে এল. টি. টি.ই -দের সঙ্গে সাক্ষাৎ করার প্রচেষ্টা; ইউক্রেনের যুদ্ধ-বিধ্বস্ত অঞ্চলে গিয়ে সেখানকার মানুষদের মনে নতুন আশা জাগিয়ে তোলা; শান্তি প্রতিষ্ঠার জন্য এমন কোনো কাজ জাগতে আছে কি, যা করতে আমার দাদা প্রস্তুত নন? তবে এবারই তাঁর এই বিশেষ কাজে তাঁর সঙ্গে থাকার সৌভাগ্য আমার হয়েছে।

প্রেসিডেন্ট জন ম্যানুয়েল স্যান্টোসের আমন্ত্রণে ২০১৫ সালের পঁচিশে জুন আমরা কলম্বিয়ার বোগোটা শহরে গিয়ে উপস্থিত হই। সাক্ষাৎকারের জন্য দশ মিনিট সময় নির্দিষ্ট ছিল, কিন্তু উভয়ের আলোচনা একঘন্টার বেশী সময় ধরে চলেছিল এবং গুরুদেব প্রেসিডেন্টের কাছে সমস্যার শান্তিপূর্ণ সমাধানের পথ খুঁজে বার করার ব্যাপারে প্রতিশ্রুতি দেন। সেখান থেকে হাভানা যাওয়ার পথে আমার মনে হল যে কিছুদিনের জন্য নির্জনে মৌন থেকে বিশ্রাম লাভের জন্য আমরা কোনো অজ্ঞাত স্থানে যাত্রা করছি। আমার সঙ্গে কী ঘটতে চলেছে, সে ব্যাপারে আমার কোনো ধারণাই ছিল না। সেখানে পৌঁছালে, একটা পুরনো আমলের গাড়ীতে আমরা চেপে বসলাম। প্রথমে আমি ভাবলাম যে হয়ত গুরুদেবের জন্য এই গাড়ীর বিশেষ ব্যবস্থা করা হয়েছিল, কিন্তু পরে জানতে পারি যে কিউবার সমস্ত গাড়ীই এই রকম।

যে হোটেলে আমরা উঠলাম সেটা পুরনো ভিক্টোরিয়ান মডেলের তৈরী- সাদা রঙের, পরিষ্কার পরিচ্ছন্ন এবং সুসজ্জিত। আমি যে ঘরে ছিলাম সেটা বেশ প্রশস্ত। এক কোণে কিছু শিল্পকলার নিদর্শন রয়েছে। বিছানার পাশের বাতিটায় সুন্দর হাতে করা রঙের নকশা। আমার মনটা খুশীতে ভরে উঠল। সবকিছু গুছিয়ে নিয়ে পরদিন একটা সুন্দর উষায় জেগে ওঠার আশা নিয়ে আমি ঘুমিয়ে পড়লাম।

পরের দিন যেহেতু আলোচনা ছিল, তাই সকলেই দেখলাম বেশ উত্তেজিত এবং সকলেই তৈরী হয়ে গেছেন। আমি যদিও স্প্যানিশ ভাষা জানতাম না, আমি শুধু বললাম, "আমিও আসছি।" আমি শুনেছিলাম যে গেরিলা বাহিনীর কিছু নেতাদের সঙ্গে সাক্ষাৎ করতে যাওয়া হবে যারা খুব ভীষণ দর্শন এবং চরম মতবাদে বিশ্বাসী, সুতরাং আমি যেন নিজের মনকে সেইভাবে প্রস্তুত রাখি। কিন্তু তাঁদের সঙ্গে মিলিত হবার পর অপার বিস্ময় এবং আনন্দের সাথে আমি অনুভব করলাম যে তাঁরা সকলেই উচ্চ শিক্ষিত এবং তাঁদের বাইরের উত্তেজক কঠিন চেহারার আড়ালে লুকিয়ে রয়েছে অন্তরের এক উষ্ণ আলিঙ্গন এবং কোমল ভাব। তাঁরা প্রত্যেকেই নিরস্ত্র ছিল কিন্তু আমি বুঝতে পারছিলাম যে অস্ত্রগুলো তাঁদের নাগালের মধ্যেই কোথাও মজুত করা আছে।

তাঁরা অত্যন্ত আন্তরিকতার সঙ্গে কথাবার্তা বলতে শুরু করলেন। তাঁদের কথা একজন আমাদেরকে বুঝিয়ে দিচ্ছিলেন, কিন্তু তার মধ্যেও এক ধরণের অবসাদ, হতাশার প্রচ্ছন্ন ভাব আমাদের চোখে ধরা পড়ছিল। এই অবিরাম যুদ্ধ চালাতে গিয়ে তাঁরা ক্লান্ত, অবসন্ন হয়ে পড়েছিলেন; কারণ তাঁদের কত আত্মীয় পরিজনকে তাঁরা হারিয়েছেন। সেই দলে কয়েকজন মহিলাও ছিলেন, এবং আমি জানতে পারলাম যে ফার্কের সদস্যের মধ্যে শতকরা চল্লিশজন হলেন মহিলা। অনেক নেতাদের বয়স পঞ্চাশ অথবা ষাট পেরিয়ে গেছে এবং তাঁরা এখন আশু শান্তির প্রয়োজনীয়তার কথা উপলব্ধি করতে পেরেছেন। তাঁদের নিজস্ব সংবাদ মাধ্যম, টি.ভি স্টেশন ছিল, মোটের উপর তাঁরা একটা সমান্তরাল শাসনব্যবস্থা কায়েম করে রেখেছিলেন। তাঁদের অনেক ক্ষমতা থাকা সত্ত্বেও একটা পরিবর্তনের কথা ভাবছিলেন। গুরুদেব তাঁদের প্রত্যেকের সঙ্গে কথা বললেন, তাঁদের উদ্বেগের বিষয়ে মত বিনিময় করলেন এবং সকলের মতামত নিয়ে বিচার বিবেচনা করলেন।

প্রতিটা মুহূর্ত যেন ধারালো তরবারির ওপর দিয়ে হাঁটার মত ছিল। প্রথম দিন একটা যোগসূত্র কেবল তৈরী হয়েছিল। দ্বিতীয় দিনেই তাঁরা গুরুদেবকে তাঁদের গুরু বা পথপ্রদর্শক হিসাবে স্বীকৃতি দিয়ে দিলেন। ফার্কের একজন বিশিষ্ট নেতা পাস্তর আলাপে ঘোষণা করলেন, "এতদিন আমি কাঠ অথবা পাথরের তৈরী সন্ত পুরুষদের মূর্তি দেখেছি, কিন্তু আজ একজন জীবিত সন্ত পুরুষকে প্রত্যক্ষ করলাম, তাঁর সামনে আমি দাঁড়িয়ে আছি।" তিনি গুরুদেবের হাতে দুটো পাথর দিয়ে তার একটার ভিতর গুরুদেবকে স্পর্শ করে তার ভিতর শক্তি সঞ্চার করে দিতে বললেন, যাতে তাঁর দলের সদস্যরা সেই পাথরটাকে স্পর্শ করে গুরুদেবের

আশীর্বাদ অনুভব করতে পারে এবং অন্যটা তাঁকে উপহার হিসাবে দান করলেন। তৃতীয় দিনেই তাঁরা গুরুদেবের হাত ধরে শপথ নিয়ে বললেন, "আমরা আমাদের গুরুর কাছে প্রতিজ্ঞা করছি যে গান্ধিজীর অহিংসার নীতিকে গ্রহণ করে চলব।" আমি অপার বিস্ময়ে নির্বাক হয়ে গেলাম। কী করে এটা সম্ভব হল! প্রায় সারাটা জীবন চরম পন্থার আশ্রয় নিয়ে চলার পর মাত্র তিনদিনে তাঁরা এতটা বদলে গেলেন! অহিংসার মধ্যে যে শক্তি ও শৌর্য রয়েছে, তাঁর প্রেরণায় গুরুদেব তাঁদের অন্তরে তা জাগিয়ে তুলেছিলেন। একজন সাংবাদিক গুরুদেবের কাছে জানতে চাইলেন যে কী করে তিনি ফার্কের নেতাদের ভিতরে এই ধরণের আমূল পরিবর্তন ঘটাতে সক্ষম হলেন। আসলে কী বলা হচ্ছে সেটা বড় কথা নয়, কে বলছেন সেটাই প্রধান বিবেচ্য বিষয়- যার প্রভাবে এতবড় পরিবর্তন ঘটতে পারে।

সাধারণত আমরা আমাদের অকিঞ্চিৎকর চিন্তাভাবনার মধ্যেই নিজেদের বদ্ধ রাখি। কিন্তু গুরুদেবের সঙ্গে পরিভ্রমণের ফলে আমার সুযোগ হল সেই বেড়াজালকে ভেঙে ফেলার যখন দেখলাম যে যেখানেই তিনি গেছেন সেখানকার মানুষ অধীর আগ্রহে তাঁর জন্য অপেক্ষা করছে। উদাহরণ হিসাবে বলতে পারি যেমন হোটেলের সিঁড়িতে মেক্সিকোর কয়েকজন সাংসদের সঙ্গে আমাদের পরিচয় হয়। গুরুদেব তাঁদের অভিনন্দন জানালেন। তাঁরা যখন জানতে পারলেন যে তিনি শান্তি চুক্তি স্থাপনের জন্য কথা বলতে এসেছেন, তাঁরা অত্যন্ত খুশী হয়ে গুরুদেবকে মেক্সিকোর পার্লামেন্টে ভাষণ দেবার জন্য আমন্ত্রণ জানালেন। কলম্বিয়া, দক্ষিণ আফ্রিকা, উত্তর মেরু অথবা কোনো রেলওয়ে স্টেশন, বিমান বন্দর, কিংবা পায়ে চলা পথে যেখানেই তিনি পা রেখেছেন, আমরা দেখেছি সব জায়গাতেই মানুষ তাঁর জন্য অসীম আগ্রহে অপেক্ষা করছে। আমি তাঁর সঙ্গে নব্বইটা দেশে ঘুরেছি। যেখানেই গেছি অনুভব করেছি মানুষের অন্তরের আর্তি, একনিষ্ঠ সাধকদের তাঁকে লাভ করার তীব্র আকাঙ্ক্ষা এবং বুদ্ধিমান ও মেধাবীদের উচ্চতর জ্ঞান বা পরম সত্যকে উপলব্ধি করার ব্যাকুলতা। আমি অবাক হয়ে দেখেছি যে সকলেই কত সহজ এবং স্বাভাবিক ভাবে তাঁর মাধ্যমে তাঁদের পথের দিশা খুঁজে পেয়েছে।

বিভিন্ন প্রচার মাধ্যম এই মুহুর্তটাকে ঐতিহাসিক ক্ষণ বলে স্বীকৃতি দিয়েছে। আমার অত্যন্ত সৌভাগ্য যে আমার চোখের সামনেই গোটা ব্যাপারটা ধীরে ধীরে সংঘটিত হল। শৈশবে সমুদ্রের তীরে হাঁটার সময় কত ঝিনুক কুড়িয়ে নিতাম এবং তাদের প্রত্যেকটাই আমার কাছে বর্ণময় সম্পদের মত মনে হত। আজ সময়ের

সরণীতে পায়ে পায়ে চলতে গিয়ে তেমনই কত অমূল্য স্মৃতির ভাণ্ডার মনে জমে উঠেছে। সাংবাদিক সম্মেলনের পর আমরা গুরুদেবের সঙ্গে সমুদ্রের তীরে বেড়াতে গেলাম। সমুদ্রের মনোরম শব্দতরঙ্গের মধ্যে আমি নীরবে হাঁটতে থাকলাম। সমুদ্রের ঢেউয়ের মতই জীবনে কত ঘটনার ওঠা-পড়া ঘটেছে, তবুও সমুদ্রের তলদেশের মতই তা অবিচল রয়ে গেছে। আমার চারপাশে কত কিছু বদলে গেলেও আমার কোনো পরিবর্তন হয়নি। গুরুদেবও একই রকম রয়েছেন। আরও একবার আমি নিজেকে চিমটি কেটে দেখি এইসব সত্যি কি না - তিনি আমার সহোদর! আমার গুরু! কিন্তু প্রকৃতপক্ষে তিনি কে? কী তাঁর আসল পরিচয়?

প্রথম অধ্যায়

মধ্যরাতে সূর্যোদয়

গ্রীষ্মকালের প্রাক্ বৃষ্টির সংবাদ নিয়ে এক ফোঁটা জল মধ্যরাতের আকাশ থেকে অন্ধকার নারকোল গাছের পাতার উপর ঝরে পড়ল। রাতের অন্ধকারে অতি সংগোপনে প্রতিটি বৃষ্টি বিন্দু তৃষ্ণার্ত মাটির বুকে মিশে গিয়ে চারপাশে এক স্বস্তির আমেজ ছড়িয়ে দিল। খোলা উঠোনে বৃষ্টির ধারা ঝরে পড়ে ভেজা মাটির সোঁদা গন্ধে চারদিক ভরিয়ে তুলল। বৃষ্টিকে অত্যন্ত মঙ্গলকারী লক্ষ্মণ হিসাবে মানা হয়। ভাবা হয় যে দেবদূতেরা সুপ্রসন্ন হলে তবেই বৃষ্টি আসে। আলামেলু পেরিমার (আন্টি) মুখে একটা স্মিত প্রসন্ন হাসি খেলে গেল এবং তিনি আকাশের দিকে কৃতজ্ঞতার দৃষ্টিতে তাকালেন। তখন আমার মা তাঁর পিত্রালয়ে, পাপনাশম গ্রামের বাড়ীতে ছিলেন। ছোট্ট একটা ঘর, যেটাকে প্রসূতি-গৃহ হিসাবে ব্যবহার করার জন্য ঠিক হল, সকলের মনোযোগ সেখানে নিবিষ্ট ছিল কারণ সেই ঘরের মজবুত সেগুন কাঠের দরজার আড়াল থেকে ঘন ঘন শ্বাসের এবং গোঙানির আওয়াজ শোনা যাচ্ছিল। কেউই কিন্তু তখন আন্দাজ করতে পারেননি যে কী এক অতুলনীয় যাত্রাপথের কাহিনীর ভূমিকা রচিত হতে চলেছে।

পাপনাশম গ্রামের মধুর স্মৃতি আমি এখনও সহজেই স্মরণ করতে পারি- সহজ, সরল, শান্তিপুর্ণ গ্রামীণ জীবন কিন্তু প্রাণচাঞ্চল্যে সর্বদা প্রাণবন্ত। তামিলনাড়ুর এক শহর তাঞ্জাভুর থেকে প্রায় পঁচিশ কিলোমিটার দূরে এই পাপনাশম গ্রাম, যার অর্থ হল যেখানে পাপের নাশ হয়ে যায়। মাটির সরু কাঁচা রাস্তার দুধারে বিশেষ ধরণের বারান্দা এবং থামের সমন্বয়ে চেট্টিনাদ শৈলীর বাড়ী। ঘরের সামনে থেকে শুরু করে সদর দরজার চৌকাঠ পর্যন্ত বিস্তৃত সযত্নে লেপা মাটির উপর চালের গুঁড়ি দিয়ে তৈরী আলপনা, যাকে প্রচলিত কথায় রঙ্গোলী বলা হয়- ঘরের মহিলাদের কল্পনাশক্তির স্বাক্ষর বহন করছে। ছোট ছোট কাঠবেড়ালীরা অত্যন্ত দ্রুত গতিতে সেই চালের গুঁড়ি খেয়ে নিয়ে পালাচ্ছে; আরও ছোট ছোট পিঁপড়েরা অত্যন্ত সতর্কতার সঙ্গে একটা একটা করে চালের দানা মুখে নিয়ে সারি দিয়ে চলেছে।

আমাদের বাড়ীটাও গ্রামের আর পাঁচটা বাড়ীর মতই ছিল। একতলা লম্বা বাড়ী, তার মাঝখানে উঠান, পাথরের মেঝে, ছাদে পোড়ামাটির টালি, চুনকাম করা

দেওয়ালে রাতের বেলা আলো রাখার জন্য তিনকোণা একটা করে কুলুঙ্গির মত- আম্মার পরিবারের চারভাই এবং তিনবোনের বাস করার জন্য এটাই ছিল বাসস্থান। সাত ভাইবোনের মধ্যে আলামেলু পেরিমা ছিলেন সকলের অগ্রজ। আমার সমস্ত মামা-মাসিরা ছিলেন মাঝারি উচ্চতার রোগাটে গড়নের, চোখে মুখে বুদ্ধিদীপ্ত ছাপ, কিছুটা গমের মত গায়ের রঙ, এবং তাঁরা সকলেই বিশুদ্ধ তামিল ভাষায় কাব্যিক ঢঙে কথা বলতেন। তাদের সকলের মধ্যে আত্মীয়তার সুদৃঢ় বন্ধন ছিল এবং বিশেষত আম্মার খুব প্রিয় ছিলেন। পাপনাশম গ্রামে তাঁরা যখন আসতেন মনে হত তাদের আপন ঘরেই ফিরে আসছেন।

ঘরের বাইরের দিকে একফালি সরু বারান্দা- 'থিন্নাই'- সেখানে বেশীরভাগ অতিথিরা এসে বসতেন, তাঁদের আপ্যায়ন করা হত। সেই বারান্দার এক প্রান্তে বার্মাসেগুনের দুপাল্লার দরজা। সেই দরজার মাথার উপরে নিপুণহাতে আঁকা লক্ষ্মীর ছবি। সেই দরজা খুলে ভিতরে প্রবেশ করলেই লম্বা বারান্দা, একপাশে সারি সারি থাম, থামের একপাশে খোলা উঠোন, আর অন্যদিকে প্রত্যেকের আলাদা আলাদা ঘর। খোলা উঠোন দিয়ে সমস্ত ঘরে অফুরন্ত আলো হাওয়া প্রবেশ করতে পারে। লম্বা বারান্দার একপ্রান্তে রান্নাঘর, যেখানে সকাল থেকেই একযোগে সবজি কাটার সাথে মন্ত্রোচ্চারণ, নানারকম কথাবার্তার আওয়াজ দিয়ে দৈনন্দিন কাজকর্ম শুরু হত। সকালের ব্যস্ততা শুরু হয়ে যেত যখন ধান জমির তত্ত্বাবধায়ক স্বামীনাথনের সঙ্গে সবজিওয়ালা তার তাজা সবজির ঝুড়ি নিয়ে উপস্থিত হত। তাদের পাশাপাশি ফুল বিক্রেতা সুগন্ধি জুঁইফুলের মালা নিয়ে উপস্থিত হত। অদ্ভুত দক্ষতার সঙ্গে কলাগাছের ছাল থেকে সরু ছিলা বানিয়ে সেই দিয়ে তারা ফুলগুলোকে গিঁট দিয়ে মালা তৈরী করত। সেই ফুলের গন্ধে চারিদিক আমোদিত হয়ে উঠত। রোজকার নিয়ম মত আমরা সকালে উঠে পূজা করে বাড়ীর কাছের মন্দিরে যেতাম। দুপুরের ভোজনের সময় প্রধানত কলাপাতা ব্যবহার করা হত, আর বিকালে একসঙ্গে বসে নানা রকম গল্পগুজব করতে করতে গরম কফিতে চুমুক দিতাম। সন্ধ্যাবেলায় খোলা উঠোনে বসে কর্ণাটকি মার্গ সঙ্গীতের সঙ্গে বীণাবাদন ছিল রোজকার নিয়মের অঙ্গ।

আম্মা এক নিষ্ঠাবান ব্রাহ্মণ পরিবারে জন্মগ্রহণ করেছিলেন এবং তাঁদের পরম্পরাগত ধারার মূল্যবোধের প্রতি অটুট বিশ্বাসী ছিল। তিনি ছিলেন ধর্মপ্রবণ এবং প্রতিটি কাজই অত্যন্ত যত্নের সঙ্গে সতর্ক হয়ে প্রতিপাদন করতেন, এবং পরিবারের প্রতিটা সদস্যের বিভিন্ন রকমের চাহিদা মেটানোর বিষয়ে অদ্ভুত সমতা

বজায় রেখে চলতেন। সযত্নে পাটভাঙা শাড়ী পরতেন, যা তিনি নিজেই ইস্ত্রি করে নিতেন, লম্বা চুলে খোঁপা করতেন, আমার কাছে তিনি ছিলেন মূর্তিমতী সম্পূর্ণতার প্রতীক। আম্মা প্রায়ই বলতেন যে একটা আলোর জ্যোতির্পুঞ্জ তাঁর দেহে প্রবেশ করল এবং অল্পদিনের মধ্যেই তিনি গর্ভধারণ করলেন। ভারতবর্ষে একটা প্রথা প্রচলিত আছে যে গর্ভধারণ করার পর মেয়েরা সাধারণত মায়ের কাছে চলে আসে। গর্ভধারণের কয়েকমাস পরে একদিন আম্মা অপরাহ্নে বিশ্রাম করছিলেন, এমন সময়ে তিনি তাঁর গর্ভস্থ সন্তানের কণ্ঠস্বর শুনতে পেলেন, সে তাকে বলছে, "আম্মা, তুমি ভাল আছো তো?" তিনি তক্ষুনি তাঁর দিদিকে সেই কথা জানালেন। আলামেলু পেরিমা ভাবলেন যে গর্ভে থাকার সময় অনেক শিশু মায়ের পেটে পা ছোঁড়ে, মা তখন খেয়াল করলে সেটা অনুভব করতে পারেন। হয়ত সেইরকমই একটা মনোভাব থেকে আম্মা তাঁর সন্তানের ডাক শুনেছেন। এই মহিলারা বাস্তববুদ্ধি সম্পন্ন হওয়া সত্ত্বেও সব রকমের সম্ভাবনার প্রতি বিশ্বাস রেখে চলতেন।

১৩ই মে, ১৯৫৬, সেই অবিস্মরণীয় দিন এসে উপস্থিত হল; আমার কাকা/জ্যাঠারা, পেরিমা, পাতি (দিদিমা), সীতালক্ষ্মী, সাবিত্রী আত্তাইপতি (ঠাকুর্দার বোন) এবং তাঁর পরিবারবর্গ, সকলেই সেদিন ঘরে উপস্থিত ছিলেন। ঘরে ঢোকার ঠিক ডানদিকে একটা ছোট ঘর ছিল (সাধারণত যেটাকে ক্যামেরা ঘর বলা হত, যার মধ্যে ঘরের অপ্রয়োজনীয় জিনিষপত্র রেখে দেওয়া হত)। সেটাকে শিশুর প্রসূতি ঘর হিসাবে ব্যবহারের জন্য পরিষ্কার পরিচ্ছন্ন করে তোলা হল। থাঙ্গমকে (ধাত্রী) প্রসবের সময় সাহায্যের জন্য ডেকে আনা হল। গোটা পরিবার অত্যন্ত উৎকণ্ঠা ও উত্তেজনা নিয়ে বিশালামের শিশুর ভূমিষ্ঠ হবার প্রতীক্ষায় রইল।

পাতি, ধাত্রীকে সাহায্য করার জন্য আমার মায়ের কাছে রইলেন। কাকা/জ্যাঠারা অস্থিরভাবে ঘরের বাইরে পায়চারী করতে শুরু করে দিলেন। পেরিমাকে ঘন ঘন ঘরে ঢুকতে আর বেরোতে দেখে তাঁদের উদ্বেগ আরও বেড়ে যেতে লাগল। সবকিছুই ওই ছোট্ট ঘরটাকে কেন্দ্র করে ঘটে চলেছিল। থাঙ্গম বললেন, "শিশুর মাথাটা খুব বড়, তুমি আর একটু চাপ দেবার চেষ্টা কর।" ঘরের মধ্যে একজনের ঘন ঘন শ্বাসের আওয়াজ আর তার সঙ্গে বাইরে ঝিরিঝিরি বৃষ্টি পড়ার মৃদু শব্দ মাঝরাতের নিস্তব্ধতার মধ্যে যেন বেশী প্রকটাকারে শোনা যাচ্ছিল। সেই সময় কাছের শিব মন্দির থেকে বিগ্রহ নিয়ে একটা শোভাযাত্রা বৈদিক মন্ত্র পাঠ করতে করতে বাড়ীর পাশ দিয়ে যাচ্ছিল। সেই শোভাযাত্রা থেকে মন্দ্রিত বেদমন্ত্রের ধ্বনি ঘরের ভিতরে ভেসে আসছিল। কোনো মন্দির থেকে কোনো

বিগ্রহ নিয়ে শোভাযাত্রায় গেলে প্রচলিত প্রথা ছিল যে বাড়ীর সকলে উঠে দাঁড়িয়ে প্রণাম জানাবে। সেই প্রথা অনুসারে আমার কাকা দেবতাকে প্রণাম জানাবার উদ্দেশ্যে বাড়ীর বাইরে গেলেন। শিবমূর্তি আমাদের বাড়ীর পাশ দিয়ে চলে যাওয়ার সঙ্গে সঙ্গে আমাদের বাড়ীতে একটা আলোর ঝলক খেলে গেল, খুশীর ঢেউ আছড়ে পড়ল। বাড়ীর সকলে দমবন্ধ করে প্রতীক্ষা করছিল কতক্ষণে ঘরের ভিতর থেকে নবজাতকের কান্নার আওয়াজ শোনা যাবে। তাঁদের আশা পূর্ণ করে সেই নবজাতক একটা শ্বাস নিয়ে কেঁদে উঠল। আলামেলু পেরিমা প্রথমে শিশুকে বুকে তুলে নিলেন। তাঁর বুকের মধ্যে একটা শিহরণ খেলে গেল। তিনি সেই শিশুর মুখের দিকে তাকিয়ে দেখলেন এক দীপ্তিময় শ্যামবর্ণ ছোট্ট মুখের উপর প্রভূত কোঁকড়ানো চুলের গুচ্ছ ছড়িয়ে রয়েছে। তাঁর মুখে পুত্র সন্তানের জন্মের খবর পেয়ে বাড়ীর সকলে অত্যন্ত উৎফুল্ল হয়ে উঠলেন।

সমস্ত দেবতাদের প্রণাম জানানো হল। অতি আদরের বোনের পুত্র সন্তানকে পেয়ে গর্বে তাঁদের সকলের বুক ভরে উঠল। আমার বাবা তখন ব্যাঙ্গালোরে ছিলেন। আমার এক কাকা সকালে তাকে টেলিগ্রাম পাঠিয়ে দিলেন। তখনকার দিনে তাড়াতাড়ি যাতায়াত করার উপায় বলতে একমাত্র ট্রেনই ছিল। পিতাজী ব্যাঙ্গালোর থেকে তিরুচিরাপল্লীর টেন ধরে সেখান থেকে বাস ধরে পাপনাশম গ্রামে এসে পৌঁছালেন। যদিও তিনি তখনও শিশুকে চোখে দেখেননি, কিন্তু সেই শিশুর জন্মলগ্ন তাঁর কাছে অনেক কিছুর ইঙ্গিত দিয়ে রেখেছিল।

পিতাজী বৈদিক জ্যোতির্বিদ্যা এবং আয়ুর্বেদ শাস্ত্র নিয়ে অধ্যয়ন করেছিলেন। তিনি জাতকের কোষ্ঠী বিচার করে তার অভূতপূর্ব ভবিষ্যতের বিষয়ে বাড়ীর সকলকে জানালেন। সেই সময় চারটে গ্রহ অত্যন্ত উচ্চ স্থানে থাকা ছাড়াও অন্যান্য গ্রহ নক্ষত্রের স্থানও অনুকূল ছিল। সব মিলিয়ে সেই জন্মলগ্ন এক বিশেষ ক্ষণকে সূচিত করছিল।

এই সমস্ত বিষয়গুলো থেকে সেই নবজাতকের অভাবনীয় ভবিষ্যৎ জীবনের ব্যাপারে তিনি আভাস পেয়েছিলেন। শিশুর জন্মদিন আবার দুই মহান ভারতীয় মহাপুরুষ তথা সমাজ সংস্কারক - আদি শঙ্করাচার্য এবং রামানুজাচার্যের সঙ্গে মিলে গেছিল। আদি শঙ্করাচার্য ছিলেন অদ্বৈতবাদের প্রবক্তা এবং রামানুজ ছিলেন বিশিষ্টাদ্বৈতবাদের প্রবক্তা, এবং বৈষ্ণব পরম্পরার এক উল্লেখযোগ্য মহাপুরুষ। যেহেতু আমাদের পরিবারে পরম্পরা এবং সন্তপুরুষদের প্রতি গভীর শ্রদ্ধা পোষণ করা হত, তাই সেই মহান পুরুষদের জন্মদিনে এই শিশুর জন্মকে বিশেষ উৎসব

হিসাবে গন্য করা হল। শিশুর নামকরণের ব্যাপারে এই বিষয়টিও যথেষ্ট গুরুত্ব পেয়েছিল।

আমার বাবার মা (ঠাকুমা) ছিলেন একজন আলোকদ্রষ্টা, তিনি বহু আগেই ভবিষ্যৎবাণী করেছিলেন যে পিতাজীর একটি পুত্র সন্তান এবং একটি কন্যা সন্তান লাভ হবে। তিনি আরও বলেছিলেন সেই পুত্র পৃথিবীকে নতুন আলো দেখাবে এবং তার নাম রবি রাখতে। সংস্কৃতে রবির অর্থ হল সূর্য এবং ঘটনাক্রমে সেই শিশুর জন্ম রবিবারেই হয়েছিল। তিনি আমার নামও ভানু রাখার জন্য বলেছিলেন যার অর্থও সূর্য। তাঁর প্রতি শ্রদ্ধাজ্ঞাপনের উদ্দেশ্যে শিশুর নাম 'রবি' রাখা হয় এবং আদি শঙ্করাচার্যের প্রতি শ্রদ্ধাজ্ঞাপনের জন্য নামের শেষে 'শঙ্কর' যুক্ত করা হয়। রামানুজাচার্যের সঙ্গে যুক্ত থাকার কারণে তাঁর নামের সঙ্গে 'নারায়ণ' যুক্ত করার কথাও পরিবারের লোকেরা ভেবেছিলেন, কিন্তু 'রবি শঙ্কর নারায়ণ' নামটা অনেক বড় হয়ে যাচ্ছে দেখে শেষে কেবল রবিশঙ্কর রাখা স্থির হয়। শিশুর জন্মের এগার দিনের মাথায়, এক শুভলগ্নে আমার পিতা শিশুর কানে কানে 'রবিশঙ্কর' নাম বলে দেন।

কিছুদিন কেটে গেছে- নিয়মমত অপরাহ্নে আম্মা বাড়ীর উঠোনের সংলগ্ন একটা ঘরে শিশুকে নিয়ে বিশ্রাম করছেন। একদিন এক অতি প্রখর আলোর দীপ্তিতে ঘর ভরে গেল। একটুকর নরম সাদা কাপড় মুড়ি দিয়ে শিশু তখন আম্মার পাশে শুয়ে রয়েছে। সেই আলোর উৎস খুঁজতে আম্মা যখন উঠে বসলেন, তিনি দেখতে পেলেন যে একদল সন্ত পুরুষ তাঁর শিশুকে আশীর্বাদ করছেন। এই ঘটনার কয়েকমাস পর কর্ণাটকের শিবগঙ্গার শঙ্করাচার্য আমাদের বাড়ীতে দর্শন দিতে আসেন। আম্মা মনে মনে ভাবলেন তাঁর শিশুর জন্য শঙ্করাচার্যের কাছে আশীর্বাদ চাইবেন। শঙ্করাচার্য শিশুর অনিন্দ্যকান্তি দেখে মুখের দিকে তাকালেন এবং শিশুর পিঠে এক বিশেষ চিহ্ন দেখতে পেলেন। তাঁর চোখ দুটো খুশীতে চকচক করে উঠল এবং আমার মাকে বললেন, "তুমি আশীর্বাদধন্যা তাই এমন সন্তানের জননী হতে পেরেছ।"

পরে আম্মা বলেছিলেন যে শঙ্করাচার্য শিশুকে পরম শ্রদ্ধাভরে হাতজোড় করে প্রণাম করেছিলেন। একজন কম বয়সি মায়ের পক্ষে ব্যাপারটা অত্যন্ত অপ্রত্যাশিত ছিল। সন্তানকে কোনো সাধু মহাত্মার কাছে নিয়ে গিয়ে তাঁদের আশীর্বাদ নেওয়াটাই ভারতবর্ষে সাধারণ সামাজিক প্রথা। এমনকি সর্বজন শ্রদ্ধেয় শৃঙ্গেরী এবং কাঞ্চীর শঙ্করাচার্যরাও এই শিশুর মধ্যে ঐশ্বরিক ক্ষমতাকে প্রত্যক্ষ

করেছিলেন। সন্তান সম্পর্কে এইসব পূজনীয় মহাত্মাদের ভবিষ্যৎবাণী মায়ের মনে কিছু উৎকণ্ঠারও সৃষ্টি করেছিল, তিনি তাঁর সন্তানের ভবিষ্যৎ চিন্তায় কিছুটা হলেও ব্যাকুল হয়ে পড়েছিলেন।

পিতাজীও কিছু কিছু ঘটনার উল্লেখ করেছিলেন যাতে এটা স্পষ্টভাবে প্রতীয়মান হয় যে দৈবী শক্তি একটা সুরক্ষা কবচ হিসাবে এই শিশুকে রক্ষা করে চলেছে। তখনকার দিনে গ্রামের অনেক বাড়ীতেই অনেক বড় এবং ভারী দোলনা খাটানো থাকত, যার ভিতরে মা এবং তাঁর সন্তান দুজনেই আরামে ঘুমাতে পারত। আমাদের ঘরের লম্বা বারান্দার এক প্রান্তে তেমনই একটা মজবুত কাঠের দোলনা ছাদের কড়িবরগার সাথে মোটা লোহার শিকল দিয়ে ঝোলানো ছিল। একদিন আম্মা তাঁর ছোট্ট শিশুকে নিয়ে দোলনায় বিশ্রাম করছিলেন, এমন সময় পিতাজী ঘরে ঢুকলেন। বাচ্চাকে দোলনায় শুইয়ে রেখে আম্মা পিতাজীর দিকে এগিয়ে গেলেন। ঠিক তখনই বিকট শব্দে শিশু সমেত ওই বিশালাকার দোলনা লোহার শিকল ছিঁড়ে মাটিতে পড়ে গেল। আতঙ্কে আম্মা অজ্ঞান হয়ে পড়ে গেছেন। পিতাজী আম্মাকে তুলে ধরলেন। তিনিও সন্তানের জীবন জীবন সংশয় নিয়ে উদ্বিগ্ন হয়ে পড়েছিলেন। কিন্তু তিনি অবাক বিস্ময়ে লক্ষ্য করলেন যে সেই ভেঙে পড়া দোলনার ভিতরে ছোট্ট শিশু আপন মনে খেলা করছে। পদার্থ বিজ্ঞানের সূত্র অনুসারে লোহার শিকলগুলো দোলনার বাইরের দিকে ছিটকে পড়েছিল। আলামেলু পেরিমা দৌড়ে এসে বাচ্চাকে কোলে তুলে বিকট চীৎকার করে উঠলেন- বাচ্চার কিছু হয় নি। কিছুক্ষণ পর আম্মা সম্বিত ফিরে পেলেন। ধাতস্থ হয়ে শিশুকে বুকে নিয়ে হাসবেন না কাঁদবেন বুঝে উঠতে পারলেন না। বিহ্বল হয়ে স্তব্ধ হয়ে গেলেন, কেবল তাঁর গাল বেয়ে নীরবে আনন্দাশ্রু বইতে লাগল। তিনি পিতাজীর কোলে শিশুকে দিয়ে বললেন, "ঈশ্বর আমাদের সন্তানকে রক্ষা করেছেন।" পিতাজীর চোখেও তখন কৃতজ্ঞতার অশ্রু চোখের কোণে ছলছল করছে, তিনি কম্পিত হস্তে শিশুকে কোলে তুলে নিলেন।

আরও একটা ঘটনার কথা মনে পড়ছে। আমার মা তাঁর ছোট্ট রবিকে নিয়ে গরুর গাড়ীতে করে স্বামীমালাই মন্দিরে যাচ্ছিলেন। তাঁর সঙ্গে তাঁর বোনেরা, ভাই এবং তাঁর পত্নীও ছিলেন। প্রায় দশ মাইল পথ তাঁদের যেতে হবে। মন্দিরে পৌঁছে তাঁরা একে একে গাড়ী থেকে নামতে শুরু করলেন। সবার শেষে বাচ্চাকে কোলে নিয়ে আম্মা নামতে যাবেন এমন সময় গাড়ীর চাকার জোড় খুলে গিয়ে গোটা গাড়ীটা ভেঙে পড়ল। পরে আমরা জানতে পারি, যে গোঁজাটা গাড়ীর চাকাকে

অ্যাক্সেলের সঙ্গে আটকে রাখে সেটা প্রায় তিন কিলোমিটার দূরে কোথাও পড়ে গেছিল। সকলেই বিস্ময়ে হতবাক হয়ে গেলেন। কী করে এমন অবস্থায় গরুর গাড়ীটা এতটা পথ পেরিয়ে এল? আম্মা তাঁর বাচ্চাকে কোলে নেওয়ার পরই বা কেন গাড়ীটা ভেঙে পড়ল! এর কোনো যুক্তিগ্রাহ্য ব্যাখ্যা পাওয়া সম্ভব নয় এবং প্রত্যেকেই এক দৈবী কৃপার প্রতি কৃতজ্ঞতায় ভরে উঠলেন। যদিও আমার পিতা মাকে আশ্বস্ত করেছিলেন যে, প্রতিকূলতা জীবনেরই এক অঙ্গ এবং সমস্ত ঘটনা এটাই প্রমাণ করে যে তাঁদের সন্তান এক দৈবী সুরক্ষা কবচ দ্বারা সুরক্ষিত, তবুও তিনি উৎকণ্ঠিত হয়ে পড়েছিলেন।

দ্বিতীয় অধ্যায়

ইডলি, গাভীর দল, মন্দির এবং খেলাধুলা

ছোট্ট রবি যখন একটু বড় হল, আম্মা তখন ব্যাঙ্গালোরে ফিরে গেলেন। পিতাজী তখন অটোমোবাইল ইন্ডাস্ট্রিতে কিভাবে জ্বালানি সাশ্রয়কারী গাড়ী উৎপন্ন করা যায় সেই বিষয়ে যুক্ত ছিলেন। পিতাজীর মাতা শ্রীঙ্গারাম্মা (আমরা তাঁকে আত্তাইয়াম্মা বলে ডাকতাম), তাঁর ভাই সুব্রমনিয়ম এবং ভগ্নী বসন্তও আমাদের সঙ্গে থাকত। ব্যাঙ্গালোরে প্রথমে আমরা মিনার্ভা সার্কেল এলাকায় একটা ভাড়া বাড়ীতে থাকতাম। পরে আমরা আমাদের নিজস্ব বাড়ী মঞ্জুলাতে চলে যাই। বাড়ীটা ছোট হলেও খুব আরামদায়ক ছিল। আত্তাইয়াম্মা বাড়ীটার নাম দেন 'মঞ্জুলা'। গোলাকার বুদ্ধিদীপ্ত মুখাবয়ব, লম্বা চুল, আর মধুর ব্যক্তিত্বের সমন্বয়ে তিনি খুব আকর্ষনীয় মহিলা ছিলেন। যখন আমার বাবা একটা নতুন বাড়ী কেনার চেষ্টা করছিলেন, তিনি অন্যসব বাড়ীকে বাদ দিয়ে ব্যাঙ্গালোরের জয়নগর এলাকায় মাত্র দুটো বাড়ীকে পছন্দ করলেন। দুটো বাড়ী একই রাস্তায় ছিল। একটা বাড়ী ছিল বড় রাস্তার মোড় মাথায়, আর অন্যটা ছিল 'মঞ্জুলা' যেটা অবশ্য আয়তনে একটু ছোট ছিল। বাবা আত্তাইয়াম্মার সঙ্গে আলোচনা করাতে তিনি 'মঞ্জুলা'কেই কেনার জন্য মনস্থির করেন। কারণ হিসাবে তিনি বলেন, "বাড়ীটা একটু ছোট হওয়ার ফলে আমরা সকলে ঘনিষ্ঠভাবে থাকতে পারব, আর এইটুকু জায়গায় আমাদের সকলের অনায়াসে কুলিয়ে যাবে।" তাঁর চিন্তা অভ্রান্ত ছিল। আমরা সকলে যখন 'মঞ্জুলা'তে গিয়ে উঠলাম, তখন আমার বয়স চার বছর। এইখানেই আমাদের বেড়ে ওঠার মহামূল্যবান সময়টুকু কেটেছে এবং সেখানে আমরা প্রায়ই বন্ধুবান্ধব বা আত্মীয়পরিজন বেষ্টিত হয়ে থাকতাম। বাড়ীর পরিবেশ সব সময় পারস্পরিক উষ্ণ ভালবাসা এবং আত্মীয়তার ভাবে ভরে থাকত। অন্যদিকে মোড় মাথার সেই বাড়ীটাতে এতদিন ধরে কেউই ঠিকভাবে বসবাস করতে পারেনি। কেউই সেখানে বেশীদিন বাস করতে পারেনি।

গাছপালা দিয়ে বাড়ীটার চারপাশ ঘেরা ছিল, আর সেই সব গাছে অনেক পাখিরও বাস ছিল। বাড়ীর চারপাশে আম, চিকু, নারকেল এবং আরও নানারকমের গাছ ছিল। পিতাজী আমাদের বলতেন যে আমার ভাইয়ের বয়স যখন একবছরের একটু বেশী ছিল, তখন আম্মা বাগানের গাছপালা, ছোট ছোট পাখি ও প্রাণীদের

দেখিয়ে তার সাথে খেলা করতেন৷ ছোট্ট রবির সাথে পাখিরা যেন গান গেয়ে, নেচে বেড়াত, আর তারই তালে বাতাস বয়ে যেত, রোদের কিরণ আরও উজ্জ্বল হয়ে বাগানে হাসি ছড়িয়ে যেত৷ ছোট্ট রবি বিস্ময়ভরা চোখে উৎফুল্ল হয়ে উঠত, হাততালি দিয়ে সে তার খুশী প্রকাশ করত৷

১১ই জানুয়ারী, ১৯৫৮, রবির বয়স যখন দুবছর, তখন আমার জন্ম হয়৷ সেই সময়টা ছিল ত্যাগরাজার আরাধনার সময় এবং কেবল আমার মা আর পাতি ছাড়া সকলেই থিরুবাইয়ারুতে সেই উৎসবে যোগ দেবার জন্য চলে গেছিলেন৷ সেই জায়গাটা আমাদের পাপনাশম গ্রাম থেকে প্রায় পঁচিশ কিলোমিটার দূরে ছিল৷ সেখানে একজন বিখ্যাত সঙ্গীতজ্ঞ থাকতেন এবং আমাদের পরিবারের লোকজন সেখানেই আশ্রয় নিয়েছিলেন৷ যাই হোক, সন্ধ্যার কাছাকাছি আমার মা প্রসব বেদনা অনুভব করলেন৷ পাতি দৌড়ে বাস ডিপোতে গিয়ে দেখলেন যে থিরুবাইয়ারুতে যাওয়ার একটা বাস ছাড়ছে৷ তিনি বাসের ড্রাইভার মারফৎ খবর পাঠালেন যে বাড়ীর সকলে যেন তাড়াতাড়ি বাড়ী ফিরে আসে৷ বাসের ড্রাইভার সেই সঙ্গীতজ্ঞের বাড়ীতে গিয়ে আলামেলু পেরিমাকে খবরটা দিলেন৷ ছোট্ট রবিকে দেখভাল করতে হবে আর তাছাড়া আমার জন্মাবারও সময় ঘনিয়ে এসেছে, তাই পরিবারের সকলে খুব তাড়াতাড়ি 'মঞ্জুলা'তে ফিরে এলেন৷

শিশুকাল থেকেই আমি দাদার প্রতি খুব অনুরক্ত ছিলাম৷ মায়ের কাছে শুনেছি যে আমার যখন মাত্র দেড় বছর বয়স, তখন থেকেই দাদা আমার প্রতি কত যত্ন নিত৷ মাঝে মাঝে কাকিমারা ঠাট্টা করে বলতেন, "তোমার বোনকে ঠিক একটা পুতুলের মত দেখতে, তাই পাড়ার লোকেরা বলেছে ওকে তাদের বাড়ীতে নিয়ে রাখবে৷" তখন দাদা বাইরের কাউকে আমাকে ছুঁতে দিত না এবং আমার উপর লক্ষ্য রাখত৷ সে তখন তার ছোট ছোট আঙুল দিয়ে আমার হাতটা ধরে থাকত আর আমার কচি আঙুলগুলো দিয়ে তার আঙুলগুলো জড়িয়ে ধরলে সে তখন খুব মজা পেত, খুশী হত৷

খুশীর মুহূর্তগুলো অতি দ্রুত পার হয়ে যায়৷ যখন আমার দাদার বয়স চার বছর, আমার দুই বছর, তখন থেকেই দাদা প্রার্থনা করত, তাঁর সুন্দর মন্ত্রোচ্চারণ সবাইকে অবাক করে দিয়েছিল৷ আমি তাকে অনুকরণ করতাম৷ কেউ যদি তাকে জিজ্ঞেস করত যে সে কীসের প্রার্থনা করছে, সে বলত, "জগতের সকলে যেন খুশীতে থাকে, সেই প্রার্থনা করছি৷" আমরা চোখ মেলে সূর্য , চন্দ্র, তারা, আকাশ, মেঘ ইত্যাদি দেখে তাদের কাছে প্রার্থনা করতাম; কিন্তু দাদা চোখ বুজে প্রার্থনা

করত। আমি কিন্তু একচোখ বন্ধ করে অন্য চোখ খোলা রেখে দেখতাম যে দাদা এরপর কী করে? একটা প্রবাদ আছে পুরনো অভ্যাস সহজে ত্যাগ করা যায় না। এখন আমি চোখ খোলা রাখি বা বন্ধ রাখি, তাকেই দেখতে পাই। একমাত্র তাঁর কাছেই আমি প্রার্থনা করি, এবং কেউ যখন প্রার্থনা করে, তিনি তাঁর প্রতি প্রসন্ন হন।

প্রার্থনা অন্তর থেকে স্বতঃস্ফূর্তভাবে বের হয়ে আসে। প্রার্থনার সঙ্গে কিছু ধর্মীয় আচার আচরণ তাকে বর্ণময় করে তোলে। প্রদীপের আলোয় ঘর সাজানো, ফুলের মালা, সুগন্ধি চন্দনের প্রলেপ, ইত্যাদিতে মূর্তিকে সাজিয়ে তোলা, কাঁসর ঘন্টা বাজানো ইত্যাদি ছোট ছোট ক্রিয়া কর্মের মধ্যে দিয়ে চারপাশে একটা পবিত্র বাতাবরণ সৃষ্টি হয় এবং বাড়ীটাও উৎসব মুখর হয়ে ওঠে। গ্রীষ্মকালে ভগবান সুব্রমন্যার উদ্দেশ্যে স্বামীমালাইয়া সুব্রমন্যা মন্দিরে কাবাড়ি নিয়ে যাওয়ার এক পবিত্র ব্রত আম্মা পালন করতেন। এটা তাঁর বিশেষ ধর্মীয় আচরণের মধ্যে পড়ত। মন্দিরটা একটা ছোট পাহাড়ের উপর অবস্থিত ছিল। আম্মা পায়ে হেঁটে মাথায় একটা ঘটভর্তি দুধ নিয়ে পবিত্র মন্দির প্রাঙ্গন প্রদক্ষিণ করতেন। আম্মা প্রায় সমাধির অবস্থায় চলে যেতেন। আমার দাদা তাকে পথ দেখিয়ে নিয়ে যেত, আর আমি তাদের সঙ্গে যেতাম। আম্মা যখন চোখ বন্ধ করে হাঁটতেন, তখন তাঁর ঘট থেকে দুধ চলকে পড়ে তাঁর শাড়ী ভিজে যেত। কিন্তু সেই পবিত্র মন্দিরের গর্ভগৃহে যখন আমরা দুধ অর্ঘ্য হিসাবে ঢালতাম, দেখা যেত সে ঘট পূর্ণই রয়েছে।

আমরা যখনই কুম্ভকোনমে স্বামীমালাইয়া মন্দিরে যেতাম, তখন আলামেলু পেরিমার ঘরেই থাকতাম। একবার পেরিমার এক প্রতিবেশী এসে জানালেন যে শ্রী মুথাস্বামী দীক্ষিথার, যিনি ভগবান সুব্রমন্যার একজন বড় ভক্ত ছিলেন, সেই সম্প্রদায়ের একজন পুরোহিত এসেছেন। পেরিমা ছোট্ট রবিকে নিয়ে তাঁর আশীর্বাদ নেওয়ার উদ্দেশ্যে রওনা হলেন। সেই পুরোহিতকে জানানো হয়েছিল যে ছোট্ট রবি সেই বয়সেই প্রায়ই ধ্যানে মগ্ন হয়ে যেত। ছোট্ট রবিকে কিছু একটা উপহার দেবার জন্য সেই পুরোহিত তখন একটা রূপোর বাটীতে করে কয়েকটা জিনিস নিয়ে এলেন। তিনি সেগুলো আমার দাদার সামনে ছড়িয়ে দিয়ে বললেন যে তার যেটা খুশী সে নিতে পারে। ছোট্ট রবি বিন্দুমাত্র দ্বিধা না করে একটা পান্নার শিবলিঙ্গ তুলে নিল এবং তার মাথার উপর একটা রূপোর সাপ বসিয়ে দিল। সেই পুরোহিত উত্তেজনায় প্রায় লাফিয়ে উঠে আনন্দে চিৎকার করে উঠলেন, "আমি এই দিনটার জন্য প্রতীক্ষা করছিলাম। অষ্টাদশ শতাব্দীতে শ্রী মুথাস্বামী দীক্ষিথার,

যিনি একাধারে একজন কবি, সন্ত এবং কর্ণাটকি সঙ্গীত বিশারদ ছিলেন, তিনি ভবিষ্যৎবাণী করেছিলেন যে একজন মহাপুরুষ পৃথিবীতে অবতীর্ণ হবেন, এবং তিনি শিবলিঙ্গ এবং নাগকে বেছে নেবেন।" তিনি আমাকেও কিছু নেবার জন্য বললে আমি একটা ছোট রূপোর বিষ্ণু পদ তুলে নিলাম। এই ঘটনা মাকে ভবিষ্যৎ সম্পর্কে আরও চিন্তান্বিত করে তুলল। সাক্ষাৎ সেরে ফিরে আসার পর পুত্রের ব্যাপারে তিনি আরও চিন্তায় পড়ে গেলেন। যদিও এমনধারা অনেক ভবিষ্যৎবাণী করা হয়েছিল, কিন্তু আপাতত সেগুলো আমরা ভুলে গেলাম। সেখান থেকে ফিরে এসে আম্মা, পেরিমা, পাতি সকলেই তাঁদের দৈনন্দিন কাজে আর আমাদের নিয়ে ব্যস্ত হয়ে পড়লেন।

কখনও বাড়ীর পাশ দিয়ে চলে যাওয়া কোনো সাইকেল আরোহীর সাইকেলের বেলের আওয়াজ, চড়ুই পাখীদের অবিরাম কিচির মিচির, গাই-বাছুরের নির্বিকার চিত্তে বসে জাবর কাটা, মাঝে মাঝে কাছের শ্রীনিবাসা পেরুমল মন্দির থেকে ভেসে আসা ঘন্টার ধ্বনি- এটাই ছিল আমাদের আটপৌরে গ্রামীণ জীবনের দৈনন্দিন চলচ্ছবি। ঘরে আমাদের জন্য কখনও গরম গরম ইডলি, ধূমায়িত কফি কাপ থেকে কফির গন্ধ, আবার কখনো বা ঘিয়ের সাথে গরম গরম রসমভাত অপেক্ষা করত। আমাদের ঘরের পাশে একটা ছোট গোয়াল ঘর ছিল। আমি আর আমার দাদা সেই গোয়াল ঘরে গিয়ে গাই-বাছুরদের সঙ্গে কথা বলার চেষ্টা করতাম। আমরা যেহেতু সব গরুর দুধ খেয়ে নিতাম, তাই ছোট্ট রবির মনে হত যে বোধহয় বাছুরটা ঠিকমত পেট ভরে মায়ের দুধ খেতে পায় না, অভুক্ত থেকে যায়। সেইজন্য পাতি বাছুরটা যখন মায়ের দুধ খেত তখন আমাদের নিয়ে গিয়ে গরুর খাবার ধরণ ধারণ বুঝিয়ে দিতেন। আমার দাদা গরুদের খুব ভালবাসত, তাই যখনই তাদের খিদে পেত, সে কিছু না কিছু খাইয়ে দিত। আমাদের আমোদ প্রমোদের এটাও একটা অঙ্গ ছিল। বাচ্চাদের বিশেষ কোনো খেলনার প্রয়োজন পড়ে না। যা কিছুই তারা করুক না কেন সবই তাদের কাছে খেলা। একজন ধীরে ধীরে বড় হয়ে উঠতে থাকে, তার মধ্যে বুদ্ধির উদয় হতে থাকে এবং অন্তিমে তা প্রজ্ঞায় পরিণত হয়। কিন্তু তবুও গোটা জীবনটাই যে এক দৈবী খেলা বা লীলার অঙ্গ সেটা বুঝতে আমাদের কোনো অসুবিধা হত না।

আমাদের অবকাশের সময়টাতে আমরা কাছাকাছি মন্দির গুলোতে ঘুরতে যেতাম, সেটাই ছিল আমাদের আনন্দের উপকরণ। আমার প্রধান খেলার সঙ্গী বলতে ছিল খুড়তুতো বোন হেমা, ওর ভাই শঙ্কর, আর পাড়ার কয়েকটা বাচ্চা।

আমার দাদার মধ্যে নেতৃত্ব দেওয়ার সহজাত দক্ষতা ছিল এবং সে ঠিক করত আমাদের কিসের পর কী করতে হবে, আর কীভাবে করতে হবে। গণেশের মন্দিরে আমাদের কান ধরে ওঠবোস করতে হত। অতি প্রাচীন এই অভ্যাস যে ব্রেনের ক্ষমতাকে বাড়িয়ে তুলতে সাহায্য করে, সেটা বর্তমান গবেষণায় জানা গেছে এবং সুপার-ব্রেন-যোগ নামে পরিচিতি লাভ করেছে। ভগবান শ্রীনিবাস (বিষ্ণু) মন্দিরে গেলে সেখানকার পুরোহিত আমাদের প্রত্যেকের মাথায় একটা মুকুট স্পর্শ করিয়ে দিতেন। মন্দির চত্বরে ওঠার সিঁড়ির পাশে পাথরের রেলিং ছিল সেটা বেয়ে আমরা নীচে নেমে আসতাম। সেটা আমাদের খুব মজার খেলা ছিল। শিব মন্দিরে একশো আট শিবলিঙ্গ ছিল। আমার দাদা "ওম নমঃ শিবায়ঃ" জপ করতে করতে প্রতিটা শিবলিঙ্গকে প্রদক্ষিণ করত। আমিও তার পিছন পিছন ঘুরতাম। তার পা দুটো ছোট ছিল, আর আমার তো আরও ছোট ছিল। কোন কোন সময় দাদাকে ধরবার জন্য আমি হয়ত কোন লিঙ্গকে বাদ দিয়ে দিতাম, কিন্তু কোন কিছুই তার দৃষ্টি এড়াত না। আমাকে সেই লিঙ্গ আবার প্রদক্ষিণ করে আসতে হত। আজ আমি অবাক হয়ে ভাবি সে কি করে বুঝতে পারত যে আমি কোন লিঙ্গকে বাদ দিয়ে গেছি। তবে সে যাই বলত আমি সরল মনে বিনা বাক্য ব্যায়ে সেটা অনুসরণ করে চলতাম।

দাদা যে ধরণের খেলাই খেলত, আমাকে সঙ্গে নিয়ে খেলত। গ্রামে বালি এবং মাটি অবাধে পাওয়া যেত এবং দাদা তার ছোট ছোট হাতে তাই দিয়ে সুন্দর শিবলিঙ্গ তৈরী করত। সেই মূর্তির আকার নিখুঁত হত আর আশ্চর্যের ব্যাপার হল প্রতিটা বালিকণা ঠিক লিঙ্গের গায়ে আটকে থাকত। সেই লিঙ্গকে পূজা করার জন্য সে ফুল, পাতা, জল এবং অন্যান্য সামগ্রী জোগাড় করত। হেমা আর আমি তাকে সেই কাজে সহযোগীতা করতাম। তারপর আমরা একসঙ্গে পূজা করতাম। খুব শ্রদ্ধার সঙ্গে সেই ফুল এবং পাতা শিবলিঙ্গের উপর নিবেদন করা হত। দাদা কখন কোন ফুল কোথায় দিতে হবে, বা কীভাবে সাজাতে হবে সে ব্যাপারে চিন্তা করত না। সে স্বতঃস্ফূর্তভাবে একটা পর একটা ফুল অর্ঘ্য হিসাবে লিঙ্গের মাথায় চড়িয়ে যেত। পূজা সমাপ্ত হলে দেখা যায় সব কিছুই খুব সহজ, সাবলীল ভাবে সুন্দর হয়ে সেজে উঠেছে। ছোট্ট রবি ছিল আমাদের প্রধান পুরোহিত এবং আমরা তার নির্দেশ মেনে চলতাম "হাসিমুখে চোখ বন্ধ করে নাও," - পূজা শুরু করার আগে এটাই ছিল তার প্রিয় নির্দেশ।

একদিন বিকালে আমাদের কয়েকজন প্রতিবেশী এসে খবর দিল যে আম্মালু আম্মা নামে একজন সাধিকা আমাদের গ্রামে এসেছেন। তিনি ভগবান শ্রীকৃষ্ণের বন্দনা করে ভজন গাইতেন এবং সমাগত ভক্তরা তাঁর গানের সঙ্গে নাচতে থাকত। দক্ষিণ ভারতীয় সংরক্ষণশীল আবহাওয়ায় সেই ব্যাপারটা বেশ নতুন ছিল। সুতরাং খুব কৌতূহল নিয়ে আমরা তাঁর সৎসঙ্গে উপস্থিত হলাম। দেখলাম "রাধে গোবিন্দ..." ভজন গাইছেন, আর তাঁর ভক্তরা তাকে ঘিরে দুহাত তুলে তাকে অনুসরণ করে সেই গান গেয়ে চলেছে।

বাড়ীতে ফিরে আসার পর একদিন ছোট্ট রবি আমাদের (আমি, হেমা, শঙ্কর আর পাড়ার কয়েকজন) বাড়ীর উঠোনে ডেকে আনল। হাতের কাছে যা পেলাম, তাতেই জল ভরে তাঁর মধ্যে চন্দনের গুঁড়ো মেশালাম আর কয়েকটা ফুলের পাপড়ির গায়ে সেই জল ছিটিয়ে দিলাম। সেই জল আমরা ছোট ছোট পাত্রে ভরে নিলাম। সেগুলো হল আমাদের ঘট। দাদা আবার “রাধে গোবিন্দ” গানটায় নিজে সুর দিল, আর আমরা সেই সুরে গান গাইতে গাইতে যে যার দিকে পারে সেই জল ছেটাতে লাগলাম। চারপাশ থেকে ছেটানো সেই ঠাণ্ডা জলের ছোঁয়ায়, আর আমাদের হাসির ধাক্কায় মাঝে মাঝে আমাদের গান থেমে যাচ্ছিল। তবে সেদিন আমরা যা মজা করেছিলাম, তা কোনদিনও ভুলব না। আমার মা, পেরিমা, আর বাড়ীর অন্যান্য বয়স্করা তখন রান্নাঘরের আঙিনায় বসে হাতে তৈরী মুরুক্কুর সাথে কফি খেতে খেতে গল্প করছিলেন। আমাদের হাসির আওয়াজ শুনে তারাও সেখানে কী হচ্ছে তা দেখার জন্য কৌতুহলী হয়ে চলে এলেন। আম্মা আমাদের কান্ড কারখানা দেখে অবাক হয়ে গেলেন। আমরা তখন আপাদমস্তক জলে ভিজে, কানছোঁয়া হাসিতে মুখ ভরিয়ে তাঁর সামনে দাঁড়িয়ে খুব উত্তেজনার সঙ্গে বলতে লাগলাম যে কী দারুন একটা মজার খেলা আমরা উদ্ভাবন করেছি। আমি নিশ্চিন্ত যে আম্মা তখন আমাদের কথা শুনে খুব একটা উৎসাহিত বোধ করেননি ঠিকই, কিন্তু পরবর্তী সময়ে আমরা যখন গুরুদেবের সঙ্গে হোলী খেলেছি তখন আম্মার মনে সেই ঘটনার স্মৃতি উঁকি দিয়ে গেছে।

পাপনাশম অথবা ব্যাঙ্গালোর, যেখানেই আমরা যেকোন খেলা খেলেছি, সবকিছুর মধ্যে একটা আধ্যাত্মিকতার ছোঁয়া লেগে থাকত। আমরা সুন্দর করে সাজানো কৃষ্ণ-মূর্তির সামনে পা মুড়ে বসতাম আর আমাদের সামনে থাকত সযত্নে সাজানো মিষ্টির বাটি। দাদা চোখ বন্ধ করে মগ্ন হয়ে হাত জোড় করে কিছু একটা মন্ত্রোচ্চারণ করত, আর আমি ক্রমাগত একবার তাকে আর একবার মিষ্টির

বাটিকে দেখে যেতাম। একবার আমি চুপিচুপি বাটি থেকে একটা মিষ্টি তুলে মুখে পুরে দিয়েছিলাম। তক্ষুনি দাদা তার বড় বড় চোখ মেলে আমার দিকে তাকিয়ে কিছু না বলে অত্যন্ত শান্তভাবে মিষ্টিটা আমার মুখ থেকে বার করে বাটিতে রেখে দিল। আমি তাকে বললাম, "ভগবান যদি সত্যি সত্যি না খান তাহলে তাঁকে অর্পন করার প্রয়োজনটা কোথায়?" দাদা আমার পিঠে হাত রেখে বলল, "তিনি আরও সুস্বাদু করে সেটা আমাদের ফিরিয়ে দেন।"

প্রতিদিন মন্ত্রপাঠ এবং ধ্যান আমাদের জীবনে অচ্ছেদ্য অঙ্গ ছিল। আমাদের ওপর পিতাজীর সর্বদা সজাগ দৃষ্টি ছিল এবং তিনি আমাদের নানা রকম আলোচনা করার জন্য উৎসাহিত করতেন। একবার পিতাজী আমাদের একটা ছোট সত্য কাহিনী বলেছিলেন যা তাঁর মনে গভীর রেখাপাত করেছিল। তিনি বললেন, "একদিন সকালে রবি কিছু সমবয়সীদের খেলা দেখছিল। রবি তাদের বলল, অনেক মানুষ আমার জন্য প্রতীক্ষা করছে, আমাকে তাদের কাছে যেতে হবে।" তখন তার বয়স মাত্র চার বছর। আমি জানি যখন সে সেই কথাগুলো বলছিল একটা দৈবী শক্তি তার ভিতরে কাজ করছিল।

প্রায় সেই সময়েই পিতাজী আমাদের থাঙ্গাম্মার কাছে নিয়ে গেলেন। তিনি একজন সংস্কৃত পণ্ডিত ছিলেন এবং প্রতিদিন ভগবতগীতার ক্লাস নিতেন। মহাত্মা গান্ধীর আশ্রমে তাঁর সঙ্গে থাকার সুবাদে তিনি বিখ্যাতও ছিলেন। গীতা অধ্যয়ন করানোর সময় তিনি বললেন, "পার্থায় প্রতিবোধিতাম্ (গীতা ধ্যান)," এই টুকু বলে তিনি অপেক্ষা করতে লাগলেন দাদা কখন সেই কথাটা পুনরাবৃত্তি করবে। কিন্তু দাদা তাঁর শ্লোকাংশ পুনরাবৃত্তি না করে "ভগবত নারায়ণেন স্বয়ম্" বলে স্লোকটা সম্পূর্ণ করে তাঁকে বিস্মিত করে দিল। তারপর তিনি দাদাকে বিভিন্ন অধ্যায়ের অংশ থেকে শ্লোক জিজ্ঞাসা করলে দাদা সমস্ত বলে দিলে তিনি বিস্ময়ে অভিভূত হয়ে যান। দাদা যে এক অত্যন্ত বিস্ময়কর বালক, সেকথা তিনি আমার বাবাকে জানালেন।

থাঙ্গাম্মা তাঁর শিক্ষার্থীদের মধ্যে দেশাত্মবোধ জাগিয়ে তোলার জন্য উদ্বুদ্ধ করতেন। ১৫ই আগস্টে আমি আর দাদা সকাল ছটার সময় ঘুম থেকে উঠে প্রভাত ফেরিতে যোগ দেবার জন্য চলে যেতাম। সকাল বেলায় 'বন্দে মাতরম্' বা 'ঝান্ডা উঁচা রহে হামারা' ইত্যাদি দেশাত্মবোধক গান গাইতে গাইতে আমরা বিভিন্ন পথ পরিক্রমা করতাম।

আমাদের পরিবারে এবং আমাদের শৈশবে মহাত্মা গান্ধীর একটা গভীর প্রভাব ছিল। আমার ঠাকুর্দা সবরমতী আশ্রমে সুদীর্ঘ কুড়ি বছর ধরে গান্ধীজীর সেবাকার্যে নিযুক্ত ছিলেন। আত্তাইয়াম্মা তাঁর ছেলেমেয়েদের নিয়ে পিত্রালয়ে চলে গেছিলেন এবং তাঁর সাড়ে দশ কিলো স্বর্ণালঙ্কার সবরমতী আশ্রমে দান করে দেন। তিনি আমাদের ঠাকুর্দাকে বলেছিলেন, "আমি বাচ্চাদের লালন-পালনের ভার নিচ্ছি, আপনি দেশের সেবার কাজ করুন।"

পন্ডিত সুধাকর চতুর্বেদী, যিনি বৈদিক শাস্ত্রে একজন বিদগ্ধ পণ্ডিত ছিলেন, ব্যাঙ্গালোরে তাঁকে আমরা প্রতিবেশী রূপে লাভ করেছিলাম। তিনি গান্ধীজীর সঙ্গেও যুক্ত ছিলেন। ১৮৯৭ সালে তাঁর জন্ম হয়। তিনি গান্ধীজীকে গীতার শিক্ষা প্রদান করেন। তিনি যেহেতু ব্যাঙ্গালোরে থাকতেন তাই গান্ধীজী তাঁকে ব্যাঙ্গালোরী বলে সম্বোধিত করতেন। কস্তুরবা দেবী যখন মৃত্যু শয্যায়, এবং গান্ধীজী বুঝতে পারলেন যে তাঁর সহধর্মিনীর অন্তিম কাল উপস্থিত, তিনি সুধাকরজিকে ডেকে গীতার দ্বিতীয় অধ্যায় পাঠ করার অনুরোধ করেন। গীতায় স্থিতপ্রজ্ঞ ব্যক্তির লক্ষণ সম্বন্ধে কিছু শ্লোক রয়েছে (২/ ৫৫ - ৫৮)। গান্ধীজী সুধাকরজীকে বললেন, "ব্যাঙ্গালোরী, আজ তোমাদের বাপুর অগ্নিপরীক্ষা। আজ দেখা যাবে যে আমি প্রকৃতপক্ষে সমতা বজায় রাখতে পারি কি না। প্রায় পঞ্চাশ বছর ধরে যিনি আমার সঙ্গে প্রতিটা কাজে যুক্ত ছিলেন, আমার সেই সহধর্মিনী আজ তাঁর দেহত্যাগ করে চলে যাচ্ছেন। আমি আমার সমস্ত ইচ্ছা তাঁর উপর চাপিয়ে দিয়েছি এবং জীবনের শেষ নিঃশ্বাস ত্যাগ করা অবধি তিনি তা পালন করে গেছেন। তিনি প্রকৃতপক্ষে একজন সন্ন্যাসিনী।" কস্তুরবা গান্ধীর অন্তিম অবস্থায় গান্ধীজী এই স্বীকারোক্তি করেন।

আরও একবার সুধাকরজী গান্ধীজীর সঙ্গে দার্জিলিঙে ট্রেনে করে যাচ্ছিলেন। আচমকাই ট্রেনের বগি গাড়ি থেকে বিচ্ছিন্ন হয়ে ঢাল বেয়ে গড়িয়ে নীচের দিকে নামতে শুরু করে। গাড়ীর সমস্ত যাত্রীদের জীবন তখন গভীর সংকটে। সেই সংকটাপন্ন অবস্থায় গান্ধীজী তাঁকে এই ঘটনার বিবরণ জানিয়ে চিঠি লিখতে বললেন। সুধাকরজী তাঁর কথা শুনে একবারে হতবুদ্ধি হয়ে গেলেন। তিনি পরিহাস করে বললেন, "আমরাই যদি বেঁচে না থাকি, তবে আমাদের চিঠি কে পড়বে?' গান্ধীজী উত্তর দিলেন, "আমরা যদি বেঁচে যাই তাহলে, এই সময়ে চিঠিটা না লিখলে সেটা সময়ের অপব্যবহার করা হবে।" মহাত্মা সম্পর্কে এরকম আরও

অনেক কাহিনী আমাদের শুনিয়েছেন যেগুলো পরবর্তী সময়ে আমার দাদাও সকলের কাছে বিবৃত করেছেন।

১৯৪৭ সালের আগস্ট মাসে ভারত ভাগ মহাত্মাজীকে গভীরভাবে ব্যথিত করেছিল। তিনি তাঁর সমস্ত সহযোগীদের প্রতি বিশ্বাস হারিয়ে ফেলেছিলেন। যখন তাঁর কাছে খবর এল যে হিন্দু এবং মুসলমানরা পরস্পরকে খুন করছে, তিনি সেটা বিশ্বাস করতে পারেন নি। খবরের সত্যতা যাচাই করার জন্য তিনি পন্ডিত চতুর্বেদীকে লাহোরে পাঠালেন। লাহোরে পৌঁছে পন্ডিতজী দেখলেন যে সেখানকার হিন্দুদের উপর অকথ্য অত্যাচার হচ্ছে, তাদের খুন করা হচ্ছে। তিনিও স্বয়ং আক্রান্ত হয়েছিলেন। তাঁকে কয়েকবার ছুরি মারার পর বালির মধ্যে গলা অবধি পুঁতে রাখা হয়েছিল। ঈশ্বরকে ধন্যবাদ যে তখন একজন সেনা অফিসার তাঁর জীবন রক্ষা করেন। এই কথা যখন তিনি গান্ধীজীকে বলেন, তখন গান্ধীজী তা বিশ্বাস করতে অস্বিকার করেন। তিনি বলেন যে যেহেতু সুধাকরজী নিজে একজন হিন্দু, তাই তিনি পক্ষপাতদুষ্ট ভাবে কথা বলছেন। গান্ধীজী যে তাঁর উপর বিশ্বাস হারিয়ে ফেলেছেন, সেই কথা ভেবে সুধাকরজী গভীর মর্মাহত হন। বিপর্যস্ত মন নিয়ে তিনি ব্যাঙ্গালোরে ফিরে আসেন। তিনদিন পর, ১৯৪৮ সালের ৩০শে জানুয়ারী গুপ্তঘাতকের হাতে গান্ধীজী নিহত হন। পন্ডিতজী এই কাহিনী লিপিবদ্ধ করার সময় অনুতপ্ত হয়ে বলেছিলেন যে গান্ধীজীর হত্যার পর তাঁর মনে হয়েছিল যে তিনি শেষ সময়ে গান্ধীজীর সঙ্গে বিশ্বাসঘাতকতা করেছিলেন।

দাদা তাঁর কাছে যাওয়ার আগে অবধি তিনি প্রথমত কাউকেই শিক্ষাদান করেন নি। বালক রবির ভিতরে বেদের বিষয়ে গভীর আগ্রহ দেখে তিনি তাকে যতটুকু বিদ্যা তাঁর আয়ত্ত ছিল, প্রদান করেন। তাঁর আগে অবধি, অবসর সময় কাটানোর জন্য পূজা করাই ছিল দাদার সবথেকে প্রিয় উপায়। এই কারণেই হয়ত তিনি দাদার মধ্যে বৈদিক জ্ঞান এবং নিরাকার, অব্যক্ত ঈশ্বরীয় সত্ত্বার প্রতি আগ্রহ প্রত্যক্ষ করেন।

আমাদের ঘরে গান্ধীজীর একটা ছোট মূর্তি ছিল। একদিন দাদা পিতাজীকে জিজ্ঞাসা করল, "গান্ধীজী কোথায় আছেন?" পিতাজী উত্তর দিলেন, "তিনি ঈশ্বরের সঙ্গে এক হয়ে গেছেন।"

"গান্ধীজী যদি ঈশ্বর হয়ে থাকেন, তবে তিনিও অন্যান্য দেবতাদের মত ফুল পাওয়ার অধিকারী। তাই না?"

এই বলে দাদা কিছু ফুল নিয়ে গান্ধীজীর মূর্তিতে দিয়ে দিল আর সেটাকে অন্যান্য দেবতাদের মূর্তির সঙ্গে একসঙ্গে রেখে দিতে চাইল। গান্ধীজীর মূর্তিটার দিকে তাকিয়ে পিতাজী তখন বললেন আপনি কি জানেন কেন আপনি এখানে ঠাঁই পেয়েছেন? কারণ আপনি দেবতাদের সঙ্গে একাত্ম হয়ে গেছেন। মুর্তিটা বেশ ভারী হওয়ার সরানোর জন্য পিতাজী আমাকে সাহায্য করতে বললেন। মূর্তিটা সরানোর সময় হাতের লাঠিটা ভেঙে গেল। আমরা সেটাকে নামিয়ে দেবতাদের মূর্তির সামনে রাখলাম। বালক রবি একটু হেসে বলল, "তোমার হাতের লাঠিটা কমজোরী ছিল। ঠিক আছে চিন্তার কোনো কারণ নেই, আমি তোমাকে একটা শক্তপোক্ত লাঠি জোগাড় করে দেব।" বড়দের কেউ যখন জিজ্ঞেস করত যে দেবতাদের মূর্তির সামনে গান্ধীজীর মূর্তিটা কী করছে, বালক রবি উত্তর দিত, "যিনি ঈশ্বরকে লাভ করেছেন, তিনি ঈশ্বর হয়ে যান।"

তৃতীয় অধ্যায়

কালের তীরে ছড়ানো মনিমুক্তো

সমুদ্র বরাবরই আমাকে আকর্ষণ করত। তা আমাকে অসীম অনন্তকে স্মরণ করিয়ে দেয়। প্রত্যেকটি তরঙ্গের ভিতর শক্তি রয়েছে, তারা সমুদ্রেরই অংশ, তবুও তারা ভিন্ন, তাদের একটা নিজস্বতা রয়েছে। যখন সে জেগে ওঠে, তরঙ্গ হিসাবে তার নিজস্ব অস্তিত্বের প্রতি সে সজাগ সচেতন, আবার যখন সে কূলে এসে ভেঙে পড়ে, সমুদ্রের গর্ভেই নিঃশেষে মিলিয়ে যায়। আমাদের জীবনও ঠিক সেই রকম। একটা নির্দিষ্ট আকারে তার প্রকাশ হলেও তা ঈশ্বরিয় সত্তারই অংশ মাত্র।

একজন নবীন বালক হওয়া সত্ত্বেও প্রাচীন সংস্কৃতির প্রতি দাদার প্রবল আগ্রহ ছিল। প্রতিটি বিগ্রহের আকারগত বৈশিষ্ট্য, ধর্মীয় আচার আচরণ এবং তাদের তাৎপর্য সম্পর্কে সবিশেষ জানার প্রতি দাদার গভীর আগ্রহ ছিল। সে সব কথা মন দিয়ে শুনত তারপর আমাকে বোঝাত। তার সহজ সাবলীল বর্ণনা সেইসব ব্যাপারে আমার আগ্রহকে আরও বাড়িয়ে তুলত। কৌতূহল আমার সহজাত প্রবৃত্তি। তাই কোন বিষয়ের যুক্তিগ্রাহ্য উত্তর পাওয়ার জন্য আমি হাজারটা প্রশ্ন করতাম। যদিও আমাকে বোঝানো মোটেই সহজ ছিল না কিন্তু আমার দাদা যখন আমাকে কিছু বোঝাত, তার যুক্তিপ্রমাণ আমি সহজেই স্বীকার করে নিতাম। আমাদের বাড়িতে একটা ছোট পাঠাগার ছিল যেখানে কেউ বই চেয়ে নিয়ে পড়তে পারত। প্রতিবেশীরা যে বই নিয়ে যাচ্ছে, আমরা একটা খাতায় সেটা লিখে রাখতাম। এইভাবে পিতাজী ছোট ছোট বাচ্চাদের তাদের দেশ, দেশের মানুষ এবং পরম্পরা সম্পর্কে জ্ঞানলাভের ব্যাপারে উৎসাহী করে তুলতেন।

পিতাজী আমাদের অনেক সাধু মহাত্মাদের কাহিনী শোনাতেন আর আমরা পরে তাদের নকল করে অভিনয় করতাম। আমাদের ছোট্ট পাঠাগার ঘেঁটে সেই মহাত্মাদের সম্পর্কে আরও তথ্য জোগাড় করে নিতাম, কীভাবে কি করতে হবে সেই ব্যাপারে দাদা নির্দেশ দিত আর নাটকের চরিত্র তাঁদের সংলাপ ইত্যদিও দাদা নিজেই লিখে নিত। জয়নগরের বাড়ীর ছাদে দুপুরবেলা আমাদের অভিনয়ের আসর বসত। নীচের ঘরে তখন বাড়ীর বয়স্ক ব্যক্তিরা দুপুরবেলা একটু ঘুমিয়ে নেবার প্রস্তুতি নিতেন। মা মাঝে মাঝে অভিযোগ করে বলতেন, "তোমাদের

ওপরে পাঠিয়ে দিলাম চুপচাপ থাকার জন্য, কিন্তু তোমাদের চেঁচামিচিতে দুচোখের পাতা এক করা যায় না। সকলে মিলে ওপরে কী করছিলে?"

ছাদের গরম আমাদের বোধই হত না। ছাদে শুকোতে দেবার জন্য মেলা তোয়ালেটা নিয়ে সেটা দিয়েই আমাদের অভিনেতার পোষাক তৈরী হত। দাদা হয়ত বুদ্ধদেবের সাজে সাজত আর আমি এবং আমাদের পাড়ার কয়েকজন বাচ্চা মিলে 'বুদ্ধং শরণং গচ্ছামি' বলতে বলতে দাদার চারপাশে ঘুরতে থাকতাম। এই অবস্থায় আমরা সকলেই এমন ফিক ফিক করে হাসতে শুরু করতাম যে স্বয়ং বুদ্ধদেবের পক্ষেও হাসি চেপে রাখা মুশকিল হত। কখনো দাদা একটা কমলা রঙের তোয়ালে মাথায় পাকড়ির মত পরে, হাতে একটা লাঠি নিয়ে আদি শঙ্করাচার্য সাজত। আমরা তখন তার চারপাশে 'হর হর শঙ্কর, জয় জয় শঙ্কর' বলে ঘুরতে থাকতাম। আমি তখন শঙ্করাচার্যের কাছে জ্ঞান লাভের জন্য হাজির হতাম; তাতে মাথায় কেবল তার হাতের লাঠির আলতো স্পর্শ ছাড়া আর কিছুই জুটত না। এইসব খেলায় আমরা প্রচুর আনন্দ উপভোগ করতাম এবং অনেক সাধু মহাত্মাদের সম্পর্কে জানতে পেরেছিলাম। আমার দাদার সমস্ত মহাত্মাদের জন্মদিনের তারিখ মনে থাকত এবং সেদিন সেই উপলক্ষ্যে উৎসব পালন করা হত। এখনো সেই ধারা বজায় রেখে বছরে অনেকের জন্মদিন উপলক্ষ্যে উৎসব পালিত হয়। সাধু মহাত্মাদের পাশাপাশি রাজা, রানী বা দেবী/দেবতারাও আমদের অভিনয়ের বিষয়বস্তু ছিল। এইসব ভূমিকায় অভিনয় করার সময়, আমাদের আন্টি বসন্ত খুব যত্ন করে আমাদের যে পোষাক সেলাই করে দিতেন, সেগুলো পরে আমরা ভীষণ আনন্দ পেতাম। তিনি নিজে আমাদের পোষাক তৈরী করে পরাতে ভালবাসতেন, আর আমাদের পরার পর নিজেই নিজের উদ্ভাবনী ক্ষমতায় খুশী হয়ে উঠতেন। দাদা আর আমি আমাদের নির্দিষ্ট ভূমিকায় অভিনয় করতে খুব ভালবাসতাম। অভিনয় শেষ হওয়ার অনেকক্ষণ পরেও আমরা আমাদের পোষাক পরেই থাকতাম এবং আমাদের নিজেদের অভিনয় দেখে নিজেরাই হেসে গড়াগড়ি দিতাম। যখন আমাদের প্রায় আট বছর বয়স হবে, বালক রবি কন্নড় লোকসঙ্গীতের ওপর নৃত্য পরিকল্পনা করেছিল। আমাদের শিক্ষিকা, থাঙ্গাম্মার বাড়ীতে গান্ধীজীর জন্মদিন উপলক্ষ্যে আমরা দশজন মিলে সেই নৃত্য পরিবেশন করেছিলাম - মুদালা মন্যা মুত্থিনা নীরিনা এরাক্কাবা হয়দা - যার অর্থ হল ঈশ্বর যখন একটা ঝিনুকের মধ্যে একফোঁটা জল সিঞ্চন করে দেন, সেটা একটা নিখুঁত গোলাকার মুক্তোয় পরিণত হয়ে যায়। সেই বয়সে এর গুঢ়ার্থ আমি কিছুই বুঝতে

পারতাম না। কেবল নাচের তালে তালে পা ফেলাটাই আমার কাছে খুব আনন্দের ব্যাপার ছিল; কিন্তু আমার দাদা তার দিব্য দৃষ্টিতে আমাদের চারপাশে এক মহিমময় বিস্ময়কর কিছুকে লক্ষ্য করত। যোগসূত্রে বলা হয়েছে, 'বিস্ময় যোগভূমিকা', এর অর্থ হল বিস্ময় থেকেই যোগের সূত্রপাত। আমাদের সেইসব দিনগুলো বিস্ময়ে ভরা ছিল এবং আজ যখন সেইসব দিনগুলোর কথা স্মরণ করি, আজও বিস্মিত হয়ে যাই।

যে কাজ আমাদের পছন্দের, সেই কাজ আমরা হাসিমুখে করতাম। আরও যে ব্যাপারটা ছিল সেটা হল যে কাজ আমাদের পছন্দের নয়, সেটাও আমরা হাসতে হাসতেই করতাম - যেমন ক্যাস্টর অয়েল খাওয়া। এটা আমাদের রবিবারের নিয়মিত প্রথা ছিল। পিতাজী একটা চামচে এই আঠালো তরল পদার্থটা - যা আমদের পেট পরিষ্কার রাখতে সাহায্য করে, নিয়ে এমন একটা ভান করতেন যেন আমাদের খুঁজে বেড়াচ্ছেন। আমরা সারা বাড়ি দৌড়ে বেড়াতাম আর সবশেষে খাটের নীচে লুকিয়ে পড়তাম। পিতাজী সবাইকে শুনিয়ে বেশ উঁচু গলায় বলতেন, “তোমরা কেউ কি আমার বাচ্চাগুলোকে দেখেছ?” আমি ফিক ফিক করে হাসতে থাকতাম আর পিতাজী আমাকে দেখে ফেলতেন। দাদা আমাকে মৃদু ভর্ৎসনা করে বলত, "তোমাকে বলছি চুপ করে থাকতে, তা না তোমার হাসির জন্যেই আমরা ধরা পড়ে গেলাম।" পিতাজীর মধুর গলার আওয়াজে অমন বিস্বাদের ওষুধও আমাদের গলা দিয়ে অনায়াসে নেমে যেত। আমাদের বাবা কখনও জোর করে কিছু চাপিয়ে দিতেন না। সবকিছুই তিনি তাঁর মধুর ব্যক্তিত্ব দিয়ে সামলে নিতেন। এইভাবেই আমাদের বিশেষ 'ক্যাস্টর অয়েল ডে' কাটত।

তবে শুধু যে ক্যাস্টর অয়েলই আমাদের গিলতে হত এমন নয়। সময়ে অসময়ে অতিথি সমাগম আমাদের বাড়ীতে নিত্যনৈমিত্তিক ঘটনা ছিল। এই কারণে আম্মা জরুরী প্রয়োজন মেটাবার জন্য গুঁড়ো দুধ ইত্যাদি জাতীয় কিছু মজুত করে রাখতেন, যাতে দরকারের সময় কোন অসুবিধা না হয়। আমি আর দাদা যদিও গুঁড়ো দুধ খেতে খুব পছন্দ করতাম, কিন্তু আমাদের টাটকা গরুর দুধ খেতে দেওয়া হত। সুতরাং দুপুরবেলায় আম্মা একটু ঘুমিয়ে পড়লে আমরা দুজনে মিলে রান্নাঘরে গিয়ে গুঁড়োদুধের কৌটোটা খুঁজে বেড়াতাম। কিন্তু তিনি আমাদের থেকে একধাপ এগিয়ে ছিলেন, আমাদের মতিগতি সব তাঁর জানা ছিল তাই আমরা হাত পাব না রান্নাঘরে এমন একটা উঁচু তাকে কৌটোটা লুকিয়ে রাখতেন। আমরা মুখে যতই কিছু না বলি না কেন, যতই লুকোবার চেষ্টা করি না কেন,

আম্মা আমাদের মনোভাব ঠিক টের পেয়ে যেতেন। আমরা যতই সাংকেতিক ভাষায় কথা বলি না কেন, আমাদের চাতুর্য নিয়ে গর্ব করি না কেন, আম্মা যেন কিছুই বুঝতে পারেন নি এমন একটা ভাব নিয়ে থাকতেন আর গোপনে আমাদের পরিকল্পনা অনুসারে কাজটা করতে দিতেন। কিন্তু যেই আমরা উপরের তাক থেকে কৌটোটা নামাতে যাব, কোন জাদুবলে আম্মা সেখানে নিমেষে উপস্থিত হয়ে যেতেন। আমরা আমাদের পক্ষে কিছু যুক্তি খাড়া করার চেষ্টা করতাম, তবে তা কোন কাজে আসত না। "এটা খাওয়া শরীরের পক্ষে ভাল নয়," বলে তিনি সরাসরি আমাদের যুক্তি নস্যাৎ করে দিতেন। কিন্তু তখন আত্তাইয়াম্মা এসে দাঁড়িয়ে মধ্যস্থতা করে বলতেন, "ওদের এক চামচে করে দাও না, ওতে কিছু ক্ষতি হবে না।" আম্মা তখন তাঁর কথা অবজ্ঞা করতে না পেরে আমাদের এক চামচ করে দুধ দিয়ে দিতেন, কিন্তু শাশুড়ি এবং পুত্রবধূর মধ্যে একটা ঠাণ্ডা লড়াইয়ের সূত্রপাত হত। আম্মা যদিও আত্তাইয়াম্মাকে শ্রদ্ধা করতেন, কিন্তু তিনি তাঁর যুক্তি থেকে সরে আসতেন না। ছোটখাটো ব্যাপার নিয়ে সংসারে শাশুড়ি এবং পুত্রবধূর মধ্যে মতানৈক্য হতেই পারে। কিন্তু আমার দাদা আত্তাইয়াম্মাকে গিয়ে বলত যে আম্মা তাকে কত শ্রদ্ধা করতে, তাঁর কত প্রশংসা করে; আবার আম্মাকে গিয়েও ঠিক একইভাবে বলত যে আত্তাইয়াম্মা তাঁর কত প্রশংসা করে। এইভাবে উভয়ের মধ্যে বিবাদের সামান্য অবকাশটুকু তৈরী হতে পারত না।

ক্যালিফোর্নিয়াতে বসে চা করার জন্য পাশের টেবিলে রাখা নেসলের গুঁড়ো দুধের কৌটোটা দেখে আমার অতীত দিনগুলোর কথা মনে পড়ে গেল। চায়ের কাপে চুমুক দিতে দিতে আমি সামনের আদিগন্ত বিস্তৃত সমুদ্রকে দেখছিলাম। সময়ের সঙ্গে সঙ্গে রুচি এবং বস্তুর গুরুত্ব অনায়াসে বদলে যায়। এখন আমি চাইলেই যে কোন সময়ে এককৌটো গুঁড়ো দুধ পেয়ে যাব, কিন্তু সেটার প্রতি আজ আমার কোন আকর্ষণ নেই। সমুদ্রের ঢেউয়ের মতই জীবন অত্যন্ত গতিময় এবং প্রতিমুহূর্তে পরিবর্তনই জীবনের লক্ষণ। তবুও একটা কিছু চিরকাল অপরিবর্তনিয়ই থেকে যায়।

রামেশ্বরমে এক পুন্যস্নানের মধ্যে দিয়েই সমুদ্রের সঙ্গে আমার পরিচয়। আমার বাবা আমাকে সমুদ্রে ডুব দেওয়া করিয়ে বলেছিলেন যে সেইদিনটা খুব শুভলক্ষণ যুক্ত ছিল। আমি দম আটকে হাঁসফাঁস করছিলাম। কিন্তু আমি জানতাম যে যেহেতু বাবা আমার হাত ধরে আছেন তাই আমার কোন ভয় নেই। এবং আমার প্রতি তিনি যে এক অভয় দৃষ্টিতে অপলক তাকিয়ে ছিলেন, তাঁর সেই

দৃষ্টিতে ছিল নির্ভরতা, আমিও হেসে ফেললাম। এখনও সেই দিনটার কথা আমার স্মৃতিতে উজ্জ্বল হয়ে আছে। তখন আমার বয়স বড়জোর দুই থেকে আড়াই বছর হবে এবং আমার দাদা অবশ্যই আমার পাশেই ছিল। পিতাজী তাকেও সমুদ্রে ডুব দেওয়া করিয়েছিলেন।

চার - পাঁচ বছর বয়সের আগেই আমরা পিতাজীর সঙ্গে রামেশ্বরম্, কাশী, মাদুরাই, মিনাক্ষী ইত্যাদি অতি প্রাচীন এবং বিখ্যাত মন্দিরগুলো দর্শন করে নিয়েছিলাম। ওইসব মন্দিরগুলোর বিস্ময়কর স্থাপত্য এবং শিল্পকলা আমাদের উদ্দীপ্ত করে তুলত। আমার দাদা যখন মন্দিরে বসে প্রার্থনা করত, আমি তখন সেখানকার আলঙ্কারিক সাজসজ্জা খুব মন দিয়ে দেখতাম। মিনাক্ষীদেবীর গায়ে এত অলঙ্কার দেখে আমার মনে হল যে তিনি দেবী বলেই এত ভারী অলঙ্কারের বোঝা গায়ে রাখতে পেরেছেন। দাদা যখন ভাল করে কথা বলতে শেখেনি, তখন থেকেই দেবীমূর্তির এই ধরণের সাজসজ্জা তার খুব ভাল লাগত। তার ছোট্ট হাতে দেবীর মূর্তি নিয়ে সেটাকে মিনাক্ষী বলার প্রাণপন প্রচেষ্টায় তার মুখ দিয়ে "মিচিনি" বেরিয়ে আসত, তার মুখ দিয়ে তখন মিনাক্ষী উচ্চারণ হত না। তেমনি তামিল ভাষায় গণেশের নাম "পিল্লাইয়ার", সেটাও তার মুখে হয়ে যেত "পুরারু"। প্রতি বছর আগস্ট আর সেপ্টেম্বর মাসের মাঝামাঝি সময়ে গণেশ চতুর্থীতে আমাদের বাড়ীতে পুজো করার জন্য ছোট মাটির গণেশ মূর্তি আনা হত। পূজা শেষে সেই মূর্তিকে জলে বিসর্জন দেওয়া হত। দাদার বয়স তখন চার- পাঁচ হবে, সেই গণেশের মূর্তিকে একটা ঝুড়িতে বসিয়ে, তাকে ফুল দিয়ে সাজিয়ে কোলে নিয়ে বসে রইল। অসীম ভালবাসায় সে সেই মুহুর্তে সেই মূর্তিটা নিয়ে বসে রইল এবং কাউকে সেটা দিতে চাইল না। সে আম্মাকে বিনীত অনুরোধ করল যেন তার 'পুরারু'কে তার কাছে রাখতে দেওয়া হয়। মূর্তিটার প্রতি অকৃত্রিম ভালবাসা আম্মাকেও প্রভাবিত করলেও তিনি আবার প্রথাকে লঙ্ঘন করতে পারেন না। কিন্তু দাদার কাছে মূর্তিকে বিসর্জন দেওয়ার প্রচলিত প্রথার কারণ ব্যাখ্যা করা কঠিন ছিল। তিনি দাদাকে বোঝালেন যে তার 'পুরারু'কে এবারকার মত যেতে দিলে তবে তিনি আগামী বছর আবার আসতে পারবেন। পরবর্তীকালে গুরুদেব এর কারণ ব্যাখ্যা করে বলেছেন যে যদিও ঈশ্বরীয় সত্ত্বা আমাদের সকলের মধ্যেই রয়েছে তবুও আমাদের মনের ধর্মই হল সে বাইরের কোনকিছুকে আশ্রয় করে তার ভাবকে ব্যক্ত করতে চায়। আমরা সেই মূর্তির মধ্যে ঈশ্বরকে অনুভব করে তাকে ফুল, চন্দন, ধূপ দিয়ে সাজাই, ফল, প্রসাদ, নৈবেদ্য হিসাবে নিবেদন করি।

এই সবই আমাদের সেই দৈবী সত্ত্বার প্রতি কৃতজ্ঞতার অভিব্যক্তি। পূজা সমাপ্ত হয়ে গেলে পুনরায় আমরা সেই দৈবী সত্ত্বাকে আমাদের অন্তরে আহ্বান করে নিই এবং মূর্তিকে বিসর্জন দিয়ে দিই। আমাদের অন্তরে, আমাদের হৃদয় হল ঈশ্বরীয় সত্ত্বার সর্বশ্রেষ্ঠ আশ্রয়স্থান।

দাদা বাড়িতে পাঁচ- ছটা দেবী-দেবতার মূর্তি সংগ্রহ করে রেখেছিল। সেগুলোই ছিল তার খেলার সবথেকে প্রিয় উপকরণ। দক্ষিণ ভারতের সমস্ত বড় বড় মন্দিরগুলোর বাইরে লম্বা হলের মধ্যে প্রচুর দোকান আছে। সেখানে সেই মন্দিরের দেবী-দেবতার মূর্তি, শ্লোকের বই, ধূপ, পূজার নানা সামগ্রী ইত্যাদি বিক্রি হয়। আমরা যখন কুম্ভকোনমের কুম্ভেশ্বর মন্দিরে গেলাম, তখন ছোট্ট রবি একটা পিতলের নটরাজ মূর্তি পছন্দ করল এবং সেটা সে বাড়ী নিয়ে যাবার জন্য মনস্থির করে ফেলল। পিতাজী এবং আম্মা কেউই ভেবে পেলেন না যে কী করে সাত বছরের রবিকে অতবড় মূর্তিটা না নেবার জন্য বুঝিয়ে বলবেন। সৌভাগ্যবশত একই রকমের একটা ছোট মূর্তি দাদা দেখতে পেল এবং সেটাই সে নেবার জন্য ঠিক করল। ঘরের সমস্ত মূর্তিকে বাইরে এনে, খুব যত্ন করে তাদের নিজস্ব আলাদা আলাদা বাটির মধ্যে রেখে, ফুল চন্দন মাখিয়ে সাজানো হত, তারপর তাদের পুকুরে ভাসানো হত। মন্দিরে বড় জলাশয় থাকত, সেখানে তেপ্পম্ উৎসব পালন করা হত। সেই উৎসবে সমস্ত মূর্তিকে ফুল চন্দন ইত্যাদিতে সাজিয়ে নৌকায় করে ঘোরানো হত। পাপনাশম গ্রামে আমাদের বাড়ীর ছোট পুকুরেই আমরা তেপ্পম্ উৎসব পালন করতাম। বাড়ীর সকলেই সেই প্রিয় উৎসবে অংশ নিত।

দাদার সঙ্গে আমি যে দিনগুলো কাটিয়েছি তা আমার জীবনে অত্যন্ত মূল্যবান। পুকুর, হ্রদ বা সমুদ্র, সবেরই আধার হল জল, কিন্তু তবু তারা একে অপরের থেকে ভিন্ন। আমরা ধীরে ধীরে যখন বড় হতে লাগলাম, সবকিছুই একরকম বলে মনে হতে লাগল কেবল আমার চেতনার বিকাশ ক্ষুদ্র ডোবার পরিধিকে অতিক্রম করে সমুদ্রের অসীম বিস্তৃতির মধ্যে মিশে গেল। খুব ছোটবেলায় আমরা চেন্নাইয়ের মেরিনা বিচে যেতাম। সেখানে 'থেঙ্গাই মাঙ্গাই পত্তনি চুন্ডল' নামে একটা অদ্ভুত স্ন্যাকস পাওয়া যেত। আমের টুকরোর সঙ্গে নারকেলের টুকরো আর সিদ্ধ করা কড়াইশুঁটি মিশিয়ে তৈরী। সমুদ্রের জলে পা ভিজিয়ে হেঁটে যেতে যেতে সেটা আমরা খেতাম। কিন্তু এখন সমুদ্র সম্পূর্ণ ভিন্ন রূপে আমার চোখে ধরা দেয়। ঢেউয়ের নিরন্তর ওঠাপড়া আমি অত্যন্ত শান্ত চিত্তে দেখে যাই। কত রকমের ঢেউ, কোনটা ছোট, কোনটা বড়, কোনটা কেবল সাদা

ফেনা মাথায় নিয়ে আলতোভাবে পাড়কে ছুঁয়ে যায় আবার কোনটা বা ভীষণ গর্জনে তীরে এসে আছড়ে পড়ে। মনের মধ্যে জেগে ওঠা চিন্তার ঢেউগুলোও যেন ঠিক একই রকম। কখনও তারা প্রবল জলোচ্ছ্বাসের মত আছড়ে পড়ে আর ফিরে যাবার পর ধ্যানমগ্নতার মত এক শান্তভাব উৎসে ফিরিয়ে নিয়ে যায়। গুরু আমাকে এমন এক জীবন দান করেছেন ভাষা যাকে ব্যক্ত করতে না পেরে অসহায়ভাবে ফিরে আসে। আমার সৌভাগ্যে আমি নিজেই বিস্মিত হয়ে যাই। গুরু এই সমুদ্রের মতই প্রশান্ত অথচ কর্ম্মমুখর।

আমার দাদা একবার তার দুষ্টুমির নমুনা হিসাবে পিতাজীর অ্যাটাচি থেকে সমস্ত ফাইল বার করে সেখানে খেলনা ভরে রেখেছিল। যদিও এই কাজ করে সে মিচকি মিচকি হাসছিল, কিন্তু কেউই তার দুষ্টুমির ব্যাপারে কোন সন্দেহ করেনি। অফিসে গিয়ে কনফারেন্সরুমে পিতাজী তাঁর অ্যাটাচি খুললে ফাইলের বদলে অ্যাটাচি থেকে খেলনাগুলো বেরিয়ে এল, কয়েকটা খেলনা মেঝেতেও পড়ে গেল। সন্ধ্যাবেলা পিতাজী হাসতে হাসতে বাড়ি ফিরে কেমন করে রবি অফিসের পরিবেশকে হাসি মজায় ভরিয়ে তুলেছিল তাই নিয়ে সকলের সঙ্গে গল্প করতে লাগলেন। এটা নিয়ে যখন ভাবি আমি অবাক হয়ে যাই কেমন করে পিতাজী একটুও রাগ না করে গোটা ব্যাপারটাকে কেমন সহজ করে নিয়েছিলেন এবং আমাদের দুষ্টুমি করতে উৎসাহও জুগিয়েছিলেন।

অত্যন্ত খুশীর সঙ্গে আজও যা আমি স্মরণ করি তা হল পিতাজীর গল্প বলা। আমরা তখন খুব ছোট। দাদা পিতাজীর একটা কাঁধে চেপে গিয়ে বায়না করত, "আপ্পা, গল্প বল।" আমিও অমনি তাঁর অন্য কাঁধে চেপে একই বায়না করতাম। পিতাজী আমাদের অজস্র কাহিনী শুনিয়েছেন। গুরুদেব সর্বদা সেগুলোকে স্মরণ করেন। অনেক বছর পরেও, বিভিন্ন সময়ে পিতাজীর সঙ্গে দাদা যখন কোথাও ঘুরতে গেছে, সেই গল্পগুলো আবার শুনতে চেয়েছে। পিতাজী হয়ত প্রাচীন শাস্ত্র থেকে কোন কাহিনী বলেছেন - যা চিরকালীন সত্য, তাকে আমাদের কাছে ব্যাক্যা করে আমাদের দৃষ্টি খুলে দিয়েছেন।

গল্প আমার মন মেজাজকে সহজেই বদলে দিত। যখন জুঁইফুল ফুটত, সেই ফুলের মালায় আমার পিসি বসন্ত আত্তাই, আমার লম্বা চুলে বিনুনী সাজিয়ে দিত। আমি অধির আগ্রহে অপেক্ষা করতাম যে কখন বাবা তাঁর কাজ থেকে ফিরে আমাকে আদরে আদরে ভরিয়ে দেবেন। তিনি সর্বদাই আমাকে খুশী রাখার জন্য যথেষ্ট গুরুত্ব দিতেন এবং এত প্রশংসা করতেন যে তা বলে বোকানো যাবে না।

কোনোদিন হয়ত বাবার অফিস থেকে ফিরতে দেরী হয়ে যেত, আমি তখন ফুলের সাজ নিয়েই ঘুমিয়ে পড়তাম। পরের দিন আমি মুখ গোমরা করে থাকতাম আর তিনি তক্ষুনি রাজা-রাণীর গল্প শুনিয়ে আমার মুখে হাসি ফুটিয়ে তুলতেন। নাচ-গান, অভিনয়, ছবি আঁকা, পুতুল তৈরী করা, বীণা বাজান ইত্যাদি নানা রকম কাজে আমাদের সারাটা দিন ব্যস্ততার মধ্যে কেটে যেত।

বসন্ত আত্তাইয়ের কাছে আমাদের গান শেখার হাতেখড়ি, তিনিই ছিলেন আমাদের প্রথম গুরু। তিনি আমাদের সামনে বসিয়ে প্রথমে একটা করে লাইন গাইতেন আর শুনে শুনে আমাদের গাইতে হত। তিনি যখন সা, রে, গা, মা, পা, ধা, নি, সা... ইত্যাদি স্বরগুলো গাইতেন, আমরা তাঁর মুখের দিকে হাঁ করে তাকিয়ে ভাবতাম কোথা থেকে স্বরগুলো বেরিয়ে আসছে। আমার দাদা আবার সরগমের থেকে ধনির উৎসকে জানার ব্যাপারে বেশী আগ্রহী ছিল। বসন্ত আত্তাই মাঝে মাঝে দাদাকে বিভিন্ন সঙ্গীতের অনুষ্ঠানে নিয়ে যেতেন। তখন দাদার বয়স বড়জোর চার কি পাঁচ হবে, অনুষ্ঠানের মাঝ পথেই সে পিসির কোলে ঘুমিয়ে পড়ত। শহরে কোন বিদ্বান পণ্ডিত এলে, পিতাজী যখন আমাদের তাঁদের আলোচনা সভায় নিয়ে যেতেন, সেখানেও একই ঘটনা ঘটত। সেই সভায় উপস্থিত শ্রোতাদের মধ্যে আমরাই একমাত্র বাচ্চা ছিলাম। কয়েক মিনিট পার হবার পরই আমরা গভীর ঘুমে আচ্ছন্ন হয়ে পড়তাম। পিতাজীর মত ছিল যে জেগে অথবা ঘুমিয়ে থাকি, ওইসব স্থানে যে সদর্থক তরঙ্গের স্পন্দন সৃষ্টি হত, তার স্পর্শ আমাদের পক্ষে মঙ্গলকারী হত। বর্তমানে প্রচুর বাচ্চাকে সৎসঙ্গে বসতে দেখি, এবং নতুন প্রজন্ম যে জ্ঞান এবং ধ্যানের পরিবেশে বেড়ে উঠছে, বাচ্চাদের সৎসঙ্গের প্রতি আগ্রহ সেই সত্যকেই প্রমাণ করছে।

ভিক্ষাবৃত্তি আমাদের কাছে একটা দুর্বোধ্য বিষয় ছিল। বালক রবি একবার আম্মাকে জিজ্ঞাসা করেছিল, "কেন ওঁরা ভিক্ষা করছে?" উত্তরে আম্মা বলেছিলেন, "ওরা গরীব, তাই ভিক্ষা করছে।' দাদা আবার জিজ্ঞাসা করেছিল, "কেন ওঁরা গরীব?" তখন পিতাজী উত্তর দিয়েছিলেন, "ভগবান ওদের গরীব করে রেখেছেন।" ছোট্ট রবি বলেছিল, "আমি ভগবানকে বলব তিনি যেন ভিখারী তৈরী না করেন।"

পিতাজী প্রায়ই এই প্রসঙ্গের উল্লেখ করতেন। আবেগে আপ্লুত হয়ে পিতাজী বলতেন, "একটা ছোট্ট কোমল হৃদয় থেকে কত পরিণত কিন্তু সহজ সরল সমাধান।"

মানুষ থেকে শুরু করে গাছপালা, পশু প্রাণী, সকলের প্রতি সজাগ দৃষ্টি, তাদের খেয়াল রাখার প্রতি দাদার সহজাত প্রবৃত্তি লক্ষণীয়। দাদা সহজেই বিড়াল, কুকুর এমনকি হাতির সঙ্গেও বন্ধুত্ব পাতিয়ে ফেলতে পারত এবং এখনও তার পরিচয় আমরা পেয়ে থাকি। মহেশ্বর নামে যে হাতিটা ব্যাঙ্গালোর আশ্রমে থাকে, দাদার সঙ্গে তার আচরণ দেখলে বিস্মিত হতে হয়। তারা একে অপরের কথা যেন বুঝতে পারে। তার সঙ্গে গুরুদেবের আচরণও সকলকে আমোদিত করে। আমরা যখন ছোট ছিলাম বাবা তখন আমাদের বড় বড় মন্দিরে নিয়ে যেতেন যেখানে হাতি থাকত। আমার দাদা হাতিকে ছুঁতে চাইত কিন্তু আমি সেটা ভেবেই আতঙ্কে আর্তনাদ করে উঠতাম। এমনকি তখনও আমার বাবা আমাকে এই বলে আশ্বস্ত করতেন যে হাতি আমাকে তার স্পর্শ দিয়েছে। তিনি জানতেন যে নাহলে সেটা নিয়ে পরে আমি তাঁকে জ্বালাতন করব। কেননা দাদা যেটা করবে, আমাকেও সেটা করতে হবে। সুতরাং এতটাই একাত্মবোধ আমাদের মধ্যে ছিল কিন্তু কোন প্রতিযোগিতার নাম গন্ধ সেখানে ছিল না। শব্দটার অর্থ যে কী, কেমন তার অনুভূতি সে সম্বন্ধে আমার বিন্দুমাত্র ধারণা ছিল না। বিশেষ করে দাদার ক্ষেত্রে সেটা তো আরও প্রযোজ্য। আত্মীয় পরিজনের ভিতরে কোন দ্বন্দ্ব- বিবাদের কথা আমরা ভাবতেই পারি না। অনুভব করা তো দূরে থাক, আমরা শব্দটাও পর্যন্ত শুনিনি।

একদিন, তখন দাদার বয়স আট বছর হবে, স্কুল থেকে ফিরে সটান আমাদের ষ্টোর রুমের দিকে চলে গেল। সে কিছু একটা লুকানোর চেষ্টা করছিল। মা সঙ্গে সঙ্গে অনুমান করলেন যে কিছু একটা ব্যাপার আছে - কারণ আমরা তাঁর কাছে কিছুই লুকাতে পারতাম না। আমিও খুব উত্তেজিত ছিলাম এবং দাদার পিছন পিছন ষ্টোর রুমে গিয়ে হাজির হলাম। মা জিজ্ঞাসা করলেন যে আমরা ওখানে কী করছিলাম। দাদা মায়ের দিকে এমন মুখ করে তাকাল সেন কিছুই ঘটেনি। মায়ের মনে কৌতূহল থাকা সত্ত্বেও ঘরের কাজে উদয়াস্ত ব্যস্ত থাকায়, তখনকার মত কিছু না বলে চলে গেলেন। কিছুক্ষণ পরেই দাদার স্কুলব্যাগ থেকে প্রথমে দুটো লোমে ঢাকা কান বেরিয়ে এল, তারপর দুটো জ্বলজ্বলে চোখ, আর তারপরেই একটা মৃদু 'মিয়াঁও' শব্দ শোনা গেল। দেখা গেল একটা ছোটত বিড়াল বাচ্চা দাদার স্কুল ব্যাগের ভিতর থেকে উঁকি মারছে। দুটো বইয়ের মাঝখানে বসে সেটা যেন উষ্ণতাটুকু উপভোগ করছিল, আর তাকে দেখতেও খুব সুন্দর লাগছিল। আমার মায়ের চোখে ছোট্টহ সির ঝিলিক খেলে গেল এবং সেটা কঠোর হওয়ার আগেই

আমদের দুজনের হাতে পর্যাপ্ত সময় ছিল মাকে বোঝানোর যে বিড়াল বাচ্চাটা আমাদের ঘরেই যাতে থাকতে পারে। আমরা খুব উৎসাহের সঙ্গে সেটাকে কালি ভরার ড্রপার দিয়ে খাওয়াতে লাগলাম। উৎসাহের আতিশয্যে হয়ত বেশীই খাইয়ে ফেলেছিলাম। ঘন ঘন নজর রাখছিলাম যে বিড়াল বাচ্চাটা জেগে আছে না ঘুমাচ্ছে। রাত্রিবেলা আমরা সবাই ঘুমাতে গেলে বাচ্চাটা একা পড়ে গেল আর সারারাত ধরে ডেকে বেরাতে লাগল। আমাদেরও মাঝে মাঝে উঠে দেখতে হচ্ছিল, আর তাতে আম্মাও খুব বিরক্ত হচ্ছিলেন কারণ সারাদিন পরিশ্রমের পর তাঁরও বিশ্রামের প্রয়োজন হত।

সকালবেলায় আমাদের প্রথম কাজ হল বিড়াল বাচ্চাটার মাকে খুঁজে বার করা। ভাগ্য ভাল যে কাছেই ছিল। মনে হয় সারারাত ধরে বাচ্চাটা যে মিউ মিউ করে গেছে, তাতে বাচ্চাটার মায়ের পক্ষে তাকে খুঁজে পাওয়া সহজ হয়েছে। কিন্তু সারাদিন বাচ্চাটাকে না পেয়ে আমাদের খুব মন খারাপ করছিল। আমি বাড়ীর চারপাশে বিড়াল বাচ্চাটাকে নকল করে মিউ মিউ আওয়াজ করে ঘুরে বেড়াতে লাগলাম, আর আমি যেহেতু ঠিকমত আওয়াজ করতে পারছিলাম না আমার আপ্রাণ অপটু প্রচেষ্টা দেখে দাদা খুব হাসছিল। তবে আমি সেটাতেও খুশী হয়েছিলাম কারণ সেটা করে অন্তত দাদাকে হাসাতে পেরেছিলাম। দাদা সর্বদাই আমার মুখে হাসি ফুটিয়ে রাখত। সেটাই ছিল আমাদের প্রথম বিড়াল বাচ্চা, যদিও আশ্রমে বর্তমানে প্রচুর বিড়াল বাচ্চার আশ্রয় হয়েছে, বিশেষ করে শঙ্করী পরিবারের বেড়ালদের। তাদের পাঁচটা প্রজন্ম পার হয়ে গেছে এবং তাদের সকলকেই দেখতে এক রকম! গুরুদেব আহার করতে বসলেই সে ঠিক কোথা থেকে এসে হাজির হত, এবং মিউ মিউ করে ডেকে তার উপস্থিতির কথা জানান দিত। গুরুদেব তাকে কিছুটা কার্ড রাইস দিতেন এবং সেটা সে খেয়েই আবার উধাও হয়ে যেত। একটা আশ্চর্যের ব্যাপার আমরা লক্ষ্য করেছি যে গুরুদেব আশ্রমের বাইরে থাকলে কখনোই তার দেখা মিলত না!

আর পাঁচটা বাচ্চাদের মতই আমরাও দেশলাই বাক্স দিয়ে প্রজাপতি, শুঁয়োপোকা , ব্যাঙ, ছোট ছোট পোকাদের জন্য অস্থায়ী ঘর বানাতাম। কিন্তু আমার ভিতরে প্রচণ্ড কৌতূহল থাকার ফলে আমি বাক্স খুলে দেখতে যেতাম তারা ঠিকঠাক আছে কি না, আর সেটা করতে গিয়ে তারা পালিয়ে যেত। সারাদিন নানা রকম অভিযান করে, নতুন কিছু আবিষ্কারের চেষ্টা করে, নানা রকম খেলার শেষেও পিতাজীর কাছে গল্প না শোনা অবধি আমরা ঘুমোতে যেতাম না। আমি

একবার এক রাণীর গল্প শোনাতে গেছিলাম যে বাসন মাজত। দাদা শুনে তাই নিয়ে খুব হাসাহাসি করল - রাণী কখনও বাসন মাজে? এই নিয়ে আমাদের তর্ক হল। অবশেষে দাদারই জিত হল এবং দাদা জিতে যাওয়ায় আমি খুব খুশীই হয়েছিলাম। পরবর্তীকালে আমার গল্পকে গুরুদেব সত্যে পরিণত করেছিলেন। আশ্রমে যারা 'অ্যাডভান্স মেডিটেশন কোর্স' করতে আসে, তাদের সামাজিক প্রতিষ্ঠা বা প্রতিপত্তি নির্বিশেষে, সকলকে সেবার কাজে অংশ নিতে হয়। নিজেদের খুশীকে বাড়িয়ে তুলতে হলে সকলের সকসঙ্গে সেবা করা উচিৎ। আধ্যাত্মিক উন্নতি লাভের জন্য দান অবশ্যকর্তব্য। আমাদের যা আছে তা নিঃস্বার্থভাবে অপরকে দেওয়া, বা কাউকে সাহায্য করার নামই সেবা। গুরুদেব বলেন যে কাউকে তার অবিনশ্বরতা সম্পর্কে সচেতন করে তুলতে পারাটাই সবথেকে বড় সেবা।

একদিন বালক রবি জানতে পারল যে বয়স হলে মানুষ মারা যায়। যেহেতু আত্তাইয়াম্মা পরিবারের সবথেকে প্রাচীনা ছিলেন, সেহেতু রবি ধরে নিল যে তিনিই সর্বপ্রথম মারা যাবেন। সে তাঁকে অত্যন্ত ভালবাসত ফলে এই চিন্তায় রবি খুব উদ্বিগ্ন হয়ে পড়ল। দাদা আত্তাইয়াম্মার সঙ্গে একঘরে থাকত, আর সবাই ঘুমিয়ে পড়লে সে চুপি চুপি উঠে দেখত যে তাঁর শ্বাস ঠিক চলছে কি না। যখন দেখত যে তাঁর পেট ওঠানামা করছে আর কিছুক্ষণ পর তাঁর নাক ডাকার আওয়াজ শুনে রবি নিশ্চিত হত। তাঁর নাক ডাকার আওয়াজ বন্ধ হলেই দাদা তাঁকে ডেকে তুলে দিত। এইভাবে ঘন্টার পর ঘন্টা পেরিয়ে যেত, এবং অবশেষে ভোর প্রায় চারটে নাগাদ দাদা ঘুমে ঢলে পড়ত। দাদা স্বপ্ন দেখত যে আত্তাইয়াম্মা মারা গেলেও দাদার স্পর্শে আবার বেঁচে উঠেছেন। কয়েক মাস এভাবে চলতে লাগল ফলে দাদা কখনও কখনও দিনের বেলাতেও ঘুমে ঢলে পড়ত। সত্যি সত্যিই একদিন আত্তাইয়াম্মা আমাদের ছেড়ে চলে গেলেন। আমি তখন ক্লাস সেভেনে পড়ি। আমার পরীক্ষা চলছিল। যদি তিনি সত্যিই বেঁচে ওঠেন, সেই ভয়ে দাদা তাঁর মৃতদেহ স্পর্শ করেনি।

আত্তাইয়াম্মার কাছে আমরা অনেক কিছু শিখেছিলাম। ঘরে কোন জিনিষ ফুরিয়ে গেলে, যেমন হয়ত চিনি ফুরিয়ে গেছে, তিনি বলতেন, "ঘরে অনেক চিনি রয়েছে, আমাদের বাজার থেকে আর একটু কিনে আনতে হবে।" তিনি কখনও কিছু ফুরিয়ে গেছে বা নেই বলতেন না। তিনি বিশ্বাস করতেন যে আমাদের চারপাশে 'অস্তু দেবতারা' সর্বদা ঘুরে বেড়ান। তাঁরা সর্বদা "তথাস্তু" - অর্থাৎ "তাই হোক" বলেই চলেছেন। সুতরাং তিনি আমাদের সর্বদা সদর্থক কথা বলতে

শিখিয়েছিলেন। অনেক সময় স্কুল থেকে খুব উত্তেজিত খিটখিটে মেজাজ নিয়ে ফিরতাম, কারণ মা আমাকে টিফিনের জন্য যা দিতেন তাঁর বেশিরভাগই আমি অন্যদের দিয়ে দিতাম, ফলে খিদেতে আমার মেজাজ খিটখিটে হয়ে যেত। আত্তাইয়াম্মা বলতেন, "যাও, ঘরের ওই কোণে যে দেবতারা রয়েছেন তাঁদের কাছে তোমার রাগটা দিয়ে এসে বস।" ছোটবেলা থেকেই এইভাবে আমরা শিখেছিলাম কীভাবে ক্রোধ এবং নেতিবাচক আবেগকে নিয়ন্ত্রিত করতে হয়। নিজেকে সমস্ত রকম ভাবাবেগ থেকে মুক্ত করে নেওয়ার কৌশল পরবর্তীকালে আরও ভালভাবে আমরা আয়ত্ত করতে পেরেছি যখন 'আর্ট অফ লিভিং' এর কোর্সে 'দিশা প্রণাম' শিখেছি। প্রত্যেক দিশারই বিভিন্ন গুণ সম্বলিত একজন অধিপতি দেবতা রয়েছেন। যেমন উত্তর দিকের দেবতা হলেন ক্রোধ। আমরা উত্তর দিকের দেবতাকে ক্রোধকে নিবেদন করে তার থেকে মুক্ত হয়ে যেতে পারি।

আত্তাইয়াম্মা কখনোই ধনী অথবা নির্ধনদের আলাদা চোখে দেখতেন না। আমাদের বাড়ীর নিজেদের আত্মীয় পরিজন এবং আমাদের বাড়ীতে যারা কাজ করত তাঁদের আত্মীয় পরিজন, সকলকেই তিনি একই চোখে দেখতেন। তাদের তিনি একই রকম সম্মানের সঙ্গে আপ্যায়িত করে বন্ডা আর কেশরী ভাত খাওয়াতেন। যে কেউই বাড়ীতে আসুক না কেন, সবাইকে পেট ভরে উৎকৃষ্ট খাবার খেয়ে তবে যেতে হত। তিনি বলতেন, "শিবরুদ্রাপ্পার বাবা এসেছেন, তাঁর জন্য কেশরী ভাত নিয়ে এস।" এবং আমার মা অথবা বসন্ত আত্তাই মিলে তাড়াতাড়ি খাবার তৈরী করতে লেগে যেতেন। আমি তাঁদের কোনদিনও তার জন্য কোন অভিযোগ করতে শুনিনি, ক্ষুণ্ণ হতে দেখিনি। তাঁর মুখে সর্বদা হাসি লেগেই থাকত। আত্তাইয়াম্মা একজন অত্যন্ত কর্মঠ মহিলা ছিলেন এবং তাঁর ভীষণ রসবোধ ছিল। তাঁর ভারী গোলগাল শরীরের জন্য তিনি মাঝেমধ্যে টাল সামলাতে না পেরে পড়ে যেতেন। কিন্তু পড়ে গিয়ে হাসতে থাকতেন এবং একটু পরে উঠে দাঁড়াতেন। আমি এটা দেখে খুব অবাক হয়ে যেতাম। কী করে একজন পড়ে গিয়ে অমন করে হাসতে পারে! নিজের বিড়ম্বনা নিয়ে হাসতে পারা, তাই নিয়ে কৌতুক করার জন্যে প্রভূত প্রাণশক্তির প্রয়োজন হয়। কিন্তু যিনি এটা অনায়াসে করতে পারেন, তাঁর মুখের হাসি কেউ কোনোদিনও কেড়ে নিতে পারবে না। পিতাজী আমাদের তাই বলতেন ঠাকুমার সঙ্গে যখন হাঁটব, তখন যেন আমরা তাঁর হাত ধরে থাকি। ছোট্ট রবি, তখন তার বয়স হয়ত তিন হবে, ঠাকুমার

হাত ধরে হাঁটতে হাঁটতে বলত, "ঠাকুমা, আমি তোমার হাত ধরে আছি, তুমি কিন্তু পড়ে যেও না।" আমাদের ছোটবেলায় আত্তাইয়াম্মার এক গুরুত্বপূর্ণ ভূমিকা ছিল। তিনি প্রতি শুক্রবার সন্ধ্যা ছটা থেকে সাতটা অবধি একটা তেলের বাতি জ্বালিয়ে বাড়ীর সদর দরজায় দেবী লক্ষ্মীকে বরণ করার জন্য দাঁড়িয়ে থাকতেন। সেই ধারাকে বজায় রেখে আজও প্রতি শুক্রবার লক্ষ্মীপূজা করা হয়।

আমার দিদিমা (পাত্তি), কিছু প্রাচীন সংস্কারের মধ্যে আবদ্ধ ছিলেন। কিন্তু যখন দাদার সংস্পর্শে এলেন, তখন নতুন দৃষ্টিভঙ্গিতে, উদার মনে জীবনকে দেখতে লাগলেন এবং দাদা যেরকম মতামত জানাত সেটাকে মেনে নিতেন। তখনকার দিনে জাত-পাতের, ছুৎ- অচ্ছুৎ এর ব্যাপারটা খুব প্রচলিত ছিল। যারা নিরামিষ ভোজন করে না, তাদের আমাদের বাড়ীতে প্রবেশ নিষিদ্ধ ছিল। আমাদের জমিজমা যে দেখাশোনা করত, সেই স্বামীনাথনেরও ঘরের ভিতরে প্রবেশের অনুমতি ছিল না। আমার দাদা এই প্রথার বিরুদ্ধাচারণ করে বলত, "মানুষের সামাজিক পরিচয় মোটেই গুরুত্বপূর্ণ বিষয় নয়।" দাদার বয়স যখন সাত বছর তখন, ঠাকুমাকে বুঝিয়ে, সংরক্ষণশীল মনোভাবাপন্ন প্রতিবেশীদের আশ্চর্য করে দিয়ে স্বামীনাথনের সাইকেলে চড়ে ঘুরে বেড়িয়েছিল।

ব্যাঙ্গালোরে আমাদের বাড়ীতে যে কাজ করত তার মেয়ে কোনদিনও স্কুলে যেত না। তখনকার দিনে অনেক পরিবারেই মেয়েদের শিক্ষার কোন গুরুত্ব ছিল না। কিন্তু দাদা একদিন প্রশ্ন তুলে বলল, "কেন? ভানু যদি স্কুলে যেতে পারে, তাহলে ওই মেয়েটাই বা কেন স্কুলে যাবে না?" দাদাকে তখন কী বলে বোঝানো হয়েছিল আমি ঠিক জানিনা, তবে ছোট ছোট মেয়েদের লেখাপড়া শেখানোর প্রতি আমার তীব্র আকাঙ্ক্ষার বীজ সেদিনই রোপিত হয়েছিল। বর্তমানে গুরুদেব সারা ভারতবর্ষের প্রত্যন্ত গ্রামে আপাতত প্রায় চারশো অবৈতনিক বিদ্যালয় স্থাপন করেছেন যেখানে অনুন্নত পিছিয়ে পড়া শ্রেণী লোকেদের ছেলেমেয়েরা এক পবিত্র পরিবেশে শিক্ষালাভ করার সুযোগ পেয়েছে। প্রায় বাহান্ন হাজার ছেলেমেয়ে সেখানে পড়াশোনা করছে এবং তাদের মধ্যে অর্ধেকই মেয়ে।

চতুর্থ অধ্যায়

বিন্দুতে সিন্ধু

ছোটবেলায় আমাদের লেখাপড়া শুরু হয় মিনার্ভা সার্কেল এলাকারই এক ছোট মন্টেসরি স্কুলে। আমার দাদা যখন স্কুলে যাওয়া শুরু করে, তখনও আমার স্কুলে যাবার বয়স হয়নি বলে আমি বাড়ীতেই থাকতাম। ব্যাপারটা আমার মোটেই মনঃপুত না হওয়াতে আমি হাত-পা ছুঁড়ে আমার অখুশী প্রকাশ করতাম। একই সঙ্গে, দাদা ফিরে আসা অবধি অধীর আগ্রহে অপেক্ষা করতাম যাতে আমরা আমাদের মজার খেলাগুলো একসাথে খেলতে পারি। প্রথমদিন আত্তাইয়াম্মা দাদাকে সঙ্গে করে স্কুলে পৌঁছে দিয়ে আসেন। কিন্তু তিনি স্বপ্নেও ভাবতে পারেননি যে দাদা তাঁর অজ্ঞাতে তাঁর পিছন পিছন বাড়ীতে এসে উপস্থিত হবেন! ব্যাপারটা আমার কাছে খুব মজার মনে হল। ছোট্ট রবির যুক্তি ছিল যে আত্তাইয়াম্মা তাকে সঙ্গে করে স্কুলে পৌঁছে দিয়েছেন, সুতরাং তারও দায়িত্ব ছিল আত্তাইয়াম্মাকে বাড়ীতে পৌঁছে দেওয়া। নাহলে তাঁকে একা ফিরতে হত! তিনি যদি হারিয়ে যেতেন তাহলে কী হত? এটা যে দাদার স্কুল থেকে চলে আসার অজুহাত ছিল তা নয়, সে আত্তাইয়াম্মাকে অন্তর থেকে ভালবাসত।

আমরা যখন জয়নগরে চলে এলাম তখন আমাদের স্কুল, মডেল এডুকেশন সোসাইটি, বাড়ীর রাস্তাতেই পড়ত। স্কুলটা আমাদের বাড়ী থেকে প্রায় চারশ মিটার দূরে ছিল, তাই আমরা রোজ পায়ে হেঁটেই স্কুলে যেতাম। স্কুল বিল্ডিংটা অতি সাধারণ মাপের ছিল আর তার ছাদটা পাতার ছাউনি দিয়ে ঢাকা ছিল। আত্তাইয়াম্মা আমাদের হাত ধরে হাঁটিয়ে নিয়ে যেতেন। তখনকার দিনে রাস্তায় গাড়ী চলাচল প্রায় ছিল না বললেই চলে। কিছু সাইকেল আরোহী আর হয়ত হাতে গোনা কয়েকটা গাড়ীই স্কুলে যাওয়ার পথে নজরে পড়ত। আত্তাইয়াম্মা সব সময়ে আমাদের নিয়ে থাকতে ভালবাসতেন। সোমবার এলেই তাঁর মনটা খারাপ হয়ে যেত কারণ সেদিন থেকে আমাদের স্কুলে যেতে হত। আমরা বাড়ীতে না থাকার সময় কোন চকলেট এলে সেটাকে সাত ভাগে ভাগ করা হত - পিতাজী, আম্মা, ঠাকুমা, কাকা সুব্রমনিয়ম, বসন্ত আত্তাই, দাদা আর আমি। আমাদেরটা আলাদা করে রেখে দেওয়া হত যতক্ষণ না আমরা স্কুল থেকে ফিরে আসছি। যখন আত্তাইয়াম্মা সবাইকে চকোলেট ভাগ করে দিতেন, তখন তাঁর ভাগেরটাও আমাদেরকে দিয়ে দিতেন।

দাদাকে তার সঙ্গীরা এবং শিক্ষকেরাও খুব ভালবাসতেন। সে খুব মৃদু স্বরে কথা বলত। দাদার অসামান্য বুদ্ধিমত্তার পরিচয় পেয়ে স্কুলের শিক্ষকরা তাকে ডবল প্রমোশন দিয়ে ক্লাস ওয়ান থেকে থ্রিতে তুলে দিলেন। যাই হোক, আর সমস্ত ছেলেমেয়েরা যে বিষয় নিয়ে আগ্রহী ছিল, দাদা কখনোই সেই বিষয় নিয়ে কথা বলত না। খেলাধুলা বা সিনেমার ব্যাপারে তার মোটেই আগ্রহ ছিল না। সে অবাক হয়ে ভাবতো যে কেন মানুষ জীবনের অর্থ বা তার উদ্দেশ্য সম্বন্ধে, এই জগত অথবা ঈশ্বরীয় সত্ত্বার বিষয়ে জানতে আগ্রহী হয় না! "প্রায়ই আমি দেখতাম যে বাচ্চারা খেলাধুলা করছে আর নিজেদের মধ্যে মারপিট করছে। আমার বেশীরভাগ সময় কেটে যেত তাদের মারপিট থামাতে।"

বালক রবি ফুটবল খেলতে পারত না। "আমার মনে হত যে বলটা আমার দিকে তাকিয়ে রয়েছে, আর আমি ভাবতাম যে আমার এই পা দুটো দিয়ে আমি কোনকিছুকেই লাথি মেরে দূরে সরিয়ে দিতে পারব না।" দাদার খেলাধুলার বিষয়ে অনাগ্রহ আম্মা জানতেন। কিন্তু দাদা মাকে বলত, "জয়ী হয়ে, অথবা কাউকে হেরে যেতে দেখলেও আমি কখনোই খুশী হতে পারি না। যদি কাউকে হারতে হয়, তাতেও আমি আনন্দ পাই না। কেবল অন্যদের খুশী থাকতে দেখেই আমি খুশী থাকতে পারি।

স্কুলের ছাত্র এবং শিক্ষকরা দাদার কাছে পরামর্শ নিত তথা সান্তনা পেতে আসতেন। তাঁরা সকলেই বলতেন, "রবি যেভাবেই হোক আমাদের সমাধান করে দিত। তার সান্নিধ্য আমাদের মনকে হালকা করে দেয়।" আমাদের একজন শিক্ষিকা মিস শান্তি, দাদার সঙ্গে দেখা করার জন্য আমাদের বাড়িতেও চলে আসতেন। তিনি বলতেন যে দাদার উপস্থিতিই তাঁর মনকে শান্ত করে দিত। আমার দাদার অনেক বন্ধুরা, তার থেকে উঁচু ক্লাসে পড়া ছেলেরাও স্কুল থেকে ফেরার পথে আমাদের সঙ্গে চলে আসত আমাদের সঙ্গ দেবার জন্য। এমনি হাঁটতে হাঁটতে বাড়ী ফেরার পথে একটা মজার ঘটনার কথা গুরুদেব আমাদের কাছে বলেছিলেন, "আমার বয়স তখন সাত কি আট হবে। আমি বন্ধুদের সঙ্গে ফুটপাথ দিয়ে হাঁটতে হাঁটতে হঠাৎই একটা পাথরে হোঁচট খেয়ে পড়ে গিয়ে কিছুক্ষণের জন্য অজ্ঞান হয়ে যাই। এই সময় আমি দেখি যে একটা নীল রঙের মেঘের মত শক্তিপুঞ্জ ধীরে ধীরে সূক্ষ্ম রুপ ধারণ করল। আমি দেখতে পেলাম যে আম্মা কুম্ভকোনমের মন্দিরের একটা গাছকে প্রদক্ষিণ করছেন। একজন অতি পবিত্র এবং ধর্মপরায়ণা মহিলা। আমি ঠিক করলাম যে ইনিই আমার মা হবেন। তারপর আমি

একটা চালের দানাকে দেখতে পেলাম। দানাটা সবথেকে পবিত্র ও বিশুদ্ধ ছিল। সেটা একটা পর্বতের মত আমার সামনে দাঁড়িয়ে ছিল। আমি তার ভিতরে প্রবেশ করলাম। আম্মা মন্দির থেকে যে প্রসাদ নিয়ে ঘরে এসেছিলেন, সেই প্রসাদের মধ্যে চালের দানাটাও ছিল। আম্মা পিতাজীকে প্রসাদ দিলেন, আর আমিও সেই চালের দানার সঙ্গে তাঁর শরীরে প্রবেশ করলাম। মায়ের শরীরে প্রবিষ্ট হওয়ার আগে পিতাজীর শরীরে সেই সূক্ষ্ম জীবাত্মা তিন মাস ছিল।

আম্মা তাঁর পুত্রের ওই অল্প বয়সে ধ্যানের প্রতি নিবিড় তন্ময়তা তথ তার মুখে দার্শনিক তত্ত্বকথা শুনে তার ভবিষ্যৎ চিন্তায় খুবই দুশ্চিন্তাগ্রস্থ হয়ে পড়েছিলেন। পিতাজী কিন্তু তাঁকে সর্বদা প্রবোধ দিতেন এবং বলতেন যে যা কিছু হবে তা ভালই হবে। সাত বছর বয়সে দাদার উপনয়ন হয়। এই অনুষ্ঠানে সর্বোচ্চ যে জ্ঞান অর্থাৎ ব্রহ্মজ্ঞান -আত্মজ্ঞান, তা যজ্ঞোপবীতধারীর কানে কানে প্রদান করা হয়। বালকের বুদ্ধিবৃত্তিতে যেন সত্যের স্বরূপ প্রকাশিত হয়, তার মেধাশক্তি পূর্ণতা লাভ করে, এই কামনায় বিবিধ মন্ত্রোচ্চারণ পূর্বক ঈশ্বরের কাছে প্রার্থনা নিবেদন করে তাকে গায়ত্রী মন্ত্র প্রদান করা হয়। আমার দাদা উপনয়নের পর সন্ধ্যাবন্দনা সমাপ্ত করতে প্রায় দেড়ঘন্টা সময় নিত, যেখানে আমার অন্যান্য ভাইয়েরা মাত্র দশ মিনিটেই তা সেরে ফেলত। বালক বয়সেই আমাদের প্রাচীন প্রথার প্রতি তার গভীর শ্রদ্ধা এবং আস্থা ছিল। বর্তমানে পৃথিবীর নানা প্রান্ত থেকে হাজার হাজার মানুষ সন্ধ্যাবন্দনা শিখতে আশ্রমে আসেন। গুরুদেব ব্যাখ্যা করে বলেন, "আমাদের চেতনার তিন অবস্থা রয়েছে, জাগ্রত, স্বপ্ন এবং সুসুপ্তি। এক অবস্থা থেকে অন্য অবস্থায় যাওয়ার সন্ধিক্ষণে চমৎকার , বিস্ময়কর কিছু ঘটে যায়। তোমরা তার এক ঝলক উপলব্ধি করতে পার যা এই তিন অবস্থার পারে। তাকেই ঈশ্বরীয় সততা বা দিব্য সততা বলা হয়। সমগ্র সৃষ্টির মূলীভূত কারণ হল সেই সত্তা। এর জ্ঞান সমস্ত ভয়কে দূর করে দেয় এবং জীবনকে বৃহত্তর প্রেক্ষাপটে দাঁড় করিয়ে দেয়। সব রকমের চিন্তা, ভাবাবেগকে অতিক্রম করে উচ্চতর এক অটল, অবিচল ভূমিতে উপনীত হতে পারার অনুভূতিই হল সন্ধ্যা। বন্দনা হল অন্তরের সেই স্থিতিকে আরাধনা করা, পূজা করা।"

আত্মীয় পরিজন বা পাড়া প্রতিবাশীরা আম্মাকে বলতেন, "তোমার ছেলেকে এত পূজা অর্চনা করতে দিও না, তাহলে ঠিকমত পড়াশোনা করবে না।" সুতরাং যখনই দাদা পূজায় বা ধ্যান করতে বসত আম্মা অমনি তাড়া দিয়ে বলতেন, "তোমার এখনও হল না? তুমি অনেক সময় নিচ্ছ। তাড়াতাড়ি কর, উঠে

তোমাকে পড়তে বসতে হবে।" অনেক বছর পর গুরুদেবের সদা ব্যস্ত কর্মসূচী দেখে আম্মা বলতেন, "তুমি সব সময় হরি (hurry) নিয়ে আছ, আর আমি শিব নিয়ে।" হরি হল ঈশ্বরীয় শক্তির লীলাচঞ্চল রূপের প্রকাশ, আর শিব হল এক অটল, অবিচল প্রশান্ত স্থির ধ্যান মগ্নতার প্রতীক।

উপনয়ন অনুষ্ঠানের কিছুদিন পর দাদা তার বন্ধুদের সঙ্গে সাঁতার শিখতে গেছিল। এক বন্ধুর বাবা তাদের সাঁতার শেখানোর জন্য সঙ্গে গেছিলেন। গ্রামের মধ্যে একটা বিরাট পুকুরে তারা গেল। ওই পুকুরগুলো প্রায় কয়েকশো ফিট গভীর। বেশীরভাগ বন্ধুরাই অল্পবিস্তর সাঁতার জানত। দাদা বাবার কাছে কেমন করে সাঁতার কাটতে হয় সে ব্যাপারে কিছু শুনেছিল এবং কোনকিছু না ভেবে নির্ভয়ে জলে ঝাঁপিয়ে পড়ল। প্রথমে কিছুটা জলের ঝাপটা তার চোখেমুখে লাগল, আর মুহুর্তের মধ্যে সে কয়েক ফুট জলের নীচে তলিয়ে গেল। যেখানে গিয়ে সে উপস্থিত হল সেখানে না আছে বায়ু, না আছে আলো, কেবল চারপাশে জল আর জল; মনে হল যেন নিচে যেতে যেতে কোন অতলে গিয়ে হাজির হয়েছে। কোন কিছু বোঝার ক্ষমতা যখন প্রায় লোপ পাওয়ার মুখে, তখনই গলায় পৈতেতে একটা টান অনুভব করল সে, আর মনে হল কেউ যেন তাকে উপরের দিকে টেনে তুলছে। জ্ঞান ফিরলে সে দেখল যে ঘরে নিশ্চিন্ত আশ্রয়ে শুয়ে আছে। দাদার বন্ধুর বাবা তার পিছন পিছন জলে ঝাঁপ দিয়ে কোনক্রমে তার পৈতেটা ধরতে পেরেছিল এবং সেটা ধরেই তাকে জল থেকে টেনে তুলে উদ্ধার করেন। সত্যি কথা বলতে গেলে একটা সুতোই সেদিন তার প্রাণরক্ষা করেছিল। মা বাকরুদ্ধ হয়ে পড়েছিলেন; পিতাজীর মুখ গম্ভীর কিন্তু একটা স্বস্তির ভাব। পিতাজী দাদার ঠিকুজী বিচার করে দেখেছিলেন সেই সময় তার একটা খারাপ দশা চলছিল এবং জলের থেকে একটা অমঙ্গলসূচক ঘটনা বা বিপদ ঘটার সম্ভাবনা রয়েছে। তাই তিনি জল আছে এমন কোন জায়গা থেকে দাদাকে সর্বদা দূরে রাখার চেষ্টা করতেন। তবে তিনি খুশীও হলেন যে দাদার সেই বিপদ কেটে গেছে।

সময় অনেককিছু বদলে দেয়। কয়েকবছর পরে আমার দাদাকে দেখেছি অনায়াসে গঙ্গা পারাপার করতে। সবাইকে নিয়ে সেই প্রাচীন পবিত্র নদীতে অবগাহন করতে অথবা তার তীর বরাবর হাঁটতে ভালবাসতেন। গঙ্গা দর্শনের সময় গুরুদেব যেন অন্য জগতে চলে যেতেন। গঙ্গার তীরে দাঁড়িয়ে তাঁকে দেখলে মনে হত যে সময় যেন সেখানে থমকে গেছে। গুরুদেব প্রায়ই বলেন, "সময় যখন থমকে যায়, তখনই সেই অসীমের, শাশ্বত সত্যের একঝলক অনুভব ধরা পড়ে।"

'অনন্ত' হল যার কোন অন্ত বা শেষ নেই, তা শাশ্বত, অবিনাশী। কর্ণাটকে, প্রধানত মাধব গোষ্ঠীর লোকেরা গণেশ চতুর্থীর দশদিন পরে 'অনন্থানা হাব্বা' উৎসব পালন করেন। পূজার শেষে চোদ্দটা গিঁট দেওয়া লাল রঙের সুতো হাতে পরবার রীতি আছে। মাধব গোষ্ঠীর সেতুবাই নামে একজন ধর্মপ্রাণ মহিলা আমাদের বাড়ীর পিছনে থাকতেন। এই দিনে সেতুবাই সুস্বাদু পুরণ পুলি তৈরী করতেন এবং পূজা শেষে ভক্তদের প্রসাদ হিসাবে বিতরণ করতেন। আমার আর দাদার জন্য তিনি দুটো লাল সুতো এবং পুরণ পুলি রেখে দিতেন। আমরা ঠিক সময় মত পাঁচিল টপকে তাঁর ঘরে চলে যেতাম এবং অনন্তার (ভগবান বিষ্ণুর) চিহ্নস্বরূপ ওই লাল সুতো হাতে পরে খুব গর্বের সঙ্গে ঘরে ফিরতাম। যদিও কেবল আমাদের জন্যেই সেই পবিত্র সুতো রাখা হত, সেতুবাই আমাদের বাড়ীর সকলের জন্য পুরণ পুলি দিয়ে যেতেন এবং আমার মাও তাঁকে মিষ্টি দিতেন।

সেতুবাই এবং আমাদের বাড়ীর মাঝে, পিছনদিকে ঠিক কোণাকুণি ছিল সরোজাম্মাদের বাড়ী, আর তাদের পাশে আরেকজন প্রতিবেশী ছিলেন। এমন কোন দিন ছিল না যে একবাড়ীর থেকে রান্না করা খাবার বাড়ীর পাঁচিল টপকে অন্যদের বাড়ী না গেছে। প্রায় প্রতিদিন নতুন ধরণের একটা পদ রান্না করে তা অন্য বাড়ীতে দেওয়া হত। আমাদের বাড়ীতেও মা প্রতিদিন রান্না করার পর নামে নামে ভাগ করে রাখতেন - এটা সেতুবাইয়ের, এটা সরোজাম্মার, এটা পাক্কাথু আথু মামির বাড়ী যাবে। আর সেই খাবারের পরিমাণও নেহাত কম হত না। সবারই যৌথ পরিবার ছিল এবং পরিবারের সকলেই যাতে খেতে পারে সেইজন্য বাটি ভর্তি করে খাবার দেওয়া হত। আমাদের পাশের বাড়ীতে যারা থাকতেন তাঁরা আম্মার রান্না, বিশেষত রসম খুব পছন্দ করতেন, তাই প্রতিদিনই জিভে জল আনার মত গন্ধেভরা রসমের বাটি রান্নাঘর থেকে আমাদের পাঁচিল পেরিয়ে তাঁদের বাড়ী পৌঁছে যেত। সরোজাম্মা আমাকে আর দাদাকে তাঁর কাছে পেতে ভালবাসতেন আর তাই প্রায়দিনই আমাদের তাঁর বাড়ীতে ডেকে নিয়ে যেতেন। সরোজাম্মা তাঁর একটা ছোট্ট নোটবুকে অবিরাম শ্রীরাম জয়ম্ লিখে যেতেন। এমন কি আমাদের সঙ্গে মন্ত্রপাঠ বা গান শুনতে শুনতেও লিখে যেতেন। এটা তিনি খুব স্বাভাবিকভাবেই করতেন।

যখনই কেউ আমাকে ধ্যান করার ক্ষেত্রে জপ এবং গুরুমন্ত্রের আহ্বান ও প্রার্থনার মধ্যে পার্থক্য বিষয়ে জিজ্ঞাসা করত, আমার তখনই তাঁর কথা মনে পড়ত। মন যদিও তার ধর্মানুসারে প্রতি মুহূর্তে নতুন কিছুর দিকে ছুটে চলে, তবুও

বারবার কিছু একটা আবৃত্তি করলে মনের মধ্যে সেটা সহজে গ্রহণ করার একটা অভ্যাস তৈরী হয়। কিন্তু মন একবার বর্তমান মুহুর্তে অবিচলভাবে স্থির হয়ে গেলে তখন কী হয়? মনের সেই অবস্থাকে উপলব্ধি করার অভিজ্ঞতা না থাকলে- এটা আলাদা ব্যাপার বলে এড়িয়ে যাওয়া ছাড়া গতি নেই।

যদিও বালক রবি অন্য সকলের থেকে আলাদা ছিল, তবুও সে কোনোদিন সত্যকে অস্বীকার করত না। কী করে মানুষের সঙ্গে সম্পর্ক তৈরী করতে হয় সেটা সে খুব ভালভাবে জানত এবং সকলেই তাকে খুব ভালবাসত। একবার স্কুলের এক অনুষ্ঠানে গুণকৃতা নামে একটা অল্প বয়সী মেয়ে দেবী দুর্গার নাচ করে। তার লম্বাটে ধরণের মুখ খুবই আকর্ষণীয় এবং ভাবপূর্ণ ছিল। তার লম্বা বিনুনী করা চুল আর কপালে একটা বিন্দি ছাড়া আর কোন সাজগোজ ছিল না। কোন রকম মেকআপও সে করেনি কিন্তু তাতেও তাকে খুব সুন্দর কান্তিময় দেখাচ্ছিল। সে খুব ভাল নাচতে পারত। আমার দাদা খুব মনযোগ দিয়ে তার নাচ দেখছিল। হঠাৎই ক্ষণিকের জন্য, এক অজ্ঞাত সুদূরের ডাক যেন তার কানে এসে পৌঁছাল। পরবর্তী সময়ে দাদা বলেছিল, "এক লহমায় বিশ্বের প্রতিটা দেশের প্রতিটা মানুষের মুখ যেন আমি দেখতে পেলাম এবং তারা আমার জন্য প্রতীক্ষা করে রয়েছে, তারা আমার সঙ্গেই এই পৃথিবীতে জন্ম নিয়েছে। আমার পরিবারের পরিধি বিশ্বজুড়ে প্রসারিত হয়ে আছে।"

আমাদের ক্লাসের একটা ছেলে ডাকটিকিট সংগ্রহ করত। একদিন সে মেক্সিকোর একটা ডাকটিকিট নিয়ে এল। তখনকার দিনে অন্য দেশের ডাকটিকিট দেখাটা খুব বিরল ঘটনা ছিল। দাদা ছেলেটাকে বলল, "আমি তোমাকে অন্যান্য দেশের ডাকটিকিট এনে দেব। আমার পরিবারের লোকেরা সেখানে থাকে, ছুটির সময় আমি সেখানে যাব।" একবার ছুটি পড়ল, সেটার পর আবার ছুটি কেটে গেল কিন্তু পাপনাশম গ্রাম ছাড়া আর অন্য কোথাও আমাদের যাওয়া হল না। বন্ধুরা দাদার কথা অবিশ্বাস করতে লাগল। তারা টয়লেটের দরজাগুলোতে 'লন্ডন', 'আমেরিকা', 'সুইৎজারল্যান্ড' ইত্যাদি লিখে তাকে বিদ্রূপ করতে লাগল, "এইবার দেখ, ও লন্ডনে যাবে আর সেখান থেকে ফিরে আসবে।" দাদা বলেছিল, "বিদেশে আমাদের কোন আত্মীয় ছিল না, তাই ওরা আমাকে নিয়ে বিদ্রূপ করেছিল।" সে কোনোদিন কারো কাজের পিছনে বিদ্বেষমূলক অভিসন্ধি দেখতে পেত না। কিন্তু তবুও এই কারণে দাদা স্কুলের টয়লেট ব্যবহার করত না। আমার মা কিন্তু দাদার

এই কথা শুনে খুবই বিস্মিত হয়েছিলেন, কারণ তিনি জানতেন যে তাঁর ছেলে কখনোই অবান্তর মিথ্যা কথা বলে না।

গুরুদেবের সঙ্গে প্রথম যখন আমি বিদেশে যাই, প্রত্যেক দেশেই প্রথম যে ব্যক্তির সঙ্গে আমার সাক্ষাৎ হয়েছে, তিনিই আমাকে বলেছেন, "বহুবছর ধরে তাঁর জন্য আমরা প্রতীক্ষা করে রয়েছি।" প্রত্যেকবারই এই ঘটনা আমাকে অতীতের কথা স্মরণ করিয়ে দিত। অপার বিস্ময়ে আমি শুধু ভাবতাম তিনি কে! গুরুদেব বলেন, "যে দেশেই আমি যাই না কেন, কোনখানেই নিজেকে বিদেশী বলে মনে হয় না। সব জায়গাতেই আমি স্বাচ্ছন্দ্য বোধ করি কারণ সবাই আমার পরিচিত। চেনা, অচেনা বা অপরিচিতের মধ্যে আমি কোন পার্থক্য খুঁজে পাই না। আজ পর্যন্ত কেউই আমার কাছে অপরিচিত বলে মনে হয় নি।"

স্কুলে পড়ার সময় আমারও ডাকটিকিট সংগ্রহ করার নেশা ছিল। গুরুদেব আমাকে কথা দিয়েছিলেন যে তিনি যখন বিদেশে যাবেন, তখন আমার জন্য অনেক ডাকটিকিট এনে দেবেন। অনেক দিন পর, তিনি যখন প্রথমবার বিদেশে- সুইৎজারল্যান্ডে গেলেন, তখন আমাকে চিঠি পাঠান। সেই চিঠিতে একটা খামের মধ্যে অনেক ডাকটিকিট ছিল। সেগুলো আজও আমি যত্ন করে রেখে দিয়েছি। বহুদিন আগের একটা সামান্য ইচ্ছাকেও তিনি মনে রেখে দিয়েছেন! আমাকে চিঠি দেবার সময় প্রয়োজনের থেকে অনেক বেশী ডাকটিকিট তিনি খামে লাগাতেন যাতে আমি আরও নতুন নতুন ডাকটিকিট সংগ্রহ করতে পারি।

ডাকটিকিট সংগ্রহ করা ছাড়া আমি বই পড়তে খুব ভালবাসতাম। অনেক সময় একবারও না উঠে অনেক রাত অবধি বই পড়েই যেতাম। আমার মা ভাবতেন যে আমি হয়ত স্কুলের পড়া পড়ছি। কিন্তু আমার দাদা মাকে বলত, "আম্মা, ভানু পড়ার বইয়ের বদলে গল্পের বই পড়ছে।" আমার মা কখনো চাইতেন না যে ইলেক্ট্রিকের বিল বাড়িয়ে আমি গল্পের বই পড়ি, তাই আমাকে গল্পের বই রেখে দিতে হত। আমি দাদাকে কোনদিনও বই পড়তে দেখেছি বলে মনে পড়ে না। অথচ অবলীলায় প্রাচীন শাস্ত্র থেকে কঠিন কঠিন শ্লোক বলে যেতে পারত। আমরা অবাক হয়ে ভাবতাম কী করে এত কঠিন বিষয় সে নিজে নিজে আয়ত্ত করেছে!

পিতাজীর কাছে প্রায়ই বিদ্বান ব্যক্তিদের সমাগম হত। তাঁরা একত্র হয়ে আধ্যাত্মিক জ্ঞানের বিষয়ে আলোচনা করতেন। পিতাজী সেই আলোচনায় যোগ দিয়ে তাঁদের কথা শুনতে বা অংশ গ্রহণ করতে আমাদের উৎসাহিত করতেন।

তিনি এই ধরণের আলোচনা সভার আয়োজন করতেন এবং তার নাম দিয়েছিলেন 'বেদ ভারতী'। তিনি সকলকেই এতে যোগ দেওয়ার জন্য আমন্ত্রণ জানাতেন। আমি এবং আমার দাদাকেও এই সভায় যোগ দিতে হত। আলোচনা শুরু হবার কিছুক্ষণের মধ্যে দাদার চোখ ধীরে ধীরে বুজে আসত আর তার মাথাটা বুকের উপর ঝুঁকে পড়ত। আমি হাসতাম এবং ভাবতাম যে দাদা একেবারে ঘুমিয়ে পড়েছে। ধ্যান করতে যারা শেখেনি, তারা যদি কাউকে চোখ বন্ধ করে বসে থাকতে দেখে, স্বাভাবিকভাবেই তারা অনুমান করে নেবে যে লোকটা ঘুমাচ্ছে। কে আর এমন কথা ভাবতে পারবে যে একটা ছোট বাচ্চা উচ্চতর আধ্যাত্মিক জ্ঞানের কথা শুনতে শুনতে গভীর ধ্যানের মধ্যে ডুবে যেতে পারে? আমরা যখন বড় হতে থাকলাম, তখন দাদা জীবনের গভীর তাৎপর্যের বিষয়ে আমাদের প্রশ্ন করতে উৎসাহিত করত এবং আমাদের মতামতও জানাতে বলত। যুবা বয়সেই রবি বিভিন্ন শাস্ত্র থেকে উদ্ধৃতি দিত এবং আমি নিশ্চিত যে সে কখনোই সেই গ্রন্থগুলি অধ্যয়ন করেনি। কিন্তু তার কথাগুলো ছিল অত্যন্ত সহজ অথচ গভীর অর্থবহ। আমি বিস্ময়ে হতবাক হয়ে ভাবতাম কী করে সে এত জ্ঞান আহরণ করতে পারল? মাত্র চোদ্দ বছরের স্কুল জীবনে এত জ্ঞান সে কী করে অর্জন করতে পারল তার কুল কিনারা ভেবে পাইনি, এ যেন একটা চায়ের কাপে সমুদ্রকে ধরে রাখা- বিন্দুতে সিন্ধু।

একবার একটা সাক্ষাৎকারে আমন্ত্রণকর্তা গুরুদেবকে প্রশ্ন করেছিলেন যে তাঁর কিশোর বয়সে তিনি কী রকম ভাবনা চিন্তা করতেন। উত্তরে গুরুদেব তাঁকে বলেন, "আমার বয়স যখন বারো কি তেরো হবে, তখন আমি অনুভব করতাম যে এই শরীর ধারণ করার পূর্বে আমার অস্তিত্ব সর্বব্যাপী ছিল, সবখানেই আমি ছিলাম। বর্তমানে এই শরীর ধারণ করে আছি।"

আমরা বড় হয়ে উঠলে, আমি সব সময় চাইতাম যে দাদা যেখানে থাকবে, আমিও সেখানে যাব। ফলে দাদার ক্লাসে গিয়ে বসার জন্য অভিভাবককে স্কুল কর্তৃপক্ষের থেকে বিশেষ অনুমতি নিতে হয়েছিল যাতে আমি দাদার সঙ্গে উঁচু ক্লাসে গিয়ে বসতে পারি। আত্মীয় পরিজনদের ভিতর যেমন হয়, আমাদের মধ্যেও মাঝেমধ্যে মতবিরোধ হত। যখন আমার কোন আচরণ দাদার পছন্দ হত না, সে আমাকে বকাবকি করত না বা লড়াই করত না, তার বদলে ঘরের এক কোণে গিয়ে চোখ বন্ধ করে চুপ করে বসে থাকত। সে মৌন হয়ে থাকত। আমি তার কাছে গিয়ে নানা রকমের মুখভঙ্গি করে তাকে হাসাতে চেষ্টা করতাম। পরে আমি

শিখেছিলাম যে নীরবতার মধ্যেই সমস্ত প্রশ্নের উত্তর খুঁজে পাওয়া যায়, বিবাদ বিতর্কের মাধ্যমে নয়।

আমাদের স্কুলে তিনজন ছাত্র ছিল যারা অন্যসব ছাত্রদের উপর অত্যাচার করত। আমার দাদা তাঁদের অনুরোধ করল যেন তারা ছাত্রদের উপর অত্যাচার না করে। দাদার কথাটা তারা আমল তো দিলই না উপরন্তু ঠিক করল যে স্কুল ছুটি হলে দাদাকে উচিৎ শিক্ষা দেবে। স্কুল থেকে লুকিয়ে দাদা একটা গাছের আড়ালে লুকিয়ে পড়ল। ছেলে তিনটে চলে গেলে দাদা দৌড়ে বাড়ী চলে গেল। দাদা তার বুদ্ধিবলে তাদের পরপর দুদিন বোকা বানিয়ে বাড়ী চলে গেল। তৃতীয় দিন তারা দাদার বন্ধু হয়ে গেল, আর তাদের ব্যবহারও বদলে ফেলল। গুরুদেব প্রায়ই বলতেন যে যেকোন ধরণের ভাবাবেগ তা সদর্থক বা নঞর্থক যাই হোক না কেন, খুব বেশী হলে সওয়া দু দিন স্থায়ী হয়।

আম্মা গান গাইতে পারতেন এবং বীণাবাদনে পারদর্শিনী ছিলেন। অল্প বয়সে তিনি এই বিদ্যায় দক্ষতা অর্জন করেছিলেন। আমি এবং আমার দাদা তাঁর কাছে বীণা বাজানো শিখেছিলাম। মাঝে মাঝে তাঁকে সিনেমার গানও বাজাতে শুনেছি। বীণা বাজিয়ে তিনি অনেক পুরস্কারও পেয়েছিলেন। গুরুদেব মাঝে মাঝে মজা করে বলেন যে আধ্যাত্মিক পথে না এলে, তিনি হয়ত একজন বীণাবাদকই হতেন। কিন্তু বীণাও তাঁর কাছে এক অপূর্ব জ্ঞানের সন্ধান দিয়ে গেছে। তিনি বলেন, "বীণার সাতটা তার যেন আমাদের অস্তিত্বের সাতটা স্তরকে নির্দেশ করছে (শরীর, শ্বাস, মন, স্মৃতি বা চিত্ত, বুদ্ধি, অহং এবং স্বয়ং বা আত্মা)। সবকটা তার যখন এক সুরে বাঁধা হয় তখনই এক মধুর সুরের সৃষ্টি হয়, তেমনই এই সাতটা স্তরের মধ্যে সঠিক সমন্বয় গঠন হলে জীবন তখন অপরূপ মাধুর্যে ভরে ওঠে।"

কিশোর রবি উচ্চশিক্ষার জন্য সেন্ট জোসেফ কলেজে ভর্তি হল। একদিন কলেজের প্রিন্সিপাল তাকে ডেকে বললেন যে কলেজ থেকে কেউই আন্তঃকলেজ কর্ণাটকি সঙ্গীত প্রতিযোগীতায় অংশ নিতে ইচ্ছুক নয়। দাদা তক্ষুনি বলল, "কেন? আমি তো আছি। আমি কলেজের প্রতিনিধি হয়ে যাব।" দাদা তারপর বীণায় গান বাজানোর তালিম নিয়ে সেই সঙ্গীত প্রতিযোগীতায় প্রথম স্থান অধিকার করে। প্রিন্সিপাল খুব খুশী হলেন। তিনি তখন পুরস্কারের ট্রফি নিয়ে আমাদের বাড়ীতে এলেন, আম্মা অবাক হয়ে গেলেন। কারণ 'সুধাময়ী সুধানিধি' নামে গানটা কর্নাটকি রাগ অমৃতবর্ষিণী - যার অর্থ হল অমৃতের বর্ষাতে সুর করা ছিল, আর দাদা

মাত্র দু মাস রেওয়াজ করেই সেই গানটা বাজিয়েছিল। সবথেকে আশ্চর্যের বিষয় যেটা হল যে দাদা যখন গানটা বাজাচ্ছিল, তখন ঝিরিঝিরি বৃষ্টি শুরু হয়েছিল।

কবিতাও আমার দাদার খুব পছন্দের বিষয় ছিল। দাদার বয়স যখন চোদ্দ বছর, তখন কন্নড় ভাষায় কয়েকটা কবিতা লিখেছিল যেগুলো 'মঞ্জিনা হানি' - শিশির বিন্দু নামে সংকলিত হয়ে প্রকাশিত হয়েছিল। কবিতার ভাষা ছিল অত্যন্ত সহজ সাবলীল এবং অর্থ ছিল গভীর। কবিতাগুলো সৃষ্টির অসীমতা এবং জীবনের রহস্যময়তার গভীরতায় লীন করে দিত।

আমরা যখন সবাই জেনে গেলাম যে আমাদের ছোট্ট রবি সাধারণ কেউ নয়, তখন আমার ছোট কাকা সুব্রমনিয়ম চিত্তাপ্পা তাকে তাঁর গুরু বলে স্বীকার করে নিলেন। তিনি আজীবন কৌমার্য ব্রত পালন করেছিলেন, এবং যদি কেউ তাঁকে তার কারণ জিজ্ঞাসা করত, তিনি বলতেন, "আমার দুই সন্তান। একজন রবি আর অন্যজন ভানু।" কিশোর রবির মধ্যে তিনি ঈশ্বরীয় প্রভাবকে উপলব্ধি করে তাকেই তাঁর গুরু বলে স্বীকার করে নেন। তিনি বলতেন, "যখনই আমি গুরুদেবকে দেখতে পাই না, মনে হয় সে আমাকে ডেকে বলছে, "এন্না চিত্তাপ্পা?" - কাকা কেমন আছ?" এই ধ্বনি সারাজীবন আমার সঙ্গেই থাকবে। ষাট বছর বয়সে গুরুদেবের হাতের উপরেই তিনি শেষ নিঃশ্বাস ত্যাগ করেন। আমার এক আত্মীয়ের বিবাহের অনুষ্ঠান সেরে চিত্তাপ্পা সেদিনই ঘরে ফিরেছেন। মঞ্জুলার ড্রইংরুমে বসে মোহনা এবং শান্তা নামে দুজন ভক্ত ভজন করছে, আমি আর গুরুদেবও সেখানে রয়েছি; চিত্তাপ্পা বাথরুম থেকে বের হলেন, দেয়াল ধরে ধরে অতি কষ্টে নিজের শরীরটাকে টেনে নিয়ে চলেছেন; গুরুদেব চোখ বন্ধ করে ধ্যানে মগ্ন, হঠাৎই তিনি চোখ মেলে চিত্তাপ্পার দিকে দৌড়ে গেলেন, "এন্না চিত্তাপ্পা?" (কাকা তোমার কী হয়েছে?) কাকাকে কোনক্রমে বিছানায় শুইয়ে দিলেন। কাকা গুরুদেবের পাশে বসেছিলেন। হঠাৎই তাঁর শরীরটা গুরুদেবের হাতের উপর ঝুঁকে পড়ল আর তাঁর প্রাণ দেহ থেকে মুক্ত হয়ে গেল। কয়েক সেকেন্ড আগেও যিনি হাঁটছিলেন, আর ক্ষনিকের মধ্যেই তাঁর প্রাণবায়ু নির্গত হয়ে গেল! আমি কাউকে এত সহজভাবে, অনায়াসে দেহত্যাগ করতে দেখিনি। পরবর্তী সময়ে গুরুদেব সুব্রমনিয়ম চিত্তাপ্পাকে অবধূত বলে আখ্যাত করেছিলেন যার অর্থ হল তিনি এমন একজন মানুষ ছিলেন যাঁর দেহবুদ্ধি নাশ হয়েছিল এবং মুক্ত আত্মা ছিলেন। সমাজের কোন প্রচলিত রীতি নীতি তাঁর জন্য প্রযোজ্য ছিল না।

দাদা বি.এস. সি পাশ করল। শুধু মাকে খুশী করা ছাড়া কলেজের ডিগ্রী লাভের কোন ইচ্ছা দাদার ছিল না। চাকরির জন্য দাদা যতদূর মনে পড়ে একটা ব্যাঙ্কে ইন্টারভিউও দিয়েছিল। যাঁরা তার ইন্টারভিউ নিচ্ছিলেন, তাঁদের দাদা ধ্যানের উপযোগীতা এবং মনকে শান্ত রাখতে পারলে কী লাভ হয়, সেই ব্যাপারে বুঝিয়ে বলে। ব্যাঙ্কের ইন্টারভিউ বোর্ড দাদাকে চাকরীর প্রস্তাব দিলেও চাকরী করার বিন্দুমাত্র ইচ্ছা দাদার ছিল না, চাকরীতে যোগ দেওয়ার পরিবর্তে, ব্যাঙ্গালোরে বাড়ীতে ফেরার আগে সে সোজা হৃষীকেশে গঙ্গার ধারে চলে গেল।

আমি কলেজে দর্শন নিয়ে পড়তাম। লক্ষ্মী তথাচার্য, তিনি একজন বিশিষ্টদ্বৈতী হলেও, আমাদের অদ্বৈত দর্শন পড়াতেন। বেদান্তের অপরাপর মতবাদ যে তিনটে স্কুলে শিক্ষা দেওয়া হত, সবকটাতেই আমাদের অধ্যয়ন করার জন্য যেতে হত, এবং প্রায়ই নিয়মিত বিভিন্ন স্কুলের মধ্যে আন্তঃকলেজ বিতর্ক প্রতিযোগিতা হত। 'অদ্বৈত বাদ' সমগ্র সৃষ্টিকে এক অখন্ড সত্তা বলে মানে। অপরপক্ষে 'বিশিষ্টদ্বৈত বাদে' ভক্ত এবং ভগবানের মধ্যে প্রভেদের কথা বলে এবং ভক্তিই হল একমাত্র পথ যার সাহায্যে উভয়ের মিলন হতে পারে। আবার অন্যদিকে 'দ্বৈত বাদ' বলে যে সৃষ্টি এবং স্রষ্টা পৃথক, জীবাত্মা তার সীমিত ক্ষমতায় সর্বশক্তিমান ঈশ্বরের সেবা এবং তাঁর প্রতি ভক্তির দ্বারা শান্তি লাভ করতে পারে। আমি 'অদ্বৈত' দর্শনের ছাত্রীদের দলে ছিলাম। বিতর্কের সময় আমি যখন তাঁদের যুক্তি বিচার শুনতাম, মনে হত তারা যেন জোর করে কিছু চাপিয়ে দেওয়ায় চেষ্টা করছে। যদিও বিতর্কের প্রত্যুত্তরে বিশেষ কিছু বলার মত যুক্তি আমার মনে আসত না বা আমি কোন বিশেষ বদ্ধমূল ধারণা পোষণ করতাম না। আমি উপলব্ধি করতাম যে দর্শনের অন্যান্য শাখায় যে শিক্ষা প্রদান করা হচ্ছে তার মধ্যে কিছু অসম্পূর্ণতা রয়ে গেছে। বাড়ীতে দাদাকে আমি আমার সংশয়ের কথা জানিয়ে কোনটা সঠিক পথ সেই বিষয়ে প্রশ্ন করলে দাদা স্মিত হেসে কেবল বলত, "'শিবোহম্' অর্থাৎ আমিই শিব। সর্বোচ্চ, অখন্ড, অসীম, অনন্ত চেতনা।" সেই ক্ষণেই আমার সমস্ত সংশয় দূর হয়ে গিয়ে এক প্রশান্তির সমুদ্রে ডুবে যেতাম।

একজন আধ্যাত্মিক জ্ঞানের সমস্ত গ্রন্থ পড়ে ফেলতে পারেন, কিন্তু একমাত্র গুরুই সেই জ্ঞানকে জীবনে উপলব্ধ করাতে পারেন যা একজন সাধককে সত্যকে জানার পথে নিয়ে যায়। গুরুদেব প্রায়ই আমাদের হনুমানের উদাহরণ দেন। হনুমান তাঁর সঙ্গে প্রভু রামের সম্পর্কের বিষয়ে বলছেন, "আমি যখন দেহবুদ্ধিতে থাকি, তখন আমি তোমার দাস (দ্বৈত ভাব); যখন জীববুদ্ধিতে থাকি তখন আমি

তোমার অংশ (বিশিষ্টাদ্বৈত); আর আমি যখন আত্মবুদ্ধিতে থাকি তখন তোমার আর আমার মধ্যে কোন পার্থক্য নেই (অদ্বৈত)। (দেহবুদ্ধ্যা তব দাসোহহম, জীববুদ্ধ্যা তদংশক, আত্মবুদ্ধ্যা ত্বমেব অহম্ ইতি মে নিশ্চিতামতি)। আপাত দৃষ্টতে দেখলে এই কথাকে পরস্পরবিরোধী বলে মনে হলেও প্রকৃতপক্ষে তা একই সত্ত্বার বহুরূপতাকে প্রকাশ করে।

দাদার বয়স উনিশ বা কুড়ি হবে, কলেজের পড়া তখনও শেষ হয় নি, সেই সময় ধ্যানের মাধ্যমে এক অতিপ্রাকৃতিক অনুভূতিকে লাভ করার, অজ্ঞেয়কে জ্ঞাত হবার বিষয়ে একটা প্রচার লিপি তার দৃষ্টি আকর্ষণ করে। একদিন দাদা সেই বিষয়ে বিশদে জানার জন্য আয়োজকদের অফিসে গিয়ে উপস্থিত হল। সেখানে একজন মহিলা খুব সুন্দর ভাবে দাদাকে ধ্যানের বিষয়ে বুঝিয়ে বলেন। তাঁর কথায় দাদা প্রভাবিত হয়ে সেই অনুষ্ঠানে যোগ দেওয়ার ব্যাপারে মনস্থির করে। কোর্স সমাপ্ত করে দাদা আমাকেও ধ্যান করার বিষয়ে প্রেরণা দেয়। আয়োজকদের সঙ্গে দাদা নিয়মিত যোগাযোগ রেখে যাচ্ছিল। এমন সময় হঠাৎই একদিন মেলকোটে টিচার্স ট্রেনিং কোর্সে অংশ নেবার জন্য দাদার কাছে আমন্ত্রণ আসে। কিন্তু সেই কোর্স থেকে ফেরার পথে দাদা তার স্যুটকেসে যা ছিল সবই দান করে দেয়। মা তাতে যারপরনাই বিস্মিত তথা আতঙ্কিত হয়ে পড়েন। এই কোর্স শেষ করার পর হৃষীকেশে যাওয়ার জন্য তার ডাক আসে এবং সেখানে কয়েক সপ্তাহ ধরে আরও বিভিন্ন রকমের অ্যাডভান্স কোর্স শেষ করে তারপর দাদা বাড়ী ফিরে আসে।

এই সময় আমার বিবাহের একটা প্রস্তাব আসে। আমি তখনও কলেজে পড়ছি। মা এবং পিসিমার মতে বিবাহের বয়স তখনও আমার হয়নি, কিন্তু পিতাজী বলেন যে বিবাহ আমার পক্ষে শুভ হবে। আমার দাদারও একই মত ছিল। দাদা বলল, "উনি একজন আধ্যাত্মিক জগতের ব্যক্তি, সুতরাং বিবাহের ফলে আমার মঙ্গলই হবে।" আমার মাসতুতো খুড়তুতো ভাই বোনেরা বিয়ের খবর শুনে খুবই উৎফুল্ল হয়ে উঠল এবং সকলেই নানা কাজে ব্যস্ত হয়ে পড়ল। আমাদের একান্নবর্তী পরিবার হওয়ার সুবাদে সমস্ত আত্মীয়রাই পোশাক-অশাক, গয়নাগাটি ইত্যাদি কেনাকাটা, নিমন্ত্রণ পত্র পাঠানো, খাওয়া দাওয়া ইত্যাদি সমস্ত কাজ কীভাবে করতে হবে তাই নিয়ে আলোচনা করতে শুরু করে দিলেন। পাপনাশম গ্রামে আমাদের প্রায় সকলেই প্রস্তুতির কাজে ব্যস্ত হয়ে পড়লেন। দক্ষিণ ভারতের অদ্ভুত পেঁচানো আকারের ভাজা - চিকলি, বিবাহ অনুষ্ঠানের একটা অপরিহার্য অঙ্গ। তাদের আবার ছোট বড় নানা রকম আকার; ঘনিষ্ঠ আত্মীয়দের জন্য বড় আর

অপেক্ষাকৃত ছোট চিকলি বানানো হয় অতিথিদের আপ্যায়ন করার জন্য। অতিথিদের আপ্যায়নের জন্য আরও ব্যবস্থা করা হয়েছিল যেমন লাড্ডু, মহীশুর পাক, চাউ-চাউ, এছাড়াও নানা ধরণের সুস্বাদু খাবারের প্যাকেট, তার সঙ্গে প্রধানত ছিল পান, সুপারি, এবং একটা নারকোল।

নতুন শাড়ী, গহনা নিয়ে আমিও খুব উৎফুল্ল এবং ব্যস্ত হয়ে পড়েছিলাম। পাপনাশম গ্রামের সমস্ত আত্মীয় পরিজন ব্যাঙ্গালোরে বিবাহের অনুষ্ঠানে যোগ দিতে এসেছিলেন। গোটা অনুষ্ঠানটা খুব সুচারুরূপে এবং বর্ণাঢ্য আকারে সম্পন্ন হয়েছিল। বিবাহের পর কলেজের পাঠ সম্পূর্ণ করার জন্য আমি 'মঞ্জুলা' তে ফিরে এলাম।

একদিন হঠাৎই দাদার মাথায় প্রচণ্ড যন্ত্রণা শুরু হল। তার অস্থিরতায় বাড়ীর সকলেও খুব উদ্বিগ্ন হয়ে পড়ল। যন্ত্রণা বাড়তে বাড়তে সহ্যের সীমা ছাড়িয়ে গেল। কোন ওষুধেই কোন কাজ হল না, যন্ত্রণা উপশমের কোন লক্ষণই দেখা গেল না। দাদার কষ্ট দেখে আমিও কাঁদতে শুরু করে দিলাম। পিতাজী এবং আম্মা তাঁদের যত রকম উপায় জানা ছিল সবই করলেন, কিন্তু কোনকিছুই কাজে এল না। কয়েক ঘন্টা ধরে এই অসহ্য যন্ত্রণা চলার পর সেটা আপনা আপনিই কমে গেল কী কারণে যে যন্ত্রণা হল এবং কিভাবেই বা যে তার উপশম হল, আমরা তার কিছুই বুঝতে পারলাম না, তবে দাদা যন্ত্রণা থেকে নিষ্কৃতি পাওয়ায় সকলেই গভীর স্বস্তিবোধ করলাম। এই ঘটনাটা মনে এলেই আমি অবাক হয়ে ভাবতাম যে একটা কুঁড়ি যেমন তার পাপড়িগুলো ধীরে ধীরে খুলতে শুরু করে ফুল হয়ে ফোটে, তেমনই এক চেতনা শক্তির প্রবাহ দাদার শরীরের ভিতরেও প্রবাহিত হতে শুরু করেছিল, আর তার ফলেই হয়ত তার অত যন্ত্রণা হয়েছিল। কয়েক সপ্তাহ পরেই হৃষীকেশ থেকে ট্র্যান্সেডেন্টাল মেডিটেশনের উদ্ভাবক এবং বিখ্যাত মহাপুরুষ মহর্ষি মহেশ যোগীর আমন্ত্রণ এল তাঁর সঙ্গে সেখানে গিয়ে সাক্ষাৎ করার। তাঁর সঙ্গে সাক্ষাৎ লাভ করার আমন্ত্রণ স্বভাবতই অত্যন্ত উত্তেজনার সৃষ্টি করেছিল। সদ্য কৈশোর অতিক্রান্ত রবির পক্ষে সেই আমন্ত্রণ কতটা আনন্দের ব্যাপার হতে পারে সেটা আমরা বুঝতে পারছিলাম, কিন্তু তারপরে যে কী ঘটতে চলেছে, সে বিষয়ে আমরা মোটেই প্রস্তুত ছিলাম না। আমাদের জীবন এক সম্পূর্ণ নতুন ধারায় বয়ে যাবার ভূমিকা রচিত হল।

পঞ্চম অধ্যায়

নিবিড় সান্নিধ্য

মনের গভীর প্রশান্তি থেকে যে শব্দ নির্গত হয়, একমাত্র সেই শব্দই কোন মুহূর্তের স্মৃতির মাধুর্যকে অনায়াসে সকলের হৃদয়ে স্পর্শ করে। নির্বাক মুগ্ধ বিস্ময়ে সমুদ্রের অবিরাম ঢেউয়ের ওঠাপড়া দেখতে দেখতে, ওই তরঙ্গমালার মতই স্মৃতির সোপান বেয়ে মনোরম ঘটনা উঁকি দিতে শুরু করছে। গুরুর সান্নিধ্য লাভ করতে পারলে, জীবন তখন ভাবের সর্বোত্তম পর্যায়ে আস্থিত হয়ে যায়। তখন হাওয়া যেন স্নেহের পরশ মাখিয়ে বয়ে চলে, সূর্য কিরণ অন্তরের তামসকে অপসারিত করে আলোয় ভাস্বর করে তোলে, চাঁদের কিরণ যেন স্বপ্নালু আবেশে কল্পনার ডানায় ভর করে ভেসে চলার ইশারায় ডাক দিয়ে যায়।

রবি তখন সদ্য যৌবনে পা রাখতে চলেছে, যে সময়ে সকল ছেলে মেয়েরাই একটা লোভনীয় অঙ্কের চাকরী এবং তার সঙ্গে আনুসঙ্গিক আমোদ প্রমোদের ভাবনায় মেতে থাকে। কিন্তু তার জীবন এইসব অতি সাধারণ জাগতিক আকর্ষণ থেকে অনেক দূরে কোন বিষয়ের প্রতি নিবিষ্ট ছিল। দাদা হৃষীকেশ গিয়ে মহর্ষি মহেশ যোগীর সঙ্গে সাক্ষাৎ করার পর কিছু কাগজপত্রের প্রয়োজনে কয়েকদিনের জন্য বাড়ীতে এসেছিল। তারপরেই প্রায় দু বছরের জন্য সুইজারল্যান্ডে মহর্ষি ইউরোপিয়ান রিসার্চ ইউনিভার্সিটিতে (মেরু) একজন ছাত্র হিসাবে যোগ দিয়ে মহর্ষির সঙ্গে কাজ করার জন্য চলে যায়।

এই সময়টা আমাদের বাড়ীর সকলের কাছে অতিদীর্ঘ বলে মনে হত। কয়েকটা চিঠি আর মাঝে মধ্যে দু একটা ফোন ছাড়া আমাদের সান্তনা পাওয়ার কিছু ছিল না। যখন দাদার চিঠি আসত, আম্মা সেটা প্রথমে পড়তেন আর আমি অধীর আগ্রহে অপেক্ষা করতাম কখন সেটা আমার হাতে পাব। চিঠির প্রতিটা শব্দ যেন আমাদের পারস্পরিক ভালবাসাকে স্মরণ করিয়ে দিত, আর আমাদের দুজনের গাল বেয়ে আনন্দাশ্রু গড়িয়ে পড়ত। একটা চিঠিতে দাদা লিখেছিল,'সমস্ত রঙই সুন্দর, তাই তাদের ভিতরে কোন একটাকে বেছে নেওয়া মুশকিল, তাই আমি সাদা রংকেই বেছে নিয়েছি কারণ তার মধ্যে সমস্ত রঙই মিশে থাকে।" আর একটা চিঠিতে লেখা ছিল যে সুইজারল্যান্ডে ক্ষৌরকারের খুব অভাব এবং তার জন্য প্রচুর খরচ করতে হত। অবশেষে দাদার ঘরে ফেরার খবর নিয়ে চিঠি এসে

পৌঁছাল। তখনকার দিনে ব্যাঙ্গালোরে কোন আন্তর্জাতিক বিমান সরাসরি যাতায়াত করত না, ফলে দাদাকে চেন্নাইয়ে নেমে সেখান থেকে ব্যাঙ্গালোরের বিমান ধরে ব্যাঙ্গালোরে আসতে হল। দাদাকে নিয়ে আসতে আমি পিতাজীর সঙ্গে বিমানবন্দরে গেলাম। আমরা উৎকর্ন হয়ে শুনছিলাম যে কখন দাদার বিমানের নামার খবর ঘোষণা করা হবে। যে গেট দিয়ে দলে দলে লোক বাইরে বেরিয়ে আসছিল, আমরা অধীর আগ্রহে সেইদিকে দৃষ্টি নিবদ্ধ রেখে তার জন্য দাঁড়িয়ে রইলাম।

দাদা যখন সুইজারল্যান্ডে গেছিল তখন তার পরনে ছিল সাধারণ জামা-প্যান্ট। তাই ফিরে আসার সময়েও সেই পোশাকেই তাকে আশা করছিলাম। সামনে আসার পর, তার দুচোখে দেখলাম এক প্রশান্ত, প্রসন্নতায় ভরা মমতা মাখা গভীর দৃষ্টি তা জীবনে কোনদিনই ভুলতে পারব না। আমি যদিও প্রাণপনে মনকে বোঝানোর চেষ্টা করছিলাম যে, যে মানুষটা আমার সামনে প্রসন্ন চিত্তে দাঁড়িয়ে রয়েছে, সে আমারই অগ্রজ সহোদর, তবুও অন্তরে উপলব্ধি করতে পারছিলাম যে এরই মধ্যে অলক্ষ্যে অনেক কিছু বদলে গেছে। পা পর্যন্ত শ্বেতশুভ্র লম্বা ঢিলা পোশাক হাওয়ায় খেলা করছে, মাথার চুল কাঁধ ছুঁয়ে রয়েছে, তার চলার ছন্দে যেন এক স্বর্গীয় আনন্দের তরঙ্গ ছড়িয়ে পড়ছে। সব মিলিয়ে তার উপস্থিতি যেন আবির্ভাবের মত মনে হল। তার গলার স্বর অত্যন্ত মৃদু এবং মধুর, মনে হল যেন আগের থেকেও মধুর হয়ে গেছে, কিন্তু প্রতিটা শব্দ যেন তার অর্থকে বহন করে আমাদের ছুঁয়ে যাচ্ছে। আমার অন্তর দ্বন্দাকীর্ণ হয়ে পড়ল, বিশ্বাস করতে ভরসা পাচ্ছিলাম না যে আমার দাদা আগের মতই রয়েছে; আবার দাদা যে বদলে গেছে, এই সত্যটাকে মন থেকে মেনে নিতে পারছিলাম না। মন হতচেতন হয়ে স্বব্ধ হয়ে রইল। পিতাজী দাদার ব্যাগ পত্তর তুলে নিলেন এবং আমরা বাড়ীর উদ্দেশ্যে রওনা হলাম।

তাঁর পুত্রকে দেখেই আম্মার মনে এক বিপুল বিস্ময় উঁকি দিয়ে গেল- এই কি সেই অবতার যে তোমার পুত্রের রূপ ধরে তোমার ঘরে অবতীর্ণ হয়েছে! মায়ের মনে জেগে ওঠা সেই অভিব্যক্তি দাদার দৃষ্টি এড়াল না, কোন শব্দের আদান প্রদান হল না- এক নীরব দৃষ্টিতে মায়ের দিকে তাকিয়ে সে সেই প্রশ্নের উত্তর দিয়ে দিল। আম্মা অপলক নয়নে তাঁর পুত্রকে নিরীক্ষণ করতে লাগলেন। দাদার উপস্থিতি চারপাশে এক অলৌকিক আভা ছড়িয়ে দিচ্ছিল এবং অতি সহজেই তা আমাদেরও আবিষ্ট করে তুলেছিল। দাদার চেহারা বরাবরই সুদর্শন ছিল, আর তাই

নিয়ে আমার কাকারা তাকে আমাদের বাড়ীর কমল হাসান বলে মজা করত। কিন্তু বর্তমানে তার শরীর থেকে যে মনোমুগ্ধকর অলৌকিক আভা বিকীর্ণ হচ্ছিল, তার সঙ্গে আগেকার শারীরিক ভাষার কোন তুলনাই চলে না। দাদার এই নতুন রূপ আমাদের যখন যুগপৎ মুগ্ধতা এবং দ্বন্দ্বে ভরিয়ে তুলেছিল, আম্মার মনেও সংশয়ের ঝড় বয়ে যাচ্ছিল। একবার "সে আমার পুত্রই আছে" ভেবে তাঁর মনকে আশ্বস্ত করতে চাইছিলেন, আবার পরক্ষণেই দাদার বর্তমান অবস্থা প্রত্যক্ষ করে তাঁরও মন যেন বলছে, "রবি বদলে গেছে!"

মা বরাবরই অত্যন্ত স্নেহভরে দাদাকে খাবার পরিবেশন করতেন, কিন্তু আজ খাবার দিতে গিয়ে হঠাৎই যেন নিজেরই অগোচরে তাঁর মনে এক শ্রদ্ধার ভাব জেগে উঠল। দাদার এই নতুন পোশাকের সঙ্গে আমরা অভ্যস্থ ছিলাম না। প্যান্ট শার্ট আর চলবে না, সুতরাং জয়নগর বাজার থেকে আমি দাদার জন্য ধুতি আর কুর্তা কিনে আনলাম। আমরা প্রাণপনে স্বাভাবিক থাকার চেষ্টা করছিলাম, কিন্তু বুঝতে পারছিলাম যে সেই কৃত্রিমতাকে ঢেকে রাখা যাচ্ছিল না। কিন্তু সত্যি কথাটা কে বলবে? আর বলতে গেলেও কীভাবে বলবে? সুতরাং মনের টানাপোড়েন চলতেই থাকল। যাইহোক, আমি কোনদিনই আর দাদার কথার বিরুদ্ধে কোন যুক্তিতর্কের অবতারণা করিনি। তার চিরপরিচিত শান্ত মৃদু স্বরে যা সে বলত তা ছিল শাশ্বত এবং তার ভিতর এক পরম প্রত্যয়ী শক্তিকে অনুভব করতে পারতাম। তার কণ্ঠস্বর যেন এই ভৌতিক শরীরের পারে কোন এক অজানা জগতের ভূমি থেকে ভেসে আসছিল। যতবারই আমি তার চোখের দিকে তাকিয়েছি, সেখানে এক পরম নির্ভরতার, অভয় দানের ইঙ্গিত প্রত্যক্ষ করেছি, প্রত্যয় হয়েছে আমি তারই আছি, সে সর্বদা আমার সঙ্গে আছে।

দিনগুলো অত্যন্ত দ্রুত কেটে গেল এবং আবার তার যাওয়ার সময় উপস্থিত হল। তাকে প্রায়ই টানা কয়েক মাসের জন্য বাইরে থাকতে হত। দাদা এমনিতেই খুব কম দিনের জন্য ঘরে আসত এবং মহর্ষির ডাকে সেটা আরও সংক্ষিপ্ত হয়ে যেত। আমি তাঁর মন্দ্র গম্ভীর স্বর শুনেছি, তিনি বলছেন, "রবি..." দাদার প্রতি পরিবারের সমস্ত লোকেদের ভালবাসা কত গভীর ছিল সেটা মহর্ষি খুব ভালভাবেই জানতেন, তাই পাছে দাদার ঘরের প্রতি পিছটান তৈরী হয় সেকথা ভেবে বেশীদিন দাদাকে তিনি ঘরে থাকতে দিতেন না।

গুরুদেবের ভিতরে বেদ এবং বিজ্ঞানের এক সার্থক সমন্বয় প্রত্যক্ষ করা যায়। মহর্ষির 'ট্রানসিডেন্টাল মেডিটেশন' তখন সারা বিশ্বে পরিচিতি লাভ করেছিল এবং

তাঁর সান্নিধ্য লাভ দাদার কাছে এক নতুন দিগন্তের উন্মেষ ঘটিয়ে দিয়েছিল বলে আমার মনে হয়। উভয়ের মধ্যে প্রথম সাক্ষাৎকারের বিষয়ে প্রশ্ন করা হলে দাদা কেবল মৃদু হেসে বলত, "তিনি আমাকে চিনতে পারলেন এবং আমিও তাঁকে চিনতে পারলাম।" মহর্ষি তখন সারা ভারত জুড়ে বেদজ্ঞ পন্ডিত এবং বিজ্ঞানীদের এক মঞ্চে উপস্থিত করে পারস্পরিক জ্ঞানের আদান প্রদানের জন্য সম্মেলনের আয়োজন করে যাচ্ছিলেন। দাদা পদার্থ বিজ্ঞানের ছাত্র ছিল। দাদা তার সহজাত রসবোধের জন্য সহপাঠীদের কাছে খুব প্রিয় ছিল। দাদা দীর্ঘদিন বাইরে থাকলে তার বন্ধুরা তার কথা খুব মনে করত। যাই হোক, পরবর্তী কালে যে ক্লাসে দাদা পড়ত, সেই ক্লাসের বক্তৃতা করার জন্য দাদাকে আমন্ত্রণ জানানো হয়েছিল।

সম্মেলনের ফাঁকে ফাঁকে দাদা অল্প দিনের জন্য বাড়ি আসত। দোতলায় একটা ছোট ঘর ছিল, সেই ঘরের দরজা বন্ধ করে দাদা নিভৃতে তার সাধনায় নিবিষ্ট থাকত। দাদা দরজা বন্ধ করে ভিতরে কী করছে, ঔৎসুক্য বশত দরজার চাবির ফুটো দিয়ে আমি দেখার চেষ্টা করতাম। একবার আমি বিস্ময়ে চমকে ছিটকে পিছয়ে গেলাম- দাদার শরীর জমি থেকে উঠে শূন্যে ভাসছে! আমি ভিতরে ভিতরে খুব উত্তেজিত হয়ে পড়লাম এবং ভাবলাম কবে তার কাছ থেকে এই বিদ্যা শিখব। পরে আমি জানতে পারলাম যে তার মত আরও অনেকে এই শিক্ষা আয়ত্ত করতে পেরেছে, এবং ভাবলাম যে দাদাকে অনুরোধ করব আমাকে শেখানোর জন্য। কিন্তু দাদাকে যখন এই বিষয়ে বলতে গেলাম কেবল একটা মৃদু হাসি ছাড়া আর কিছুই পেলাম না। সেই ছোট্ট ঘরে আধ্যাত্মিক জগতের মানুষ, আরোগ্য প্রদানকারী, জ্যোতির্বিদ এবং পন্ডিতবর্গকে দাদার আমন্ত্রণে বিভিন্ন সময়ে আসতে দেখেছি। তাঁরা সকলেই আমাকে একই কথা বলেছেন, "তুমি জান না যে উনি কে! দেখবে একদিন সমগ্র পৃথিবীর মানুষ তাঁর কাছে ছুটে আসতে বাধ্য হবে। তোমরা অত্যন্ত ভাগ্যবান যে তাঁর ঘনিষ্ঠ সান্নিধ্য লাভ করতে পেরেছ।"

আমার স্বামী, তাঁকে আমি আন্না বলে সম্বোধন করতাম, তখন কর্মসূত্রে পন্ডিচেরীতে থাকতেন। সেইখানে যাওয়াটা আমার কাছে ছুটি কাটানোর মত মনে হত। সেখান থেকে আমি হাতব্যাগ, জুতো ইত্যাদি কিনে নিয়ে এসে, আমার স্বামী আমাকে কী কী কিনে দিয়েছেন সেসব বান্ধবীদের দেখাতাম। সেইসব দিনগুলো আমার উত্তর কৈশোরের চাপল্যচঞ্চলতায় ভরা ছিল। কলেজের পড়া সমাপ্ত করে আমি পন্ডিচেরীতে স্বামীর কাছে চলে গেলাম। আমার স্বামী সেখানকার জিম্পারে একটা বিখ্যাত মেডিক্যাল স্কুলে দাদার জন্য বিশেষ বক্তৃতার আয়োজন করলেন।

ডাক্তারদের কাছে ধ্যানের গুরুত্ব নিয়ে দাদা আলোচনার পর একটা প্রশ্নোত্তর পর্ব রাখা হয়েছিল। প্রশ্নোত্তর পর্বে উপস্থিত ডাক্তাররা দাদাকে শরীর সম্বন্ধীয় বিশেষ ধরণের প্রশ্ন করেছিলেন। কিন্তু সার্জারি এবং মেডিসিনের ওপর দাদার গভীর জ্ঞানের পরিচয় পেয়ে তাঁরা সকলেই হতবাক হয়ে যান। সেখানে কিছু ব্যক্তি ছিলেন যারা মানুষের শরীরের উপর আধ্যাত্মিক সাধনার প্রভাব সম্পর্কে জানতে আগ্রহী ছিলেন। তাঁরা অবিলম্বে দাদাকে আরও একবার যাবার জন্য অনুরোধ করলেন।

এরপর আমরা ঠিক করলাম যে তামিলনাড়ুর থিরুনাল্লারে যে শানেশ্বর মন্দির রয়েছে, সেখানে যাব। সকাল সাতটা হবে, আমরা গাড়ী চালিয়ে সেখানে যাবার জন্য রওনা হলাম। রাস্তায় হঠাৎ দাদা আন্নাকে বলল, "দেখতো এক টুকরো হলুদ কাপড় আর একশোটা এক টাকার কয়েন জোগাড় করতে পার কি না।" আন্না ভেবে পাচ্ছিলেন না যে অত সকালে কোথা থেকে কাপড় বা অত কয়েন জোগাড় করবেন, বিশেষত সেই জায়গাটা একটা ছোট গঞ্জের মত ছিল। দাদা তখন গাড়ির ড্রাইভারকে কোন রাস্তা দিয়ে গাড়ী চালিয়ে নিয়ে যেতে হবে নির্দেশ দিতে লাগল। আমরা এই প্রথমবার সেখানে গেছি, কিন্তু দাদা এমনভাবে ড্রাইভারকে রাস্তা বলে দিতে লাগল যে মন হচ্ছিল যেন এখানকার রাস্তাঘাট সব তার নখদর্পনে রয়েছে! একটা ছোট্ট দোকানের সামনে গাড়ী দাঁড় করিয়ে দাদা আন্নাকে দোকানদারের কাছে কাপড় আর কয়েনের খোঁজ করতে বলল। কিছুটা ইতস্ততভাবেই আন্না গাড়ী থেকে নেমে দোকানদারের কাছে গিয়ে জিজ্ঞাসা করল যে তার কাছে এক টুকরো হলুদ কাপড় পাওয়া যাবে কী না। সেটা পাওয়া গেল। কিন্তু যেটা নিয়ে তাঁর মনে সংশয় ছিল সেটা হল ওই একশোটা কয়েন। সেটা পাওয়া যাবে কী না জিজ্ঞাসা করাতে দোকানদার তার কাছে যা কয়েন ছিল সব গুনতে শুরু করল। আমরা অবাক হয়ে দেখলাম যে সে যখন তার গোনা শেষ করল, দেখা গেল ঠিক একশোটা কয়েনই তার বাক্সে রয়েছে! গুরুদেব যখন কাউকে কোন কাজের ভার অর্পন করেন, তখন শুধু যে উপায়ের কথা বলে ছেড়ে দেন তাই নয়, প্রতি পদক্ষেপে তাঁকে চালিত করে নিয়ে যান। কেউ যখন সেই নির্দেশ নির্দ্বিধায় পালন করে চলে, অপার বিস্ময়ে অভিভূত হয়ে যায় যে কীভাবে সব ঘটে গেল!

কাজ সম্পূর্ন হলে আন্না ফিরে এলেন। আমরা ধীরে ধীরে মন্দিরের দিকে এগিয়ে গেলাম। কিন্তু স্বভাবানুসারে আমার দাদার মনে অন্যকিছু একটা খেলা

করছিল৷ সে ক্ষণিকের মধ্যে আমাদের ছেড়ে অন্য কোন জায়গা থেকে ঘুরে এসে গাড়ীতে বসল৷ আবার দাদা কোন রাস্তা দিয়ে যেতে হবে তা ড্রাইভারকে নির্দেশ দিতে লাগল৷ একটা ছোট সাধারণ বাড়ীর সামনে গাড়ি দাঁড় করিয়ে দাদা আমাদের বলল যে ভিতরে যে ব্যক্তি রয়েছেন, তাঁকে দর্শন করে আসতে৷ দেখলাম সেখানে একজন বসে রয়েছেন, গায়ের রঙ কালো এবং তাঁর একটা চোখ অর্ধনিমীলিত৷ মনে হল তাঁর শরীর কোন দুর্ঘটনার কবলে পড়ে ক্ষতিগ্রস্থ হয়ে পড়েছে৷ তাঁকে প্রণাম করে আমরা বাড়ী থেকে বেরিয়ে এলাম৷ দাদা বলল, "আমাদের দর্শন এখন সম্পূর্ণ হল৷" কিন্তু আন্না যেহেতু মন্দিরে পুজো দেবার সব বন্দোবস্ত করে রেখেছিলেন তাই আমদের মন্দিরে যেতে হল৷ আমরা তারপর মন্দিরে গিয়ে পুজো দিয়ে ফিরে এলাম৷ এ ঘটনার প্রায় ছয়মাস পর আন্না তাঁর অফিসের কাজে ওই এলাকায় গিয়েছিলেন, সেই একই রাস্তায় গিয়ে অনেক খুঁজেও সেই ব্যক্তি এমনকি বাড়ীটারও কোন চিহ্ন খুঁজে পাননি!

কয়েকমাস পর আমি সন্তানসম্ভবা হয়ে পড়ি এবং তার জন্য ব্যাঙ্গালোরে আমাদের বাড়ীতে মা-বাবার কাছে চলে আসি৷ যদিও দাদাকে বিভিন্ন জায়গায় প্রবচন দেবার জন্য ঘুরে বেড়াতে হত, তবুও বাড়ীতে কোন অনুষ্ঠান হলে সে যোগ দেওয়ার জন্য ঠিক চলে আসত৷ সে 'সীমান্তম' (সাধ ভক্ষণ অনুষ্ঠান) এর সময় এবং শিশু ভূমিষ্ঠ হবার সময় ঠিক উপস্থিত ছিল৷ দাদা শিশুকে কোলে নিয়ে ঘুম পাড়িয়ে দিত৷ শিশুর নামকরণের অনুষ্ঠান অবধি দাদা ঘরে থাকলেও তার অব্যবহিত পরেই আবার বেড়িয়ে পড়ল৷

ধ্যানের গুরুত্ব সম্বন্ধে সর্বস্তরের মানুষকে সচেতন করার লক্ষ্যে দাদা অনেক শহর তথা দেশ ভ্রমণ করে বেড়াতে লাগল৷ এই সফরকালে সে যেখানে যা কিছু উপহার হিসাবে পেত, সবই কাউকে না কাউকে দান করে দিত৷ একবার মাত্র বিদেশ থেকে একটা শাল সঙ্গে করে নিয়ে এসেছিল৷ শালটার এককোণে আমের আকারের একটা সুন্দর লেসের সঙ্গে বাদামী সিল্কের সুতোর এমব্র্যয়েডারীর কাজ ছিল৷ দাদা আমাদের পরে বলেছিল যে শালটা খুব সুন্দর থাকায় অনেকেরই সেটা পছন্দ হয়েছিল৷ এবার একজন কাউকে শালটা দান করলে অন্যেরা ব্যথিত হতে পারত, তাই শালটা কাউকে না দিয়ে দাদা স্বয়ং সেটা নিয়ে চলে এসেছিল৷

তার যুবাবস্থায় মহর্ষির সাহচর্যে রবি অনেকবার সুইজারল্যান্ডে গেছিল৷ সেখানে কেমন করে দিন যাপন করত, কেমন করে তার কথায় প্রচুর মানুষ জীবনের নতুন দিশা খুঁজে পেত ইত্যাদি অভিজ্ঞতার কথা শোনার ব্যাপারে আমরা

খুব উদগ্রীব হয়ে থাকতাম। আমাদের বারান্দায় একটা দোলনা ছিল আর সেই দোলনার সঙ্গে সমকোণে একটা বেঞ্চ জোড়া দেওয়া ছিল। কাঠের সেই বেঞ্চের উপর সানমাইকা লাগানো ছিল যাতে আরামে বসা যায়। সমস্ত ব্যবস্থাই করা হয়েছিল যাতে বিশেষত সন্ধ্যাবেলা সেখানে সকলে মিলে খোলা হাওয়ায় গল্পগুজব করতে পারে। সেখানেই দাদাকে ঘিরে কান খাড়া করে আমরা বসে থাকতাম, কখন সে কী বলে। একদিন দাদা একটা খুব মজার কাহিনী শোনাল, "মহর্ষির সঙ্গে কয়েকজন আমরা বসে রয়েছি, তিনি আমেরিকায় 'ট্রান্‌সিডেন্টাল মুভমেন্ট' এর কিছু সমস্যার প্রসঙ্গে আলোচনা করছিলেন। মহর্ষী বলছিলেন, 'একবার তুমি শিখরে পৌঁছে গেলে সেখানে আর কোন অধিত্যকা, উপত্যকা কোনকিছুই থাকবে না। সুতরাং একবার যে শিখরে পৌঁছে গেছে, তাকে নীচে নেমে আসতেই হবে।' আমিও বাক ছলে বললাম, 'আর সেখানে কত গভীরতায় পৌঁছানো গেছে তাই নিয়ে কোন প্রতিযোগীতাও থাকবে না।' আমার এই কথা শুনে মহর্ষি মুচকি হাসলেন এবং তাঁর চোখে হাসির ঝিলিক খেলে গেল।"

দাদা বলত যে মহর্ষির মত প্রগাঢ় জ্ঞানী অথচ উদার সহজ সরল মানুষ সে কখনো দেখেনি। যার ফলে আবাল বৃদ্ধ বনিতা, বিজ্ঞানী কিংবা প্রাকৃত জন, সকলেই তাঁর সঙ্গে কথা বলতে পারত। দাদার কাছে শুনেছি যে যখন 'সিদ্ধ যোগের' প্রবর্তক মুক্তানন্দ মহারাজ অথবা বাংলার বিখ্যাত আধ্যাত্মিক সাধিকা আনন্দময়ী মার সঙ্গে মহর্ষির সাক্ষাৎ হত, সকলেই আশা করতেন যে এবার তাঁদের কাছে অনেক তত্ত্বকথার প্রসঙ্গ শোনা যাবে। কিন্তু তাঁদের সকলকে অবাক করে দিয়ে তাঁরা কোনকিছুই আলোচনা করতেন না। কেননা 'আত্মা পরমাত্মা'র জটিল তত্ত্বকথায় অযথা সময় অপব্যয় করার থেকে তাঁরা তাঁদের সান্নিধ্যটুকু উপভোগ করার ব্যাপারেই বেশী আগ্রহী থাকতেন। কেবল তাঁদের উপস্থিতিটুকুই পরস্পরকে আনন্দ দেবার জন্য যথেষ্ট ছিল।

মহর্ষির সঙ্গে দাদার যে সব ঘটনা বা কথোপকথন হয়েছিল, সে সব স্মরণ করলে কিছু ক্ষেত্রে অনেক গভীর জ্ঞানের আভাস যেন পেতাম আবার কিছু আমার বোধবুদ্ধির সীমার বাইরে থেকে যেত। ১৯৭০ সালের শেষ দিকের একটা ঘটনার কথা দাদার মুখ থেকে শুনেছিলাম। দিল্লীতে ছ-সাত জন পন্ডিত এসেছিলেন মহর্ষির সঙ্গে সাক্ষাৎ করতে।

সনাতন ধর্মের একজন পন্ডিত সংস্কৃত শ্লোকে বিদ্যার দেবী সরস্বতীর একটা বন্দনা করলেন, এবং সেই শ্লোকের অর্থ ব্যাখ্যা করে বললেন, "দেবী শ্বেত বসনা,

তাঁর বিচার এবং অভিব্যক্তি ব্রহ্ম স্বরূপ। তিনি এক এবং অদ্বিতীয়, সমগ্র সৃষ্টিতে তিনি পরিব্যপ্ত হয়ে আছেন। তাঁর একহাতে জপমালা এবং অন্য হাতে শাস্ত্রগ্রন্থ।" একজন আর্য সমাজের পন্ডিত সেখানে উপস্থিত ছিলেন, তিনি পূর্বেকার বক্তব্য খন্ডন করার চেষ্টা করলেন। ফলে উভয়ের মধ্যে বিবাদের সূচনা হল, এবং তা চরমে ওঠার উপক্রম হল। মহর্ষি সেখানে বসে উভয়ের বাদ-বিবাদকে উপভোগ করছিলেন। তিনি তাঁর মালা নিয়ে খেলতে খেলতে আমার দিকে তির্যক দৃষ্টি নিক্ষেপ করে তাঁকে দেখার ইঙ্গিত করলেন। তিনি কয়েকবার একই ভঙ্গিতে আমাকে ইঙ্গিত করলেন যাতে তিনি কী বোঝাতে চাইছেন সেটা আমি উপলব্ধি করতে পারি। মহর্ষি সহাস্য মুখে বসে রয়েছেন, তাঁর বিচার এবং অভিব্যক্তি ব্রহ্মের ন্যায়, তিনি আদি এবং অদ্বিতীয়, সৃষ্টিব্যাপী তাঁর বিস্তার, এবং তাঁর এক হাতে মালা আর সামনে পড়ে রয়েছে শাস্ত্র। তিনি স্মিত হাসি হেসে বলতে লাগলেন, "সরস্বতী হল চেতনার সেই ভূমি যার মধ্যে সৃষ্টির সমস্ত জ্ঞানের প্রকাশ ঘটে, তা এক এবং অদ্বিতীয়।" উপস্থিত পন্ডিতেরা তর্কে মত্ত থাকার কারণে তাঁর সূক্ষ্ম ইঙ্গিতের তাৎপর্য অনুধাবন করতে পারলেন না। প্রায়ই মানুষেরা আত্মোপলব্ধির নামে, আধ্যাত্মিক অনুভূতির নামে দৃপ্তভাবে ঘোষণা করে যে 'আমিই ব্রহ্ম, আত্মস্বরূপ'। মহর্ষি এই ধরণের কথার বিরোধিতা করতেন। তিনি বলতেন যে এই ধরণের কথা কেবল কল্পনার জগতে, স্থূল চিন্তার ফসল। অনুভূতির ভূমিতে স্থিত হয়ে গেলে তখন আর কোন বিশেষণ খুঁজে পাওয়া যাবে না।'

একদিকে যেমন দেবী সরস্বতীকে আমরা দেখি একহাতে জপমালা আর অন্যহাতে শাস্ত্র, যা শুদ্ধ বুদ্ধিকে নির্দেশ করে, তেমনই অপরদিকে বীনাবাদিনী রূপেও তাঁকে আমরা দেখি। তাঁর এক হাতে বীণা, যা কি না ভাবের শুদ্ধতাকে নির্দেশ করে। আমার মা খুব ভাল বীণা বাজাতে পারতেন, এবং আমি আর দাদাও বীণা বাজানো শিখেছিলাম। দাদা যখনই বাড়ীতে আসত, সময় বার করে আমরা দুজন মিলে একসঙ্গে বীণা বাজাতাম। হিন্দোলাম, শ্রী, সন্মুগ্ধপ্রিয়া, শিবরঞ্জনী, রেবতী ইত্যাদি রাগ একের পর এক অবলীলায় তাদের নিজস্ব বিশুদ্ধ স্বরমালিকায় ঝংকৃত হতে থাকত, আমার দেহ মনে সেই সুরের ঝংকার যেন অনুরণিত হত। মন যেন কোথায় হারিয়ে যেত, এবং আমার সমগ্র অস্তিত্ব সেই সুরের স্রোতে ভেসে যেত।

মহর্ষির প্রচলিত ধারায় সঙ্গীতের কোন স্থান ছিল না। কিন্তু সঙ্গীত ও শিল্পকলায় দাদার যথেষ্ট অনুরাগ ও গভীর রসবোধও ছিল। এই বিষয়ে একটা কাহিনী আমার

দাদার মুখে শুনেছিলাম। কল্কি গার্ডেন, যা মহর্ষির সংস্থা কিনে নিয়েছিল, এবং সেই গার্ডেনের দায়িত্ব হস্তান্তরিত হবার পূর্বে একটা পূজার আয়োজন করা হয়েছিল। বিখ্যাত সঙ্গীত শিল্পী এম. এস শুভলক্ষ্মী এবং তাঁর স্বামী টি. সদাশিবম সেখানে থাকতেন। দাদা সেই পূজা সম্পন্ন করে এবং এম. এস শুভলক্ষ্মী তখন সঙ্গীত পরিবেশন করেন। পরে তিনি বলেন যে সেইদিন সঙ্গীত পরিবেশন করার সময় দেবীর উপস্থিতি তিনি উপলব্ধি করতে পেরেছিলেন।

কল্কি গার্ডেনের মতই মহর্ষির আরও কিছু প্রতিষ্ঠান ছিল যেখানে কিশোরদের বৈদিক শিক্ষা প্রদান করা হত, যাতে তারা পরবর্তীকালে পুরোহিত হতে পারে। সম্প্রতি আশ্রমে একটা বিবাহ অনুষ্ঠানে সেখানকার একজন পুরোহিত পৌরহিত্য করার জন্য এসেছিলেন। সৎসঙ্গের পর গুরুদেব যখন তাঁর ছোট্ট গাড়ীটাতে চেপে রাস্তা দিয়ে যাচ্ছিলেন, তখন হাজারো দর্শনার্থীর মধ্যে সেই পন্ডিতও ছিলেন। পরে গুরুদেবের সঙ্গে কুটিরে তাঁর একান্তে সাক্ষাৎ হয়। প্রায় তিরিশ বছর পর তাঁদের উভয়ের মধ্যে সাক্ষাৎ হল! তিনি সামবেদের কিছু শ্লোক গুরুদেবকে গেয়ে শোনান। পরে আরও বলেন যে তিনি কল্কি গার্ডেনে শিক্ষাপ্রাপ্ত হয়েছিলেন, এবং তাঁর বেদের কিছু পাতা ছিঁড়ে গেছিল এবং তখন গুরুদেব সব পাতা জুড়ে দিয়েছিলেন। তখন তাঁর বয়স ছিল মাত্র দশ। গুরুদেব স্মিত হাসি হেসে তাঁর কাছে সেই প্রশিক্ষণ , সেখানকার শিক্ষকদের ব্যাপারে বিশদ খোঁজখবর নেন। গুরুদেব জানতেন না যে সেই পন্ডিত সেই সেই বিদ্যায়তন থেকে এসেছেন, কিন্তু তিনি এটা জানতেন যে কেবল স্মৃতিটুকুই তাঁর জানার উৎস নয়, সমগ্র সৃষ্টির সঙ্গে একাত্মতাই তাঁর সবকিছুকে সহজে অবগত হতে পারার মূল সূত্র। একবার একজন গুরুদেবকে প্রশ্ন করেছিল, "কারর যখন আপনাকে প্রয়োজন পড়ে, তখন সেটা আপনি কী করে বুঝতে পারেন?" উত্তরে তিনি বলেছিলেন যে, "তোমরা হলে আমার মাথার চুলের মত।" তখন তাঁর মাথা ভর্তি চুল ছিল এবং চুল আঁচড়াতেই তাঁর প্রায় আধঘন্টা মত মত সময় লেগে যেত। "আমি জানিনা যে মাথায় কত চুল আছে, কিন্তু একটাতে টান পড়লেই বুঝতে পারি কোথায় টান পড়ছে।"

সারা দেশের যুবাদের মধ্যে বৈদিক শিক্ষা প্রচারের দায়িত্ব দাদার ওপর অর্পিত হয়েছিল, ফলে বিভিন্ন শহরে ঘুরে ঘুরে নানা অনুষ্ঠানের মাধ্যমে যুবক/যুবতীদের সঙ্গে তাকে যোগাযোগ স্থাপন করতে হত। এই রকমই একটা প্রশিক্ষন শিবিরে বিষ্ণু ভাট অংশ নিয়েছিলেন। একবার দাদার সঙ্গে বিষ্ণু অমরনাথ যাত্রায় গেছিল। সেই পবিত্র তীর্থস্থানে যাবার পথ অত্যন্ত বিপদসংকুল। কেউ যদি সতর্ক না থাকে

ছোট্ট ভানুর সাথে আড়াই বছরের রবি

মঞ্জুলার পূজাগৃহে তরুণ রবি আরতি করছেন

বাইশতম জন্মদিনে
মঞ্জুলার ছাদে তরুণ রবি

পিতাজী আর আম্মা, ১৯৫০
সালের শেষের দিকে

কুম্ভমেলায় মহর্ষির সঙ্গে
তরুণ রবি

মহর্ষির সঙ্গে তরুণ রবি,
সেলিসবার্গ, সুইজারল্যান্ড
-এ ১৯৭০ সালের শেষের
দিকে

ইউথ লিডারশীপ ট্রেনিং প্রোগ্রাম এর প্রথম ব্যাচের অংশগ্রহণকারী দের সঙ্গে গুরুদেব, ১৯৯০ সাল

সুদর্শন ক্রিয়ার প্রথম ব্যাচের অংশগ্রহণকারী দের সঙ্গে গুরুদেব, সিমোগা, কর্ণাটক, সাল ১৯৮২

১৯৮৭ সালে বিশপ্পস ইউনিভার্সিটি, লেনক্সভিল, ক্যানাডায় আর্ট অফ লিভিং এর অংশগ্রহণকারী দের সঙ্গে গুরুদেব

ব্যাঙ্গালোর আশ্রমে নারায়ণ
হলে গুরুদেব

মন্ট্রিয়াল, কানাডায় আর্ট অফ লিভিং অনুষ্ঠান
চলাকালীন গুরুদেব

ব্যাঙ্গালোর আশ্রমে, ১৯৯১ সালে প্রথম
ইন্টারন্যাশনাল প্রোগ্রাম চলাকালীন পোলিস
অংশগ্রহণকারী দের একটি দলের সঙ্গে গুরুদেব

১৯৮৯ সালে ব্যাঙ্গালোর থেকে সোলাপুর যাত্রাকালে রাত্রের ট্রেনে কয়েক জন স্বেচ্ছাসেবক এর সঙ্গে আম্মা এবং গুরুদেব

...র এবং স্বেচ্ছাসেব-

১৯৯০ এর প্রথমদিকে বালিতে
দ্বিতীয় বার আর্ট অফ লিভিং শিক্ষা
দিয়ে যাওয়ার সময় গুরুদেব

স্লোভেনিয়াতে গুরুদেব

১৯৯০এর প্রথমদিকে গুরু পূর্ণিমার সময় লেক তাহোই, সিয়েরা নেভাদা তে গুরুদেব

ওয়েগিস, সুইজারল্যান্ড এ অ্যাডভান্স মেডিটেশন প্রোগ্রামের অংশগ্রহণকারী দের সঙ্গে গুরুদেব

ব্যাঙ্গালোর আশ্রমের বিশালাক্ষী মন্ডপের
মেডিটেশন হল

ব্যাঙ্গালোর আশ্রমের শক্তি কুটির, তৈরী
হওয়ার সময়, ১৯৮৭ সাল

আশ্রম ক্যাম্পাসের ফ্রি স্কুল, বেদ বিজ্ঞান
মহাবিদ্যাপীঠএর বাচ্চাদের সঙ্গে আম্মা

ব্যাঙ্গালোর আশ্রমের অ্যাম্ফিথিয়েটারে
সৎসঙ্গ, পিছনে বিশালাক্ষী মন্ডপ

একবার ইউ এস ভ্রমণ
কালে গুরুদেব

১৯৯০এর প্রথম দিকে উত্তর
আমেরিকায় গুরুদেব

তাহলে যে কোন সময় বরফে ঢাকা পথে পা পিছলে গভীর খাদে পড়ে যাওয়ার আশঙ্কা রয়েছে। দাদা একটা খচ্চরের পিঠে চড়ে বসল। পাহাড়ী পথে চলার জন্য ওটাই একমাত্র বাহন। কিন্তু খচ্চরদেরও নিজস্ব একটা মন বা ঢং রয়েছে, সেটা পাহাড়ের গা ঘেঁষে না গিয়ে খাদের কিনারা দিয়ে খুব বিপদজনক ভাবে চলতে শুরু করল। যাই হোক দুজনে উপরে উঠে তুষারলিঙ্গ দর্শন করে নিরাপদেই নেমে এল। সেই প্রাণীটির পিঠ থেকে নামতে পেরে দুজনেই যেন হাঁফ ছেড়ে বাঁচল। পরে বিষ্ণু আমাকে বলেছিল যে মন্দিরে শিবলিঙ্গ দর্শন করে ফেরার পর একজন নারী জ্যোতিষবিদের (পামলিফ রিডার - অতি প্রাচীন কালে সমস্ত শাস্ত্র তালপাতায় লেখা হত এবং বংশ পরম্পরায় সেই জ্ঞান চলে আসত। সেই ধারার ব্যক্তিকে উল্লেখ করা হয়েছে) সঙ্গে তাঁদের সাক্ষাৎ হয়। তিনি বলেছিলেন যে, "গুরুদেবের সান্নিধ্য পশু প্রাণীরাও উপলব্ধি করতে পারে। যে খচ্চরের পিঠে গুরুদেব চড়েছিলেন, সেটা বুঝতে পেরেছিল যে স্বয়ং ভগবান তাকে বাহন হিসাবে বেছে নিয়েছেন। আমার চিন্তার কোন কারণ নেই, সুতরাং সে বেহিসাবির মত চলতে শুরু করেছিল।"

একবার আরও একজন পামলিফ রিডার আমাদের বাড়ি খুঁজে উপস্থিত হয়েছিল। তিনি বলেছিলেন, "আমার তালপাতার পুঁথিতে ভবিষ্যতবাণী লেখা আছে যে এখানে একজন নবীন মহাপুরুষ থাকবেন যাঁর ভিতরে সত্য সত্যই দেবী মাতার উপস্থিতি প্রত্যক্ষ করা যায়।" তিনি আরও বলেছিলেন যে কেউ যদি শুক্রবারে আমার দাদাকে একটা পদ্মফুল নিবেদন করে, তবে তার মনের ইচ্ছা পূরণ হবে। তিনি দাদাকে নিবেদন করার জন্য একশো আটটা পদ্মফুলের মালা নিয়ে এসেছিলেন। তাঁর কথা শুনে আমরা এই ভেবে বিস্মিত হয়ে পড়েছিলাম যে আমরা এমন একজনের সঙ্গে বাস করছি যে সকলের মনোবাসনা পূর্ণ করতে পারে! যাই হোক, আমরা তবে এটা বুঝতে পেরেছিলাম যে মহর্ষি দাদাকে যে কিছু যুক্তিহীন কাজের ভার অর্পন করেছিলেন, সেটা দাদা ঠিকঠাক সামলাতে পেরেছিল। সেই কাজের ফলে দাদা যে সুযোগ লাভ করেছিল তা হল কোন কাজ করতে যাওয়ার আগে তার যৌক্তিকতা বিচারের প্রবণতা থেকে মুক্ত হতে পারা এবং নিজের সম্ভাবনাকে উচ্চতর পর্যায়ে নিয়ে যাওয়ার অবকাশ লাভ করা। সেইসব দিনগুলোর কথা দাদা আমাদের কাছে হাসির ছলে বললেও তা আমাদের নিজের তৈরী সংকীর্ণ গণ্ডীকে ভেঙে বৃহত্তর আঙিনায় এগিয়ে চলার অনুপ্রেরনায় উদ্বুদ্ধ করেছিল। দাদার কাছে শুনেছি যে একবার মহর্ষি তাঁর ফরিদাবাদের আশ্রমে

দশ হাজার মানুষের একটা অনুষ্ঠান করবেন বলে স্থির করলেন। তাঁদের থাকা খাওয়ার মত ব্যবস্থা করার জন্য নির্দেশ দিয়ে দিলেন। নানাভাবে প্রচারের কাজ চলল। কাগজে বিজ্ঞাপন দেওয়া হল। কিন্তু প্রতীক্ষিত সেই দিনে মাত্র দশজন লোক এসে উপস্থিত হলেন। মহর্ষি মুচকি হেসে বললেন, "এক এক জন লোক আমাদের কাছে এক হাজার লোকের সমান।" পরের বার আমরা কুড়ি হাজার লোকের জন্য আয়োজন করেছিলাম। মহর্ষি বলতেন, "আমি কখনোই পিছন ফিরে তাকাই না, সর্বদা সামনের দিকে এগিয়ে চলি।"

১৯৮০ সালে মহর্ষি নয়ডায় একটা বৈদিক সম্মেলন এবং যজ্ঞানুষ্ঠানের আয়োজন করার কথা চিন্তা করলেন এবং দাদাকে তাঁর ইচ্ছার কথা জানালেন। সেই অনুষ্ঠান অত্যন্ত সফল হওয়ায় তিনি আরও বৃহদাকারে দেওয়ালির সময় ৬০০০ পন্ডিত নিয়ে একটা বিশাল যজ্ঞানুষ্ঠানের আয়োজন করার জন্য মনস্থির করলেন। অনুষ্ঠানের কয়েক সপ্তাহ আগে দাদা মহর্ষির সঙ্গে সুইজারল্যান্ডে যায় এবং এখানে যারা ছিলেন তাঁদের ওপরে দায়িত্ব ছিল অনুষ্ঠানের বাকী কাজ সামলানোর। যেহেতু লক্ষ্মীর বর্ণ হলুদ মানা হয়, সেহেতু মহর্ষি চেয়েছিলেন যে সেই অনুষ্ঠানে সবকিছুই যেন হলুদ বর্ণের হয়, এমনকি যতদূর চোখ যায় যেখানে হলুদ ছাড়া যেন অন্য কোন রঙ না থাকে। ফলে পুজার মিষ্টি থেকে শুরু করে প্যান্ডেলের রঙ ইত্যাদি সবই হলুদ রঙের করা হয়েছিল। এমনকি অনুষ্ঠানের জন্য দেশ বিদেশ থেকে সোনার কয়েনও জোগাড় করা হয়েছিল। কিন্তু দাদা যখন সুইজারল্যান্ড থেকে প্রায় তিন হাজার বিদেশী অতিথি নিয়ে এল তখন দেখা গেল যে আয়োজনের ক্ষেত্রে একটা বড় রকমের ত্রুটি হয়ে গেছে। দেখা গেল যে অনেক পন্ডিতই সেই যজ্ঞানুষ্ঠানের পক্ষে অনুপযুক্ত ছিলেন। কিন্তু ততক্ষণে অনেক দেরী হয়ে গেছে।

মহর্ষি তখন নবীন রবিকে এই ত্রুটির কারণ খুঁজতে নির্দেশ দিয়ে উদ্ভূত পরিস্থিতি সামলানোর দায়িত্ব ভার অর্পন করলেন। দাদা ঘটনা পর্যালোচনা করে বুঝতে পারল যে তথাকথিত অনুপযুক্ত পন্ডিতদের নিয়ে আসা এবং তাদের বিরোধিতার ফলেই সমস্যার উদ্ভব হয়েছে। আবার যেহেতু বেশীরভাগ পন্ডিতরা বিহার থেকে এসেছিলেন, কাজেই দাদা বিহারিদের পছন্দ করে না এমন একটা গুজব ছড়িয়ে পড়ার আশঙ্কাও ছিল। দাদা সেখানে গেলে হয়ত ঝামেলার মধ্যে পড়তে হবে তাই অনেকেই তাকে নয়ডা যেতে নিষেধ করলেন। কিন্তু দাদা সে কথায় কান না দিয়ে ন্যস্ত দায়িত্ব পালন করার জন্য নয়ডায় গেল। সেখানে গিয়ে

দাদাকে প্রায় হাজারখানেক বিহারীদের বিক্ষোভের মুখে পড়তে হল। তারা রীতিমত কালো পতাকা দেখিয়ে, মশাল জ্বেলে বিক্ষোভ দেখাতে লাগল। এমনকি দাদার গাড়ী জ্বালিয়ে দেবারও হুমকি দিল। দাদা তাদের আচরণে বিন্দুমাত্র বিচলিত না হয়ে সেই উন্মত্ত জনতাকে উদ্দেশ্য করে বলল যে তারা তাদের ইচ্ছামত যা খুশী তাই করতে পারে, তবে তার আগে তাদের প্রকৃত ব্যাপারটা বুঝিয়ে বলার জন্য তাকে আধঘন্টা সময় দেওয়া হোক। দাদার কথায় তাদের উত্তেজনার সাময়িক উপশম হলে, দাদা তখন তাদের বুঝিয়ে বলল যে, সঠিক নিয়ম মেনে যজ্ঞানুষ্ঠান না করতে পারলে তাতে যে কেবল দেশেরই ক্ষতি হবে তাই নয়, যারা যজ্ঞে অংশ নিচ্ছে তাদেরও সম্যক ক্ষতি হবে। দাদা তাদের আরও বলল যে, সমস্ত পন্ডিতদের যোগ্যতার পরীক্ষা নেওয়া হবে, এবং যারা তাতে উত্তীর্ণ হতে পারবে না, তাদের অন্যকোন কাজের দায়িত্বভার দেওয়া হবে। পরিস্থিতি শান্ত হল এবং বন্ধুত্বপূর্ণ পরিবেশে গোটা সমস্যার সমাধান হয়ে গেল।

ঠিক এমনিভাবে আরও একবার অক্ষয় তৃতীয়ার আগের দিন মহর্ষি ঠিক করলেন ভারতে বৈদিক শিক্ষা প্রচারের উদ্দেশ্যে স্কুল স্থাপন করবেন এবং তার জন্য পরের দিন ভূমিপূজা করা হবে। কিন্তু ওই জায়গাতেই সংস্থার কোন জমি ছিল না, অথচ মহর্ষি নির্দেশ দিলেন যে আগামীকালই ভূমিপূজা করবেন এবং কোন অবস্থাতেই তিনি 'না' শুনবেন না। আপাতদৃষ্টিতে এই ধরণের নির্দেশ মনকে ক্ষুণ্ণ করে তোলে এবং অবাস্তব বলে মনে হয়, কিন্তু আধ্যাত্মিক জগতের সঙ্গে যুক্ত মানুষের কাছে অকর্তাভাবে কাজ করার এক সুবর্ণ সুযোগ এনে দেয়। মহর্ষির কথা অনুসারে আগামী পরশু ছিল শেষদিন। নবীন রবি কোনমতে জমি জোগাড় করে সেখানে পূজারও আয়োজন করে ফেলল। আরও একবার মহর্ষি ভাবলেন যে কাশী থেকে ছশো পন্ডিত এনে একটা পূজা করাবেন। যেহেতু তখন কাশীর পন্ডিতেরা কাশীর বাইরে কোথাও বাইরে কোথাও যেতেন না, ফলে কাজটা খুব দুরূহ মনে হয়েছিল, কারণ দু একজন হলে তায় কথা ছিল, ছশো পন্ডিতকে বুঝিয়ে রাজী করানোর ব্যাপারটা খুব কষ্টকর ছিল। যাইহোক দাদা তাঁদের বুঝিয়ে রাজী করিয়ে নির্দিষ্ট দিনে পূজার অনুষ্ঠানে উপস্থিত করাতে সক্ষম হয়েছিল।

যত দিন যেতে লাগল, দাদার সামনে আরও নতুন নতুন এবং কঠিনতার চ্যালেঞ্জ এসে উপস্থিত হতে লাগল। মহর্ষির অনুগত ভক্তদের মধ্যে অনেকেই বুঝে উঠতে পারত না যে কেন দাদার প্রতি মহর্ষি এই প্রেম ও শ্রদ্ধা পোষণ করতেন! তাঁর আচরনেও তার প্রকাশ লক্ষ্য করা যেত। অনেক নেতা, কর্তাব্যক্তি,

ধার্মিক ব্যক্তিরা দাদার প্রতি আকর্ষণ অনুভব করতেন এবং তার সান্নিধ্য ও আশীর্বাদ লাভের জন্য তার কাছে আসতেন। এইসব কারণে মহর্ষির সংস্থার কিছু কর্তাব্যক্তি চেয়েছিল দাদাকে লোকচক্ষুর আড়ালে, নয়দার বৈদিক স্কুলের দায়িত্বভার দিয়ে সরিয়ে দিতে। বেশ কিছু ঘটনা ঘটেছে যেখানে দাদার ফোনের সংযোগ বিচ্ছিন্ন করে দেওয়া হত, বিশিষ্ট ব্যক্তিদের সঙ্গে মিটিং করতে যাওয়ার সময় দেখা গেল যে তার গাড়ীর চাকা পাংচার হয়ে আছে, অথবা নগন্য কারণের অজুহাতে তার রাঁধুনীকে বরখাস্ত রাখা হয়েছে। এতকিছু সত্ত্বেও তার উপর ন্যস্ত দায়িতে ঠিকঠাক পালন করে যেতে দাদার কোন অসুবিধা হত না। একদিন দাদা বলছিল, "তখন আমার উপর কিছু গুরুত্বপুর্ণ কাজের দায়িত্ব দেওয়া রয়েছে। আমি রাতে জানলা দিয়ে বাইরের দিকে তাকিয়ে দেখলাম যে নৈশপ্রহরী গাড়িগুলোর যাতায়াত নিয়ন্ত্রণ করছে। তার নির্দেশে গাড়িগুলো চললেও সে কিন্তু কেবল দর্শকের, সাক্ষীর ভূমিকা পালন করে চলেছে।" এইভাবেই হাজারো বাধা বিপত্তি সত্ত্বেও কীভাবে দাদা তার সমস্ত কাজ সুষ্ঠুভাবে সমাধা করত তার নিগুঢ় তত্ত্বকে ব্যাখ্যা করেছিল। দাদা কখনোই কোন ব্যাপারে মহর্ষির কাছে অভিযোগ না জানালেও মহর্ষি নিজেই দাদাকে জিজ্ঞাসা করতেন যে কেন দাদা তাঁকে কোন ব্যাপারে অবহিত করে না? দাদা তাঁকে বলত, "আপনি কত কাজে ব্যস্ত থাকেন, আমি আপনার বোঝা কমাতে চাই, বাড়াতে নয়।" ঘরেও কোন ব্যাপারে দাদা কোনোদিন অভিযোগ জানাত না। যদি তার কিছুও আমরা শুনতে পেতাম তাই নিয়ে একটা আকর্ষণীয় কাহিনী তৈরী হয়ে যেত।

মহর্ষির সান্নিধ্যে থাকাকালীন আধ্যাত্মিক জগতের অনেক ধর্মগুরুর সঙ্গে দাদার পরিচয়ের সুযোগ হয়েছিল। নয়ডায় মহর্ষির যে আশ্রম রয়েছে, তার থেকে কিছু দূরে কোটলা গ্রামে 'গোলিওয়ালা বাবা' নামে একজন মহাপুরুষ থাকতেন। বাবা ভারতীয় অশ্বারোহী বাহিনীর একজন অফিসার ছিলেন। একটা যুদ্ধে তিনি গুলি বিদ্ধ হন। সেই গুলি তাঁর স্নায়ুতন্ত্রের মধ্যে এমন আঘাত করেছিল যে, তিনি প্রবুদ্ধ অবস্থা লাভ করেন। গ্রামের লোকেরা তাঁর কাছে তাদের সমস্যা সমাধানের জন্য হাজির হত। যদিও আধ্যাত্মিক জ্ঞানের বিষয়ে আলোচনা করতে তিনি বেশী আগ্রহী ছিলেন, কিন্তু গ্রামের লোকেরা তাঁর কাছে তাদের সাংসারিক বিষয় নিয়েই কথা বলত। বাবার কথা বলতে গিয়ে দাদা বলেছিল, "তখন আমার একটাই অপছন্দের বা বিরক্তির বিষয় ছিল, সেটা হল মাছি। বাবার কাছে আমি যখন গিয়ে বসলাম তখন আমার আপাদমস্তক মাছিতে ছেয়ে গেছে। আমি এরকম অবস্থার

জন্য মোটেই প্রস্তুত ছিলাম না এবং খুব অস্বস্তি লাগছিল। তাই দেখে বাবা বললেন, "ওদেরকে ওদের মত থাকতে দাও।" ব্যাস, ওই একটা কথাতেই আমার বিরক্তির যে লেশটুকু ভিতরে ছিল, তারও অবসান হয়ে গেল।"

আরও একজন ধার্মিক ব্যক্তি, কাশ্মিরী শৈব পরম্পরার লক্ষ্মণ জ্যু, তিনিও যুবক রবির সঙ্গে দেখা করে কাশ্মীরের অবস্থা নিয়ে আলোচনা করেন। কাশ্মীরে স্থায়ী শান্তি এবং প্রাচীন শৈব পরম্পরাকে ফিরিয়ে আনার ব্যাপারে তিনি খুব আগ্রহী ছিলেন। সম্প্রতি ব্যাঙ্গালোর আশ্রমে কাশ্মীরের শৈবপন্থীদের এক মিটিঙে গুরুদেব বলেন যে বর্তমানে কাশ্মীরে যে অগ্রগতি হয়েছে তাই দেখে লক্ষ্মণ জ্যুর আত্মা তাঁর উভয় ইচ্ছা পূর্ণ হবার আশায় শান্তিলাভ করবে।

হৃষীকেশে গীতা ভবনে মহর্ষির সঙ্গে দাদার বেশ কিছু সময় কেটেছে। আধ্যাত্মিক জগতের অনেক মানুষদের নিয়ে মহর্ষি যখন একটা সমাবেশের আয়োজন করলেন, তখন সমস্ত অতিথিদের আপ্যায়নের, তাঁদের থাকার এবং অন্যান্য বিষয়ের দেখভাল করার দায়িত্ব তিনি দাদাকে দেন। যদিও দাদার বয়স তখন কম ছিল কিন্তু তবুও মহর্ষির তার প্রতি অগাধ আস্থা ছিল এবং তাই তিনি দাদাকে ভারতবর্ষের তথ পৃথিবীর বিভিন্ন দেশে বেদ এবং বিজ্ঞানের মধ্যে নিবিড় সম্পর্কের বিষয়ে প্রবচন দেওয়ার উদ্দেশ্যে প্রেরণ করেছিলেন। এই সময়ই দাদা চুল দাড়ি রাখতে শুরু করে। এর কারণ হিসাবে দাদা বলেছিল যে, "ধ্যানের ক্লাস করতে এসে অনেকেই গুরুজীর খোঁজ করত। আমাকে তখন বেশ সংকোচের সঙ্গেই বলতে হত আমিই সেই ব্যক্তি, যাকে তাঁরা খুঁজছেন। সেই ক্লাসে যাঁরা আসতেন তাঁদের মধ্যে অনেক বিদ্বান, সমাজে উচ্চ প্রতিষ্ঠিত ব্যক্তিরা থাকতেন। আমার বয়স ও চেহারা দেখে তাঁদের মনে কিছুটা অবজ্ঞার ভাব জেগে উঠত। তাই আমি চুল এবং দাড়ি রাখতে শুরু করি যাতে আমাকে কিছুটা হলেও পরিণত বয়স্ক বলে মনে হয়।"

পিতাজী দাদার সমস্ত রকম কাজের সমর্থন করতেন এবং সময় পেলেই সহায়তাও করতেন। একবার নিজের পুত্রের ব্যাপারে তিনি বলেছেন, "সে একাধারে একটা শিশুর মত সরল আবার প্রজ্ঞাবানের মত প্রাজ্ঞ। এই সহজ সরল প্রজ্ঞার প্রভাবেই সকলের কাছে সে অনায়াসে গ্রহণযোগ্য হয়ে উঠেছিল। তার মধ্যে অমলিন হাসি, সঙ্গীত, ধ্যান ইত্যাদির সার্থক সমন্বয় একাধারে লক্ষ্য করা যায়, যা অনেক মহাপুরুষদের মধ্যেও দুর্লভ।" দাদার মধ্যে ধীরে ধীরে যে একটা পরিবর্তন ঘটতে শুরু করেছিল, পিতাজী খুব কাছ থেকে তা পর্যবেক্ষণ করতে

পেরেছিলেন, দাদাকে আগের মত বেশীদিন কাছে পাওয়া যাবে না এই সত্যটা তিনি বুঝতে পেরেছিলেন এবং সেটাকে স্বীকার করে নেওয়ার জন্য পরিবারের মধ্যে প্রথম তিনিই মানসিকভাবে প্রস্তুতিও নিয়েছিলেন। তবুও কখনো কখনো তাঁর নিকটজনের কাছে দাদার ব্যাপারে বলতে গিয়ে বলেছেন, "ক্রমশ সে যখন বড় হয়ে উঠতে শুরু করল, বুঝতে পারলাম তার ঘরে থাকার পালা আরও কমতে থাকবে। বছরে দশমাসই তাকে বাইরে ঘুরে বেড়াতে হত। কিন্তু সময় অথবা দূরত্ব কোনটাই আমাদের সম্পর্ককে পরিচ্ছিন্ন করতে পারেনি। কারণ যেখানে প্রেম রয়েছে, কাল এবং দূরত্ব সেখানে গুরুত্বহীন হয়ে পড়ে। যখনই সে বাড়ীতে আসত, আমরা একসঙ্গে আহার করতাম, হাসি মজা করতাম, পরিবারের অন্তরঙ্গতা অটুটই থেকে যেত। সন্তান হিসাবে তার প্রতি আমার এক অভুতপূর্ব অপত্যস্নেহের টান আমি সর্বদা অনুভব করতাম। যদিও সে বর্তমানে জগতের গুরু হিসাবে প্রসিদ্ধ হয়েছে, তবু আজও সে আমার কাছে একাধারে স্নেহের পুত্র এবং আমার গুরু।"

মহর্ষি যখন সদ্য যৌবনে পা রাখা লাজুক নম্র প্রকৃতির রবিকে নিয়ে আনন্দময়ী মায়ের কাছে উপস্থিত হলেন, মা তাকে দেখেই বলে উঠলেন, "আপনি তো আমার কাছে সাক্ষাৎ গঙ্গাকে নিয়ে এসেছেন!" দাদা তো বিস্ময়াবিষ্ট হয়ে মায়ের কথার অর্থ বুঝতে না পেরে তাঁর দিকে তাকিয়ে রইল। আনন্দময়ী মাই বুঝিয়ে বললেন, "পুণ্যতোয়া গঙ্গা যেমন সব অজ্ঞানতার পাপা ধুয়ে দেয়, এই বালকও তেমনি জগতের সব অজ্ঞানতার অন্ধকারকে দূর করে দেবে।"

মহর্ষিও দাদাকে নিয়ে গর্ব করে বলতেন, "রবির (সূর্য) উদয় হয়েছে, এবার জগতে সর্বত্র আলো ছড়িয়ে পড়বে।"

ষষ্ঠ অধ্যায়

ভবিষ্যদ্বাণী

মহর্ষির সঙ্গে নানা দেশে ঘুরে বেড়াতে বেড়াতে যুবক রবির দিনগুলো পেরিয়ে যেতে লাগল। কিন্তু ভিতর থেকে একটা ডাক সে সর্বদা শুনতে পেত যে - তার জন্য অনেক মানুষ প্রতীক্ষায় রয়েছে। নীলাকাশে ভেসে যাওয়া মেঘের মতই তার মনে মাঝে মাঝে একটা দৈব প্রত্যাদেশ যেন ঝলক দিয়েই মিলিয়ে যেত, "ওরা আমার প্রতীক্ষায় রয়েছে।" ক্রমশ সেই প্রত্যাদেশ নিয়মিত রূপে মনের মধ্যে জেগে উঠতে লাগল; এক অজানা পথের পানে সে যেন ডাক দিয়ে চলল এবং ধীরে ধীরে তার প্রাবল্যও তীব্র আকার নিতে থাকল। বোধহয় তার জীবনে এক নতুন দিগন্ত উন্মোচিত হবার সময় ঘনিয়ে এসেছে।

কিন্তু নতুন কোন সিদ্ধান্ত নেওয়ার আগে দাদা ঠিক করল যে দেওরাহা বাবার কাছে গিয়ে তাঁর পরামর্শ নেবেন। এই বৃদ্ধ সন্ন্যাসী গঙ্গার ধারে প্রায় নির্জনেই থাকতেন। দাদা যখন সেখানে পৌঁছাল, সন্ধ্যা ঘনিয়ে এসেছে। নৌকার মাঝি প্রথমে তার অনীহার কথা জানাল, কারণ রাতের অন্ধকার নামতে শুরু করেছে, এই সময় বাবা সাধারণত কারও সঙ্গে সাক্ষাৎ করেন না। যাই হোক, দাদা তাকে রাজী করাল। চারিদিকে অদ্ভুত নিস্তব্ধতা, কেবল তার মাঝে দাঁড় টানার ছলাৎ ছলাৎ আওয়াজ পাড়ে ধাক্কা লেগে চারপাশে ঘুরে বেড়াতে লাগল। খুব ধীরে গতিতে পুণ্যতোয়া জাহ্নবীর উপর দিয়ে নৌকাখানা এক নতুন দিশার পানে এগিয়ে চলল। নৌকাটা পাড়ে লাগতেই বাবা স্বয়ং এগিয়ে এসে দাদাকে অভ্যর্থনা জানালেন, "বৎস, অবশেষে তুমি এসেছ, আমার কাছে এসেছ!" এরপর তিনি দাদাকে একটা তরমুজ দিলেন। সাধারণত যারা তাঁর কাছে যায় তিনি সকলকে মিষ্টিই দেন, কিন্তু দাদার হাতে তরমুজটা দিয়ে বললেন, "জলের ধর্ম বয়ে চলা। তার প্রবাহ থেমে গেলেই তাতে পচন ধরে। সমগ্র জগতে তেমনই সৎসঙ্গের ঢেউ তুলে ঈশ্বরের আশীর্বাদ ছড়িয়ে দাও। বিশ্বের সব জায়গায় সৎসঙ্গ কর।" নৌকার মাঝিও অবাক হয়ে গেল কারণ তার জীবনে এমন অদ্ভুত ঘটনা সে দেখেনি। সাধুবাবা স্বয়ং তার জন্য অপেক্ষা করছিলেন, যা কি না অস্বাভাবিক বলে মনে হয়েছিল তার কাছে। তেমনই তরমুজ দেওয়াটাও তার কাছে অদ্ভুত লেগেছিল। এর মাধ্যমে বাবা যে বার্তা দিতে চেয়েছিলেন তা ইঙ্গিতে সোচ্চার এবং স্পষ্ট

প্রতীয়মান ছিল। এইবার নবীন যুবক রবিকে একাই চলতে হবে এবং সমগ্র বিশ্বে জ্ঞানের বাণী প্রচার করতে হবে। সব থেকে বেদনাদায়ক যে ব্যাপারটা ছিল তা হল মহর্ষির সঙ্গত্যাগ করা।

১৯৭০ সালের শেষ দিকে মহর্ষি ব্যাঙ্গালোরে একটা বৈদিক স্কুল খুলতে চেয়েছিলেন। পিতাজী তার জন্য ১৭৫ জন ছাত্র জোগাড়ও করে ফেলেছিলেন। যাই হোক, পরে সংগঠনের তরফ থেকে সিদ্ধান্ত নেওয়া হয় সমস্ত স্কুলগুলো একত্রিত করে দিল্লীর কাছাকাছি কোন এক জায়গায় তা স্থানান্তরিত করা হবে। যেহেতু সমস্ত বাচ্চাই দক্ষিণ ভারতের ছিল, তাদের পক্ষে নতুন পরিবেশে মানিয়ে নেওয়াটা সমস্যার কারণ হয়ে দাঁড়াল। ফলে তারা ফিরে আসতে চাইল। কিন্তু তাদের লেখাপড়া তো চালিয়ে যেতে হবে। দাদা তখন স্কুলের সমস্ত বাচ্চাদের দায়িত্ব গ্রহণ করল। তার এই সিদ্ধান্তে সকলেই হতবুদ্ধি হয়ে গেল। এই প্রথম দাদা সম্পূর্ণ নিজের মতে কোন সিদ্ধান্ত গ্রহণ করে সেটা নিয়ে উদ্যোগী হল। এর ফলে সংগঠনের সঙ্গে তার সংঘাত অনিবার্য জেনেও দাদা শিক্ষার্থীদের প্রয়োজনটুকু উপলব্ধি করতে পেরে তাদের পাশে থাকার সিদ্ধান্ত নিয়েছিল।

এক রাতের ঘটনা, কৈশোর উত্তীর্ণ রবি হাবলি রেল স্টেশনে দাঁড়িয়ে রয়েছে, হাতে তার দুটো রেলের টিকিট, দুটো টিকিটের গন্তব্যস্থান আবার ভিন্ন দিকে। একদিকে ব্যাঙ্গালোরে যাবার টিকিট, যেখানে মহর্ষির কিছু লোক তার জন্য অপেক্ষা করছে তাকে নিয়ে আলোচনা করার জন্য দিল্লী নিয়ে যাবে, আর অন্যদিকে সোলাপুরের টিকিট। একদিকে সুসংহত, সুবিন্যস্ত, সুপ্রতিষ্ঠিত একটা সংগঠনের সমস্ত রকমের সুযোগ সুবিধা, অন্যদিকে অসংখ্য মানুষের প্রতি তার অন্তরের প্রত্যাদেশ। পরে দাদা বলেছে, "আমি জানতাম যে সোলাপুরের ট্রেন ধরলে একটা নতুন কিছুর সূচনা হতে চলেছে, বিশ্বের অসংখ্য মানুষ আমার জন্য অপেক্ষা করে রয়েছে, তাই আমি সোলাপুরের ট্রেন ধরার সিদ্ধান্ত নিই।" এখান থেকেই আর্ট অফ লিভিং এর যাত্রা পথের সূচনা হল।

মহর্ষির সংগঠন থেকে বেরিয়ে আসার পর স্কুলের দায়িত্ব গ্রহণই ছিল দাদার প্রথম প্রকল্প। প্রথম ছ'মাস বাচ্চারা আমাদের বাড়িতে থেকেই স্নান, খাওয়া, পড়াশোনা, ঘুমানো সব করত। আমার মনে পড়ে সেটা দেওয়ালীর সময়- বাবা হাতে একটা উষ্ণ তেলের বাটি, আর ১৭৫টা বাচ্চা লাইন দিয়ে দাঁড়িয়ে রয়েছে। বাবা তাদের মাথায় তেল মালিশ করে দেবেন! বাবার মুখে তখন একটা প্রতিজ্ঞার ভাব, তিনিও যেন দাদার লক্ষ্যে এগিয়ে চলার জন্য দৃঢ় প্রতিজ্ঞ। আমাদের বাড়ীর

পিছনে একটা ছোট পুকুর ছিল। বাচ্চারা ছোট ছোট দলে ভাগ হয়ে পুকুরে স্নান করে দেওয়ালীর জন্য তৈরী হত। সেই সময় একদিন এক ভদ্রলোক দাদার কাছে উপস্থিত, হাতে তাঁর বাড়ীর চাবির গোছা। তিনি দাদাকে বললেন যে তিনি নিউইয়র্ক চলে যাচ্ছেন, তাই বাচ্চাদের জন্য তিনি তাঁর বাড়ীটা দিয়ে যেতে চান। তাঁর বাড়ীর নাম ছিল 'গুরুকৃপা'। একই রকম ভাবে একজন এসে বাচ্চাদের খাবার জন্য প্রয়োজনীয় চাল-ডাল দেবার প্রতিশ্রুতি দিলেন। গুরুদেব বলেন, "আমরা কারও কাছে কিছুই চাইনি, কিন্তু যখন যেটার প্রয়োজন, ঠিক জোগাড় হয়ে যেত।" বেদ বিজ্ঞান মহাবিদ্যাপীঠের সেটাই ছিল সূত্রপাত। এখনও এই বিদ্যালয়ে প্রচুর শিক্ষার্থী বৈদিক প্রথায় শিক্ষালাভ করে চলেছে। বর্তমানে এই বিদ্যাপীঠ ব্যাঙ্গালোর আশ্রমের সীমানার মধ্যেই তৈরী করা হয়েছে।

নানা জায়গার ধার্মিক লোকেদের সঙ্গে পরিচয় করে, ধ্যানের প্রশিক্ষণ এবং প্রবচন দিয়ে, আর যারা তার জন্য এতদিন ধরে অধীর আগ্রহে অপেক্ষা করছিল তাদের দর্শন দিয়ে ভারতবর্ষের বিভিন্ন স্থানে গুরুদেব ঘুরে বেড়াতে লাগলেন। দাদার চুল এখন বেশ লম্বা হয়ে গেছে এবং ছোট একটু দাড়িও রেখেছে। একবার দাদা মহীশূর থেকে ট্রেনে চেপে ফিরছিল। কামরায় এক মুসলমান ভদ্রলোকের সঙ্গে তার আলাপ হয়। ভদ্রলোক খুবই দুর্দশার মধ্যে দিয়ে দিন কাটাচ্ছিলেন। তিনি দাদার সঙ্গে আলোচনা শুরু করলেন এবং তার কাছে উপদেশ প্রার্থনা করলেন। প্রায় কুড়ি বছর পর, মহীশূরের বৃন্দাবন গার্ডেনে আমরা যখন হাঁটছি, তখন সেই ভদ্রলোক সপরিবারে এসে দাদার পায়ে পড়ে গেলেন। তিনি গুরুদেবকে আবার দেখতে পেয়ে ভীষণ খুশী হলেন এবং বললেন যে যেদিন থেকে দাদার সঙ্গে তাঁর সাক্ষাৎ হয়েছিল, সেদিন থেকেই তাঁর জীবনের গতি বদলাতে শুরু করে। এত বছর ধরে তিনি দাদাকে একবার দেখার জন্য ব্যাকুল ছিলেন এবং এতদিন পরেও একবার দাদাকে দেখেই তাঁর চিনতে কোন ভুল হয়নি।

অনেক সাধু, মহাত্মা, জ্যোতিষবিদ এবং আধ্যাত্মিক জগতের সঙ্গে যুক্ত অনেক ব্যক্তি যারা দাদাকে উপলব্ধি করতে পেরেছিলেন, প্রত্যেকেই তার মধ্যে এক অপ্রতিরোধ্য শক্তিকে প্রত্যক্ষ করেছেন যে শক্তি অজ্ঞানতায় জীর্ণ বিশ্বকে এক নতুন জ্ঞানের তরঙ্গে ভাসিয়ে নিয়ে তার চরণতলে এনে উপস্থিত করবে, যে জ্ঞানের পরশে সকলের অজ্ঞানতা দূর হয়ে সকলে পবিত্র হয়ে উঠবে। অনেকেই অনেক রকম ভবিষ্যদ্বাণী করেছিলেন তবে তার মধ্যে একটা আমার কাছে খুব স্মরণীয় হয়ে আছে। দাদা দিল্লী থেকে ট্রেনে বেনারস যাচ্ছিল। কামরার খোলা

দরজার সামনে দাদা দাঁড়িয়ে ছিল। সামনে বিস্তীর্ন মাঠ, গাছপালা দ্রুত পিছনের দিকে সরে যাচ্ছে, দাদা সেইদিনে একদৃষ্টে তাকিয়ে ছিল। টিকিট পরীক্ষক দাদার কাছে এগিয়ে এসে তার সঙ্গে বাক্যালাপ করতে শুরু করলেন। তিনি দাদাকে বলেন যে তিনি এক অদ্ভুত দৃশ্য দেখেছিলেন।

তিনি বলতে শুরু করেন, "এই জগত কিসের পানে ছুটে চলেছে? মানুষ পাগলের মত টাকা পয়সার পিছনে দৌড়ে বেড়াচ্ছে! যা আমরা দেখতে পাচ্ছি সেটা কিছুই না। প্রকৃত সত্য সম্পূর্ণ আলাদা। প্রকৃত সত্যকে যিনি অবগত হতে পেরেছেন, তাঁর কাছে এই জগত অত্যন্ত নীরস বোধ হবে।" বোধহয় তিনি ভেবেছিলেন যে এই নবীন সন্ন্যাসী তাঁর উপলব্ধির কথা অনুধাবন করতে সক্ষম হবে। দাদা তাঁকে জিজ্ঞাসা করল, "আপনি কী দেখেছেন?" তিনি বললেন, "সর্বশক্তিমান ঈশ্বর একজনকে এই পৃথিবীতে পাঠিয়েছেন। আমি দেখতে পেয়েছি একটা সূর্য আর তার দুপাশে দুটো রাজহাঁস। যেখানেই তিনি যান না কেন সেখানেই একটা জাগরণের ছোঁয়া লাগবে এবং তাঁর উপস্থিতিই হাজার হাজার মানুষের মনে শান্তির বারি সিঞ্চন করে দেবে। ঈশ্বর কখনো মাথায় সোনার মুকুট পরে আকাশ থেকে নেমে আসবেন না। তিনি সন্ন্যাসীর বেশেই অবতরিত হবেন, এবং একমাত্র সৌভাগ্যবান মানুষই তাঁর দর্শন লাভ করতে পারবে, তাঁর সান্নিধ্য লাভ করতে সক্ষম হবে।"

সপ্তম অধ্যায়

সৃষ্টির ছন্দ

ধ্যান হল আপন অন্তরের আনন্দকে প্রত্যক্ষ করা। তবে তাকে প্রত্যক্ষ্য করতে গেলে মনের মুকুরকে স্বচ্ছ করে তুলতে হবে। সারা বিশ্ব জুড়ে ধ্যানের প্রশিক্ষণ দিতে গিয়ে গুরুদেব (বর্তমানে এই নামেই বিশ্বের লোক তাঁকে সম্বোধন করে, আমিও সেটাকেই রপ্ত করে নিয়েছি) উপলব্ধি করলেন যে কীভাবে মানুষকে সহজে ধ্যানের শিক্ষা দেওয়া যায় তার কিছু সহজ পদ্ধতি উদ্ভাবনের প্রয়োজন হয়ে পড়েছে। তখন নবরাত্রির সময় চলছে এবং গুরুদেব স্থির করলেন যে তিনি দশদিনের জন্য মৌনব্রত অবলম্বন করবেন।

আমাদের বাড়ী থেকে কয়েক কিলোমিটারে প্রতিবেশী অশোকদের একটা খামার বাড়ী ছিল। নবরাত্রির সময় দাদাকে সেই বাড়ীতে থাকার জন্য তিনি প্রস্তাব দিলেন। খামার বাড়ীটায় প্রচুর নারকোল গাছ ছিল। খামার বাড়ীতে প্রবেশ করার সময় আমরা দেখতে পেলাম যে দুটো গাছ গোড়া থেকে জুড়ে রয়েছে, কিন্তু মাঝ বরাবর গিয়ে দুভাগে ভাগ হয়ে ওপরের দিকে উঠে গেছে। সেটা একটা ছবি তুলে রাখার মত দৃশ্য ছিল। বাড়ীটাতে কেউ বাস করত না এবং সমস্ত জায়গাটা যেন একটা প্রশান্ত মৌনতায় আবরিত হয়ে রয়েছে। গুরুদেব সেখানে একুশদিন ছিলেন এবং শেষ দশদিন মৌনব্রত অবলম্বন করেছিলেন। বাক্য, কর্ম এবং মন, সব ক্ষেত্রেই যে মৌনতা করা সম্ভব, তা আমি এই দশদিনে উপলব্ধি করতে পারলাম। একবার গুরুদেব তাঁর ব্রত পালনের জন্য ঘরে প্রবেশ করার পর আর বাইরে বার হননি, এমন কি খাবার জন্যেও না। তাঁকে খাবার জন্য যে ফলটুকু দেওয়া হত, তাও তিনি স্পর্শ করতেন না। এমনকি ছোট পাত্রে তাঁর পানের জন্য জল দেওয়া হত, সেটা তেমনি থেকে যেত! আমরা নিয়মমাফিক তাঁকে দেখতে যেতাম, কিন্তু কোন যোগাযোগ করতে পারিনি বললেই হয়। যদিও কখনও কখনও আমরা তাঁর দেখা পর্যন্ত পাইনি, তবুও তাঁর নীরব উপস্থিতিকে অনুভব করতে পেরেছি।

গুরুদেবের সঙ্গে বার্তালাভ করাটা অবশ্যই একটা বিশেষ ঘটনা কিন্তু তাঁর সান্নিধ্য লাভ করতে পারাটা এক অব্যক্ত গভীরতার মধ্যে নিমগ্ন করে দেয়। দাদা প্রায়ই বলত, "মৌনতার মধ্যেই আত্মার সঙ্গে আত্মার মিলন ঘটে।" দশদিন মৌনব্রত পালন করার পর এক অভূতপূর্ব প্রশিক্ষণ পদ্ধতি তাঁর মধ্যে আলোর

স্ফুলিঙ্গের মত জ্বলে ওঠে। সেই পদ্ধতি প্রচলিত হওয়ার পর ধীরে ধীরে তার মধ্যে কিছু পরিমার্জনা করা হয়।

এর কয়েকমাস পরে, ১৯৮২ সালের মার্চ মাসে কর্ণাটকের সিমোগায় গুরুদেব ভদ্রাবতী নদীর তীর ধরে হেঁটে যাচ্ছিলেন। নদীর স্ফটিকস্বচ্ছ জলের ধারা কুলুকুলু ধ্বনিতে আপন ছন্দে বয়ে চলেছে। মাথার উপরে নির্মল নীলাভ আকাশ তার অনন্ত ব্যাপ্তিকে মেলে দিয়েছে। দিগন্ত রেখার সবুজে মোড়া ছোট ছোট টিলাগুলো যেন আলপনার মত সাজানো, মৃদু বাতাস যেন নদীর স্রোতের সঙ্গে হাত ধরাধরি করে খুশীর তরঙ্গ তুলে বয়ে চলেছে। প্রকৃতির এই মর্মর ধ্বনিটুকুই কেবল সেখানকার নিস্তব্ধতার মাঝে স্পন্দন তুলে চারপাশে ছড়িয়ে পড়ছিল। দাদা নদীর দিকে মুখ করে বসে পড়ল, এবং এক অনির্বচনীয় ক্ষণে এক অতি সূক্ষ্ম ছন্দে 'সো হম্' ধ্বনি তাঁর অন্তর থেকে ধ্বনিত হতে শুরু করল। প্রথমে ধীর লয়ে, তারপর কিছুটা দ্রুত লয়ে, অবশেষে অতি দ্রুত লয়ে সেই ধ্বনি ধ্বনিত হতে লাগল। সবার অলক্ষ্যে সারা সৃষ্টিতে যে ছন্দ খেলে বেড়াচ্ছে, সৃষ্টির সমস্ত ক্রিয়া কর্ম যে ছন্দে আন্দোলিত হয়ে চলেছে, তারই এক ছন্দোময় লয়বদ্ধতা তাঁর অন্তরে ধরা দিল। গুরুদেব এর নাম দিলেন 'সুদর্শন ক্রিয়া' , 'সু' অর্থে যথার্থ এবং 'দর্শন' অর্থে দেখা বা অনুভব করা। কিন্তু প্রকৃতপক্ষে অনন্ত যেন তার অস্তিত্বের কথা কানে কানে চুপিসারে বলে দিয়ে যাচ্ছে, যাদের গুরুদেবের কাছে 'সুদর্শন ক্রিয়া'র প্রসাদ লাভ করার সৌভাগ্য হয়েছে, তারাই উপলব্ধি করতে পেরেছে এর সত্যতা।

ক্রিয়ায় বসে তাঁকে জিজ্ঞাসা করা হলে তিনি বলেন, "আমি সারা পৃথিবী জুড়ে যোগ এবং ধ্যানের প্রশিক্ষণ দিয়ে আসছি। কিন্তু কীভাবে মানুষ সুস্থ খুশীভরা জীবন লাভ করতে পারে সে ব্যাপারে সর্বদাই আমার মনে ভাবনা চিন্তা চলত। অনেককিছু করার পরও কোথাও যেন একটা কিছু অসম্পূর্ণতা রয়েছে বলে মনে হত। তারা যা কিছু শিখেছে তার নিয়ম অভ্যাস করার পরেও দেখেছি যে তাদের জীবন একটা ঘেরাটোপের মধ্যে আবদ্ধ হয়ে রয়েছে, তাদের অন্তঃস্থিত সত্ত্বার সঙ্গে বাহ্যিক আচার আচরণের মধ্যে কোন সামঞ্জস্য নেই। কী করে অন্তরের শান্তি এবং বাইরের কর্মচাঞ্চল্যের মধ্যে একটা সঠিক সামঞ্জস্য, ভারসাম্য বজায় রাখা যায়, তাই নিয়ে আমি গভীর ভাবে চিন্তা করতাম। এই সমস্যার সমাধান হিসাবে 'সুদর্শন ক্রিয়া' লাভ করতে পেরেছি। কাকে কী দিতে হবে আর কখনই তা দিতে হবে, প্রকৃতির তা খুব ভালভাবেই জানা আছে। আমি 'সুদর্শন ক্রিয়া' শেখাতে শুরু করি এবং মানুষও এক অভূতপূর্ব অনুভূতি লাভ করতে থাকে।"

সদ্যপ্রাপ্ত এই জ্ঞানকে গুরুদেব সকলের মধ্যে বিতরণ করতে চাইলেন। সিমোগার কয়েকজন মানুষকে নিয়েই সেই যাত্রা শুরু হল। দাদা ব্যাঙ্গালোরে ফিরে এলে জয়নগরে আনন্দময়ী মা হলে তার জন্য একটা দু দিনের কোর্সের আয়োজন করা হল। সেই অনুষ্ঠানের নাম ছিল- 'এসো, আত্ম সাক্ষাৎ কর'। আমি, আম্মা, পিতাজী অন্যান্যদের সঙ্গে সেই কোর্সে অংশ নিয়েছিলাম। পিতাজী খুব উৎসাহের সঙ্গে রোটারি ক্লাবে তাঁর জানাশোনা কয়েকজনকে সেই কোর্সে অংশগ্রহণ করার জন্য আমন্ত্রণ জানালেন।

সকালে কোর্স শুরু হত, আর শেষ হতে প্রায় সাড়ে দশটা বেজে যেত, এবং এর মধ্যে খুব একটা বিরতিও দেওয়া হত না। সকলের পক্ষে এই ধরণের কঠিন অবস্থাকে মানিয়ে নেওয়া সহজ ছিল না ফলে পরের দিন অনেকেই আর কোর্সে যোগ দিতে আসেনি। কিন্তু যারা শেষ অবধি ছিলেন, তাঁরা উপলব্ধি করতে পেরেছিলেন যে এই অতি অল্প সময়ের মধ্যেই তাঁদের ভিতর এক উল্লেখযোগ্য পরিবর্তন ঘটে গেছে। তাঁদের ভিতর এক গভীর জ্ঞানের উন্মেষ ঘটে গেছে। এই অনুষ্ঠানেই আমি প্রথম 'সুদর্শন ক্রিয়া'র অভিজ্ঞতা লাভ করি। 'সো হম্' এর ছন্দে প্রতিটা শ্বাসের সঙ্গে এক সুগভীর শান্তির তরঙ্গ অন্তর থেকে জেগে উঠছিল আর শ্বাস ছাড়ার সঙ্গে সঙ্গে সাগরের বিশালতার মত এক পরম বিশ্রামের অনুভূতি লাভ করছিলাম। একটা সময়ে শ্বাসের গতি অত্যন্ত সূক্ষ্ম এবং সংক্ষিপ্ত হয়ে গেল এবং সমগ্র অস্তিত্ব যেন সেই ছোট্ট একটা ক্ষণের মধ্যে কেন্দ্রিত হয়ে গেল। ক্রিয়ার শেষে যখন বিশ্রাম নিতে বলা হল, তখন আমার চেতনা সেই ঘরের সীমানা অতিক্রম করে সমস্ত জগত তথা আকাশের সীমাহীনতার মধ্যে মিশে গেল। আমার মনে হল আমি সবখানেই রয়েছি আবার কোনখানেই নেই। ক্রিয়া করার সময় আমার মধ্যে অফুরন্ত প্রাণশক্তিকে অনুভব করতে পারলাম, এবং আমার মা যিশুখ্রিস্টকে অনুভব করতে পেরেছিলেন। গোঁড়া ব্রাহ্মণ পরিবারের সন্তান ছিলেন তিনি এবং যিশুখ্রিস্ট সম্বন্ধে কিছুই জানতেন না, তবুও তাঁর হৃদয়ে খ্রিস্টের মত প্রেম এবং করুণা জেগে উঠল। দুদিনের এই কোর্স শেষ করার পর আমাদের ভিতরে প্রচুর প্রাণশক্তির সঞ্চার হল। এই সময় আমার দ্বিতীয় সন্তানের জন্ম হয়। পিতাজী এবং আম্মা তাকে আর্ট অফ লিভিং এর প্রথম শিশু বলে অভিহিত করলেন।

পরবর্তী বছরগুলোতে সুদর্শন ক্রিয়া সারা বিশ্বে হাজার হাজার মানুষের জীবনে আশ্চর্য রকমের পরিবর্তন সাধিত করেছে। অনেক মানুষ যারা নিজেদের

অক্ষম, অযোগ্য বলে ভাবত, তারা জীবনে যোগ্যতা অর্জন করতে পেরেছে, রোগগ্রস্থ মানুষ আরোগ্য লাভ করেছে, প্রচুর মানুষ জীবনে উৎকণ্ঠা, মানসিক চাপ ও উদ্বেগের থেকে নিষ্কৃতি লাভ করেছে, এবং প্রচুর মানুষ এক অত্যাশ্চর্য অলৌকিক অনুভূতি লাভ করতে পেরেছে। কিছু বিজ্ঞানী এই সুদর্শন ক্রিয়া নিয়ে বৈজ্ঞানিক গবেষণায় আগ্রহী হন এবং গুরুদেব তাঁদের উৎসাহী করে তোলেন। পরবর্তীকালে, যারা নিয়মিত সুদর্শন ক্রিয়ার অভ্যাস করে, তাদের ওপর এর প্রভাব সম্বন্ধে বৈজ্ঞানিক গবেষণার ফল প্রকাশিত হয়।

অসলো ইউনিভার্সিটির অধ্যাপক ডাঃ ফাহ্‌রী স্যাতসীওগ্লু তাঁর গবেষণালব্ধ ফল পিয়ার-রিভিউ জার্নাল প্লাস ওয়ানে প্রকাশ করেন। সেখানে তিনি বলেছেন যে, সুদর্শন ক্রিয়া কীভাবে জিনের উপর অত্যন্ত দ্রুত এবং তাৎপর্যপূর্ণ প্রভাব ফেলে, শুধু তাই নয় শ্রুতিনন্দন সঙ্গীত শোনা বা ইত্যাদি উপায়ে স্বাস্থ্যোদ্ধারের যেসব প্রণালী অনুসরণ করা হয়, মানব শরীরে তার থেকে অনেক দ্রুত এবং ফলদায়ী প্রভাব সুদর্শন ক্রিয়ার ফলে সংঘটিত হয়। তিনি বলেছেন তাঁর দেওয়া পরিসংখ্যান অনুসারে সুদর্শন ক্রিয়া ভবিষ্যতে মানুষের আভ্যন্তরীণ তথা স্বাস্থ্য বিষয়ে সুদূর প্রসারী প্রভাব ফেলতে সাহায্য করবে। ইউনিভার্সিটি অফ কলম্বিয়ার মনোবিভাগের অধ্যাপক ডঃ রিচার্ড ব্রাউন, দাবী করেছেন যে সুদর্শন ক্রিয়া ভেগাস নার্ভের উপর গুরুত্বপূর্ণ প্রভাব ফেলে (এই নার্ভ মূলত আমাদের নিয়ন্ত্রণে নেই এমন সব কাজ করে যেমন হার্ট বিট চালু রাখা, খাদ্য হজম করতে সাহায্য করা ইত্যাদি)। ফলে এই নার্ভ সজাগ অথচ শান্তভাবে তার সমস্ত কাজ করতে সক্ষম থাকে। সমাজে পারস্পরিক সম্বন্ধ বজায় রাখা, সমব্যথী হতে পারা এবং সকলের প্রতি প্রেমের ভাব জাগিয়ে তোমার ক্ষেত্রে এই নার্ভের যথেষ্ট গুরুত্ব রয়েছে। এছাড়াও আমদের কোন কিছুকে সঠিকভাবে অনুধাবন করতে পারা বা বিচার করতে পারার ক্ষমতাও এই নার্ভের দ্বারা নিয়ন্ত্রিত হয়। যাদের মধ্যে এই ভেগাস নার্ভ সঠিকভাবে কাজ করতে পারে না, তারা প্রায়ই দুশ্চিন্তা, হতাশা, উদ্বেগ, অকারণ আতঙ্কগ্রস্ত হয়ে পড়া, মানসিক বিপর্যয়, হিংস্রতা ইত্যাদি রোগের শিকার হয়ে পড়েন।

ইউনিভার্সিটি অফ নর্থ ক্যারোলিনার মনোবিদ এবং কিনসে অনস্টিউটের স্টিফেন ডব্লিউ . পোর্গেস আরও বলেছেন যে সুদর্শন ক্রিয়ার যে তিন রকমের ছন্দে শ্বাসের ক্রিয়া করা হয় তার ফলে ভেগাস নার্ভের উপর বিশেষ প্রভাব পড়ে। তিনি আরও এক বিস্ময়কর পরীক্ষার কথা বলেছেন, তিনি বলেছেন যে সুদর্শন

ক্রিয়া করার সময় ও পরে ব্রেনের মধ্যে যে তরঙ্গ প্রবাহ চলে, পরীক্ষা করে দেখা গেছে তার প্রকৃতি একটা নবজাত শিশুর সঙ্গে সাদৃশ্যপূর্ণ। আমেরিকার একজন মনোবিশারদ ডঃ প্যাট্রিশিয়া জারবার্গ, তাঁর রোগীদের উপর সুদর্শন ক্রিয়ার প্রভাব লক্ষ্য করে সিদ্ধান্তে এসেছেন যে তার ফলে মানুষের অবচেতন মনে যে নকারাত্মক ভাবনা বা সংস্কার জমে থাকে, তা সম্পূর্ণ মুছে গিয়ে তারা সুস্থ স্বাভাবিক হয়ে ওঠে। নতুন দিল্লীর অল ইন্ডিয়া ইন্সটিউট অফ মেডিক্যাল সায়েন্সে সুদর্শন ক্রিয়ার প্রভাব নিয়ে বিভিন্ন প্রকারের পরীক্ষা নিরীক্ষা করা হয়েছে। বিজ্ঞান বর্তমানে সুদর্শন ক্রিয়ার প্রভাব নিয়ে যা কিছু প্রকাশ করছে সেগুলো অবশ্যই খুব বিস্ময়কর, কিন্তু আমার মনে হয় সুদর্শন ক্রিয়া প্রতিটি মানুষের জীবনে সবথেকে বড় আশীর্বাদ স্বরূপ, ঈশ্বরের প্রসাদ স্বরূপ।

গুরুদেব সর্বত্র ঘুরে ঘুরে সুদর্শন ক্রিয়া শিক্ষা দিতে লাগলেন। একবার আমরা তাঁর সঙ্গে সিদ্ধাপুরায় গেছিলাম। ফিলিপ ফ্রেজার নামে একজন আমেরিকান যুবকও (সে বর্তমানে আর্ট অফ লিভিং এর টিচার) আমাদের সঙ্গে ছিল। সিমোগায় আমরা যখন গিয়ে পৌঁছালাম, গুরুদেব গাড়ীর ড্রাইভারকে নির্দেশ দিতে লাগলেন কোন পথ দিয়ে গাড়ী চালিয়ে নিয়ে যেতে হবে। শেষে একটা ছোট বাড়ীর সামনে আমাদের গাড়ী গিয়ে দাঁড়াল। গুরুদেব গাড়ী থেকে নামতেই সেই বাড়ীর ভিতর থেকে একজন দৌড়ে বেরিয়ে এল। তার চোখমুখ থেকে অবিশ্বাসের ঘোর তখনও কাটেনি, এবং একই সঙ্গে কৃতজ্ঞতার ভাব সুস্পষ্টভাবে লক্ষ্য করা গেল। গুরুদেব সর্বপ্রথম সিমোগাতে যাদের ক্লাস নিয়েছিলেন, তাতে এঁরা অংশগ্রহণ করেছিলেন এবং সেই নবীন মহাপুরুষ, যিনি তাঁদের জীবনে আমূল পরিবর্তন এনে দিয়েছিলেন, তাঁকে আরও একবার দর্শন করার জন্য তাঁদের মন অত্যন্ত ব্যাকুল হয়ে উঠেছিল। তাঁদের ভক্তি আর কৃতজ্ঞতায় আপ্লুত ভাব গুরুদেবকেও স্পর্শ করে গেছিল। বহুবছর পরেও ফ্রেজার আমার কাছে সেই দিনের হুবহু বর্ণনা করেছিল।

একবার তামিলনাড়ুর পোল্লাচিতে কোটি স্বামী নামে একজন মহাত্মার সঙ্গে আমরা সাক্ষাৎ করতে যাই। প্রচলিত আছে যে তাঁর বয়স তখন প্রায় চারশো বছর ছিল। তাঁর রোগাটে শরীরে লম্বা জটা ছিল এবং পরনে ছিল সাধারণ কমলা রঙের আলখাল্লা ধরণের পোশাক। কোটি স্বামী একটা বেতের চেয়ারে বসেছিলেন এবং তাঁর পাদুটো একটা টুল জাতীয় কিছুর উপর তোলা ছিল। গুরুদেব তাঁকে নিজে হাতে খাইয়ে দিলেন এবং তিনি খুব আনন্দ ও তৃপ্তির সাথে প্রতিটি গ্রাস মুখে তুলে

নিলেন। সেই মুহুর্তে গুরুদেবকে মায়ের মত আর সেই বৃদ্ধ সন্তপুরুষকে মনে হচ্ছিল ছোট্ট একটা শিশু। কোটি স্বামী তখন গুরুদেবকে প্রতিদানে কিছু দান করার ইচ্ছা প্রকাশ করলে গুরুদেব তাঁর কাছে জ্ঞানোপদেশ প্রার্থনা করেন। অতি প্রাচীন তামিল প্রাকৃত ভাষায় তখন কোটি স্বামী বলেন, "স্বয়ং শিব যদি আমার কাছে জ্ঞানভিক্ষা করেন, তো আমি তা কী করে দিতে পারি!"

আরও একজন মহাত্মা হলেন প্রজ্ঞানন্দজী মহারাজ, তিনি গুরুদেবের সঙ্গ খুব ভালবাসতেন। তখন উগাড়ির সময়, (ভারতে অনেক স্থানে চান্দ্রমাসের বর্ষপঞ্জী হিসাবে নববর্ষ মানা হয়) আমরা তখন হৃষীকেশে রয়েছি। প্রজ্ঞানন্দজী মহারাজও আমাদের সঙ্গে ছিলেন। একদিন সকালবেলায় সবে সূর্য উঠেছে, এমন সময় দেখি মহারাজ গুরুদেবের কুটিরের দিকে খুব উত্তেজিতভাবে চলেছেন। সাধারণত গুরুদেবের কুটিরের দরজা নটা থেকে দশটার আগে খোলে না। আমরা কী করব ভেবে পাচ্ছি না। এমন সময় দেখলাম গুরুদেব নিজেই তাঁর ঘর থেকে বেরিয়ে এলেন! মহারাজ কোন কথা না বলে গুরুদেবের পায়ে ভূমিষ্ঠ হয়ে প্রণাম করতে গেলেন। কিন্তু তিনি ঝুঁকে পড়ার আগেই গুরুদেব তাঁকে তুলে নিলেন। গুরুদেবের প্রতি গভীর শ্রদ্ধায় গদগদ হয়ে মহারাজ বললেন, "আমি তাঁর মধ্যে ব্রহ্মা, বিষ্ণু এবং মহেশ্বরকে প্রত্যক্ষ করেছি।"

গুরুদেব বলেন যে ঈশ্বরীয় সত্ত্বা সবখানেই রয়েছে। আমাদের দেহ মন যখন শান্ত থাকে, পূর্ণ বিশ্রাম লাভ করে, তখন পাখীর ডাকে, শুকনো পাতার মর্মরে, নদীর প্রবাহে অথবা সুউচ্চ পর্বতের মধ্যে, সবখানেই তাঁর অস্তিত্বকে উপলব্ধি করতে পারি। এমনকি আগ্নেয়গিরির অগ্ন্যুৎপাতের মধ্যে, ঝড় তুফানে বজ্রপাতের ভিতরে অথবা যুদ্ধরত মানুষের মধ্যেও ঈশ্বরকে প্রত্যক্ষ করা যায়। যার যে রকম ইচ্ছা, সে সেই রকমভাবে তাঁর সঙ্গে সম্বন্ধ স্থাপন করতে পারে। একমাত্র গুরুই হলেন সেই পুরুষ যিনি আমাদের অন্তরে জ্ঞানের শিখা জ্বালিয়ে প্রকৃত সত্যের উন্মেষ ঘটাতে পারেন। মহারাজজী স্বয়ং গুরুপূজার আয়োজন করেন এবং আমরা সকলেই সেখানে উপস্থিত ছিলাম। স্বয়ং গুরুর সান্নিধ্যে বসে তাঁরই পূজায় অংশ নিতে পেরে আমরা খুবই কৃতজ্ঞ বোধ করছিলাম।

এই সমস্ত ঘটনা বা অভিজ্ঞতা আমার অগ্রজ সহোদরের সঙ্গে আমার সম্বন্ধের ব্যাপারে একটা নিবিড় ধারণার জন্ম দিয়েছিল যে বিনা প্রয়াসেই গুরুর সঙ্গে আমার সম্বন্ধ পূর্ণতা লাভ করেছে। আগে কোন কিছু না জেনেই তাঁকে অনুসরণ করতাম, কিন্তু বর্তমানে পূর্ণজ্ঞানে আমি তাঁকে অনুসরণ করি। এক শুক্রবারে মঞ্জুলায়, বাড়ীর

দোতলায় পূজার ঘরে তিনি দেবী পূজা করছিলেন। আমিও দেবী মায়ের প্রতি শ্রদ্ধাভরে তাঁর পাশেই বসেছিলাম। আমাদের বাড়ীতে ছোট একটা দেবী মূর্তি আছে, আমরা সেটাকে ফুল, চন্দন, কুমকুম দিয়ে সাজাতাম। জুঁই, গোলাপ, চন্দ্রমল্লিকা, পদ্ম ইত্যাদি ফুলের সঙ্গে থাকত মারুগা এবং দাভানা পাতা। দেবীর পূজায় প্রত্যেক প্রকারের ফুল এবং পাতার নিজস্ব তথা গুচ্ছ হিসাবে নির্দিষ্ট স্থান ছিল, সেখানেই তাদের রাখা হত। আমি এবং আমার মা 'ললিতা সহস্রনাম' পাঠ করতাম এবং আমার দাদা পূজা করত। একটা ছোট ঘন্টা, আরতির ছোট থালায় কিছুটা কর্পুর, ধূপকাঠি, পঞ্চপত্রম নামে রূপার একটা ছোট পাত্রে জল রাখা হত, এবং একটা চামচ- এইসব জিনিস খুব পরিপাটি করে পূজার ঘরে সাজানো থাকত। পূজা করার সময় দাদা কীভাবে কী করছে, সবকিছু আমি খুব মনোযোগ দিয়ে লক্ষ্য করতাম। কীভাবে থালা থেকে ফুল তুলে কেমন করে এক লহমার জন্য বুকের কাছে ধরেই আবার অতি পেলব ভঙ্গিতে তা দেবীর পায়ে নিবেদন করছে, সবকিছুই আমি খুঁটিয়ে খুঁটিয়ে লক্ষ্য করতাম। যখন কেউ প্রাণমন দিয়ে কোন কাজ করে, তখন কর্ম এবং কর্তা এক রূপ ধারণ করে। তার প্রতিটা ভঙ্গি তখন এমন সচেতনতায় ভরা থাকে যে চারপাশের সবকিছুর সঙ্গে সে একাত্ম হয়ে পড়ে। তখন ফুল, ফুলের বা চন্দনের সুবাস, মন্ত্রপাঠ, অথবা ক্রিয়াকর্ম, সবকিছু মিলে মিশে একাকার হয়ে যায়। পূজার সময় আমি প্রত্যক্ষ করতে পারলাম যে দেবীর ভিতরে যেন প্রাণের সঞ্চার হল এবং তিনি মূর্তি থেকে উত্থিত হয়ে দাদার দেহে মিশে গেলেন! সেই অনাদি শক্তি যেন আমার কানে কানে বলে গেল, 'তোমার দাদা আর আমার মধ্যে কোন ভেদ নেই।" সেই ঈশ্বরীয় সত্ত্বা যেন আপনা থেকেই স্পন্দিত হয়ে উঠল। সেই মুহূর্তেই আমার দাদাকে আমি গুরু হিসাবে স্বীকার করে নিলাম।

পূজা শেষে সে পঞ্চপত্রম থেকে খানিকটা জল প্রসাদ হিসাবে আমাকে এবং মাকে দিল। মা সেই জল মুখে দিয়েই বিস্ময়ে বলে উঠলেন, "জলের মধ্যে কী মিশিয়েছ?" জল তখন সুমিষ্ট এবং সুগন্ধি হয়ে গেছে। বর্তমানে অনেকে বলেন যে জলেরও একটা স্মৃতিশক্তি রয়েছে, এবং অনেকে পরীক্ষা করে দেখেছেন যে যেখানে পরাশক্তির তরঙ্গ সৃষ্টি হয় সেখানে জলের ধর্মেরও পরিবর্তন ঘটে। কিন্তু তখনকার দিনে এটাকে এক বিস্ময়কর ঘটনা বলেই মানা হত। তবে কেবল জলই নয়, বাতাসও গোলাপ, জুঁই ফুলের গন্ধে, চন্দনের সুবাসে ভরে উঠত। যেখানেই দাদা কোন বড় আকারের পূজা করত, পূজার শেষে তা সে যে কোন ঋতুই হোক

না কেন, ঝিরিঝিরি বৃষ্টি শুরু হয়ে যেত। বৃষ্টিকে খুব মঙ্গলকারী হিসাবে দেখা হয়। ভাবা হয় যে পূজায় আমরা যা অর্ঘ্য প্রদান করেছি, প্রকৃতিদেবী তাতে খুশী হয়ে বৃষ্টিধারায় আশীর্বাদ প্রদান করছেন।

আমাদের প্রকৃত স্বরূপ হল আনন্দময়। গুরুদেব বলেন, "যখনই কোন সুন্দর অনুভূতি লাভ হয়, তা কোন সুন্দর গন্ধ, বা স্বাদ, অথবা কোন মৃদু কোমল স্পর্শ যাই হোক না কেন, আমরা চোখ বন্ধ করে ফেলি। সুখ হল সেই জিনিস যা আমাদের অন্তর্মুখী করে দেয়, আর দুঃখ হল যা আমাদের স্বয়ং এর থেকে দূরে নিয়ে যায়। কারও দুঃখের কারণ হল কোন বন্ধুর প্রতি আসক্তি, যা প্রতিক্ষণে বদলে যাচ্ছে। যা নিত্য, সত্য, তার থেকে মুখ ফিরিয়ে থাকাটাই দুঃখের কারণ।"

সমস্ত ইন্দ্রিয়গ্রাহ্য বিষয়গুলো হল ডাইভিং বোর্ডের মত, তা মানুষকে অন্তর্মুখী করে আনে। গুরুদেবের সঙ্গে যারাই কোর্সে অংশ নিয়েছে তারাই এই অভিজ্ঞতা লাভ করতে পেরেছে। দাদা এমনই একটা কোর্সের কথা একদিন বলছিল। বিষ্ণু ভাট সেই কোর্সে দাদাকে সহযোগিতা করেছিল।

নতুন দিল্লীর অলাকানন্দা কলোনীতে একটা কোর্সের আয়োজন করা হয়েছিল। অনেকেই সেখানে উপস্থিত হয়েছিলেন। আমি সেখানে কেবল চুপ করে নীরবে বসেছিলাম, সারাটা কোর্সে একটা শব্দও উচ্চারণ করিনি। লোকেরা চুপ করে বসে অপেক্ষা করতে লাগল, পাঁচ মিনিট, দশ মিনিট, এক ঘন্টা, সকলেই ভাবছিল এবার হয়ত কিছু একটা ঘটবে। সকলেরই কিন্তু নতুন কিছু একটা অনুভূতি হচ্ছিল। বিষ্ণু কিন্তু খুব ঘাবড়ে গেছিল। সে হাঁটাহাঁটি করতে লাগল, এদিক ওদিক ঘুরে বেড়াতে লাগল। হঠাৎ ঘড়িটা আমার সামনে রেখে দিল, সশব্দে আমার গ্লাসে জল ঢালতে শুরু করে দিল, মাইক্রোফোনটা ঠিক আছে কি না দেখার জন্য সেটায় টোকা মারতে শুরু করে দিল, ইত্যাদি। আমার কানে কানে ফিসফিস করে "জয় গুরুদেব জয় গুরুদেব " বলতে লাগল। সে বুঝতে পারছিল যে যারা কোর্সটা সংগঠিত করতে সাহায্য করেছে তারা নিশ্চয়ই ভাবছে - গুরুদেবের কী হল! তিনি একটা শব্দও উচ্চারণ করছেন না! সময় কত তাড়াতাড়ি পার হয়ে যাচ্ছে, অথচ কোর্স এখনো শুরুই হল না! পরের দিনও একই ঘটনা ঘটল, কিন্তু অশংগ্রহণকারীরা সম্পূর্ণ এক নতুন অনুভূতি লাভ করল। কোর্স যখন শেষ হল, তারা কাঁদতে আরম্ভ করল এবং আমাকে তাদের কৃতজ্ঞতা জানাল। পুরো দুদিন আমি একটাও শব্দ উচ্চারণ করিনি কেবল শেষদিনে তাদের জিজ্ঞাসা করেছিলাম, "তোমরা কেমন আছ? এখন তোমাদের কেমন লাগছে?'

প্রত্যেকেই অনুভব করতে পেরেছিল যে তাদের জীবনে একটা বিরাট পরিবর্তন ঘটে গেছে।"

সূর্য যেমন কিছু না করলেও তার শক্তিতেই পৃথিবীতে প্রাণের স্পন্দন জীবিত থাকে, ঠিক তেমনি কেবল গুরুর উপস্থিতি এবং তাঁর কৃপাতেই জীবনে জ্ঞানের উন্মেষ ঘটে।

অষ্টম অধ্যায়

লীলাময়ের লীলা

একমাত্র গুরু মুখ থেকেই জ্ঞানের ধারা বইতে পারে। আবার কখনও কখনও গুরুর কোনকিছু বলারও প্রয়োজন পড়ে না, কেবল তাঁর উপস্থিতিটুকুই জ্ঞানের প্রকাশের পক্ষে যথেষ্ট। ক্রমে কোর্সের সংখ্যা বাড়তে লাগল, অনেক মানুষের সমাগম হতে থাকল, তারা গুরুদেবের জ্ঞানের কথা শুনতে চায়।

তখন পিতাজী ঠিক করলেন যে আপাতত ছোট হলেও একটা ঘর তৈরী করতে হবে। আমাদের ছোট একটা জায়গা ছিল, সেখানেই ঘর নির্মাণ হল, সেখানে গুরুদেব নিয়মিত মানুষদের সঙ্গে সৎসঙ্গ করতে, জ্ঞানের উপদেশ দিতে পারবেন। সেই ঘরের নাম দেওয়া হল 'জ্ঞান মন্দির', অর্থাৎ যেখানে এলে জ্ঞানের অনুভূতি লাভ করা যায়। গুরুদেব ব্যাঙ্গালোরে থাকলে, প্রতি বৃহস্পতিবার সেখানে সৎসঙ্গের আয়োজন করা হত। আমরা প্রতিবেশীদের সেই সৎসঙ্গে যোগ দেওয়ার জন্য আমন্ত্রণ জানাতাম। সেই মহীশূর থেকে এক ভদ্রমহিলা তাঁর দুই মেয়েকে নিয়ে প্রতিটা সৎসঙ্গে যোগ দিতে আসতেন। আমাদের আট বা দশজনের ছোট একটা দল ছিল। হৃষীকেশের একজন আধ্যাত্মিক গুরু একবার গুরেদেবকে বলেন, "আপনি চাইলে হাজার হাজার মানুষ আপনার কাছে উপস্থিত হবে, কিন্তু আপনাকে অলৌকিক কিছু করে দেখাতে হবে যাতে তারা বুঝতে পারে যে আপনার ভিতরে বিশেষ কিছু ক্ষমতা আছে।" উত্তরে গুরুদেব তাঁকে বলেছিলেন, "আমি চাই মানুষের অন্তরে জ্ঞানের আলো জ্বলে উঠুক। লোক জড়ো করা আমার লক্ষ্য নয়।"

প্রায় সারা ভারত পরিভ্রমণ করার পর, ১৯৮৩ সালে তাঁর জ্ঞানের বাণী প্রচারের উদ্দেশ্যে বিদেশ যাবার জন্য মনস্থির করলেন। ইংল্যান্ডকেই তিনি তাঁর প্রথম গন্তব্য হিসাবে বেছে নিলেন। তাঁর এই সিদ্ধান্তের কথা যখন আমাদের জানালেন, আমরা চিন্তায় পড়ে গেলাম। কোথায় তিনি থাকবেন? সেই অজানা অচেনা দেশে গিয়ে তিনি কীই বা করতে পারবেন? সেখানে তাঁর পরিচিত কেউই ছিল না এবং মাত্র কুড়ি ডলার হাতে নিয়ে (তখনকার দিনে কেউ বিদেশ গেলে কুড়ি ডলারের বেশী নিয়ে যেতে পারত না) তিনি ইংল্যান্ডে পাড়ি দিলেন। মা কিন্তু স্থির নিশ্চিত ছিলেন যে তাঁর এই বিদেশ যাত্রার পিছনে মহৎ কোন উদ্দেশ্য

লুকিয়ে আছে। তিনি কখনও কোনভাবেই দাদাকে নিরস্ত্র করার চেষ্টা করেননি। তিনি খুব শান্ত ভাবে বললেন, "ও যখন যেতে চাইছে..."। তাঁর মধ্যে কোন প্রকার অস্থিরতার লেশমাত্র ছিল না।

ইংল্যান্ডে একজন জ্যোতিষি দাদাকে তাঁর বাড়ীতে থাকার অনুরোধ করলেন। কিন্তু ঘটনাটা এমন গিয়ে দাঁড়াল যে যারাই সেই জ্যোতিষির কাছে আসতে লাগল, তারা তাঁর থেকে বেশী গুরুদেবের প্রতি আকৃষ্ট হয়ে পড়ল। তিনি গুরুদেবের থেকে বয়সে অনেক প্রবীন ছিলেন। ফলে সেই জ্যোতিষি নিরাপত্তার অভাববোধ করলেন। তিনি ভাবলেন যে তাঁর পসার কমে যাবে, কারণ যারাই তাঁর কাছে আসছিল, সকলেই তাঁর জ্যোতিষ বিচারের মাধ্যমে সমস্যা সমাধানের থেকে গুরুদেবের কথা শুনতেই বেশী পছন্দ করছিল। ক্রমে ক্রমে তাঁর মনের মধ্যে জমে থাকা নিরাপত্তার অভাববোধ যখন সহ্যের সীমা ছাড়িয়ে গেল, তখন ক্রোধে উন্মত্ত হয়ে তিনি গুরুদেবকে সেই মুহূর্তে তাঁর বাড়ী ছেড়ে দিতে বললেন। একেই তাঁর যথেষ্ট বয়স হয়েছিল, তার উপর ক্রোধে তিনি এতই উন্মত্ত হয়ে পড়েছিলেন যে তাঁর গুরুতর অসুস্থ হয়ে পড়ার সম্ভাবনা ছিল। গুরুদেব সেটা উপলব্ধি করতে পেরে তৎক্ষণাৎ তাঁকে একগ্লাস জল পান করিয়ে শান্ত করলেন। তিনি যখন শান্ত হয়ে কিছুটা সুস্থবোধ করলেন, তখন দাদা তাঁর ব্যাগ পত্তর গুছিয়ে নিয়ে বাড়ী ছাড়ার জন্য প্রস্তুত হল। ঠিক সেই সময় এক ভদ্রলোক এসে উপস্থিত হলেন। তিনি প্রায়ই সেই জ্যোতিষির কাছে আসতেন। তাঁর মনে দাদার সঙ্গে সাক্ষাৎ করার সুপ্ত অভিপ্রায় ছিল, তাই তিনি সঙ্গে সঙ্গে দাদাকে তাঁর বাড়ীতে ওঠার জন্য অনুরোধ করলেন। পরিস্থিতি যাই হোক না কেন, অটল বিশ্বাসে যে স্থির থাকতে পারে তার কোন সমস্যা হয় না- এই সত্যটাকে বোঝানোর জন্য গুরুদেব অনেকবার এই ঘটনাটার কথা উল্লেখ করেছেন। তিনি বলেন, "যখন কেউ পূর্ণ বিশ্বাস নিয়ে চলে, একজন তাঁর দায়িত্ব নিয়ে নেন। জীবনে দিব্য সত্ত্বার কৃপা লাভ করতে হলে, তাঁর প্রতি অচল বিশ্বাস রাখা প্রয়োজন।"

পরবর্তীকালে দাদার এই সফরের সময় বহু মানুষই তাঁর সান্নিধ্যে আরোগ্যলাভ করেছিল। গুরুদেব যেখানে থাকতেন, সেখানে একটা ছোট ছেলে ছিল। তার চোখের ভিতরের জলীয় অংশ শুকিয়ে যাওয়ার ফলে সে চোখের মণি ঘোরাতে পারত না। গুরুদেব তার বাবা - মাকে একটা ছোট সাদা মুক্তো দিয়ে বলেছিলেন যে তাঁরা যেন ঘুমোবার সময় সেটা তাঁদের পাশে রাখেন। এই ধরণের অনেক ঘটনার খবর চারিদিকে ছড়িয়ে পড়ার ফলে প্রচুর মানুষ আরোগ্যলাভের

আশায় গুরুদেবের কাছে উপস্থিত হতে লাগল। গুরুদেব শরীরের রোগ সারিয়ে তোলার বিরোধী ছিলেন না, কিন্তু কেবল সেই জন্য তো তিনি সাধারণ মানুষের কাছে পৌঁছানোর জন্য ঘর থেকে বার হননি। তিনি বেড়িয়েছিলেন তাদের জন্য যারা নিজেকে জানার জন্য ব্যাকুল, আমাদের অন্তরেই সেই অনন্তের ঠিকানা রয়েছে, তার এক ঝলক উপলব্ধি কারার জন্য যাদের অন্তর তৃষ্ণার্ত হয়ে উঠেছে তাঁদের জন্য।

সেই সময় বছরে প্রায় দশ মাসই গুরুদেব পরিভ্রমণ করতেন। ইংল্যান্ডের বাইরে বিভিন্ন দেশে তিনি 'সুদর্শন ক্রিয়া' শেখাতে শুরু করেন। ১৯৮৪ সালে, মাত্র বারোজনকে নিয়ে সুইজারল্যান্ডের মন্ট্রিয়েক্সে তিনি প্রথম ক্লাস করেন। স্টেলা ডুপিস সেই কোর্স সংগঠিত করেন এবং গুরুদেব তাঁর আতিথ্য গ্রহণ করেন। স্মৃতিচারণ করতে গিয়ে তিনি বলেছেন, "একজন ভারতীয় গুরুকে যেভাবে আপ্যায়ন করা উচিৎ বলে আমার মনে হয়েছিল, আমি সেইভাবেই তাঁকে আপ্যায়িত করার আপ্রাণ চেষ্টা করেছি। তাঁকে দেখলাম একজন লীলাচঞ্চল, কৌতুকপ্রিয় শিশুর মত সহজ সরল মানুষ হিসাবে! চোখ বুজলেই আমি তাঁর সেই আনন্দঘন মূর্তিকে দেখতে পাই। যেদিকেই তিনি তাকাচ্ছেন, যা কিছুই তাঁর স্পর্শ পাচ্ছে, সবকিছুই এক আনন্দের জোয়ারে ভেসে যাচ্ছে, প্রাণবন্ত হয়ে উঠছে।"

পরের বছর ১৯৮৫ সালে, মিস স্টেলাকে গুরুদেব তাঁর সঙ্গে গাড়ীতে জার্মানির অন্তর্ভুক্ত সুইজারল্যান্ডের উইন্টারথারে যাবার জন্য বলেন, কারণ সেখানে কিছু মানুষ তাঁর জন্য প্রতীক্ষায় ছিল। যদিও গুরুদেব এবং মিস স্টেলা, দুজনেই প্রথম সেখানে যাচ্ছেন, তবুও যেখানে যেতে হবে গুরুদেব তার পথ দেখিয়ে নিয়ে যেতে লাগলেন। সেখানে তাঁদের সঙ্গে দুজনের দেখা হল, তাঁদের মধ্যে অন্যতম হলেন ম্যাডাম জিসেলা, যিনি সেই কোর্সটার এবং পরবর্তী সময়ে অনেক কোর্সের আয়োজন করেছিলেন। গুরুদেব পৃথিবীর একপ্রান্ত থেকে অন্যপ্রান্তে পরিভ্রমণ করে চললেন, এবং দেখা গেল যে, যেখানেই তিনি গেছেন, সেখানেই প্রচুর মানুষ তাঁর জন্য প্রতীক্ষা করছে।

১৯৮৯ সালের অক্টোবর মাসে আমি প্রথম তাঁর সঙ্গে বিদেশ সফরে যাই। তিনি আমাকে জার্মানী, ফ্রান্স, সুইজারল্যান্ড, ইংল্যান্ড, আমেরিকা, কানাডা ইত্যাদি দেশে সঙ্গে নিয়ে যান। সেই সন থেকে আমার সঙ্গে কয়েকশো মানুষের সাক্ষাৎ হয়, যারা তাঁর জন্য অধীর আগ্রহে প্রতীক্ষা করছিল। জার্মানীতে আমি তাঁর জন্য ঘরের মত করে পুলিওগারে, রসমভাত ইত্যাদি সুস্বাদু আহার্য প্রস্তুত

করেছিলাম। তিনি খুব তৃপ্তির সাথে সেগুলো আহার করার পর আমাকে জিজ্ঞাসা করলেন যে বিদেশে ওইসব আহার্য বস্তু আমি কী করে জোগাড় করলাম। আমি তাঁকে বললাম যে বাড়ী থেকেই যথেষ্ট পরিমাণে ডাল, চাটনি পাউডার, মশলা ইত্যাদি প্যাকেট করে নিয়ে বেড়িয়েছি যাতে আমরা বিদেশে যতদিন থাকব তাতে যেন কুলিয়ে যায়। আমি যখন ভাবছিলাম যে বিদেশে থাকাকালীন আমার এই ব্যবস্থাটা খুব বুদ্ধিমত্তার কাজ হয়েছে, তিনি আমার সঙ্গে দ্বিমত পোষণ করলেন। তিনি বললেন, "যেখানে যাবে, সেখানে যা পাওয়া যাবে সেটাই তোমাকে আহার করতে হবে। যা তোমার সঙ্গে এনেছ, সব এখানে রেখে যাও। আমরা আর এগুলো সঙ্গে নিয়ে যাব না।" সুতরাং তখন নানা ধরণের ফল, রসালো আঙুর ইত্যাদিই আমার প্রধান আহার্য বিষয় হল। ফ্রান্সে পৌঁছে আমরা মারিয়েল জ্যাগিয়ারের কাছে থাকলাম। তাঁর তিনতলা বাড়ীর ছাদে রান্নাঘর ছিল। আমরা হয়ত রান্নাঘরে কাজে ব্যস্ত, তখন কেউ এসে দরজায় বেল বাজালে তিনি তিনতলা থেকেই রিমোটের সাহায্যে নীচের দরজা খুলে দিতেন। ব্যাপারটায় আমি অবাক হয়ে গেছিলাম। এই ধরণের প্রযুক্তিগত ব্যাপার আমি আগে কখনো দেখিনি। নীচের তলায় তাঁর একটা স্টুডিও ছিল, সেখানে তিনি নাচের অনুশীলন করতেন। তিনি খুব ভাল নাচতে পারতেন। তখন পর্যন্ত আমি কেবল ভারতীয় নৃত্যশৈলীর নাচ দেখেছিলাম। এখন আমি তাঁর নাচের কথা ভাবলে মনে হয় সেটা কি তাঁর নাচের পেলব ভঙ্গিমার জন্য সুন্দর মনে হয়েছিল নাকি তাঁর সৌন্দর্যের কারণে তা সুন্দর লেগেছিল। নৃত্য এবং নৃত্যশিল্পিকে কি আলাদা ভাবে বিচার করা যায়? গুরুদেব বলেন যে সমগ্র সৃষ্টিতে যা ঘটে চলেছে, তা স্রষ্টারই অবিরাম নৃত্য, তিনি একাধারে স্রষ্টা বার সৃষ্টির প্রতিটি কণায় তিনি রয়েছেন!

বিভিন্ন অনুষ্ঠানের ফাঁকে ফাঁকে সময় পেলেই আমরা সেখানকার দর্শনীয় স্থানগুলো দেখে নিতাম। আমরা আইফেল টাওয়ার থেকে সারা শহরের একটা সামগ্রিক ছবি দেখলাম। যে কেউ এই দৃশ্য দেখলেই বুঝতে পারবে যে কত সুন্দর পরিকল্পনা করে এই শহরটাকে নির্মাণ করা হয়েছে। চারপাশ দিয়ে অজস্র মানুষের স্রোত বয়ে চলেছে, তারা কেউ পায়ে হেঁটে, কেউ গাড়ীতে করে চলেছে; তারা কেউ জানতেই পারল না গুরু তাদের মধ্যে এসে দাঁড়িয়ে তাদেরই দেখছেন! অবশ্য কিছু ভাগ্যবান মানুষ তাঁকে দর্শন করতে পেরেছিল। কিন্তু আমি যে পৃথিবীর উচ্চতম স্থানে স্বয়ং গুরুর পাশে দাঁড়িয়ে রয়েছি, এর পিছনে কার পরিকল্পনা রয়েছে!

অনেক বছর পর, হঠাৎই কোন রকম প্রস্তুতি বিনাই আমরা প্যারিসে গেছিলাম। সেখানে একটা অনুষ্ঠানে একজন গুরুদেবকে প্রশ্ন করে, "এই প্যারিস শহরের পরিকল্পনা কী করে তৈরী হল?" উত্তরে গুরুদেব বলেন, "কোনকিছুর পরিকল্পনার বিভিন্ন স্তর রয়েছে। আমরা যখন একটা ঘর সাজানোর পরিকল্পনা করি, তাতে ঘরের রঙ কী হবে, আসবাবপত্র কোনটা কোথায় থাকবে, ফুলদানিটা কোথায় রাখলে ভাল হবে ইত্যাদি নিয়ে ভাবি। তেমনি একটা বাড়ী বা রাস্তা, বা শহর অথবা দেশ গড়ে তুলতে গেলে তৈরী করতে গেলে অনেক খুঁটিনাটি বিষয় ভেবে নিয়ে পরিকল্পনা করতে হয়। কিন্তু সবথেকে বড় পরিকল্পনা যেটা আমার মনে হয় সেটা হল এই মুহুর্তে আমরা সবাই এখানে উপস্থিত রয়েছি। আমাদের মধ্যে কেউ এসেছে জার্মানী থেকে, কেউ সৌদি আরব থেকে, কেউ বা ভারতবর্ষ থেকে। এবং বর্তমানে এখানে আমরা একসঙ্গে বসে রয়েছি। অনেক সময় আমরা যা পরিকল্পনা করি সেটা হয় না, আবার যেটা নিয়ে আমাদের কোন পরিকল্পনা নেই সেটা এমনভাবে ঘটে যায় মনে হবে যে এর থেকে ভাল পরিকল্পনা আর হয় না।" পরিকল্পনামত হোক চাই ঘটনাক্রমেই হোক, তাঁর সঙ্গে থাকতে পারলেই আমি খুশী হতাম। যখন কেউ এসে আমাকে বলত যে কেমন করে গুরুদেব তাদের স্বপ্নে দেখা দিয়েছেন বা কতদিন ধরা তাঁরা তাঁর দর্শনের অভিলাষী ছিল, এবং এইসব কথা বলতে বলতে তাদের চোখ যখন জলে ভরে উঠত, আমি সহজেই তাদের অন্তরের অভিব্যক্তিকে উপলব্ধি করতে পারতাম। এইসব অসংখ্য অভিজ্ঞতার কথা স্মরণ করলে তাঁর প্রতি আমারন অন্তর কৃতজ্ঞতায় পূর্ণ হয়ে ওঠে, কারণ যারা তাঁর কাছে যা প্রার্থনা করেছে, তিনি তাদের উপযোগী করেই তা প্রদান করেছেন।

তাঁর সঙ্গে আমি অনেক জায়গাতেই গেছি। মাঝে মাঝে ইংল্যান্ডে কোন মন্দিরে যাওয়া হত, তিনি সেখানে প্রধানত হিন্দিতেই কথা বলতেন। যদিও সেখানে স্থানীয় ইংরেজরাও থাকত, তবুও ভাষা সেখানে কোন বাধার সৃষ্ট করত না। কেবল তাঁর আনন্দঘন উপস্থিতিটুকুতেই তারা নিমগ্ন থাকত। একদিন একজনের বাড়ীতে গুরুদেবকে গোলাপজাম খেতে দেওয়া হল। এটা ভারতের খুব প্রচলিত এবং প্রসিদ্ধ মিষ্টি। সেটা খেয়ে গুরুদেব খুব প্রশংসা করলেন। খবরটা খুব দ্রুত চারিদিকে ছড়িয়ে পড়ল এবং তারপর থেকেই যে বাড়িতেই তিনি অতিথি হয়ে যেতেন, সেখানেই তাঁর থালায় গোলাপজাম শোভা পেতে শুরু করল। সেইসব দিনগুলোর কথা মনে করলে এখনও আমার হাসি চেপে রাখতে পারিনা।

গোলাপজামের পর এল প্রিঙ্গল চিপসের অধ্যায়। সেটা হল যখন আমরা আমেরিকা এবং কানাডায় ছিলাম। যেখানেই আমরা যাই না কেন প্রিঙ্গল চিপস আমাদের পিছু ছাড়ত না। কানাডায় একজন স্বেচ্ছাসেবকের সঙ্গে গুরুদেব কুটিরে বসেছিলেন। তাদের মধ্যে মতবিরোধ হওয়ার ফলে স্বেচ্ছাসেবকেরা একে অপরের সমালোচনা করছিল। ভিকি ব্লক নামে কানাডার এক স্বেচ্ছাসেবিকা সেই ঘটনার কথা বলতে গিয়ে আবেগে আপ্লুত হয়ে পড়েছিল। সে বলছিল, "গুরুরদেব সেখানে একটা একটু উঁচু বেদীর মত জায়গায় বসে ছিলেন। যখনই কাউকে মনে হচ্ছিল যে কারও কথায় আহত বোধ করছে, অমনি তিনি প্রিঙ্গল তার দিকে ছুঁড়ে দিচ্ছিলেন। এতে তাদের মনোবল বোধহয় বেড়ে যাচ্ছিল এবং প্রিঙ্গল চিপসের প্রতি তাদের মনোভাবও চিরকালের মত বদলে গেছিল। একটা সময় দেখা গেল যে প্রিঙ্গল চিপসের বৃষ্টি হচ্ছে। প্রত্যেকেই প্রত্যেকের দিকে তাকিয়ে চিপস খেয়ে চলেছে।" প্রায়ই আমরা আমাদের সিদ্ধান্ত অন্যের উপরে চাপিয়ে দিই, আর পরে বুঝতে পারি সেটা ভুল ছিল। যেটা আমরা সঠিক বলে ভাবি সেই সিদ্ধান্তটাই নিই, আসলে আমরা বুঝতে পারি না যে, সেই মুহুর্তে আমরা নিজেরাই নিজেদের একটা ঘেরাটোপের মধ্যে বদ্ধ করে রেখেছি এবং বিচারগুলো সেখান থেকেই আসছে। গুরুতত্ত্ব আমাদের সেই সংকীর্ণ গন্ডী থেকে মুক্ত করে প্রজ্ঞার জগতে প্রতিষ্ঠিত করে দেয়- জীবনের লক্ষ্যই হল তাই। গুরুদেব বলেন, "ঘটনাকে পার করতে পারলে, কার্যকারণ সম্বন্ধকে বুঝতে পারাটাই হল জ্ঞান, ব্যক্তিকে অতিক্রম করলে প্রেমের সন্ধান পাওয়া যায়, আর বস্তুর গভীরে গেলে অনন্তকে লাভ করা যায়।"

প্রিঙ্গল চিপস নিয়ে যে ঘটনা ঘটেছিল, তার থেকে আমরা অনেক শিক্ষা গ্রহণ করতে পেরেছিলাম। নিউ ইয়র্কের একটা ঘরের কথা মনে পড়ছে। গুরুদেব ঘরের একটা সোফায় বসে আছে, তাঁকে ঘিরে অনেকে বসে রয়েছে, কিন্তু সকলের চোখ সামনের টি ভিতে আটকে আছে। নিবিষ্ট মনে তারা টি ভি দেখে চলেছে। এক বাক্স প্রিঙ্গল চিপস সবার হাত ঘুরে খালি হয়ে গেল। ফিলিপ ফ্রেজার, যে সেইদিনের অনুষ্ঠানের আয়োজনের দায়িত্বে ছিল, অন্যান্য সব কাজ সেরে ঘরে ঢুকল। ঘরে ঢুকে সে সবকিছু দেখে হতভম্ব হয়ে গেল! গুরুদেব একজনকে টি ভিতে একটা চ্যানেল খোলার জন্য অনুরোধ করছিলেন যেটা আর কিছুক্ষণের মধ্যেই শুরু হবে। ফিলিপ প্রথমে বুঝে উঠতে পারল না যে কোন চ্যানেলের কথা বলছেন। শেষে যখন সেই অনুষ্ঠানটা খোলা হল, দেখা গেল সেটা 'আই লাভ

লুসি'! ফিলিপ সত্যিই গোটা ঘটনায় বিহ্বল হয়ে গেল - "একজন সদ্‌গুরু 'আই লাভ লুসি' দেখার জন্য এত আগ্রহী! আমি ভাবতেই পারছিনা যে একজন সদ্‌গুরুর এমন আচরণ হতে পারে!" ফিলিপের বিস্ময়ের ঘোর আরও বেড়ে গেল যখন সে দেখতে পেল যে প্রিঙ্গল চিপসের প্যাকেট হাতে হাতে ঘুরছে৷ সে তার নিজের চোখকের বিশ্বাস করতে পারছিল না৷ তার চোখেমুখে স্পষ্টতই একটা অবিশ্বাসের ভাব ফুটে উঠছিল, "গুরুদেব আবার চিপসও খান!" প্রথম পর্ব শেষ হলে গুরুদেব বলে উঠলেন, "দাঁড়াও, এক্ষুনি পরের পর্ব শুরু হবে৷" ঘরের মধ্যে খুশীর হুল্লোড়ের উচ্ছ্বাস অব্যাহত রইল৷ আর পাঁচজন আমেরিকানদের মতই ফিলিপও ওই টি ভি শো ছোটবেলা থেকে দেখে আসছে৷ কিন্তু একজন মুক্ত পুরুষ, যিনি তার অন্তরে জ্ঞানের আলো জ্বেলে দিয়েছেন, তার সঙ্গে বসে সেই টি ভি শো আবার দেখতে পারবে, এমনটা সে স্বপ্নেও কোনোদিন কল্পনা করতে পারেনি৷ সবথেকে অবাক করার মত ব্যাপার যেটা ছিল যে কী করে গুরুদেব জানতে পারলেন যে নিউ ইয়র্কে কোন চ্যানেলে এবং কোন সময়ে সেই অনুষ্ঠান কখন প্রচারিত হচ্ছে আর পরপর দুটো পর্ব প্রচারিত হয়? শিশুর মতই সহজ সরল স্বাচ্ছন্দ্যের অন্তরালে পরম জ্ঞানকে গুরুদেব যেন লীলাচ্ছলে সযত্নে লুকিয়ে রেখেছেন৷ কোন বিধি - নিষেধের গন্ডীর মধ্যে গুরুকে আবদ্ধ রাখা যায় না, বরং সমস্ত বিধি - নিষেধের বেড়াজাল তাঁর মধ্যে সমাপ্ত হয়ে যায়৷

গুরুদেব অনেকবারই নিউ ইয়র্কে গেছেন৷ তারমধ্যে একবার ইউনাইটেড নেশনের মূল কার্যালয়ে ভাষণ দিয়েছেন৷ সেই অনুষ্ঠানের আগের দিন রাতে এক সৎসঙ্গের অনুষ্ঠান হয়েছিল৷ এত ভাল অনুষ্ঠান হয়েছিল যে আমাদের সেখান থেকে ফিরে আসতে ইচ্ছা করছিল না৷ কিন্তু বিশ্রাম নেবার জন্য হোটেল ফিরে আসতেই হল৷ কিছুতেই আমার ঘুম আসছিল না৷ কিন্তু তবুও আমি বিছানায় গিয়ে শুয়ে পড়লাম৷ বিছানায় শুয়ে শুয়েই ওপরের স্কাই লাইট দিয়ে বাইরের অনন্ত আকাশের এক টুকরো আমার চোখে পড়ছিল৷ অনন্ত ওই নভোমন্ডলে তারাদের ঝিকিমিকি যেন নীরব ভাষায় কতকিছু প্রকাশ করে চলেছে৷ রাস্তার আলোও যেন সেই আলোর সাথে ভাব বিনিময় করে চলেছে৷ আমি নির্নিমেষ চোখে তারাদের দিকে তাকিয়ে ছিলাম৷ হঠাৎ এক তীব্র আলোর ঝলকানি ঘরের মধ্যে খেলে গেল৷ আমার মনে হল যেন একটা অশরীরী মুখ স্কাই লাইট দিয়ে আমার দিকে তাকিয়েই আবার চলে গেল৷ সঙ্গে সঙ্গে অত উঁচুতে উঠে ব্যাপারটা দেখা আমার পক্ষে সম্ভব ছিল না৷ ঘটনাতে আমি ভীত না হলেও এক জ্যোতির্ময় শক্তির উপস্থিতিকে

উপলব্ধি করতে পারলাম। নিমেষের মধ্যে মুখটা অপসৃত হয়ে গেল। ঘটনাটা গুরুদেবকে বলার জন্য পরেরদিন পর্যন্ত আমি আর অপেক্ষা করতে পারছিলাম না। পরের দিন সকালেই আমি গুরুদেবের ঘরে গেলাম। তিনি তখন জানলা দিয়ে বাইরের প্রকৃতিকে দেখছিলেন। আমি কিছু বলার আগেই তিনি শুধু বললেন, "হিতৈষণা"। বুঝতে পারলাম তিনিও সেই দৈবী শক্তিকে প্রত্যক্ষ করেছেন।

অনুষ্ঠানে যাবার জন্য আমরা প্রস্তুত হতে লাগলাম। আমরা ঠিক সময়েই হলে পৌঁছে দেখি যে হলের প্রায় অর্ধেক আসন তখনও খালি পড়ে আছে। পাশেই আর এক জায়গায় একই সময়ে আরেকটা গুরুত্বপূর্ণ বক্তৃতার অনুষ্ঠান ছিল, তাই আমাদের স্বেচ্ছাসেবকেরা ভাবল যে অনেকে হয়ত সেখানে চলে গেছে। আমরা বেশ উদ্বিগ্ন হয়ে পড়েছিলাম। গুরুদেব কিন্তু শান্ত স্থির, তিনি ভাষণ দেবার প্রস্তুতি নিচ্ছেন। অনুষ্ঠান শুরু হতে আর কয়েক মিনিট বাকী সেই সময় হঠাৎ একজন হলে ঢুকল। তাঁর পিছনে পিছনে আরও একজন...এইভাবে খুব অল্প সময়ে সমস্ত হল ভরে গেলেও তখনও মানুষ ভিতরে আসতে লাগল। অতিথিদের জন্য নির্দিষ্ট ঘেরা জায়গাও ভর্তি হয়ে গেলে আমরা আমাদের চেয়ার ছেড়ে দিলাম কারণ তখন আরও অতিথি অপেক্ষা করছিলেন। কী করে এত দ্রুত হল ভর্তি হয়ে গেল সেটা আমাদের কাছে বিরাট বিস্ময়ের ব্যাপার হলেও, আমি কিন্তু খুব খুশী হয়েছিলাম কারণ অনেক মানুষ এই প্রথম গুরুদেবের জ্ঞান উপদেশ লাভ করার সুযোগ পেয়েছিল। বরাবরের মত সেই ভাষণও অসাধারণ হয়েছিল এবং আমরাও অনুভব করলাম যে আমাদের মধ্যে প্রবল প্রাণশক্তির সঞ্চার হয়েছে। আমাদের স্বেচ্ছাসেবকদের মধ্যে একজন বলল যে বারান্দায় একটা দরজা আছে যেটা দিয়ে ইউ এন এর মূল কার্যালয়ের হলে যাওয়া যায়, সেটা আটকে গেছিল। সেই কারণেই হলে লোক আসতে পারেনি। দরজাটা খুলে দিতেই লোক অনায়াসে হলে আসতে পেরেছে এবং হল ভর্তি হয়ে গেছে।

বুদ্ধিবৃত্তি এই ধরণের ব্যাখ্যায় নিজেকে সন্তুষ্ট রাখতে চায়, কিন্তু প্রকৃতপক্ষে তার বাইরেও অজানা একটা প্রভাব যে কাজ করছিল তা নিশ্চিত। গুরুদেব বললেন যে, নিউ ইয়র্কের যক্ষ তাঁর সঙ্গে আগের দিন রাত্রে সাক্ষাৎ করতে এসেছিলেন। তিনি গুরুদেবকে জিজ্ঞাসা করেন যে তিনি তাঁর জন্য কিছু করতে পারেন কি না। গুরুদেব তাঁকে শুধু বলেন, "ধন্যবাদ, আমার কোন সাহায্যের প্রয়োজন নেই।" গুরুদেব ইউ এন হলে সেই যক্ষকে মনে মনে কৃতজ্ঞতা জানালে সেই দরজা খুলে যায় এবং পরে বাকী যা হবার তা তো আমরা সকলে

দেখেছি। গুরুদেব বললেন, "তিনি প্রকৃতই আমাকে সাহায্য করতে উদগ্রীব ছিলেন। তিনি হয়ত ভেবেছিলেন যে আমি তাঁর কাছে এইখানে একটা সেন্টার করার কথা বলব যেখানে মানুষ জীবনে জ্ঞানের মাধ্যমে খুশী, শান্তি লাভ করতে পারবে।" আমি আমার সংশয় চেপে রাখতে না পেরে গুরুদেবকে জিজ্ঞাসা করলাম, "কিন্তু এই যক্ষ কে ছিলেন?' গুরুদেব আমাকে এই রহস্য বুঝিয়ে দিলেন, "যক্ষ হল আমাদের মহৎ অস্তিত্বের একটা অংশ। এই অনাদি অনন্ত সৃষ্টি বৈচিত্রে ভরা এবং তাদের প্রত্যেকের নিজস্ব বৈশিষ্ট্য রয়েছে। দেবদূতেরা হলেন প্রত্যেকের ভিতরে যে অবিনাশী সত্ত্বা রয়েছে তারই নির্গত শক্তিপুঞ্জ এবং তাঁরা তোমাদের সেবা করতে উন্মুখ হয়ে থাকেন। একটা বীজ থেকে যেমন শিকড়, কান্ড, ডালপালার জন্ম হয়, ঠিক তেমনই আত্মস্থ ব্যক্তির সামনেই দেবদূতেরা প্রকাশিত হন। তোমাদের সান্নিধ্যলাভে দেবদূতেরা প্রীত হন, কিন্তু তাঁদের থেকে তোমাদের প্রাপ্য কিছু নেই। যারা তাঁদের থেকে কিছু প্রত্যাশা করেন না, তাঁদের কাছেই তাঁরা উপস্থিত হন। সুর্যের কিরণে যেমন সাত রঙ মিশে থাকে, তেমনি একজন পূর্ণচৈতন্য প্রাপ্ত মহাপুরুষ- এক স্থিতধী পুরুষ যাঁর প্রতিটি মুহূর্ত আনন্দে ভরা এবং পূর্ণ বৈরাগ্যে যিনি তৃপ্ত, তাঁর চেতনার মধ্যে সমস্ত দেবদূতেরা আশ্রয় লাভ করে থাকেন।"

একবার আমেরিকা সফর কালে গুরুদেব স্থির করলেন যে, ক্যালিফোর্নিয়ায় ওয়ালি'র ঘরে থাকবেন। সেখানে একটা অনুষ্ঠানের আয়োজন করা হয়েছিল। কিন্তু বাড়ী ঘর পরিষ্কার করা, টাটকা ফুল কিনে আনা, নতুন চাদর পাতা, নতুন বাসন পত্তর কিনে আনা, সকলের জন্য প্রসাদ তৈরী করা ইত্যদি ব্যবস্থা করতে গিয়ে ওয়ালি কিছুটা ক্লান্ত ও বিভ্রান্ত হয়ে পড়েছিল। ইতিমধ্যে তার বন্ধু তাকে সাহায্য করার জন্য একটু আগে এসে উপস্থিত হলেন। তার মধ্যে কিছু বিশেষ ক্ষমতা ছিল। তিনি ঘরে ঢুকে সব ব্যবস্থা দেখে অবাক হয়ে গেলেন। তিনি ওয়ালিকে বললেন, "কী করছ তুমি? বাইরে কত আলোর ঝলকানি তুমি দেখতে পাচ্ছ না? হাজার হাজার দেবদূতেরা ঘরের বাইরে অপেক্ষা করছেন। যাঁরই আসার কথা থাকুক না কেন, তিনি অবশ্যই বিশেষ ক্ষমতা সম্পন্ন ব্যক্তি হবেন।" একজন জ্যোতিষিও ঘরে এলেন এবং সবাই গুরুদেব সম্বন্ধে তাঁর কাছে জানার জন্য তাঁকে ঘিরে ধরল। এমন গুরুত্ব পেয়ে তিনি খুব খুশীই হলেন। কিন্তু তাঁর গণনার কথা বলতে গিয়ে তিনি নিজেই কিছুটা হতচকিত হয়ে গেলেন। তাঁর মতে, "তাঁর (গুরুদেব) স্নায়ুতন্ত্র এতই নির্মল, পবিত্র ও বিশুদ্ধ যে তার মধ্যে সমস্ত বেদের জ্ঞান

আশ্রয় লাভ করতে পারবে। সাধারণত এই ধরণের পুরুষেরা মানুষের সঙ্গে জাগতিক বিষয় নিয়ে কথাবার্তা বলতে অপারগ হন, কিন্তু আমার গণনানুসারে লক্ষ লক্ষ মানুষ তাঁর কাছে ছুটে আসবে।" সেই সময় আমাদের কোন ধারণাই ছিল না যে ওই ভবিষ্যতবাণী কত তাড়াতাড়ি সফল হয়ে উঠবে।

সুইজারল্যান্ড সফরের সময় প্রায় একই সময়ে দুটো জায়গায় গুরুদেবের প্রবচনের ব্যবস্থা করা হয়েছিল। একটা প্যারিসে আর অন্যটা উইন্টারথারে। ঠিক ছিল যে গুরুদেব প্রথমে প্যারিসে যাবেন কারণ আশা করা হয়েছিল সেখানে গেলে বেশী মানুষকে পাওয়া যাবে। কিন্তু গুরুদেব প্রথমে উইন্টারথারে যাওয়া স্থির করলেন। সেখানে গিয়ে দেখা গেল যে মার্সেল ভার্বে নামে এক স্কুল টিচার কেবল উপস্থিত রয়েছেন। এর আগে তিনি কখনও কোন সাধু মাহাত্মাকে দেখেননি। তাঁদের সঙ্গে কথা বললে কেমন লাগে কেবল সেই কৌতূহল বশত তিনি সেখানে এসেছেন। তিনি কী বলবেন? ইংরাজি না জার্মান অথবা ফ্রেঞ্চ ভাষায় কথা বলেন? আমাকে তিনি কোন উপদেশ দেবেন? গুরুদেব সেখানে পৌঁছাবার আগে অবধি তাঁর মনে এইসব হাজারো প্রশ্ন খেলা করছিল। গুরুদেব কিন্তু মৌন রইলেন এবং শেষে তাঁর দিকে তাকিয়ে বললেন, "তুমি কী খুশী?' ব্যাস। আর কিছু না।

গৌতম বুদ্ধ কোথায় কীভাবে এবং কেন চলে যেতেন সেই বিষয়ে একবার তাঁর শিষ্য আনন্দকে বলেছিলেন যে, "হয়ত কোন মানুষ ভীষণ তৃষ্ণার্ত হয়ে পড়েছে, এতই তৃষ্ণার্ত যে আমি ছাড়া তার আর কোন উপায় নেই, তার সেই তৃষ্ণাই আমাকে তার দিকে টেনে নিয়ে যেত।" গুরুদেব বলেন, "এমন নয় যে কেবল গুরুই শিষ্যের দিকে এগিয়ে যান, শিষ্যও গুরু দিকে এগিয়ে আসে, এবং একদিন না একদিন তাদের উভয়ের মিলন হবেই। এই মিলন কেবল শারিরিকভাবেই নয়, এ মিলন হল মনের মিলন, আত্মার মিলন। দুটো লণ্ঠনকে যদি কাছে আনা যায়, তবে লণ্ঠনদুটোর মধ্যে প্রভেদ থাকলেও তার থেকে নির্গত আলো মিলে মিশে এক হয়ে যায়।" মার্সেল একদিন গুরুদেবকে জিজ্ঞাসা করেছিল যে প্রথমে প্যারিসে না গিয়ে কেন গুরুদেব সেদিন উইন্টারথারে গেছিলেন। গুরুদেব তাঁকে বলেছিলেন, "আমি শুধু তোমার জন্য গেছিলাম।" আজ মার্সেল গুরুদেবের সঙ্গে সমগ্র ইউরোপ ঘুরে বেড়ায়।

হাওয়ার সাথে খেলা করতে করতে গাছ যেমন ধীরে ধীরে তার ডালপালা মেলে ধরে, সূর্যের আলোয় পদ্ম যেমন পাপড়ি মেলে অথবা চাঁদের কিরণে কুমুদ,

ওই সবই তাদের ভিতরে একটা কিছুকে নাড়া দিয়ে জাগিয়ে তোলে, গুরুদেবের সান্নিধ্যে তেমনি হাজার হাজার মানুষকে দেখেছি জীবনের নতুন আলোয় সেজে উঠতে, জীবনের রহস্য এবং আত্মার উন্মীলন ঘটতে, নিজেকে তখন অত্যন্ত ভাগ্যবতী বলে মনে হয় আমার৷ কারণ এইসবই ঘটেছে আমার চোখের সামনে৷ গুরুদেবের সঙ্গে প্রথম সফর তখন শেষ হবার মুখে৷ আমরা ইংল্যান্ডে একটা বাড়ীতে ছিলাম৷ তখন সকলের বিশ্রামের সময়, সকলেই তাঁদের নিজের নিজের ঘরে চলে গেছেন৷ আমার ব্যাগ পত্তর সব নীচে রাখা আছে৷ আমাকে ওগুলো সব উপরে নিয়ে আসতে হবে৷ নীচে নামতে যাব এমন সময় হঠাৎই পা পিছলে নীচে গড়িয়ে পড়ে গেলাম৷ এত জোরে আছাড় খেয়ে পড়লাম যে ভাবছিলাম আর উঠে দাঁড়াতে পারব না৷ আমার পড়ার শব্দে গুরুদেব দৌড়ে ঘর থেকে বেড়িয়ে এসে আমাকে জিজ্ঞাসা করলেন আমি ঠিক আছি কি না৷ যদিও মুখে বলে দিলাম যে ঠিক আছি, কিন্তু ভেবে পাচ্ছিলাম না যে কী করে হাঁটা চলা করব৷

গুরুর কাছে তুমি কী বলছ, সেটার অসীম তাৎপর্য থাকে৷ একদিকে যেমন একজন খোলা বইয়ের মত, সেখানে কোন ভণিতার লেশমাত্র নেই, অপরদিকে গুরু যদি কাউকে জিজ্ঞাসা করেন যে সে কেমন আছে, তার মুখ দিয়ে কল্যাণকারী শব্দ ছাড়া আর কিছুই বেরবে না৷ যাইহোক অনেক কষ্টে কারও সাহায্য নিয়ে উঠে দাঁড়ালাম এবং বাড়ি ফিরে আসা অবধি সেই যন্ত্রণাটা সহ্য করে থাকলাম৷ যেভাবে আমি পড়েছিলাম তাতে মারাত্মকভাবে জখম হতে পারতাম, কিন্তু যেভাবেই হোক এ যাত্রা রক্ষা পেয়ে গেছি৷ কন্নড় ভাষায় একটা প্রবাদ প্রচলিত আছে যেটার অর্থ করলে দাঁড়ায় - যেটা মাথায় আঘাত করত সেটা টুপিতে গিয়ে লাগল৷

ঘরে ফিরলে পিতাজী খুব স্বস্তিবোধ করলেন৷ কারণ তিনি তাঁর জ্যোতিষ গণনায় দেখেছিলেন ওই সময়টা আমার পক্ষে প্রতিকূল ছিল৷ তবে তিনি জানতেন গুরুদেব আমাকে রক্ষা করবেন এবং তার থেকেও ভরসার ব্যাপার ছিল যে আমি গুরুদেবের সঙ্গেই ছিলাম৷ সুতরাং একটা প্রতিকূল সময় না জানি কেমন করে আমার কাছে অভুতপূর্ব আনন্দময় সময়ে বদলে গেল!

নবম অধ্যায়

পঞ্চোপগিরির কোলে

ক্যালিফোর্নিয়ায় আমার ঘরের জানলা দিয়ে অবাক হয়ে দেখছি পাখিদের নীড়ে ফেরার পালা। কত সুশৃঙ্খল এবং সঙ্ঘবদ্ধ তারা! ওড়ার সময় প্রত্যেকেই অপরের জন্য পর্যাপ্ত জায়গা ছেড়ে ওড়ে, কোন সময় তাঁদের মধ্যে ধাক্কা লাগে না বা কোনদিক দিয়ে কে উড়বে তাই নিয়ে কোন সংশয়ও হয় না। গুরুদেব বলেন, "পাখিরা যেমন দিনান্তে নীড়ে ফিরে আসে, তেমনি তোমরাও তোমাদের আপন আলয়ে ফিরে এসো। তখন উপলব্ধি করতে পারবে যে তোমার মাধ্যমেই ঈশ্বরীয় সত্ত্বা প্রকাশিত হয়ে চলেছে।" বর্তমান জগতে মানুষের জীবন অত্যন্ত দ্রুত গতিতে ধেয়ে চলেছে। এরই মধ্যে আশ্রমের নিবিড় নিশ্চিত শান্তির কোলে তারা কিছুদিনের জন্য আসে, ডুব দিতে পারে অন্তরের গভীরে, তাদের প্রকৃত উৎসে।

মঞ্জুলাতে, প্রায়ই আমাদের আলোচনার মধ্যে একটা আশ্রম তৈরী করার প্রয়োজনীয়তার প্রসঙ্গ বারবার উঠে আসতে লাগল। সঠিক সময় যখন উপস্থিত হয়েছে বলে গুরুদেব মনে করলেন, তিনি এই সিদ্ধান্তে রাজী হলেন। একদিন শুভ মুহুর্তে, আশ্রমের জন্য উপযুক্ত জায়গার সন্ধানে বাবার সাদা অ্যাম্বাস্যাডারে চেপে আমরা রওনা হলাম। ব্যাঙ্গালোরের দক্ষিণ দিকে আমরা এগিয়ে চললাম। রাস্তার দুপাশে বড় বড় সুন্দর গাছের সারি, ছায়ায় ঢাকা পথ আমাদের মন্ত্রমুগ্ধ করে রেখেছিল। গোটা রাস্তাতে কেবল আমাদের গাড়ীটাই চোখে পড়ল, মনে হচ্ছিল যেন চারপাশে গাছপালা দিয়ে সাজানো রয়েছে সেটা। বন্য হাতি এবং অন্যান্য বন্য প্রাণীরা সেখানে অবাধে বিচরণ করত। প্রায় তেরো কিলোমিটার আসার পর গুরুদেব বাবাকে এক জায়গায় গাড়ী থামাতে বললেন। রাস্তার ডানদিকে কয়েকটা ছোট টিলা আমাদের নজরে পড়ল, যেদিকে তাকাই, উষর রুক্ষ লালরঙের মাটিই কেবল চোখে পড়ে। আমরা গাড়ী থেকে নেমে গুরুদেবের পিছন পিছন সেখানে গিয়ে উপস্থিত হলাম। তিনি কয়েক পা এগিয়ে গিয়ে দাঁড়িয়ে পড়ে বললেন, "এই জায়গাটাই আমি খুঁজছিলাম।"

পিতাজী জমি সংগ্রহ করার জন্য সরকারের কাছে আবেদন করলেন।কয়েকদিন পর আমাদের একজন পরিচিত ব্যক্তি খুব উত্তেজিতভাবে এসে হাজির হলেন। তিনি একজন বিখ্যাত জ্যোতিষকে নিয়ে সেই জায়গায়

গেছিলেন এবং সেই জ্যোতিষি নাকি তাঁকে বলেছেন যে, "যিনি এই জায়গার মালিক হবেন, সারা বিশ্বে তার প্রভাব ছড়িয়ে পড়বে।" এই ধরণের কথা শুনতে খুবই ভাল লাগে, এবং কথাটা চাউর হয়ে যাওয়ার ফলে জমি কেনার ব্যাপারে ঘুষ চাওয়া হল। পিতাজী গান্ধিজীর আদর্শ মেনে চলতেন, ফলে তিনি এক পয়সাও দিতে রাজী হলেন না। এর ফলে আমাদের দীর্ঘদিন জমি রেজিস্ট্রি অফিসের সামনে গিয়ে বসে থাকতে হত। এমন দিনও গেছে যে আমাদের বাচ্চারাও আমাদের সঙ্গে গিয়ে বসে থেকেছে। আমি তাদের জন্য কিছু খাবার সঙ্গে নিয়ে যেতাম এবং বলতাম যে আজ 'বিধান সৌধে' - যেখানে বিধায়করা বসেন, সেখানেই রেজিস্ট্রি অফিস ছিল, পিকনিক করতে এসেছি। কিন্তু সুদীর্ঘ কাল অপেক্ষা করেও কোন কাজ হল না। পিতাজী বলতেন, "আমরা শেষ পর্যন্ত দেখব, তাতে যদি বেশী সময় লাগে তো লাগবে।' বোধহয় পিতাজীর এই অনমনীয় মনোভাব দেখে অফিসারেরা শেষ পর্যন্ত জমিটা আমাদের নামে নথিভুক্ত করে দিলেন।

একবার জমি কেনা হয়ে যাবার পর প্রথমে যেটা প্রয়োজন হল সেটা হল ভূমিপূজা করা। পাঁচজন মহিলা মিলে, তাদের মধ্যে আমি এবং আমার মাও ছিলাম, ভূমিপূজা সম্পন্ন করা হল। পূজা শেষ হবার অব্যবহিত পরেই গুরুদেব একটা জায়গা দেখিয়ে সেখানে জলের জন্য খোঁড়ার কাজ শুরু করতে বললেন। পিতাজী কিছু লোক জোগাড় করে নিজেই সেই কাজে লেগে পড়লেন। মাটির নীচে পাথর থাকায় প্রথমে তারা একটু হতাশ হয়ে পড়লেও হাল ছাড়ল না। রাত প্রায় তখন দুটো হবে, সবাই উৎফুল্ল হয়ে উঠে দেখল যে প্রবল জলের স্রোত নীচ থেকে উঠে আসছে। আজ পর্যন্ত সেখান থেকেই গোটা আশ্রমের জল সরবরাহ করা হয়। জলের খোঁজে আমরা কখনো কোন জল- অনুসন্ধানকারীর সাহায্য নিইনি। গুরুদেব কেবল মাটির উপর দিয়ে হেঁটে যেতেন এবং বলে যেতেন যে কোথায় জলের সন্ধান পাওয়া যাবে। একবার একটা টিলার প্রায় চূড়ার কাছাকাছি গুরুদেব মাটি খুঁড়তে বললেন আমরা প্রায় সবাই সেটা শুনে একটু অবাক হয়ে গেছিলাম। কিন্তু আমাদের আরও অবাক করে দিয়ে সেখান থেকে জলের ধারা বইতে শুরু করল। আমাদের আশ্রমের থেকে কিছু দূরে এক স্বামীজীর আশ্রম ছিল। তিনি গুরুদেবকে তাঁর আশ্রমে জলের খোঁজ করার জন্য অনুরোধ করলে, গুরুদেব কোথায় গিয়ে খনন করলে জল পাওয়া যাবে তা নির্দিষ্ট করে দিয়ে আসেন। তার আগে তারা একুশটা জায়গায় খোঁড়াখুঁড়ি করেছিল কিন্তু সব ক্ষেত্রেই ব্যর্থ

হয়েছিল। গুরুদেব সেখানে গেলেন এবং সহজেই সেই সমস্যার সমাধান হয়ে গেল।

বর্তমানে গুরুদেবের প্রেরণায় উদ্বুদ্ধ হয়ে আর্ট অফ লিভিং এর স্বেচ্ছাসেবকেরা 'নদী বাঁচাও' আন্দোলনে অগ্রণী ভূমিকা নিয়ে এখনও পর্যন্ত তিরিশটা নদীর প্রবাহকে পুনরুজ্জীবিত করে তুলতে পেরেছে, যে নদীগুলো বিগত কয়েক দশক ধরে শুকনো অবস্থায় ছিল, সেগুলোতে জলের প্রবাহ বইতে শুরু করেছে। একজন স্বেচ্ছাসেবক তার অভিজ্ঞতার কথা বলতে গিয়ে বলেছে যে তাদের এই সামান্য কাজে এতটা সাফল্য আসবে সেটা তারা কল্পনা করতে পারেনি। আমি কখনো কখনো অবাক হয়ে ভাবি যে গুরুদেব জানেন যে কোথায় জলের ধারা সুপ্ত রয়েছে অথবা তাঁর ইচ্ছামত জলের ধারা বয়ে চলে। বুদ্ধির স্তরে হয়ত এর মধ্যে কিছু পার্থক্য নজরে পড়ে, কিন্তু যিনি সৃষ্টির সঙ্গে একাত্ম হয়ে যেতে পেরেছেন, প্রকৃতি এবং তাঁর মধ্যে এক অতীন্দ্রিয় স্তরে ঐক্যতান রচিত হয়ে যায়। প্রকৃতি তখন তাঁকে সর্বতোভাবে সাহায্য করে এবং তিনিও প্রকৃতির সঙ্গে একাকার হয়ে যান।

জলের ব্যবস্থা হয়ে যাবার পর বাঁশ দিয়ে একটা কাঁচা ঘর তৈরী করা হল। মাটির মেঝে, মাথার উপর পাতার ছাউনি, বৃষ্টি পড়লে ছাদ দিয়ে চুঁইয়ে জল পড়ত। অতি সাধারণ সেই ঘরেই গুরুদেব থাকতে লাগলেন। তখন আশ্রমে কোন শারীরিক স্বাচ্ছন্দ্যের ব্যাপার ছিল না। কায়ক্লেশে থাকতে হলেও দেশের তথা বিদেশ থেকেও কিছু স্বেচ্ছাসেবক আশ্রমে এসে থাকত। প্রথমে যে দুটো কুটির তৈরী হল তাদের নাম রাখা হল বশিষ্ঠ এবং বিশ্বামিত্র। কমদামী পাথর দিয়ে সেগুলো তৈরী করা হয়েছিল। তাদের চারপাশে পদ্মফুলের পাপড়ির মত সুন্দর নকশা করা ছিল, যেটা গুরুদেবের পরিকল্পনা মত হয়েছিল। প্রথম কুটিরের একটু সামনের দিকে গুরুদেবের জন্য একটা ছোট্ট কুটির নির্মান করা হল। কুটিরের ছাদটা ঠিক হ্যাটের আকারের করা হল আর উপরে সিমেন্টের জলছাদ তৈরী করা হল। এই কুটিরের নাম রাখা হল শক্তি, এবং প্রথম কুটিরের নাম বদলে করা হল নারায়ণ। এখানেই সমস্ত কোর্স করা হত, এছাড়া সমস্ত রকমের পূজা, সৎসঙ্গও এই কুটিরেই করা হত।

যখন গুরুদেব বললেন যে তিনি চান আরও অনেক মানুষকে প্রশিক্ষণ দিয়ে উপযুক্ত করে তুলবেন যাতে তারা অন্যদের সুদর্শন ক্রিয়া শেখাতে পারে, তখন অনেকেই সংশয়ে পড়ে গেল। তিনি যখন বললেন যে তিনি সুদর্শন ক্রিয়ার টেপ

তৈরী করবেন, তখন অনেকেই ভাবল যে সেটা কোন কাজ করবে না। জার্মানীর একজন স্বেচ্ছাসেবক ক্রিস্টোফার কিরণ বার্ট প্রথমে সংশয় প্রকাশ করলেও শেষে গুরুদেবের কথা মেনে নিলেন। স্মৃতিচারণ করতে গিয়ে তিনি বলেছেন, "আমি ভেবেই পাচ্ছিলাম না যে কী করে এমন একটা প্রাণবন্ত, সূক্ষ্ম এবং গভীর বিষয়কে টেপে বন্দী করা সম্ভব হবে!" যাই হোক একটা টেপ রেকর্ডার, মাইক্রোফোন জোগাড় করা হল এবং আমরা সুদর্শন ক্রিয়া করলাম। তারপর প্রায় কুড়ি বছর ধরে সেই রেকর্ডিং করা ক্যাসেট দিয়েই পৃথিবীর নানা প্রান্তে সুদর্শন ক্রিয়া করানো হয়েছিল। ভাল করে খেয়াল করলে গেটের ক্যাঁচক্যাঁচ আওয়াজ, কুকুরের ডাক, কনকপুরা রোড ধরে ছুটে চলা কোন বাসের হর্নের শব্দ, সবকিছুই তার মধ্যে রেকর্ড করা আছে। এক বিশাল ইতিহাস যে রচিত হতে চলেছে, সে সময়ে আমরা তাঁর কিছুই আন্দাজ করতে পারিনি। গুরুদেব যখন সোলাপুরে গেলেন তখন তাঁর একটা খুব সুন্দর ছবি ক্রিয়া টেপের উপর লাগানো হল। প্রযুক্তির উন্নতির সঙ্গে সঙ্গতি রেখে বর্তমানে মোবাইলে সুদর্শন ক্রিয়া শেখানোর সুবিধা লাভ হয়েছে ঠিকই কিন্তু বেশীরভাগ আর্ট অফ লিভিং টিচারদের কাছে সেই টেপ আজও অমূল্য সম্পত্তি হিসাবে গন্য করা হয়। ধীরে ধীরে কোর্স এবং অংশগ্রহণকারীর সংখ্যা বাড়তে লাগল এবং তার সঙ্গে সঙ্গতি রেখে তাদের থাকার ব্যবস্থা করার জন্য আশ্রমের পরিধিও বাড়তে লাগল। প্রতিদিন নতুন নতুন নির্মান কাজ চলতে লাগল।

নির্মাণের কাজ যখন চলছিল তখন কর্মীদের বাচ্চারা স্কুলে না গিয়ে আশ্রমের চারপাশে খেলে বেড়াত। যেহেতু কর্মীরাও কোনোদিন স্কুলে যায়নি, সুতরাং তাদের বাচ্চাদের স্কুলে পাঠানোর বিষয়ে তাদের কোন চিন্তা ছিল না। গুরুদেব কয়েকজন স্বেচ্ছাসেবককে ডেকে বাচ্চাগুলোর পরিছন্নতা শেখানো, এবং লেখাপড়া করাতে নির্দেশ দিলেন। প্রথমে সেখানে জনা তিরিশের মত বাচ্চা ছিল। পিতাজী লাগোয়া গ্রামগুলোয় গিয়ে বাচ্চাদের আশ্রমের স্কুলে পাঠিয়ে শিক্ষিত করে তোলার জন্য তাদের বাবা-মাকে বোঝাতে লাগলেন। প্রথমে দুপুর বেলার সুস্বাদু ও পুষ্টিকর আহার তাদের কাছে মূল আকর্ষণ থাকলেও ধীরে ধীরে তাদের বাবা-মা রা তাঁদের বাচ্চাদের মধ্যে উন্নতি লক্ষ্য করলেন। তাঁরা যে তাঁদের বাচ্চাদের লেখাপড়া শেখাচ্ছেন, তাই নিয়ে তাঁরা গর্ববোধ করতে লাগলেন। মাত্র তিরিশজন বাচ্চা নিয়ে যে অভিযান শুরু হয়েছিল, কয়েক বছরের মধ্যেই সেখানে ছাত্র ছাত্রীর সংখ্যা হাজার ছাড়িয়ে গেল।

আশ্রম নির্মাণের সঙ্গে সঙ্গে আরও একটা প্রধান কাজ ছিল আশ্রমের সেই পাথুরে মাটিতে গাছ লাগানো। আশ্রমবাসীদের কাছে তখন প্রধান সেবা ছিল ঠিকমত জল দিয়ে গাছের চারাগুলোকে বাঁচিয়ে রাখা। বাগানে জল দেবার মত পাইপ তখন ছিল না, বালতি করে জল নিয়ে গিয়ে গাছে দিতে হত। কখনো কখনো অনেকে পাশাপাশি দাঁড়িয়ে যেত আর জলের বালতি পাশের জনকে এগিয়ে দিত। এইভাবে সমস্ত গাছে জল দিতে রোজ দুঘন্টা মত সময় লাগত। মাঝে মাঝে স্বেচ্ছাসেবকরা গুরুদেবের কাছে জানতে চাইত সেদিন বৃষ্টি হবে কি না, তাহলে তারা সেই বুঝে গাছে জল দেবে!

কোন জায়গা থেকে ফিরে এসে প্রথমেই গুরুদেব আশ্রমের চারপাশের গাছপালা ভালভাবে দেখতেন। যদি দেখা যেত যে ভুলক্রমে কোন গাছে জল দেওয়া হয়নি, তখন সেই গাছে জল দেওয়ার ব্যবস্থা করতে বলতেন। আমি নিজেও আশ্রমে অনেক গাছ লাগিয়েছি এবং তাদের পরিচর্যা করেছি। যেমন, জুঁই, লাল গোলাপ, অ্যান্থরিয়াম, ক্যাননবল - যাকে নাগলিঙ্গ তরুও বলা হয়। বলা হয়ে থাকে যে এই গাছ সচরাচর সব জায়গায় জন্মায় না এবং ফুল ফুটতেও কয়েক বছর সময় নেয়। কিন্তু আশ্রমে গাছগুলো অল্পদিনের মধ্যে বেশ বড় উঠল আর পাঁচ বছরের মধ্যে ফুলও ফুটল। মঞ্জুলাতে আমি প্রায় পাঁচশো রকমের ক্রোটনের (পাতা বাহার) চারা তৈরী করে আশ্রমে পাঠিয়ে দিয়েছিলাম। মালীরা আশ্রমের চারপাশে ক্রোটনের চারাগুলো লাগিয়ে দিয়েছিল এবং অল্পদিনের মধ্যেই সেগুলো আমার মত লম্বা হয়ে গেল। আমি লালবাগে গিয়ে ফরেস্ট অফিসারের সঙ্গে নতুন ধরণের গাছপালার বিষয়ে আলোচনা করে শেখার চেষ্টা করতাম। সেইসব গাছের বেশীরভাগই আমরা আনতে পারলাম না কারণ সেগুলো খুব দামী ছিল আর আমাদের হাতে তখন বেশী পয়সাও ছিল না। কিন্তু দেখা গেল যে, যে গাছগুলো আমি পছন্দ করতাম, সেগুলো কেউ না কেউ এসে দিয়ে গেছে! আমি খুব যত্ন করে সেই চারাগুলো গুরুদেবের কুটিরের চারপাশে এবং আশ্রমের কিছু নির্দিষ্ট জায়গায় লাগিয়ে দিতাম। কয়েক বছরের মধ্যেই সেই উষর রুক্ষ লাল পাথুরে মাটি সবুজে সবুজে ভরে উঠল আর ফুল, পাখীদের স্বর্গরাজ্যে পরিণত হয়ে গেল। গাছের চারাগুলো যেমন জল, যত্ন এবং সূর্যের আলোয় ধীরে ধীরে বেড়ে উঠতে শুরু করল, তেমনি স্বেচ্ছাসেবকদের অন্তরে যে বীজ সুপ্ত ছিল, ধীরে ধীরে নিয়মিত সাধনা, সেবা আর গুরুদেবের জ্ঞান ও প্রেমে সিক্ত হয়ে তা অঙ্কুরিত হতে শুরু করল।

একদিন গুরুদেব কিরণকে নির্দেশ দিলেন যে একটা বটগাছের চারা নিয়ে তাঁকে অনুসরণ করতে৷ তিনি সামনের টিলার উপরে উঠে একটা জায়গা দেখিয়ে সেইখানে চারাটাকে লাগাতে বললেন৷ চারাগাছটা পোঁতা হয়ে গেলে তিনি বললেন, "একদিন এইখানে একটা হল হবে, আর আমরা সবাই মিলে এই গাছের নীচে বসে মহানন্দের সৎসঙ্গ করব৷' সেই জায়গাটা ছিল একটা টিলার একদম উপরে৷ সেখানে পরবর্তীকালে একটা হল নির্মাণ করা হয়েছে, যার চারপাশ খোলা৷ হলের প্রত্যেকটা স্তম্ভ এক একটা রাশির সঙ্গে সম্বন্ধযুক্ত৷ সূর্য যখন যে রাশিতে গমন করে, তার কিরণ তখন ঠিক সেই রাশির নামাঙ্কিত স্তম্ভের উপর গিয়ে পড়ে৷ সূর্য যদি সিংহরাশিতে থাকে, তাহলে তার কিরণ সিংহ রাশির নামাঙ্কিত স্তম্ভের উপর গিয়ে পড়বে৷ গুরুদেব এর নাম নামকরণ করেন 'সুমেরু মন্ডপ'৷ অনেক বছর পর, গুরুদেবের সঙ্গে পেরু সফরকালে মাচু পিচুতে গিয়ে এক ঐতিহাসিক ধ্বংসাবশেষের কিছু নিদর্শন দেখতে পাই৷ লোকমুখে শোনা যায় যে সেখানে নাকি একটা ওই ধরণের স্থাপত্য ছিল, সূর্যের বিভিন্ন রাশিতে গমনের সঙ্গে সঙ্গে তার কিরণ এসে থামের উপর পড়ত যেখানে ওই রাশির নামাঙ্কিত রয়েছে৷ যদিও মায়া সভ্যতার স্থপতিরা বহুযুগ আগে এই বিদ্যাকে আয়ত্ত করে সেই মত স্থাপত্য নির্মাণ করেছিলেন৷ কিন্তু এর নির্মাণের কৌশলগত জ্ঞান আমাদের জানা ছিল না৷ গুরুদেব বলেন যে সমস্ত জ্ঞান আমাদের চেতনার মধ্যেই রয়েছে৷ সৃষ্টিতে প্রকাণ্ড বুদ্ধিমত্তা এবং অপার জ্ঞান বিস্তৃত হয়ে রয়েছে৷ আমাদের মন যদি তার সঙ্গে হয়ে যেতে পারে, সেই জ্ঞান তখন আমাদের আয়ত্ত হয়৷ অন্য কথায় বলতে গেলে বলা যায় যে কোন কিছুই কখনো হারায় না৷

সুমেরু মন্ডপ অনেক স্মরণীয় সৎসঙ্গের সাক্ষী হয়ে আছে৷ গুরুদেব সেই অভূতপুর্ব বটগাছের নীচে একটা পাথরের তৈরী আসনে বসতেন৷ বটগাছটা তার ডালপালা বিস্তার করে পুরো মন্ডপকে ঢেকে দিয়েছে, এমনকি মন্ডপের উপরের আকশকেও আলিঙ্গন করার জন্য যেন হাত বাড়িয়ে দিয়েছে৷ একজন পামলিফ রিডার আমাদের বলেছিলেন যে সুমেরু মন্ডপ হল এমন একটা স্থান যেখানে দেবী অসুরকে নিধন করার পর তাঁর অনুচরবৃন্দকে নিয়ে সেখানে বিশ্রাম করেছিলেন৷ তেমনি এক গণনায় বলা হয়েছে যে শক্তি কুটিরের নীচে শিবের মন্দির রয়েছে এবং আশ্রমের লাগোয়া যে হ্রদ রয়েছে তার নীচে দেবীর মন্দির রয়েছে৷ সুমেরু মন্ডপের ঠিক নীচে অর্ধ গোলাকার ছাদ বিশিষ্ট একটা সাধারণ মেডিটেশন হল তৈরী করা হল৷ গুরুদেবের অভিপ্রায় ছিল যে হলের ছাদের রংটা

নির্মল আকাশের মত হোক, যাতে গভীর ধ্যান থেকে চোখ খুলে সবাই যেন সেই উন্মুক্ত আকাশকেই দেখতে পায়। অন্তরের যে বিশাল বিস্তৃতি তারা ধ্যানের সময় অনুভব করেছে, চোখ খুলে তাই যেন তাদের সামনে ভেসে ওঠে। ইংল্যান্ড থেকে আসা জুডি আবার ক্যানভাসের ওপর ভেসে চলা মেঘের ছবি এঁকে ছাদের উপর লাগিয়ে দিল।

আশ্রম নির্মাণের প্রাথমিক দিনগুলোতে যা কিছু নির্মাণের কাজ হত, পিতাজী সবসময় তাই নিয়ে গুরুদেবের সঙ্গে আলোচনা করে নিতেন। প্রত্যেকটা নির্মাণের কাজ এমনভাবে করা হত যেন একাধারে তা পরিবেশ বান্ধব হয় এবং খরচও কম পড়ে। তবুও স্থানীয় গ্রামবাসীদের থেকে বিভিন্ন সময়ে আমরা বাধার সম্মুখীন হয়েছি একবার তো তারা দল বেঁধে মশাল নিয়ে হাজির হয়েছিল। গুরুদেব তখন বাইরে ছিলেন, তবে পিতাজী তাদের বুঝিয়ে শান্ত করেন।

গুরুদেব যখন বাইরে থাকতেন, তখন প্রতিদিন রাত নটা নাগাদ ফোন করতেন এবং পিতাজী তাঁকে আশ্রমের দৈনন্দিন কাজের অগ্রগতির ব্যাপারে অবগত করাতেন। একদিন গুরুদেব সাড়ে আটটার সময় ফোন করলেন। পিতাজী তখন সারাদিনের কর্মব্যস্ততার পর হয়ত স্নান করতে বা গা ধুতে গেছেন। আম্মা ফোন ধরলে গুরুদেব তাঁকে বললেন যে ঠিক আছে রাতে খাওয়া হয়ে গেলে তারপর তিনি পিতাজীর সঙ্গে কথা বলবেন। কিন্তু আম্মা তাঁকে বললেন, "না, না, আগে তোমার সঙ্গে কথা বলে তারপর তিনি খাবার খেতে যাবেন।" আসলে গুরুদেবের সঙ্গে কথা বলাটা পিতাজীর কাছে পূজা করার মতই পবিত্র কাজ ছিল।

'পূজা' হল একটা সংস্কৃত শব্দ, যার অর্থ পূর্ণতা বা কৃতজ্ঞতা থেকে যা কিছু জাত অর্থাৎ উৎপন্ন হয়। প্রার্থনা হল এমন একটা জিনিস যা আমাদের কৃতজ্ঞতা অথবা অসহায়তা থেকে জেগে ওঠে। আমরা একবার গুরুদেবের সঙ্গে আসামে গেছিলাম। জঙ্গলের পথে যেতে যেতে হঠাৎই তিনি গাড়ীর ড্রাইভারকে রাস্তা থেকে নেমে এমন একটা পথে নিয়ে যেতে লাগলেন যেটাকে কোনমতেই গাড়ী চলার রাস্তা বলা যায় না। একটু বাদের আমরা একটা ছোট কুটিরের সামনে গিয়ে উপস্থিত হলাম। বিনোদ মেনন, গুরুজীর একজন একনিষ্ঠ ভক্ত, সে কেরালা থেকে এসেছিল, সেও আমাদের সঙ্গে ছিল। গুরুদেব তাঁকে বললেন যে তার কাছে কত টাকা আছে একবার গুনে দেখতে। বিনোদ গুনে দেখল যে সর্বসাকুল্যে তার কাছে সাড়ে সাতশো টাকা রয়েছে। গুরুদেব তাঁকে কুটিরের ভিতরে যে মহিলা ছিলেন, তাঁকে টাকাটা দিয়ে আসতে অনুরোধ করলেন। বিনোদ যখন ঘর

থেকে বেড়িয়ে আসছে, তার পিছনে পিছনে সেই ভদ্রমহিলাও বেরিয়ে এলেন। তাঁর দুচোখ জলে ভরা- একজন সাধারণ আদিবাসী মহিলা, তাঁর স্বামী গুরুতর অসুস্থ ছিলেন। তিনি ঈশ্বরের কাছে কাতরভাবে প্রার্থনা করছিলেন যাতে কিছু সাহায্য পাওয়া যায়। এবং বিনোদ যে পরিমাণ টাকাটা তাঁকে দিয়ে এল, ওষুধ কেনার জন্য সেইটুকুই তাঁর প্রয়োজন ছিল। অত্যন্ত সাধারণ এক কামরার একটা ঘর, তার দেওয়ালে টাঙানো রয়েছে দেবী মা এবং রামকৃষ্ণ পরমহংসদেবের ছবি। ওই ছবির সামনে তিনি আকুলভাবে সাহায্যের জন্য কেঁদে চলেছিলেন। সেখান থেকে বেড়িয়ে আসার পর গুরুদেব বলেছিলেন যে কেমন করে তাঁর আকুল কান্না তাঁকে এইখানে টেনে এনেছে। আমাদের সন্দিগ্ধ মনে প্রশ্ন জেগে উঠল- "কিন্তু উনি তো দেবী মা এবং রামকৃষ্ণ পরমহংসদেবের কাছে প্রার্থনা করছিলেন, তাহলে গুরুদেব কী করে তা শুনতে পেলেন?" মৃদু হেসে গুরুদেব বললেন, "সমস্ত প্রার্থনাই এক পথ ধরে চলে।"

তখন এত ফোনের ব্যবহার ছিল না, কিন্তু আশ্রমে যারা থাকত তারা ঠিক বুঝতে পারত যে গুরুদেব তাদের ডাকছেন। তারা দৌড়ে চলে আসত। এসে দেখত যে তার মত আরও কেউ হয়ত গুরুদেবের ডাক শুনতে পেয়ে কুটিরের সামনে দাঁড়িয়ে আছে। গুরুদেব হয়ত কুটিরের ভিতর থেকেই বলতেন, "ও, তুমি এসেছ, ঠিক আছে..." তারপর যা নির্দেশ দেবার তিনি তাদের দিতেন।

দুপুরবেলায় গুরুদেব খুব স্বল্প সময়ের জন্য বিশ্রাম নিতেন। একবার, তিনি বিশ্রাম নিচ্ছেন, আর আমি যোগ বশিষ্ঠ (সৃষ্টির রহস্য, সত্য কী, ইত্যাদি বিষয়ে রামচন্দ্রের সঙ্গে তাঁর গুরু বশিষ্ঠদেবের যে কথোপকথন হয়েছিল তাই এই গ্রন্থের উপজীব্য বিষয়) পড়ে শোনাচ্ছিলাম। সামান্য নাক ডাকার আওয়াজ শুনতে পেয়ে আমি পড়া বন্ধ করে দিলাম। মুহুর্তের মধ্যে নাক ডাকা বন্ধ হয়ে গেল এবং আমার পড়াও শুরু হয়ে গেল। কয়েকবার এমন ঘটল। গুরুদেব বিশ্রাম থেকে উঠে আমাকে বললেন যে , "এইভাবে পড়ার মাঝখানে তোমার থেমে যাওয়াটা উচিৎ হয়নি। তোমার মনে হচ্ছিল যে আমি ঘুমাচ্ছি, কিন্তু আমি শুনছিলাম। একে বলে ষষ্ঠ ইন্দ্রিয় দিয়ে শ্রবণ করা।" অনেকবারই এমন হয়েছে যে তিনি ঘুমোতে ঘুমোতে অনেক অধ্যায় শুনেছেন এবং পরে তা অনর্গল বলে গেছেন বা তাই নিয়ে সৎসঙ্গে আলোচনা করেছেন।

শক্তি কুটিরের ওই ছোট্ট বারান্দার এমন কত ঘটনা ঘটেছে তার ইয়ত্তা নেই। একবার বিদেশ থেকে আশ্রম দেখার জন্য একদল অতিথি এসেছিলেন। তাঁদের

উদ্দেশ্য ছিল যে একজন ভারতীয় মহাপুরুষের দর্শন লাভ করা এবং তাঁর কিছু অলৌকিক ক্ষমতা প্রত্যক্ষ করা। তখন সন্ধ্যা নামছে, তরল অন্ধকারের ভিতর দিয়ে মনোরম বাতাস আশ্রমের চারিদিকে বয়ে চলেছে। সময়টা স্ন্যাক্স সহযোগে চা পানের জন্য উপযুক্ত। গুরুদেব তাঁদের কাছে জানতে চাইলেন যে তারা কোন ফল খেতে ভালবাসেন। কেউ বললেন স্ট্রবেরি, কেউ চাইলেন ম্যাঙ্গোস্টিন (এক ধরণের গাব জাতীয় ফল) আবার কারও পছন্দ ছিল নেক্টারিনা, যে ফলগুলোর নাম তখন ভারতে অপরিচিত ছিল। গুরুদেব কুটিরের ভিতর গেলেন এবং কিছুক্ষণ পর একটা থালায় সুন্দর করে সাজানো কাটা ফলগুলো নিয়ে বাইরে বেড়িয়ে এলেন। যে ফলগুলো তাঁরা খেতে চেয়েছিলেন সেগুলো থালায় সাজানো ছিল। অতিথি যারা এসেছিলেন, তাঁরা বিস্ময়ে হতবাক হয়ে গেলেন। স্মিত হেসে গুরুদেব তাঁদের ফলের স্বাদ নেওয়ার জন্য অনুরোধ করলেন। তাঁরা ফলগুলো খুব তৃপ্তি সহকারে খেলেন এবং বললেন যে যেখানে এইসব ফল উৎপন্ন হয়, সেখানেও এত সুমিষ্ট এবং রসালো ফল পাওয়া যায় না! প্রথমে তাঁদের একটু বিস্ময়াবিষ্ট করে দিয়ে তারপর গুরুদেব বললেন, "কোন আধ্যাত্মিক গুরুর কাছে কখনও অলৌকিক কিছু পাওয়ার আশায় যেও না, তাঁর কাছে গিয়ে যদি চাইতে হয় তবে প্রজ্ঞা প্রার্থনা করা উচিৎ।"

যেখানে অটল বিশ্বাস থাকে সেখানে অলৌকিক কিছু অনায়াসেই ঘটে যায়। শক্তি কুটিরের বাইরে গুরুদেব মাঝে মধ্যে একটা বেতের বোনা কাঠের চেয়ারে এসে বসতেন। একদিন সেই রকম বসে আকাশের দিকে তাকিয়ে থাকতে থাকতে হঠাৎই বললেন, "আগামীকাল একটা অলৌকিক ঘটনা ঘটতে চলেছে।" এই রকম একটা কথা শুনলে তার পরিপ্রেক্ষিতে হাজারটা প্রশ্ন মনে জাগে, কী কারণে এই কথা বলা হল তার ব্যাখ্যা শোনার জন্য সবাই উদগ্রীব হয়ে পড়ে। কিন্তু যেহেতু স্বয়ং গুরুর মুখ থেকে সেই কথা নির্গত হয়েছে তখন যে কোন কিছু ঘটতে পারে এই বিশ্বাস তাঁর ভক্তদের মনে আছে। পরের দিন সবে ভোরের আলো ফুটতে শুরু করেছে, এমন সময় পৃথিবীর নানা প্রান্ত থেকে খবর আসতে শুরু হল যে গণেশের বিগ্রহ দুধ পান করছে! আমাদের আশ্রমের প্রবেশ দ্বারের পাশে একটা গণেশের মূর্তি ছিল, আমরা তাঁকে দুধ পান করতে দিলাম এবং অবাক হয়ে দেখলাম যে সমস্ত দুধটা তাঁর শুঁড়ের নীচ দিয়ে অদৃশ্য হয়ে গেল! গুরুদেব খবরটা শুনে বললেন, "এমন সর্ব শক্তিমান যে কেউ রয়েছেন, তাঁর প্রতি মানুষের বিশ্বাসকে দৃঢ় করার জন্য সময়ান্তরালে এমন ঘটনা ঘটে।" সেইদিন সন্ধ্যায়

সৎসঙ্গে গুরুদেব বললেন যে, আমাদের মধ্যে তথা চারপাশে অসংখ্য দেবদূতেরা ঘুরে বেড়ান।

কয়েক বছর পর তাইওয়ানের এক ভক্ত সৎসঙ্গ চলাকালীন পোলারাইড ক্যামেরা দিয়ে কিছু ছবি তুলেছিল। কিন্তু দেখা গেল তার তোলা ছবির মধ্যে কয়েকশো আলোর বিন্দু রয়েছে। অনেকে ভেবেছিল যে দিব্য আত্মারা দয়ে করে সাধারণ ছবিতে নিজেদের দর্শন দিয়েছেন। এর বহু বছর পর, বহু মানুষ আশ্রমের বিভিন্ন বস্তু, ব্যক্তি বা খালি জায়গাতেও ছবি তুলতে ব্যস্ত হয়ে পড়ত।

গুরুদেব একবার প্রশ্ন করেছিলেন, "কেউ যখন একটা কাপ কেনে, তখন কিসের জন্য দাম দেয়? কাপটা যে পদার্থ দিয়ে তৈরী তারজন্য, নাকি তার ভিতরের খালি জায়গাটুকুর জন্য? সেই পদার্থের একটা বল বানিয়ে দিলে, কেউ সেটা কিনবে?" কোন কিছুকে বিচার করার এটা একটা নতুন দৃষ্টিভঙ্গি। মন সর্বদা দ্বন্দ্বের মধ্যে দুলতে থাকে, সেখানে দ্বন্দের কোন অবকাশ নেই। হাজার হাজার বছর ধরে সাধকেরা ব্যক্ত এবং অব্যক্ত, ইন্দ্রিয়গ্রাহ্য এবং ইন্দ্রিয়াতীত জগতের অস্তিত্বের ব্যাপারে বিচার বিমর্ষে মত্ত থেকেছেন। কিন্তু গুরুদেব মধ্যপন্থা অবলম্বন করতে বলেছেন। এই সৃষ্টির ক্ষুদ্রাতিক্ষুদ্র বিষয়ের অস্তিত্বকেও তিনি স্বীকার করতে বলেছেন, সাকার এবং নিরাকার, আমাদের শরীর এবং চেতনা উভয়কেই তিনি সমান গুরুত্ব দেন। শিশুকালে মূর্তিপূজার প্রতি তাঁর প্রবল আগ্রহ ছিল, এবং অত্যন্ত নিবিষ্ট মনে তিনি তা করতেন। কিন্তু কিশোর অবস্থায় নিরাকারের প্রতি তিনি প্রবল আকৃষ্ট হন, এবং বৈদিক মন্ত্রোচ্চারণ তাঁর কাছে গুরুত্বলাভ করে। ফলে ঘন্টার পর ঘন্টা, এমনকি কয়েকদিন ধরে তাঁকে আমি মৌন তথা ধ্যানে মগ্ন থাকতে দেখেছি। আজ তাঁর সান্নিধ্যে পূজার সময় যখন অতি প্রাচীন সেইসব মন্ত্র পাঠ হয়, তখন কত সহজে আমরা ধ্যানের গভীরে ডুব দিয়ে দিই।

গুরুদেব বলেন, "ছন্দোময় অঙ্গভঙ্গি হল নৃত্য, ছন্দে লয়বদ্ধ ধ্বনি হল সঙ্গীত, ছন্দোবদ্ধ মন হল ধ্যান আর সমতাযুক্ত জীবন হল উৎসব।" আশ্রমে প্রতিদিন সন্ধ্যায় যে সৎসঙ্গ হত তা নাচে, গানে, ধ্যানে, জীবনের উৎসবে পরিণত হত। শ্রোতাদের কাছে সঙ্গীত পরিবেশনের আগে কোন গায়ক অনেক রেওয়াজ করেন যাতে ঠিক সুরে গাইতে পারেন, কিন্তু সৎসঙ্গের গান স্বতঃস্ফূর্তভাবে ঝর্ণাধারার মত অন্তর থেকে বেরিয়ে আসে। কেউ ভাল গাইতে পারে কি না সেটা বিবেচ্য বিষয় হয় না, প্রত্যেকে প্রাণ ঢেলে ভজন করে। অবশ্যই কখনো কখনো কেউ বেসুরো গায়, এবং তাদের গলাও উচ্চগ্রামে থাকে, তবে সামগ্রিকভাবে সকলে

যখন অন্তর থেকে ভজন করতে থাকে, তখন চারপাশে এক ভাবের পরিবেশ সৃষ্টি হয়, এবং সৎসঙ্গে উপস্থিত সকলেই তাতে আবিষ্ট হয়ে পড়ে। গুরুর অন্তর থেকে যে সীমাহীন করুনার ধারা বয়ে চলে, সেই অনন্ত বিস্তারের মধ্যে আমরা সকলেই এক একটা অংশবিশেষ। সেই আঙিনায় একজন তার ব্যথা বেদনা সম্পূর্ণভাবে বিস্মৃত হয়, অন্তরে এক সতেজতা জেগে ওঠে, জড়তা নিশ্চিহ্ন হয়ে যায়।

একবার শিবরাত্রির কয়েকদিন পর, গুরুদেব বিদেশ যাবার জন্য প্রস্তুতি নিতে শুরু করলেন। তিনি বেশ খুশী মনেই ছিলেন, কিন্তু তাঁর যাবার কথা ভেবেই আমার দুচোখ জলে ভরে উঠল। বিমান বন্দরে যাওয়ার পথে গাড়ির পিছনের সিটে বসে আমি নাকে কান্নার মত আওয়াজ করতে লাগলাম। আচমকা গুরুদেব বললেন, "ভানু, একটা নতুন গান শোন। 'শিবোহহম্ শিবোহহম্ শিবোস্বরূপোহহম্ , নিত্যহহম্, শুদ্ধহহম, বুদ্ধোহহম, মুক্তোহহম', হঠাৎ আমার মধ্যে একটা আমূল পরিবর্তন ঘটে গেল। আমার সর্বাঙ্গ দিয়ে সেই গানের কথা এবং সুর যেন অন্তরে প্রবেশ করতে থাকল, আমার কান্না থেমে গেল। গুরুদেবের বিমান উড়ে গেল আর আমি সেই গানের সুর মনে মনে গাইতে গাইতে বাড়ী ফিরে এলাম। পাছে গানটা ভুলে যাই, তাই আমি বাড়ী ফিরেও গানটা গাইতে লাগলাম। আম্মাকেও গানটা শোনালাম, যাতে আমরা দুজনে শুনে রাখলে গানটা ঠিকমত মনে থাকে। তখনকার দিনে এত সেলফোন ছিল না, এবং আমার হাতের কাছে কোন কাগজ-কলমও ছিল না। গুরুদেব বলে দিয়েছিলেন যে তিনি বিদেশ থেকে ফিরে এসে গানটা শুনবেন। আমরা গানটা নিয়মিত গাইতে থাকলাম। অনেক দিন পর তিনি বিদেশ থেকে ফিরে সৎসঙ্গে পুরো গানটা নির্ভুলভাবে গাইলেন। আমি বুঝতে পারলাম যে তাঁর অনুপস্থিতির সময় কীভাবে তিনি আমার মনকে কাজে ব্যপৃত করে রেখেছিলেন।

আশ্রমে একজন ব্যস্ত থেকে খুশী হয় আবার কেউ খুশী মনে ব্যস্ত হয়। প্রতিদিনকার নিয়ম মেনে আমরা আশ্রমে সাধনা, সেবা এবং সৎসঙ্গ করতাম। সকাল হলে আমাদের সাধনার সময় উপস্থিত হত, কিছু যোগাভ্যাস, প্রাণায়াম, সুদর্শন ক্রিয়া, ধ্যান ইত্যাদি ছিল সাধনার অঙ্গ। প্রাতরাশের পর সেবার কাজ শুরু হত। তারমধ্যে ছিল বাগান পরিচর্যা, চারপাশ পরিষ্কার রাখা, রান্নার কাজে সাহায্য করা ইত্যাদি। যারাই আশ্রমে এসেছে, প্রায় প্রত্যেকেরই পাহাড় প্রমাণ আলু, গাজর ইত্যাদি কাটার অভিজ্ঞতা হয়েছে, যদিও বাড়ীতে তারা কখনো সব্জী কাটার ছুরি হাতে ধরেনি। প্রায়ই দেখা যেত যে যারা 'নভিশ' তারা ওই কাজে যারা পটু তাদের

কাছে কীভাবে সব্জীটাকে রাখতে হবে, কীভাবে ছুরি ধরতে হবে তাহলে খুব তাড়াতাড়ি কাটা যাবে, ইত্যাদি উপদেশ খুব মন দিয়ে শুনছে। কিছুদিনের মধ্যে তারাও কাজটা আয়ত্ত করে ফেলে তখন খুব সহজেই কাজটা হতে থাকে এবং যে কাটছে সে যেন সাক্ষীর মত বসে থাকে কোন বিশেষ প্রচেষ্টা তাকে করতে হয় না। একদিন দাদা আমাকে বলেছিল, "আলু, গাজর ইত্যাদি দিয়েই তুমি তৈরী, এই কথাটা কোনদিনও ভেবে দেখেছ?" শাক সব্জীর সঙ্গে একটা নিবিড় সম্বন্ধ যেন মনে জেগে উঠল। আমরা কী দিয়ে তৈরী তাই নিয়ে যখন আমরা ব্যস্ত, আম্মা তখন অত্যন্ত নীরসভাবে কী বারে বা কোন বিশেষ দিনে লাউ কুমড়ো থেকে আলু সস্তা পাওয়া যাবে সেই চিন্তায় ব্যস্ত থাকতেন। কেবল শাকসব্জীই নয়, বাড়ীর অন্যান্য প্রয়োজনীয় জিনিস কেনার সময় তিনি খুব হিসাব করে খরচ করতেন এবং কোন দোকানে কোন জিনিস সস্তা পাওয়া যায়, সে সব তাঁর জানা ছিল। একটা একটা করে পয়সা তিনি সঞ্চয় করেছেন যা পরবর্তীকালে সমাজের সেবার কাজে লেগেছে। যে আদর্শ তিনি স্থাপন করে গেছেন, আশ্রমে আজও সেই আদর্শের আলোয় যাবতীয় কাজ সমাধা করা হয়।

তাঁর চারপাশে যে প্রাচুর্য সর্বদা লক্ষ্য করা যেত, তাতে প্রতিটা পয়সার হিসাব করে চলার তাঁর যে প্রবণতা, সামঞ্জস্য খুঁজে পাওয়া ভার। দিনভর সারাক্ষণই আম্মার রান্নাঘর ব্যস্ততায় ভরা। যে কেউই আসুক না কেন তাকে আম্মার নিজের হাতের তৈরী সুস্বাদু খাবার খেয়ে তবে যেতে হত। গুরুদেবের খাবার পাঠানোর সময় প্রায় ডজনখানেক আনুষঙ্গিক ব্যঞ্জন থাকত, তার মধ্যে চাটনিই থাকত চার রকম স্বাদের! কোনোদিন আমি হয়ত আশ্রমে খাবার নিয়ে এসে একটা পদের কৌটো খুলতেই ভুলে গেলাম। দাদা যে কেবল সেটা আমাকে মনে করিয়ে দিত তাই নয়, মাকেও সেটা বলে দিত। আম্মা শুনে বলতেন, "রান্না করতে তো জানেই না, খাবারটা পর্যন্ত বেড়ে দিতে শিখল না!" অনেক সময়েই গুরুদেব মাকে রান্নার কাজে সাহায্য করতেন এবং মাঝে মাঝে নতুন স্বাদের কিছু একটা ব্যঞ্জন রান্না করতেন। সেটা আবার সবাইকে খুব যত্ন করে খাওয়ানো হত। একবার জাপানে একজনের নিমন্ত্রণে আমরা প্রায় পঞ্চাশ জনের একটা দল নিয়ে উপস্থিত হলাম। তখন প্রায় মধ্যাহ্নভোজের সময় হয়ে গেছে। ভদ্রলোক কিছুটা অবাক হলেন এবং অসহায়ও বোধ করলেন, কারণ তিনি আশা করেছিলেন যে আমরা পাঁচ থেকে ছয় জন যাব। গুরুদেব তখন যা খাবার তৈরী করা ছিল সেটা পরিবেশন করতে শুরু করলেন এবং সকলেই পেট ভরে খেয়েছিল। মঞ্জুলাতে প্রতি শুক্রবার

যখন দেবী পূজা করা হত, তখন কতজনের জন্য প্রসাদ প্রস্তুত করা হবে সেটা আন্দাজ করা মুশকিল হত৷ এমনও ঘটনা ঘটেছে যেখানে সত্তর থেকে আশি জনের প্রসাদ প্রস্তুত করা হয়েছিল, তাই দিয়ে তিনশো জন প্রসাদ খেয়ে গেছে!

১৯৯৯ সালে আনন্দোৎসব নামে একটা অনুষ্ঠানের আয়োজন করা হয়৷ সেখানে কয়েকশো মানুষ যোগদান করেছিল৷ রান্নার দায়িত্বে আমি ছিলাম এবং ৪৫০০ আলুর বড়া তৈরী করা হয়েছিল৷ একজন আলুর মণ্ডগুলো তৈরী করছিল, একজন সেটা ব্যাটারে ডুবিয়ে দিচ্ছিল এবং আমি সেগুলোকে ভেজে রাখছিলাম৷ তারপর থেকেই বাড়ীতেও আমি ভাল রান্না করতে লাগলাম৷ গুরুদেব বলতেন, "তুমি আমার কাজের দায়িত্ব নিয়েছ, আর আমি তোমার দায়িত্ব নিয়েছি৷" রান্নাঘরে সেবা করতে পারা, সেটা আমাদের মত ছোট ঘরে হলেও, একটা আশীর্বাদ লাভের মত ব্যাপার৷

একবার একটা প্রতিষ্ঠানের বেশ বড় দল আশ্রম পরিদর্শন করতে আসে৷ আশ্রমের রাঁধুনি তখন ছুটিতে ছিলেন৷ আমি তখন শৈলজা কুলকার্ণির কাছে গেলাম৷ সে আশ্রমের একজন স্বেচ্ছাসেবক ছিল৷ আমরা দুজনে মিলে প্রথমে বাসনপত্র মেজে পরিষ্কার করে নিলাম, তারপর রান্নাঘর ঝাঁট দিয়ে পরিষ্কার করছি এমন সময় সেই প্রতিষ্ঠানের রাঁধুনি এসে হাজির৷ তিনি আমাকে জিজ্ঞাসা করলেন যে আমি সেখানে কাজ করি কি না বা কত বেতন পাই৷ আমি তাঁকে হেসে বললাম, "কোন বেতন পাই না, আমি শুধু সেবা করি৷" তিনিও বললেন, "আমারও তাই, শুধু একটাকা টোকেন হিসাবে নিই৷" দুপুরে তাদের কার্ড রাইস, উপমা, সম্বর, পোলাও ইত্যাদি পরিবেশন করা হল, এবং তারা সকলেই রান্নার ভূয়সী প্রশংসা করল৷ গুরুদেব সকলের সঙ্গে আমার পরিচয় করিয়ে দিয়ে বললেন, "এর নাম ভানু৷ আমার বোন, আজ সমস্ত রান্না এই করেছে৷" দুপুরে সবাই যখন প্রসাদ খাচ্ছে তখন আমাদের রাঁধুনীও উপস্থিত ছিল৷ সে খুব অপ্রস্তুতে পড়ে গেল এবং আমার কাছে ক্ষমা চাইতে গেল৷ যাইহোক গোটা ব্যাপারটা কিন্তু খুব হাসি মজার ভিতর দিয়েই শেষ হল৷

প্রতিষ্ঠানের কর্তাব্যক্তিরা যারা আশ্রমে এসেছিলেন, আমাদের তাঁদের ওখানে যাবার জন্য নিমন্ত্রণ করে গেছেন৷ আমরা সেখানে গেলাম৷ আমার সুযোগ হল তাঁদের রান্নাঘরটা দেখার৷ দেখলাম সেখানে অনেক আধুনিক মেশিন রয়েছে৷ আজ যখন দেখি আমাদের আশ্রমে রুটি তৈরীর বিশাল মেশিনে মিনিটে দু হাজার রুটি তৈরী হচ্ছে, বেশ গর্ববোধ করি৷ প্রতিদিন আশ্রমের রান্নাঘর থেকে দশহাজার

লোকের খাবার প্রস্তুত করা হয়। লোকের সংখ্যা এখন বেড়ে গেছে, নতুন জায়গায় রান্নাঘর তৈরী হয়েছে, সুযোগ সুবিধাও আগের থেকে অনেক বেড়ে গেছে, নতুন নতুন সেবকরা কাজ করে চলেছে, কিন্তু সেই আলু আর গাজরের পাহাড়ের আকার বদলায় নি, বরং তার আকার বেড়েই চলেছে।

লোকের সংখ্যা দ্রুত বেড়ে চলাতে গুরুদেব স্থির করলেন যে আশ্রমে একটা বড় আকারের হল তৈরী করতে হবে যেখানে অনেকে একত্রে ধ্যান করতে পারবে। আমরা কয়েকজন তখন তাঁর কাছে ছিলাম। তিনি একটা কাগজে হলের নকশা আঁকলেন, সেটা ঠিক একটা পাপড়ি মেলা পদ্মের মত দেখতে লাগছিল। হংকঙের মনু মাখিজা গুরুদেবকে অত্যন্ত ভালবাসা এবং বিনয়ের সঙ্গে জানাল যে সেই হলের নির্মান কাজ সে করতে চায়। গুরুদেব তাঁর প্রস্তাবে সম্মতি দিলেন। হলের কাজ যখন শেষ হবার মুখে তখন মনে হল এবার তো হলের একটা নাম দিতে হবে। মনু প্রস্তাব দিল যে আম্মার নামানুসারে হলের নাম করা হোক 'বিশালাক্ষী মন্ডপ'। বিশাল অর্থে বিরাট এবং 'অক্ষি' অর্থে চোখ। সুতরাং বিশালাক্ষীর অর্থ হল যাঁর সীমাহীন প্রসারিত দৃষ্টিতে সবকিছুই আপন, ভালবাসার জন বলে মনে হয়। এই মন্ডপে যতগুলো স্তম্ভ নির্মিত হয়েছে, প্রতিটা স্তম্ভের জন্য পাশের গ্রামের গৃহহীনদের জন্যেও একটা করে ঘরও নির্মাণ করে দেওয়া হয়েছে। প্রচুর মানুষ এই বিশাল কর্মযজ্ঞে অংশ নিয়েছিল। ২০০৩ সালের ১৮ই জানুয়ারি, 'বিশালাক্ষী মন্ডপ'এর উদবোধন করা হয়। যদিও তখন আশ্রমের মধ্যে সেটাই ছিল সবথেকে বড় হল, তবুও হল ভর্তি হয়েও বাইরে অনেক মানুষ দাঁড়িয়ে ছিলেন। প্রেম এবং সেবার মিলনে তৈরী সেই অনিন্দ্য সুন্দর সৌধে লক্ষ লক্ষ মানুষ ধ্যানের গভীরে ডুব দিয়ে আত্মপরিচয় লাভের সুযোগ পেয়েছে। অনেকেই গুরুদেবকে জিজ্ঞাসা করে, "গুরুদেব, আপনাকে কী করে পূর্ণরূপে জানতে পারব?" উত্তরে গুরুদেব বলেন, "আগে নিজেকে জানো। তাহলেই বুঝতে পারবে যে তোমার আর আমার আলাদা কোন অস্তিত্ব নেই। তোমার মধ্যে আমি আছি, আমার মধ্যে তুমি আছ।"

দশম অধ্যায়

পুব-আকাশের নীচে নিদ্রাহীন রাত

রাতের আকাশে লক্ষ লক্ষ তারার ঝিকিমিকি। সূর্য যখন অস্তমিত হয়, তখনই দূরের আকাশে তারাদের অতি ক্ষীণ আলোর ঝিকিমিকি চোখে পড়ে। সূর্য- আত্মজ্ঞানের প্রতীক, যখন কেউ বিস্মৃত হয়, তখনই রাতের তারাদের চমক তাকে মুগ্ধ করে। রাতের নিবিড় নিস্তব্ধতার মাঝে মন শান্ত, স্থির হয়ে গেলে তখন তারাদের দূরাগত আলোক রশ্মি যেন আমাদের অন্তরের বিভু স্বরূপ আত্মাকে স্মরণ করিয়ে দেয়।

একবার কেউ দুদিনের কোর্সে সুদর্শন ক্রিয়া শিখে নিলে তারপর সাত থেকে পনেরদিনের যে 'অ্যাডভান্স প্রোগ্রাম' হত তাতে যোগ দিতে পারত। সেই প্রোগ্রাম আবাসিক হত এবং মৌনব্রত অবলম্বন করে থাকতে হত। গুরুজী 'হলো অ্যান্ড এম্পটি' মেডিটেশন করাতেন, যার মাধ্যমে অংশগ্রহণকারীরা চেতনার অনন্ত ব্যাপ্তির এক ঝলক অনুভব করতে পারতেন। তিনি ধীরে ধীরে আমাদের এক অজানা ভূমিতে নিয়ে যেতেন, সে এমন এক স্থিতি যাকে ভাষায় প্রকাশ করা যায় না, যেখানে উপস্থিত হয়ে আমাদের ভিতরেই যে অসীম অনন্ত চেতনা বর্তমান, তা ধরা দিত। গুরুদেবের কণ্ঠের মৃদুমধুর নির্দেশ এবং তাঁর উচ্চারিত শ্লোকগুলো যেন আমাদের সম্মোহিত করে রাখত। সে যে কেমন এক গভীর এবং নিগুঢ় অনুভূতি, তাকে শব্দের দ্বারা কখনো প্রকাশ করা সম্ভব নয়।

১৯৮৮ সালে ব্যাঙ্গালোরের বসন্তপুরায় প্রথম অ্যাডভান্স মেডিটেশন প্রোগ্রাম অনুষ্ঠিত হয়। তেরটা দেশ থেকে একাশিজন অংশগ্রহণকারী, গুরুদেবের উপস্থিতিতে নিজেদের আনন্দময় সত্তাকে অন্তরে অনুভব করার সুযোগ লাভ করেছিল। পরের কোর্সগুলো সব আশ্রমেই হয়েছিল। আশ্রমে সর্বপ্রথম যে কোর্স হয়েছিল সেটা ছিল পোলিশদের জন্য। কোর্সগুলোকে বিভিন্ন নামে চিহ্নিত করার দিকে গুরুদেবের একটা ঝোঁক ছিল। সেই কারণে তিনি কোর্সগুলোর বিভিন্ন নাম দিয়েছিলেন। যেমন - 'উইশডম অফ ফুলস, এনসিয়েন্ট লাভ, সাউন্ড অফ স্যান্ডালস, আনপুশড বাটনস, স্লিপলেস নাইট আন্ডার দি ইস্টার্ন স্কাই,' ইত্যাদি আরও অনেক।

কোলকাতায় একটা দশদিনের অ্যাডভান্স কোর্সে আমি অংশ নিয়েছিলাম। কোর্স চলাকালীন গুরুদেব আমাকে ইশারায় ডেকে হলে যারা রয়েছেন তাঁদের দেখতে বললেন। তিনি আমাকে বললেন যে তাঁদের সকলকে আমি নিজের সন্তানের চোখে দেখতে পারছি কি না। ব্যাপারটা আমার কাছে কিছু অবাস্তব বলে মনে হয়েছিল কারণ হলে উপস্থিত সকলেই আমার থেকে বয়সে প্রবীণ ছিলেন। এছাড়া বাচ্চাদের সঙ্গে সহজে মেশা যায়, আর যাঁরা উপস্থিত ছিলেন, তাঁদের সম্বন্ধে আমার বিন্দু বিসর্গও জানা ছিল না। গুরুদেব আমাকে চোখ বন্ধ করতে বললেন এবং পুনর্গঠনের প্রক্রিয়া শুরু হল। কয়েক সেকেন্ড পর আমি চোখ খুললে তিনি আমাকে আবার বললেন, "তুমি এদের মা হতে পার?" হঠাৎই আমার ভিতরে একটা প্রচণ্ড আলোড়ন ঘটে গেল, আমি বুঝতে পারলাম যে আমার ভিতর থেকে নির্মোহ প্রেমের প্রবাহ বইতে শুরু করেছে। হলে যাঁরা বসে রয়েছেন সকলকে মনে হল ছোট্ট শিশুর মত। তাহলে তাঁদের কেন আমি ভালবাসতে পারব না? এই কথাটা ভাবার সঙ্গে সঙ্গে আমার দুচোখ দিয়ে জলের ধারা গড়িয়ে পড়ল। অহম হল সবথেকে বড় বাধা, এবং একজন গুরুই পারেন সেই প্রতিবন্ধকতাকে সরাতে, তাকে অতিক্রম করতে সাহায্য করতে।

আরও দশদিনের একটা বিশেষ কোর্স হয়েছিল। তিনি সেটার নাম দিয়েছিলেন 'ডান্ডা কোর্স'। ডান্ডা মানে ছোট লাঠি, আমাদের সকলের হাতে একটা করে ছোট লাঠি দেওয়া হয়েছিল যেটা আমাদের দশদিন ধরে রাখতে হয়েছিল। লাঠিটা যেন আমাদের শরীরের একটা বাড়তি অঙ্গে পরিণত হয়ে গেছিল। কেউ যেমন তার হাতটাকে খুলে রাখতে পারে না, ডান্ডাটাও তেমনি সর্বদা সঙ্গে রাখতে হত। সেই কোর্সে আমাদের যা অভিজ্ঞতা হয়েছিল, তা বলে বোঝানো যাবে না। গুরুদেব বলতেন যে, "ব্রহ্মানন্দ দুই জগতের মধ্যে সঠিক ভারসাম্য বজার রাখতে সাহায্য করে আর এই জগতের সঙ্গে যোগসূত্রও বজায় রাখে। যখন তুমি তাকে সঙ্গে রাখবে, তখন কেবল একটার দায়িত্বই তোমাদের বহন করতে হবে। এমনকি একজন সন্ন্যাসীও তাঁর ইচ্ছামত হাতে দন্ডী তুলে নিতে পারেন না। একজন গুরুর কাছ থেকে সেটা তাঁকে গ্রহণ করতে হয়।" কোর্সের শেষে ডান্ডাটা গুরুদেবের হাতে ফিরিয়ে দেবার সময় আমার দুচোখ জলে ভরে উঠেছি, তবে তা শোকের নয়, তা ছিল আনন্দের, কৃতজ্ঞতার। তখনও পর্যন্ত তিনি তিনটে ডান্ডা কোর্স করিয়েছিলেন, এবং মনে হয় খুব শীঘ্রই আরও কয়েকটা হবে।

ধ্যানের ব্যাপারে গুরুদেব বলতেন যে ধ্যান হল মস্তিষ্ক থেকে হৃদয়ে নেমে আসা, বিচার থেকে বিস্ময়ে চলে আসার যাত্রা, বিকার থেকে নির্বিকারতায় উত্তীর্ণ হওয়া। ধ্যান হল এক বিস্ময়কর যাত্রা! অনেক সময় ছোটোখাট অনুভবও অভাবিত কিছুর সন্ধান দিয়ে যায়। অনেক সময় মধ্যাহ্নভোজের সময় একটা মাত্র রসালো আঙুর খেতে দেওয়া হত, এবং কীভাবে সেটা খেতে হবে তার পুঙ্খানুপুঙ্খ নির্দেশ আসতে থাকত। মুখে পুরে তার আকার, স্বাদ, গন্ধ, উত্তাপ ইত্যাদি খুব একাগ্র মনে অনুভব করতে বলা হত। একটা আঙুরের প্রতি আমাদের মনকে সম্পূর্ণভাবে নিবিষ্ট করে আমরা গভীর ধ্যানের মধ্যে ডুবে যেতাম। তামিলনাড়ুর উটিতে গুরুদেব একবার একটা কোর্স চলাচালীন নির্দেশ দিলেন যে সেখানে যে একটা প্রাকৃতিক সুড়ঙ্গ রয়েছে, হেঁটে দৌড়ে যে যেভাবে পারবে, যত দ্রুত সম্ভব ওপারে যেতে হবে। সুড়ঙ্গের ওপারেই ছিল তাঁদের হোটেল, যেখানে তারা থাকত। অংশগ্রহণকারীরা সুড়ঙ্গের বাইরে বেরিয়ে এসে যেন হাঁফ ছেড়ে বাঁচল, খুব হাল্কা মনে হতে লাগল। অনেকেই বলেছে যে তাদের খুব ভয় করছিল। তবে কেউ কেউ সুড়ঙ্গ দিয়ে বারবার যাতায়াত করলে বা ডজকখানেক আঙুর খেলেও এই অনুভূতি লাভ করা সম্ভব হবে না। নীরস বা গতানুগতিক কাজকর্মের মাধ্যমেও মনোমুগ্ধকর অনুভূতি লাভ করতে হলে তার জন্য সঠিক পদ্ধতির সঙ্গে গুরুর উপস্থিতিও সমানভাবে গুরুত্বপুর্ণ। এরকম অনেক সহজ সাধারণ পদ্ধতির সাহায্যে লক্ষ লক্ষ মানুষ এমন অনুভূতি লাভ করেছে, যা তাঁদের জীবনকে নতুন পথে পরিচালিত করে নিয়ে গেছে।

শুরু শুরুতে আমেরিকাতে অ্যাডভান্স কোর্সগুলো হত অত্যন্ত সাধারণ মানের ব্যবস্থাপনার মধ্যে। কোর্স করার জন্য সামার ক্যাম্প যেখানে হত সেই সমস্ত স্থানেই আমরা কোর্স করার সুযোগ পেয়েছিলাম। যেমন ক্যাম্প হুইটিয়ার, ক্যাম্প ইউনিভার্স ইত্যাদি। সেখানে বাঙ্ক বেড (ট্রেনের স্লিপারের মত শোয়ার ব্যবস্থা) এবং খোলা জায়গায় স্নানাদির ব্যবস্থা ছিল। যাই হোক, আমাদের কাছে স্বাচ্ছন্দ্য বলতে বুঝতাম, যে গুরুদেবের সঙ্গে কতটা সময় আমরা কাটাতে পারছি। এরকম একটা সফরের সময় তাঁকে প্লাস হোটেলের একটা স্যুইটে কিছু বলার জন্য আমন্ত্রণ জানানো হয়। আমরা কয়েকজন তাঁর সঙ্গে ছিলাম। এবং তাঁর মধ্যে বিন্দুমাত্র পরিবর্তন চোখে পড়েনি। স্যুইটই হোক বা সাধারণ বাঙ্ক বেডই হোক, সব ক্ষেত্রে তিনি সমান স্বচ্ছন্দ্য।

একবার পূর্ব জার্মানীর টিমেন্ড্রাফারে একটা অ্যাডভান্স কোর্স চলছিল। গুরুদেব আমাদের বললেন যে আকাশের দিকে তাকিয়ে থাকতে, যদি কোন তারা দেখতে পাওয়া যায়। অনেক চেষ্টা করে আমি একটার বেশী তারা দেখতে পেলাম না। কিন্তু ধ্যান করার পর চোখ মেলে দেখি আকাশ তারায় ভরে রয়েছে। এমন নয় যে সেগুলো ছিল না, আসলে আমাদের দৃষ্টি আচ্ছন্ন হয়েছিল। জীবন আমাদের সামনে সব কিছু সাজিয়ে রেখেছে, শুধু প্রয়োজন হল তাকে সঠিকভাবে অনুভব করতে পারা। কোর্সে নীরবতা ভাঙার সময় তখনকার বিভক্ত জার্মানীর প্রসঙ্গে বলতে গিয়ে গুরুদেব বললেন, "তোমাদের ধ্যান এবং মৌনতা দুই দেশের মধ্যে পাঁচিলকে ভেঙে ফেলতে পারে।" সেই দলে কিরণও ছিল। পরে সে তার নিজের মনের অবস্থা বলতে গিয়ে বলেছে যে গুরুদেবের কথাটা তার কানে অবিশ্বাস্য লাগলেও পাঁচিল ভেঙে ফেলার একটা প্রবল ইচ্ছা তাদের মনে জেগে উঠেছিল। তার মোর আরও যারা সেই কোর্সে ছিল, তারা সকলেই বিভক্ত জার্মানীতে জন্মেছিল এবং কেউ যদি বিভাজনের দেওয়ালটা ভেঙে ফেলার কথা বলত, তাঁকে স্বপ্নবিলাসী ছাড়া কিছু ভাবত না। যাই হোক, এক বছরের মধ্যে তারা দেখল যে দেওয়াল ভেঙে গেছে আর দুই জার্মানী এক হবার পথে এগিয়ে চলেছে।

অ্যাডভান্স কোর্স অনেক বাধা বিপত্তির প্রাচীরের- সেটা মানুষের বিশ্বাসেরই হোক, চাই জাতি বা নিজেদের শ্রেণীগত হোক বা দুই দেশের মধ্যে হোক, পতনের সাক্ষী হয়ে আছে। জীবনে আমাদের ব্যক্তিগত পরিচয়ের গন্ডীটা যত বড়ই হোক না কেন, প্রতিষ্ঠার যত বড় তকমাই তার গায়ে লেগে থাকুক না কেন, আমাদের প্রধান এবং প্রকৃত পরিচয় হল আমরা মানুষ। আধ্যাত্মিকতা মানুষে মানুষে বিভেদকে মুছে ফেলে তাদের একই ভূমিতে দাঁড় করিয়ে দেয়, প্রকৃত পরিচয় প্রদান করে, আর তা হল সকলেই মানুষ। আমি দেখেছি ইস্রায়েল বা প্যালেস্টাইন থেকে হোক, ভারত বা পাকিস্থান থেকে হোক, অথবা আমেরিকা বা আজারবাইজান, যেখানকার মানুষই হোক না কেন, তারা পরস্পর হাত ধরাধরি করে উৎসবে মেতে উঠেছে আর শপথ নিয়েছে যে দেশের মানুষের মনে সমস্ত বৈরীতা মুছিয়ে শান্তি এবং ভালবাসা ফিরিয়ে আনতে। প্রচুর মানুষকে দেখেছি যারা যুদ্ধ তথা সন্ত্রাসের আতঙ্কে ভুগছিল, এইসব কোর্স তাদের নতুন ভাবে বেঁচে ওঠার পথ খুলে দিয়েছে। ভারতের হৃষীকেশে এমনই একটা ঘটনার কথা মনে পড়ছে। সেখানে একটা অ্যাডভান্স কোর্স চলছিল। তখন বিহারের কিছু মাওবাদী অধ্যুষিত অঞ্চলে চরম অশান্তি এবং আতঙ্কের পরিবেশ। গুরুদেব আর্ট অফ লিভিং

এর সঞ্জয় কুমার নামে একজন সক্রিয় এবং কর্মঠ একজন টিচারকে সেই অঞ্চলে পাঠালেন। সে সেখানে গিয়ে বিবাদমান দুই গোষ্ঠীর সাথে কথা বলে এবং বিভিন্ন ধরণের ত্রাণের কাজ শুরু করে। গুরুদেব বিবাদমান দুই গোষ্ঠীর (রনবীর সেনা এবং মাওবাদী) নেতাদের হৃষীকেশ আসার জন্য অনুরোধ করেন। সাধারণত এই ধরণের লোকেরা তাদের গোপন আস্তানা থেকে বের হতে চায় না বা বিপক্ষের সামনে বসে কথা বলতেও রাজী হয় না। গুরুদেবের পরামর্শ মত তারা হৃষীকেশে তাঁর সঙ্গে দেখা করার মত সাহসী পদক্ষেপ গ্রহণ করে। প্রত্যাশা মতই স্টেশনে নেমে তারা পরস্পরের মুখোমুখি হতেই দ্বন্দ্ব চরমে ওঠে এবং যেহেতু তাদের কাছে প্রচুর অস্ত্রশস্ত্র ছিল, কাজের স্টেশনেই রক্তগঙ্গা বয়ে যাবার পরিস্থিতি তৈরী হল। সঞ্জয়ের মধ্যস্থতায় এবং প্রত্যুৎপন্নমতিত্বতায় কোন দুর্ঘটনা ঘটেনি। যেভাবেই হোক তারা অবশেষে হরিদ্বার স্টেশন থেকে হৃষীকেশ এতটা পথ একসঙ্গেই আসে। তারা আশ্রমে পৌঁছালে গুরুদেব তাদের সঙ্গে কথা বলেন, তাদের জন্য আলাদা করে সময় দেন এবং তাদের ধ্যানের প্রশিক্ষণ দেন। প্রথম দুদিন তারা অস্ত্রশস্ত্র নিয়েই ক্লাসে আসত। কিন্তু মাত্র তিনদিন পরেই তারা খুব আশ্বস্তবোধ করল এবং ক্লাসে পুরোপুরি মন দিল আর দুই দলে একসঙ্গে ভজন করতে লাগল। অনুষ্ঠানের শেষ দিনে গুরুদেব উভয় দলের নেতাদের গলায় মালা পরিয়ে দেন এবং তারা উভয়ে উভয়ের গলা জড়িয়ে ধরে শপথ নেয় যে বহুদিনের চলে আসা এই হিংসার এবার অবসান হবে। এটা একটা ঐতিহাসিক ঘটনা। এর মাধ্যমে বহু বছরের জমে থাকা শত্রুতার অবসান হয়ে সেই অঞ্চলে শান্তি প্রতিষ্ঠিত হল। গুরুদেব তাদের বললেন যে, যে শান্তি তারা লাভ করেছে, সেটা বাকী সকলের মধ্যে ছড়িয়ে দিতে এবং সেই লক্ষ্যে তারা যেন নিয়মিত সৎসঙ্গ করে এবং প্রীতিভোজের আয়োজন করে। সৎসঙ্গের পর সেই প্রীতিভোজে গোষ্ঠীর লোকেরা এসে একসঙ্গে রান্না করবে, প্রসাদ গ্রহণ করবে।

ফ্রান্সের একটা গ্রামেও ঠিক একই ধরণের পরিস্থিতির উদ্ভব হয়েছিল। সেখানে একটা কোর্সের আয়োজন করা হয়েছিল। গুরুদেব সেখানে উপস্থিত হলে অংশগ্রহণকারীরা তাঁকে খুব উৎসাহের সঙ্গে স্বাগত জানালেন। প্যারিস শহর থেকে কিছু দূরে সেই গ্রামে অনেক দূর্গ ছিল। যদিও গ্রামটার প্রাকৃতিক শোভা ছবির মত ছিল, কিন্তু সেখানকার পরিবেশ কেমন দমবন্ধ করা ছিল, কারও মনে শান্তি বা আনন্দ ছিল না। গুরুদেব বললেন যে দীর্ঘদিন ধরে ওই অঞ্চলে হিংসামূলক কাজকর্ম চলতে থাকার ফলে ওখানকার পরিবেশ এমন ভারী ভাব রয়েছে।

কোর্সের শেষদিন অপরাহ্নে গুরুদেব বললেন, "ধ্যান, ক্রিয়া এবং মন্ত্রপাঠ পরিবেশকে শুদ্ধ করে তুলতে সাহায্য করবে। তোমরাই এই নির্জীব, নিষ্প্রাণ পরিবেশের মধ্যে খুশী এবং উৎসাহের জোয়ার আনতে পারবে। একটা পারমাণবিক বোমার বিস্ফোরণ হলে আশেপাশের অঞ্চলে সে তেজস্ক্রিয়তার বিকিরণ ঘটে তা কয়েক দশক স্থায়ী হয়। যুদ্ধ, হিংসা, ঈর্ষা, ক্রোধ ইত্যাদি অত্যন্ত হানিকর তরঙ্গ পরিবেশের উপর কুপ্রভাব ফেলে। সেই প্রভাবকে মুক্ত করতে গেলে নিয়মিত ধ্যান ক্রিয়া করতে হবে। যদিও আমাদের কোর্স খুব সংক্ষিপ্ত সময়ের জন্য হয়েছিল, তবুও সেই অঞ্চলের পক্ষে তা ফলপ্রদ হয়েছিল এবং ধীরে ধীরে গ্রামবাসীদের দুঃখ, দুর্দশার অবসান হয়ে তারা সুখ সমৃদ্ধি লাভ করেছিল। এই কোর্সে অংশগ্রহণ করে তোমরা এই গ্রামের মঙ্গলের জন্য, পরোক্ষভাবে এক বিরাট সেবার কাজ করেছ। এভাবে এগিয়ে চলো। এটাই পরম সত্য।"

প্যারিসে ফিরে একটা সৎসঙ্গে গুরুদেব সবাইকে শিবের একটা নতুন ভজন শেখালেন। সেই ভজনের তরঙ্গ হলের ভিতরে উপস্থিত সকলের ভিতরে কয়েকগুণ প্রাণশক্তির সঞ্চার করে দিয়েছিল। সেই গান গাইতে গাইতে মনে হচ্ছিল যেন ভগবান শিবকে ডাকতে ডাকতে হিমালয়ের উপর দিয়ে ভেসে চলেছে সবাই। গুরুদেব উত্তর আমেরিকা মহাদেশের যেখানেই গেছেন, সেই গানের সুর সমস্ত দেশেই একটা বিরাট আলোড়ন তুলেছিল। গুরুদেব সারা বিশ্ব জুড়ে ঘুরে বেরিয়ে সাধারণ মানুষদের, তাদের অন্তস্থিত চির অবিনাশী, অচল, অটল আত্মার সন্ধান দিয়ে চললেন। ১৯৯০ সালের এপ্রিল মাসে ইয়েলে বার্কলে ডিভিনিটি স্কুলে আধ্যাত্মিকতার বিষয়ে বক্তৃতা করার জন্য আমন্ত্রিত হয়ে গেলেন। গুরুদেবকে সেখানে ভারতের রত্ন হিসাবে সম্বোধিত করা হল। বিশাল হল পুরো ভরে বাইরেও প্রচুর মানুষ অপেক্ষা করছিলেন। তারা যাতে গুরুদেবের কথা শুনতে পারেন তাই বাইরে অতিরিক্ত জায়েন্ট স্ক্রিন লাগানো হল। সেন্টারিং প্রেয়ারের প্রতিষ্ঠাতা, অ্যাবট থমাস কেটিং, ধ্যানের এই পদ্ধতি সেখানে খুব জনপ্রিয় ছিল - তারও ব্যবস্থা করা হয়েছিল সেই অনুষ্ঠানে। সেই সন্ধ্যায় সবথেকে আকর্ষক সময় উপস্থিত হল যেখন আধ্যাত্মিকতার প্রকৃত অর্থ কী? এই বিষয়ে আলোচনা শুরু হল। কোথায় এর শুরু? গুরুদেব সেখানেই বসে একটা কবিতা লিখেছিলেন, সেটাই সকলকে পড়ে শোনালেনঃ-

এক পাও নড়ো নাকো তুমি
যাত্রা শুরু হয়ে গেছে।

যদি বিচ্যুত হও, আলোকবর্ষ দূরে চলে যাবে।
পুবে অথবা পশ্চিমে
উত্তরে বা দক্ষিণে
এক পাও নড়ো নাকো তুমি।
ধরিত্রী ও আকাশের মাঝে
লক্ষ্য তুমি পেয়ে গেছ স্থির;
এক পাও নড়ো নাকো তুমি।
নির্বোধেরা তর্কে মাতে, কিন্তু
পাখিরা আনন্দে তাঁরই গান গায়,
এক পাও নড়ো নাকো তুমি।
বিবাদের ক্ষেত্র যত আছে,
সকাশে তাঁর হোক অবসান
এক পাও নড়ো নাকো তুমি।
তোল চোখ আকাশের পানে
লক্ষ কোটি তারার ঝিকিমিকি
প্রদীপ জ্বালিয়ে সূর্য চাঁদ
তোমারে করিছে পরিক্রমা
এক পাও নড়ো নাকো তুমি।
এক পাও নড়ো নাকো তুমি।
প্রেমের তরঙ্গ অন্তরে তোমার
আপনি উঠিবে জাগি,
ভরিবে জীবন আনন্দ লহরে;
আমিই পথ, আমিই পথিক, আমিই লক্ষ্য...
এক পাও নড়ো নাকো তুমি।

কাকে নড়তে বারণ করা হয়েছে? শরীরকে স্থির রাখার কথা বলা হয়েছে না কি মন? এই বিষয় নিয়ে মনন করতে শুরু করলে একজন অনায়াসেই ধ্যানস্থ হয়ে পড়বে। এই দ্বন্দ্বময় জগতের অতীত একটা কিছুর ঝলক সে উপলব্ধি করতে পারবে।

একাদশ অধ্যায়

অনন্তের আহ্বান

সামনের শান্ত সমুদ্রের বুকে কিছু স্পীডবোট জলের বুক চিরে এদিক ওদিক ছুটে চলেছে, তারা নিজেরাও যেমন তাদের খেলাটাকে উপভোগ করছে, তেমনি যারা দেখছে, তারাও সমানভাবে নৌকাগুলোর এদিক ওদিক ছোটাছুটি দেখে আনন্দ পাচ্ছে। আমাদের জীবনেও ঠিক সেইরকম কিছু চিন্তা ভাবনা আছে যেগুলো কেবল চিত্ত বিনোদন ছাড়া আর কোন কাজে লাগে না। কিন্তু ঈশ্বরীয় সত্তা- যা আমাকে এবং আমার চারপাশের জগতকে সৃষ্টি করেছেন, তাঁর প্রতি আমার গভীর প্রেমকে সর্বদা অনুভব করি। আমি অত্যন্ত কৃতজ্ঞ, কারণ আমাকে হালভাঙা নৌকার মত উদ্দেশ্যহীন ভাবে ভেসে যেতে হয়নি, এবং আশীর্বাদ স্বরূপ গুরুর সান্নিধ্য লাভ করতে পেরেছি।

যারা গুরুদেবের সান্নিধ্যে এসেছেন, প্রত্যেকেই কৃতজ্ঞবোধ করেছেন এবং যখন তাঁরা গুরুদেবকে জিজ্ঞাসা করেছেন যে এই জ্ঞানকে কীভাবে তাঁরা ছড়িয়ে দিতে পারেন, গুরুদেব তাঁদের বলেছেন, "এই জ্ঞানকে ছড়িয়ে দাও, আনন্দকে ছড়িয়ে দাও, সকলের জীবনে আলো ফুটিয়ে তোল।" কিন্তু একজন সাধারণ মানুষ কি করে তাঁর মত জ্ঞানের প্রসার ঘটাতে সক্ষম হবে? উত্তরে তিনি বলেন, "তুমি পথে নেমে কেবল আরও কয়েকজনের হাত ধরে নাও। চিন্তা কোর না, আমি তোমাদের লক্ষ্যে নিয়ে পৌঁছে দেব।" যেমন তিনি সেইজন্য টিচার্স ট্রেনিং প্রোগ্রাম (টি টি পি) তৈরী করেছেন। যাদের টিচার হবার আগ্রহ আছে তাদের কাছে এই ট্রেনিং প্রোগ্রাম এক অসাধারণ সুযোগ বলে ধরা হয়, কারণ এর মাধ্যমে একজনের জীবনে নতুন এক দিগন্তের উন্মেষ ঘটে। তবে এই ট্রেনিং প্রোগ্রাম শেষ হয়ে গেলেই টিচারদের ট্রেনিং শেষ হয় না, সারাটা জীবন ধরেই, প্রতি পদক্ষেপে তাদের শিক্ষাগ্রহণ চলতেই থাকে। প্রত্যেকের ভিতরে যে নানা প্রকার গুণ রয়েছে, গুরুদেব সেইগুলকেই আরও পরিমার্জিত এবং উন্নত করে তোলেন, এবং তিনি যে উপদেশ প্রদান করেন, নিজেও সেই কাজ করে প্রকৃষ্ট দৃষ্টান্ত স্থাপন করেন যাতে সকলে সেই জ্ঞানের কথা স্মরণ রাখতে পারে। একবার কর্ণাটকের হাবলিতে একটা অনুষ্ঠানে তাঁর যাবার কথা ছিল। যে ঘরে তিনি ছিলেন, দেখা গেল যে সকালে উঠে সেই ঘরদোর নিজেই পরিষ্কার করছেন। স্বেচ্ছাসেবক যারা

সেখানে ছিল, তাদের উদ্দেশ্যে তিনি বললেন, "আসার আগে জায়গাটা যেমন ছিল, আমরা যাওয়ার পর যেন সেটা আরও সুন্দর লাগে, আমাদের সেভাবেই চলা উচিৎ।"

একদিন ভরত শিরুর, বর্তমানে যিনি স্বামী ব্রহ্মতেজ নামে পরিচিত, আর্ট অফ লিভিং এর টিচার এবং দীর্ঘ কুড়ি বছর ধরে তিনি গুরুদেবের সান্নিধ্যে রয়েছেন, একদিন গুরুদেবকে বললেন, "আপনি মাঝে মধ্যে অন্তত আমাকে একবার বকবেন, তাহলে আমার সাধনার ব্যাপারে সঠিক নিষ্ঠা বজায় রাখতে পারব।" গুরুদেব তখন আয়নার সামনে দাঁড়িয়ে কপালে চন্দনের ফোঁটা দিচ্ছিলেন, তিনি ঘুরে ভরতের দিকে তাকিয়ে বললেন, "তুমি আমার স্বভাবকে বদলাতে বলছ? তুমি নিজে নিজেকে বদলাও। কাউকে তিরস্কার করা আমার স্বভাব নয়, বুঝেছ?" ভরত তৎক্ষণাৎ বুঝে গেল যে তাঁর নিজের দায়ভার তাকেই নিতে হবে।

আমাকে আমার পরিবারের দায়িত্ব সামলাতে হত, ফলে আশ্রমে সেবা করার জন্য যতটা সময় দেওয়া প্রয়োজন সেটা আমি দিতে পারতাম না। এই নিয়ে আমার মনে একটু দ্বিধা দ্বন্দ্বের সৃষ্টি হয়েছিল। এই বিষয়ে ভাবতে ভাবতে একদিন আমি গুরুদেবের ঘরে ঢুকতেই আমাকে কোন কথা বালারে সুযোগ না দিয়েই তিনি বললেন, "কোন অভিযোগ বা অজুহাত দেওয়ার প্রয়োজন নেই।" তাঁর সেই ছোট্ট দুটো কথাই জীবনের প্রতি আমার দৃষ্টিভঙ্গিকে সম্পূর্ণ বদলে দিল এবং এক উন্নত, সমৃদ্ধ জীবনের পথে আমি এগিয়ে যেতে শুরু করলাম। আর্ট অফ লিভিং এর টিচার মানে এই নয় যে কেবল কয়েকঘন্টার জন্য বিশেষ একটা ভূমিকা পালন করলেই চলবে। মোটেই তা নয়, অধীত শিক্ষাকে জীবনের প্রতি পদক্ষেপে সফলভাবে প্রয়োগ করতে পারা অত্যন্ত প্রয়োজন।

গুরুদেব আমাকে বলতেন, "বাচ্চাদের যখন খাওয়াবে, ভাববে তুমি ঈশ্বরকে খাওয়াচ্ছ। যখন তাদের সঙ্গে খেলা করবে, ভাববে ঈশ্বরের সঙ্গে খেলা করছ। তাদের লালন পালন করে বড় করে তুলছ, ভাববে তুমি আনন্দ যোগের আশ্রমে রয়েছ। তাদের প্রতি কোন কাজই যেন তোমার কাছে আয়াসসাধ্য, ক্লান্তিকর না মনে হয়।" তিনি আমাকে বলতেন যে, "সকলের মধ্যে সদ্‌গুণকে দেখবে এবং তার বিকাশের জন্য সাহায্য করবে।" গুরুদেব কখনই এমন কোন কথা বলতেন না বা আচরণ করতেন না যাতে কেউ নিজেকে অপরাধী বলে ভাবে। অন্যমনস্কতার ফলে কেউ যদি জিভে কামড় খায়, তাহলে তার জন্য তার দাঁতকে কোনভাবেই দায়ী করা যাবে না, কারণ দাঁত তো তার দেহের অবিচ্ছেদ্য অঙ্গ। টিচাররাও

তেমনই গুরুদেবের অঙ্গস্বরূপ, এই সত্যকে কেউ বিস্মৃত হলে তখন সে নিজেকে তাঁর থেকে বিযুক্ত ভাবে।

গুরুর আসনকে 'ব্যাস পীঠ' বলা হয়। যখনই কেউ সেই আসনে বসে, উচ্চতর শক্তির সঙ্গে তাঁর যোগসূত্র স্থাপিত হয়। তার ভিতর থেকে তখন জ্ঞানের প্রবাহ অনায়াসেই বইতে থাকে। তখন সে নিজে কী বলছে, কী প্রকারের শব্দ তার মুখ থেকে নির্গত হয়েছে, কী ধরণের সমাধানের সূত্র সে কাউকে প্রদান করতে পেরেছে, তা ভাবলে সে নিজেই বিস্মিত হয়ে পড়ে। একবার একটা অ্যাডভান্স কোর্সে একজন গুরুদেবকে প্রশ্ন করার আগে হঠাৎই বলে উঠল, "গুরুদেব, আমার প্রশ্নের উত্তর দেওয়ার আগে আপনি দয়া করে একটু ভেবে নিয়ে তারপর উত্তর দেবেন।" উত্তরে গুরুদেব বলেন, "আমি কখনো কিছু ভেবে বলি না। অখন্ড চেতন সত্তা আমাকে দিয়ে যখন যা বলাতে চান তখন সেটাই আমার মুখ দিয়ে নির্গত হয়।" সারা জীবন ধরে আমরা শুনে আসছি যে কিছু বলার আগে দুবার ভেবে নাও, আর এখানে একজন বলছেন যে তিনি কিছুই ভেবে বলেন না! কিন্তু তবুও তাঁর কথায় অনায়াসে হাজারো মানুষের জীবনের সমস্যার সর্বোৎকৃষ্ট সমাধান হয়ে যাচ্ছে। এই ঘটনা গুলো একবার ভাবলে তখন সৃষ্টিব্যাপী যে জ্ঞান (চিৎ), তার অস্তিত্বের কথা সহজেই উপলব্ধিতে ধরা দেয়। আবার তিনি তাঁর উপলব্ধির কথা সমস্ত আর্ট অফ লিভিং টিচারদের কাছে উদার চিত্তে সরলভাবে বলে যান। গুরুদেব প্রায়ই বলেন, "গুরু কোন শরীরধারী ব্যক্তি নন, গুরু এক তত্ত্ব, এক শক্তি, আত্মার মতই সর্বব্যাপী। সুতরাং গুরুর প্রতি নিষ্ঠা, শ্রদ্ধা করা হল স্বয়ং এর প্রতি শ্রদ্ধাজ্ঞাপন করা।"

১৯৮০ সালের শেষ দিকে, গুরুদেব খুরশিদ বাটলিওয়ালা এবং রাজেশ কৃষ্ণমূর্তি নামে দুজন অল্প বয়সী কলেজের ছাত্রকে ধ্যান করতে নির্দেশ দিলেন। তারাই ছিল আমার প্রথম ছাত্র। মন্ত্রলাভ করার পরই তারা গভীর ধ্যানের মধ্যে ডুবে গেল। সময় যেতে লাগল, কিন্তু তারা সেই ধ্যানমগ্ন অবস্থাতেই ডুবে রইল। কখন তারা চোখ খোলে, আমি সেই অপেক্ষায় রইলাম, কিন্তু তাদের চোখ খোলার কোন লক্ষণ নেই। প্রায় পঁয়তাল্লিশ মিনিট পেরিয়ে যাবার পর আমি ফিসফিস করে তাদের কানে কানে "জয় গুরুদেব" বলতে লাগলাম, যাতে তারা ধীরে ধীরে তাদের স্বাভাবিক অবস্থায় ফিরে আসতে পারে। চোখ খোলার পর তারা বলল যে কতটা সময় পেরিয়ে গেছে সে ব্যাপারে তাদের কোন খেয়ালই ছিল না। গুরুমন্ত্র এতটাই শক্তিশালী যে তার সাহায্যে কেউ তার আপন সত্ত্বার গভীরে ডুব দিয়ে

তাকে অনুভব করতে সক্ষম হয়। বর্তমানে ইন্টারনেটের দৌলতে অনেক রকম মন্ত্র বা ধ্যানের পদ্ধতি যে কেউই জানতে পারে, তবে এটাও সত্যি যে একটা জ্বলন্ত মোমবাতি থেকেই অনেক মোমবাতি জ্বালানো সম্ভব। একমাত্র একজন প্রবুদ্ধ, আলোকপ্রাপ্ত, গুরুই একজনের জীবনে পরিবর্তন ঘটাতে পারেন। এই কারণেই যার জীবনে গুরুলাভ হয়নি, তাকে 'অনাথ' বলা হয়, অর্থাৎ তার কোন প্রভু বা রক্ষা কর্তা নেই, সে অসহায়।

একবার গুরুদেবের সঙ্গে ক্যালিফোর্নিয়ার অ্যাপেল ভ্যালিতে ছিলাম। এক জায়গায় তাঁর প্রবচন দেওয়ার কথা ছিল এবং একটু আগেই তিনি রওনা হয়ে গেলেন। আমি একটু পরে আমাদের উদ্যোক্তা, নির্মলার সঙ্গে রওনা দিলাম। নির্মলা তখন পাঁচমাসের অন্তঃসত্তা ছিল। কাজেই সে খুব সন্তর্পনে গাড়ী চালাচ্ছিল। তবে অন্ধকার নেমে আসছিল তাই একটু জোরে চালালে ভাল হবে এই ভেবে সে গাড়ীর গতি একটু বাড়িয়ে দিল। একজায়গায় দেখলাম যে ডানদিকে মোড় ঘোরার জন্য একটা সাইনবোর্ড লাগানো আছে এবং সেই মত ডানদিকে ঘুরে আমরা একটা সাঁকোর কাছে গিয়ে হাজির হলাম। নির্মলা সর্বশক্তি দিয়ে ব্রেক কষল এবং গাড়ীটা বিকট শব্দ করে থেমে গেল, তবে সামনের চাকা দুটো মাটি ছেড়ে লাফিয়ে সাঁকোর পাশের থামে আটকে গেল। আমরা গাড়ী থেকে নেমে পড়লাম, এবং কেউই যে এই দুর্ঘটনায় কোনভাবে আহত হইনি তার জন্য কৃতজ্ঞ বোধ করলাম। খুব তাড়াতাড়িই আমাদের সেখান থেকে নিয়ে যাবার জন্য লোক এসে হাজির হল এবং আমরা নিরাপদে সুস্থ অবস্থায় অনুষ্ঠানে গিয়ে উপস্থিত হলাম। আসলে সাইনবোর্ডটা ঝোলানো ছিল এবং তাতে বাম দিকে ঘোরার নির্দেশ দেওয়া ছিল, কিন্তু সেটা খুলে পড়ে ডানদিকে নির্দেশ করাতে এই বিপত্তি। ওখানে যারা ছিলেন তাঁরা খুব উৎকণ্ঠিত হয়ে পড়েছিলেন এই ভেবে যে পাছে আমরা কোনভাবে আঘাত পেয়ে থাকি। তাঁরা আমাকে জানালেন যে গুরুদেব স্বয়ং-আমরা কতদূর এলাম বা কোথায় রয়েছি ইত্যাদি ব্যাপারে প্রতি মুহূর্তে খোঁজ নিচ্ছেন। গুরুদেব বলে চলেছেন, "ভানু কোথায়? ওরা কতদুরে আছে? ভানুর কিছু হলে আমি ক্লাস নেওয়া বন্ধ করে দেব।" আমি গুরুদেবের কাছে গিয়ে সেদিনের সন্ধ্যাবেলার দুর্ঘটনার কথা বললাম আর বললাম যে আমরা এখন ঠিক আছি। পরের দিন সকালে আমরা যখন সেই রাস্তা দিয়ে যাচ্ছিলাম তখন দেখলাম সেই জায়গাটার কিছু দূরেই একটা বিশাল খাদ রয়েছে। সেই সাঁকোর থামটা আমাদের রক্ষা করেছে নতুবা হয়ত ভয়ঙ্কর কিছু ঘটে যেত।

আরও একটা ঘটনার কথা মনে পড়ছে- মার্সি নামে কানাডার গুরুদেবের একজন ভক্ত ইকালুইট গ্রামে একটা অনুষ্ঠানের আয়োজন করেছিলেন৷ সেই গ্রামের জলবায়ু আবার মেরু অঞ্চলের মত৷ গুরুদেব সেখানে পাঁচজনকে সঙ্গে নিয়ে একটা বিশেষ বিমানে করে গেলেন৷ সেখানে একজন ইনুইট নেতা (উত্তর কানাডার আদিবাসী, ওই অঞ্চল আলাস্কা এবং গ্রীনল্যান্ডের মধ্যে পড়ে) তাঁদের স্বাগত জানিয়ে বললেন, "এখানকার মানুষেরা আপনার জন্য হাজার বছর ধরে অপেক্ষা করছে৷" তাঁদের পরম্পরা এবং মূল্যবোধের সংরক্ষণের জন্য তিনি গুরুদেবের সাহায্য প্রার্থনা করলেন৷ তাঁদের সঙ্গে কথাবার্তা বলার পর গুরুদেব ধ্যান করালেন এবং তারপরই সেখান থেকে যাবার জন্য ব্যস্ত হয়ে উঠলেন৷ কিন্তু স্থানীয় লোকেরা তাঁকে আরও কিছুক্ষণ থাকার জন্য অনুরোধ করলেন৷ যাইহোক যাবার সময় যখন উপস্থিত হল আচমকাই প্রবল তুষার ঝড় শুরু হয়ে গেল ফলে বাধ্য হয়ে তাঁদের একদিন সেখানে থেকে যেতে হল৷ গুরুদেবের সঙ্গে যারা গেছিলেন তাঁরা এই পরিস্থিতির জন্য প্রস্তুত ছিলেন না, তাঁদের খাবার বা প্রয়োজনীয় কিছু নিয়েও যাননি৷ পরের দিন ফিরে যাওয়া ঠিক হল৷ কিন্তু পরের দিন যখন যাত্রা শুরু করলেন, আবার তুষার ঝড়ের কবলে পড়লেন৷ বিমানের পাইলট কিছুই দেখতে পাচ্ছিলেন না এবং তিনি সতর্ক করে দিলেন যে বিমান যে কোন সময় দুর্ঘটনার কবলে পড়ে ধ্বংস হয়ে যেতে পারে৷ গুরুদেব তাঁদের 'ওম্ নমঃ শিবায়ঃ' মন্ত্র জপ করতে বললেন৷ বাইরে যদিও সেই ভয়ঙ্কর তুফান চলছে, কিন্তু তবুও কিছুক্ষণের মধ্যে তাঁদের মন শান্ত হয়ে গেল৷ কেউ গুরুরর আশ্রয়ে নিরাপদে থাকতে পারে, আবার কেউ বা মনের অবিরাম কামনা বাসনা, ভয় বা বিকারের শিকার হয়ে অশান্ত জীবন কাটাতে পারে৷ বিমানের অভ্যন্তরের সেই প্রশান্তভাব পাইলটের মন থেকেও আশংকাকে মুছে দিল এবং তিনিও সম্পূর্ণভাবে নিজেকে সমর্পণ করে দিলেন - যা ঘটার ঘটুক, তিনি নির্ভয় হয়ে গেলেন৷ কিছুক্ষণের মধ্যেই সেই তুষারঝড়ের মাঝখানে একটা ফাঁকা স্থান পাইলটের নজরে পড়ল এবং তিনি সেই ফাঁক দিয়ে বিমানকে নীদের দিকে চালিয়ে দিলেন৷ দেখা গেল অলৌকিক ভাবে বিমানটা স্থানীয় বিমানবন্দরের রানওয়ের উপরে চলে এসেছে৷ নিরাপদে বিমান অবতরন করল৷

বিমানবন্দর কর্তৃপক্ষ বিনা অনুমতিতে অবতরণের জন্য পাইলটের কাছে কৈফিয়ত চাইলে তিনি তাঁদের উদ্ভূত পরিস্থিতির বিষয় বুঝিয়ে বলেন যে সেই অবস্থায় বিমানের জরুরী অবতরণ করা ছাড়া উপায় ছিল না৷ মার্সি গুরুদেবের সঙ্গে

সেই বিমানে ছিলেন, তাঁর কাছ থেকে শুনেছি যে যখন বিনা অনুমতিতে বিমানের জরুরী অবতরণ নিয়ে তাদের মধ্যে অর্থহীন বাকবিতন্ডা চলছিল, তখন গুরুদেব বিমান থেকে বেরিয়ে এলেন। বন্দর রক্ষনাবেক্ষনের দায়িত্বে যারা ছিল, তাদের মধ্যে একজন গুরুদেবকে দেখে রীতিমত চমকে উঠল। গুরুদেবের লম্বা চুল দাড়ি, পরনে সাদা আলখাল্লার মত পোশাক দেখে সে বিস্ময়ে "প্রভু যিশু" বলে চিৎকার করে উঠল। সব ধরণের বাদানুবাদ তক্ষুনি থেমে গেল এবং গুরুদেবের সঙ্গে সবাইকে নিরাপদে বাইরে নিয়ে আসা হল। এই ঘটনার কথা একদিন বলতে গিয়ে গুরুদেব বলছিলেন, যে সেই সময় তিনি ধ্যান্‌স্থ হয়ে মনস্থির করার চেষ্টা করছিলেন যে তাঁর এই শরীরে থাকা উচিৎ হবে কি না! যদিও তাঁর প্রদত্ত জ্ঞানকে বিশ্বে ছড়িয়ে দেবার জন্য উপযুক্ত প্রতিষ্ঠান গঠনও তিনি করে দিয়েছেন, তবুও অনেক মানুষের মুখ তাঁর চোখের সামনে ভেসে উঠল যারা তাঁকে দর্শন করার অভিপ্রায়ে দীর্ঘ দিন ধরে অপেক্ষা করছে। এই প্রসঙ্গে গুরুদেব আরও বলেন যে, প্রত্যেক মানুষের জীবনে একটা অবস্থা আসে যখন সে নিজের শরীর পরিত্যাগ করতে পারে, ঠিক হাইওয়ে দিয়ে যেতে যেতে কেউ যেমন তার ইচ্ছামত রাস্তা বদল করতে পারে। সৃষ্টিতে এক অদৃশ্য শক্তি রয়েছে, যার দ্বারা এই সৃষ্টির সবকিছু নিয়ন্ত্রিত হয়, এবং ঠিক এই মুহুর্তে সেই শক্তিও এক বিশেষ ভূমিকা পালন করে। তিনি বলেন, "একবার চোখ তুলে তাকাও, দেখবে দেবতাদের জগতটা তোমাদের থেকে মাত্র ইঞ্চি কয়েক দূরে রয়েছে।" দৃশ্যমান জগতের যতটুকু আমরা দেখতে পাই সেটা একটা হিমশৈলের চূড়ামাত্র। বিজ্ঞান যখন ইন্দ্রিয়গ্রাহ্য জগতের রহস্য উন্মোচনে সচেষ্ট, আধ্যাত্মিকতা তখন আমাদের চারপাশের সচল জগতের মূলে যে অব্যক্ত শক্তি রয়েছে, সেই অজানা জগতে নিয়ে উপনীত করিয়ে দেয়। এই পথহীন পথ, দিশাহীন দিশায় চলতে গেলে গুরুর কৃপা এবং তাঁর পথ নির্দেশ অবশ্য প্রয়োজন।

গুরুদেব বলেন যে কেউ যখন দেহত্যাগ করে তখন দুটো বিষয়ই মূলত প্রাধান্য পায়, এক হল কতটা প্রেম সে সকলকে দিতে পেরেছে, আর দ্বিতীয় হল কতটা জ্ঞান সে আহরণ করতে সক্ষম হয়েছে। আমাদের ধ্যানের প্রশিক্ষক করে তিনি আমাদের জীবনে এক লক্ষণীয় পরিবর্তন ঘটিয়ে দিয়েছেন। অন্তরে প্রেম থাকলে তবেই জ্ঞান জীবনের আচার আচরণে প্রতিফলিত হয়, এবং সেই জ্ঞান পরবর্তীকালে প্রজ্ঞায় পরিণত হয়। সংশোধনাগারে গিয়ে আমি বন্দীদের দেখেছি যে আর্ট অফ লিভিং এর 'প্রিজন স্মার্ট কোর্স' এর ফলে তারা জীবনে এক নতুন

আশার আলো খুঁজে পেয়েছ, উন্নত জীবনের কথা ভাবতে শিখেছে। এরজন্য তারা আর্ট অফ লিভিং এর তথা গুরুদেবের প্রতি আন্তরিকভাবে কৃতজ্ঞ। দুর্দশাগ্রস্ত কৃষকেরা নতুন পথ খুঁজে পেয়েছেন। অনেক ছাত্রছাত্রী যারা তাদের বাবামায়ের প্রত্যাশা পূরণে ব্যর্থ ভেবে নিজেদের প্রতি অত্যন্ত ক্রুদ্ধ বা ক্ষিপ্ত ছিল, হতাশা যাদের জীবনকে গ্রাস করে ফেলেছিল, তারা আবার তাদের আত্মবিশ্বাস ফিরে পেয়েছে, তাদের মুখে সহজ সরল হাসি ফিরে এসেছে। সুনামীর ফলে যে সব জেলেরা তাদের সবকিছু খুইয়ে বসেছিল, তারাও শ্বাসের ক্রিয়া নিয়মিত অভাস করার ফলে আবার সমুদ্রের বুকে নৌকা ভাসিয়ে চলেছে। আর গাজায় যে বাচ্চা প্রচণ্ড আতঙ্কে দুচোখের পাতা এক করতে পারত না, তারাও এখন নিশ্চিন্তে ঘুমাত পারে। কাশ্মীরের অনেক তরুণ, আগে যারা বিচ্ছিন্নতাবাদী গোষ্ঠীর সঙ্গে যুক্ত ছিল, তারাও এইসব প্রোগ্রামে অংশ নেওয়ার পর এখন নিজেরাই সেখানকার মানুষের মন থেকে আতঙ্ক দূর করে তাদের মন খুশীতে ভরিয়ে তোমার কাজে যুক্ত হয়ে গেছে। প্রচুর তরুণ তরুনী, যারা ভাবত যে সমাজে প্রতিষ্ঠাই হল জীবনে সাফল্যের মাপকাঠি, আজ তারা উপলব্ধি করতে পেরেছে যে, প্রতিষ্ঠা নয়, জীবনে সাফল্যের মাপকাঠি হল মুখের অমলিন হাসি।

সমাজের প্রতিটি ক্ষেত্র থেকে, ভাষা, প্রতিষ্ঠা, পেশা, বয়স, ধর্ম ইত্যাদি নির্বিশেষে মানুষ এখানে এসে জীবনের পরিবর্তনকে উপলব্ধি করতে প্রেছে এবং এক আনন্দের উৎস মুখ যেন খুলে গিয়ে তাদের জীবনকে খুশীতে ভরে দিয়েছে। যখনই এই ধরণের কোন অভিজ্ঞতা লাভ করি, তখনই মনে হয় শিক্ষা দেওয়ার অর্থ হল অন্তর থেকে যত্নশীল হতে পারার ক্ষমতা অর্জন করা। গুরুদেবের কাছে সকলেই ফুল, ফল, মিষ্টি ইত্যাদি উপহার হিসাবে নিয়ে আসে। গুরুদেব তাঁদের বলেন, "তোমাদের হাসিই হল তোমাদের খুশীর প্রকাশ, সেটাই আমার কাছে সব থেকে বড় উপহার।"

তেত্রিশতম জন্মদিনে গুরুদেব প্যারিসে ছিলেন। অনেকেই তাঁর জন্য নানা ধরণের উপহার নিয়ে এসেছেন। তিনি কারও হাত থেকে একটা সুন্দরভাবে মোড়া উপহারের প্যাকেট তুলে নিয়ে সেটা অন্য একজনকে উপহার দিলেন, এবং এইভাবে ব্যাপারটা চলতে থাকল। তিনি প্রায়ই বলেন, "তোমরা যদি সত্যি সত্যিই আমাকে কিছু উপহার দিতে চাও, তবে এই জ্ঞানের আলো প্রচার কর।" একবার একটা ছোট ছেলে গুরুদেবের কাছে তার জন্মদিনে আশীর্বাদ নিতে এল। গুরুদেব তার হাতে কিছু মিষ্টি দিয়ে সবাইকে দিতে বললেন। বাচ্চাটা সবাইকে দিতে দিতে

মিষ্টি ফুরিয়ে যেতে আবার গুরুদেবের কাছে নিতে এল, গুরুদেব তাকে আবার কিছু মিষ্টি দিলেন, এইভাবে কয়েকবার চলার পর মঞ্চে উপস্থিত উদ্যোক্তারা গুরুদেবের দিকে তাকাতে লাগল, কারণ তারা বুঝে উঠতে পারছিল না কী করা উচিৎ। গুরুদেব তাদের বললেন ,"ওকে আসতে দাও। ও যতক্ষণ মিষ্টি বিতরণ করতে থাকবে, আমি ততক্ষণ ওকে দিয়ে যেতে থাকব।"

তরুণ অথবা প্রবীণ , যারাই গুরুদেবের সান্নিধ্যে এসেছে, প্রত্যেকেই অনুভব করেছে যে তাঁর সান্নিধ্য তাদের অন্তরে একটা আলোর স্ফুলিঙ্গ জ্বেলে দিয়েছে। আর্ট অফ লিভিং এর টিচারের কর্তব্য এবং লক্ষ্য কী হওয়া উচিৎ সেটা তারা সঠিকভাবে অনুধাবন করতে সমর্থ হয়েছে। হরিশ রামচন্দ্রন, একজন তরুণ টিচার আমাকে বলেছিল, একবার কয়েকশো লোকের জমায়েতে গুরুদেব বলেছিলেন, "আমার শরীরের প্রতিটা কোষ কেবল তোমাদের শ্রেয়ের জন্য সর্বদা নিবেদিত।" আর্ট অফ লিভিং এর টিচার ট্রেনিং প্রোগ্রাম মানুষের চেতনায় সকলের কল্যাণ সাধনের আগ্রহ জাগিয়ে তুলতে এবং তাকে বজায় রাখতে সাহায্য করে। গস্পার ইন্সফ্রান, প্যারাগুয়ের এক তরুণ মাদকাসক্ত ছিল। সুদর্শন ক্রিয়া করার পর সে সেই নেশা থেকে সম্পূর্ণ মুক্ত হয়ে গেছে, এবং বর্তমানে সে তারই মত যারা নেশাসক্ত, তাদের সুদর্শন ক্রিয়া শিক্ষার মাধ্যমে নেশামুক্তি ঘটিয়ে জীবনে এক নতুন অধ্যায়ের সূচনা করেছে। মুম্বইয়ের এক তরুণী দীর্ঘকাল ধরে সংঘর্ষে লিপ্ত আইভরি কোস্টের দুই গোষ্ঠীকে একত্রে মিলিত করেছে। গুজরাটের এক টিচার তেমনি মনিপুরের উগ্রপন্থীদের অস্ত্র সমর্পন করাতে সফল হয়েছে। কেরালার সম্ভ্রান্ত পরিবারের একজন শ্রীলঙ্কার মানসিক আঘাতে জর্জরিত প্রচুর পরিবারকে তাদের স্বাভাবিক জীবনে ফিরিয়ে আনতে পেরেছে। হিমাচল প্রদেশের এক তরুণী বিভিন্ন দেশের কয়েকশো মানুষকে যোগের শিক্ষা দিয়েছে- সাধারণ মানুষের জীবন এক অসাধারণ উচ্চতায় পৌঁছে গেছে যেহেতু তারা কেবল তাদের মধ্যে জেগে ওঠা জ্ঞানের অনুভূতিকে সকলের মধ্যে বিলিয়ে দিতে চেয়েছে, সেই জ্ঞানের বিস্তারে নিজেদের নিযুক্ত করতে পেরেছে।

কেউ যদি একটা হীরে পরে, তবে হাঁটাচলার ধরণ বদলে যাবে, ওই দামী পাথরটা তার মধ্যে এক প্রত্যয়, দীপ্তভাব, জাগিয়ে তুলতে সাহায্য করে। গুরুদেব বলেন, "রাজার মত চল এবং যথার্থ দেবক হও। তুমি ঈশ্বরীয় সত্ত্বার এক অংশ এবং তোমার অন্তরে সেই দিব্য জ্ঞান সুপ্ত রয়েছে। অন্তরে যদিও তুমি রাজার মত, কিন্তু বাইরে তোমার আচার আচরণ হবে একজন সেবকের মত। একমাত্র তখনই

তুমি মানুষের সেবার কাজে উপযুক্ত হয়ে উঠতে পারবে।" আর্ট অফ লিভিং এর টিচারদের অন্তরে এই জ্ঞানের বীজ রোপিত করে দেওয়া হয়, যাতে তারা চারপাশের মানুষদের মধ্যে খুশী ছড়িয়ে দিতে পারে।

একবার গুরুপূর্নিমার সময় গুরুদেব বললেন, "যিনি দাতা, তিনি আমাদের অকাতরে দিয়ে চলেছেন, বিনিময়ে তিনি কিছু প্রত্যাশা করেন না, এমনকি ধন্যবাদটুকুও না। তিনি এমনভাবে থাকেন যাতে আমাদের মনে হয় যে যতটুকু আমরা পেরেছি, তা আমাদের যোগ্যতায় লাভ করেছি। অসীম, অনন্তের মধ্যে অকাতরে অপরিমেয় দানের ক্ষমতা রয়েছে। আমাদের সেই প্রাপ্তিকে উপযুক্তভাবে প্রয়োগ করতে হবে, কেবল নিজের সুখের জন্য নয়, সমাজের মঙ্গলের জন্য তাকে ব্যবহার করা উচিৎ। জগতের সেবা করলে তা ঈশ্বরকেই শ্রদ্ধা জানানো হয়, তাঁকেই প্রীত করা হয়। যে জ্ঞান আমরা লাভ করেছি, তাকে সকলের মধ্যে ছড়িয়ে দিতে পারাটাই সার্থক জীবনের, সমৃদ্ধ জীবনের লক্ষণ।"

একটা ঘটনার কথা মনে পড়ছে- এটা ঘটেছিল যখন গুরুদেবের সঙ্গে প্রথমবার আমেরিকাতে যাই। তিনি মঞ্চে ছিলেন এবং আমি নীচে সামনের সারিতে বসে ছিলাম। তিনি ইশারায় আমাকে মঞ্চে ডেকে নিলেন। তিনি আমাকে একটা ভজন গাইতে বলেই নিমেষে চোখ বন্ধ করে নিলেন। আমি এর আগে কখনো অনেক লোকের সামনে গান করিনি। আমি তাঁর দিকে তাকালাম, দেখি তিনি চোখ বন্ধ করে বসে আছেন। উপায়ান্ত না দেখে আমিও চোখ বন্ধ করে গণেশের স্তুতি গাইলাম। গুরুদেব বললেন, "একটা পাখি যখন গান করে, তার সুরের মধ্যে দিয়ে অনন্তই নিজেকে মেলে ধরে।" আমার মধ্যেও ঠিক একই অনুভূতি হচ্ছিল। মনে হচ্ছিল যে সুরের লহরী আমার ভিতর দিয়ে অনায়াসে বয়ে চলেছে। আমি আরও একবার তাঁর দিকে তাকালাম, তিনি আমার দিকে চেয়ে কেবল স্মিত হাসলেন। তারপর থেকে কোন অনুষ্ঠানে গান গাইতে আমার কোন অসুবিধা বা জড়তা রইল না।

সন্ত কবীর দাসের একটা দোঁহা এইরকম আছে যে- যখন আমি রামের জন্য আকুল হয়ে কেঁদে ফিরছি, তখন রামের দেখা পেলাম না, আর যখন মনে প্রশ্ন জেগে উঠল 'আমি কে?' তখনই দেখলাম যে সবকিছুর মধ্যে রাম ছড়িয়ে রয়েছেন। সেই ঈশ্বরীয় সত্তাকে তিনি আপন অন্তরে অনুভব করলেন। গুরুদেব বলেন যে টিচাররা তাঁর আত্মার অংশ। গুরুদেব আমার খুব প্রিয় সখার মতও বটে, তিনি আমার সবকিছু এমনভাবে স্বীকার করে নেন যেন আমি যা কিছু করছি, সবই

আমার সার্বিক উন্নতির লক্ষ্যে করে চলেছি। গানে গানে গুরুর প্রতি ভক্তি প্রেম নিবেদনের সময় উপলব্ধি হয় যে তিনি আমার কাছে এক দর্পনের মত। যে যে রকম, তার সামনে তিনি সেই রকমই হয়ে যান। এই কারণে সকলেই তাঁর সমীপে স্বচ্ছন্দ্য এবং তৃপ্তবোধ করে। সেখানে কোন প্রকার মতের বা তর্কের অবকাশ থাকে না। দাদা হওয়া সত্ত্বেও তিনি কখনই আমার উপর কর্তৃত্ব করেন নি, যদিও তিনিই আমার একমাত্র প্রভু। জীবনে গুরুর আশ্রয়লাভ এতটাই নিগুঢ় যে গুরুর থেকে কারর আপন অস্তিত্বকে বিচ্ছিন্ন ভাবা অসম্ভব।

একবার একজন টিচার গুরুদেবকে বলছিল যে সৎসঙ্গে তার গান এবং জ্ঞানের কথাগুলো শুনে সবাই তার খুব প্রশংসা করছিল। গুরুদেব শুনে বললেন, "তোমার কথা? তোমার জ্ঞান?" সে তক্ষুনি প্রকৃত সত্যটা বুঝতে পারল। সে ভুলে গেছিল যে সে পরম দিব্যাত্মার এক যন্ত্র বিশেষ। দুদিন পরে খবরের কাগজে আমার বিষয়ে 'দাদার ছত্রছায়ায়' নামে একটা নিবন্ধ বেরিয়েছিল। আমার বক্তব্যকে সেই সাংবাদিক যথার্থ অনুধাবন করতে পেরেছিলেন এবং লিখেছিলেন। সেটা প্রায় কুড়ি বছর আগেকার কথা এবং তখন খবরের কাগজে এই ধরণের নিবন্ধ প্রকাশের যথেষ্ট গুরুত্ব ছিল। স্বামী সদ্যোজাত, গুরুদেবকে সেই নিবন্ধ দেখান এবং সেটার ভূয়সী প্রশংসা করেন। গুরুদেব সেইদিন স্বামিজীকে যা বলেছিলেন তা আজও আমার মনে আছে। আমি কথার মাঝখানে বলেছিলাম, "গুরুদেব, এখানে আপনার কথাই বলা হয়েছে।" গুরুদেব চকিতে আমার দিকে তাকিয়ে বললেন, "উত্তরাধিকারী হও! এর মধ্যে 'তুমি' আবার কোথা থেকে এল? অদ্বৈতে স্থির হও।" আমি চমকে উঠলাম। দুটো ঘটনা, অথচ দুরকমের বিপরীত মত প্রকাশ! তিনি কী বলবেন তা কখনো কেউ আগে থেকে আন্দাজ করতে পারে না। গুরু সম্বন্ধে গুরুদেবের উক্তি মনে পড়ছে, 'যদি তুমি নির্বোধ হও, তবে তিনি বুদ্ধিমান; যদি তুমি বুদ্ধিমান হও, তবে তিনি যুক্তি বিচারের ধার ধারেন না; তুমি যদি যুক্তি বিচারের ধার না ধারো, তবে তিনি বিচারের প্রাখর্যে দুর্নিবার; তুমি যদি অভিযোগপ্রবণ হও, তবে তিনি অত্যন্ত কঠোর; তুমি যদি নির্ভুল হও, তবে তিনি মূর্তিমান ত্রুটির পাহাড়।' গুরুদেব সহাস্যে বলেন, "জীবনে গুরু লাভ করা মানে সমস্যাকে ডেকে আনা। তোমরা কি তাও সত্যি সত্যি কাউকে জীবনে পেতে চাও?"

দ্বাদশ অধ্যায়

প্রেম কোন ভাবাবেশ নয়

হৃদয়ে ভাবের ঢেউ তরঙ্গে তরঙ্গে
ধেয়ে চলে তব পদপানে
শাশ্বতের আশ্রয়ে, হে প্রভু!
সৃষ্টি? সে তো উৎসবমুখর শুধু
বহুরূপে তোমার প্রকাশে!
প্রতিটি গাছের পাতায় পাতায়,
নীরবে ফুলের পাপড়ি মেলায়,
কান্ডে, বৃন্তে, কাঁটার মাঝারে,
অথবা অলক্ষ্যে থাকা তরুর শিকড়ে;
তোমারেই হেরি, তোমারই সে রূপ,
তুমি ভিন্ন আর কিছু নয়।
কাঁটা কিংবা বাকলের মাঝে
কিংবা কর্দমাক্ত মূলে,
তোমারই বিম্বিত রূপ;
হাসিতে উচ্ছল,
নৃত্যে চঞ্চল
হাসি আর গানে কলকল,
লীলা তব সবেতেই মানি,
সবেতেই তুমি আছ জানি।
অশ্রুনীর যবে ঝরে
সুখে কিংবা বিষাদে ছায়ায়,
নাচে, গানে খেলা খেলে চল
হয়ে মত্ত, প্রভু, হেরি তায়;
তোমারেই হেরি, তোমারই সে রূপ,
তুমি ভিন্ন আর কিছু নয়,
রীতে বিপরীতে তুমি যে মহিমময়।

সৃষ্টিতে আছে যত কিছু
ভূষণে ভূষিত করে পরে
রীতে বিপরীতে দেয় তালি জোড়করে
মম উপাগমে তব লীলা পূর্ণ করে।
হেরি তোমা সবখানে
তুমি ভিন্ন আর কিছু নয়,
তুমি ভিন্ন আর কিছু নয়।

আটলান্টিক মহাসমুদ্রে একটা দ্বীপ ছিল যেখানে থেকে মূল ভূখন্ডের পাহাড়গুলো দেখা যেত। পাথুরে সমুদ্র সৈকতের উপর অশান্ত ঢেউ অবিশ্রান্তভাবে আছাড়ে পড়ছে। সমুদ্র থেকে ভেসে আসা মুক্ত বাতাস সমগ্র দ্বীপের উপর দিয়ে বয়ে চলেছে। গুরুদেব তীরে দাঁড়িয়ে রয়েছেন। ঢেউগুলো তাঁর পা ছুঁয়ে আবার ফিরে যাচ্ছে। পাথরের উপর আছড়ে পড়া ঢেউ শীতল বাস্পকণা ছড়িয়ে দিচ্ছে চারপাশে। গুরুদেবের পোশাকও তার থেকে রেহাই পাচ্ছে না। তিনি অপলকে সমুদ্র এবং দূরের মূল ভূখন্ডের দিকে তাকিয়ে রয়েছেন। তাঁর চুল, দাড়ি আর শুভ্র বসন, উত্তরীয় সব হাওয়ার সঙ্গে খেলায় মেতে উঠেছে। কিন্তু তিনি স্থির অচঞ্চল হয়ে দাঁড়িয়ে রয়েছেন। এই অসাধারণ দৃশ্যের একটা ছবি তোলা হয়েছিল। সেই ছবিটা আজও আমি আমার কাছে রেখে দিয়েছি।

১৯৯০ সালে কানাডার নোভা স্কটিয়ায়, কেপ ব্রেটন নামে একটা দ্বীপে গুরুজী সফরে যান। দ্বীপটা ছিল ছবির মত সুন্দর। কিষান এবং ভারতি ভার্মা নামে এক দম্পতি, গুরুদেবকে সেখানে গাড়ীতে করে নিয়ে যাচ্ছিল। পথে একটা ব্রীজ দেখেই গুরুদেব বিস্ময়ে বলে উঠলেন, "ওহো! এটাই সেই ব্রীজটা!" ব্রীজটা এমন কিছু বিখ্যাত বা গুরুত্বপূর্ণ ছিল না বা খুব বেশী মানুষ সেটা দিয়ে যাতায়াতও করত না। গুরুদেব বললেন, "ওই ব্রীজের ওপাড়ে যারা আমার অপেক্ষায় রয়েছে, আমি তাদের মুখ দেখেছি।" তিনি ব্রীজের ব্রীজের ওপাড়ে যারা রয়েছে সেই মানুষগুলোর ব্যাপারে উল্লেখ করছেন নাকি সেই মুহুর্তে কোন নতুন পথের সূচনার কথা বলছেন, সেটা পরিষ্কার বোঝা গেল না বা কেউ তাঁকে জিজ্ঞাসাও করল না। অল্পক্ষণ পরেই তাঁরা কেপ ব্রেটনে পৌঁছে গেলেন। গুরুদেব বললেন যে, চারপাশের পাহাড় থেকে 'নারদ ভক্তিসূত্রের' সূত্রগুলোর প্রতিধ্বনি তিনি অনুভব করতে পারছেন। এর পরই তিনি ব্যাখ্যা দিতে শুরু করলেন। তাঁর কথাগুলো সহজেই আমাদের অনুভবে ধরা দিচ্ছিল। তারপরে প্রায় তিনমাস ধরে কানাডা

এবং আমেরিকার বিভিন্ন অঞ্চলের সফরের সময় নারদ ভক্তিসূত্রের ব্যাখ্যা চলতে থাকল। তারমধ্যে কিছু কিছু সূত্র অ্যাডভান্স কোর্সের সময় বলেছিলেন এবং বাকী সূত্র তিনি সাধারণ সৎসঙ্গে আলোচনা করেছিলেন। ব্যাখ্যা শুরু করার সময়ে তিনি হঠাৎই বলতেন, "পরের সূত্রে বলা হয়েছে..." প্রথম যারা শুনছে তারা ভাবত এর আগে তাহলে কী বিষয় নিয়ে আলোচনা হয়েছে? কিন্তু গুরুদেব ব্যাখ্যা শুরু করতেই সেইসব ভাবনা ভুলে গিয়ে তারা বর্তমানে চলে আসত। কখনও কখনও গুরুদেব কথান্তরে স্বতঃস্ফুর্তভাবে ভাব সমন্বিত প্রেমের কবিতা আবৃত্তি করে যেতেন।

একবার এক অতি সংক্ষিপ্ত সফরে গুরুদেব এক জেন মনাস্ট্রিতে (জেন সম্প্রদায় বৌদ্ধদের মহাযানের অন্তর্ভুক্ত এবং প্রধানত চীনের তাওইজম দ্বারা প্রভাবিত। কোয়ান অর্থে এক অব্যক্ত শক্তির উপাসনা যার সাহায্যে স্বতঃলব্ধ জ্ঞানের উন্মোচন হতে পারে।) ছিলেন। এবং তাঁর প্রবচনের সময় তিনি বলেন যে, সেখানকার বাতাসে 'জেন কোয়ান' এর প্রভাব সুস্পষ্টভাবে অনুভূত হচ্ছে। এরপরেই তিনি বলে ওঠেন, "পরের সূত্র হল দুইয়ের সঙ্গে এক যোগ করলে, যোগফল শূন্য হয়!" সমস্ত সন্ধ্যাটা আমরা এই অঙ্কের সমাধান করার চেষ্টা করে গেলাম কিন্তু এর তাৎপর্য বুঝতে পারলাম না। আর একটা অনুষ্ঠানে তিনি এসে শুধু ধ্যানে মগ্ন হয়ে গেলেন, তাঁর মুখ দিয়ে একটা কথাও নির্গত হল না। প্রায় মিনিট পঁয়তাল্লিশ পর তিনি চোখ খুলে বললেন, "এটাই হল পরের সূত্র।" ব্যাস, এইটুকু বলেই তিনি চলে গেলেন। কেপ ব্রিটনের লুন হ্রদে আমরা যখন ছিলাম, তখন এই প্রাচীন ভক্তি সূত্রের ব্যাখ্যাকালে গুরুদেব গভীর প্রেম এবং ভক্তির ধারায় আমাদের আপ্লুত করে দিয়েছিলেন। সেখানে গুরুদেব যে কেবিনে ছিলেন সেটা সম্পূর্ণ কাঠের তৈরী, এমন কি বাতিদানটাও ছিল অপূর্ব কাঠের নকশা করা। পূর্বে কথিত সূত্রের প্রসঙ্গ ধরে তিনি বললেন, "এটাই হল ঈশ্বরীয় সত্ত্বার প্রকৃষ্ট উদাহরণ। এই ঘরের প্রতিটা উপকরণ যেমন কাঠের তৈরী, সমগ্র সৃষ্টি তেমনি এক ঈশ্বরীয় সত্ত্বা থেকেই উৎপন্ন হয়েছে।" পূর্বেকার প্রবচনাত্মক সূত্রে তিনি যে "দুইয়ের সঙ্গে এক যোগ করলে, যোগফল শূন্য হয়" - তারই উত্তর মনে হল দিয়ে গেলেন। কয়েক বছর পর স্বামীনারায়ণ সম্প্রদায়ের কিছু আধ্যাত্মিক পুরুষদের কাছে তিনি এই ঘটনার বর্ণনা করেছিলেন। এই বিশ্ব বৈপরীত্যে পূর্ণ, সুখ- দুঃখ, উত্থান-পতন, সবই তার অবিচ্ছেদ্য অঙ্গ। একবার এই অখন্ড ঈশ্বরীয় সত্ত্বা অনুভবে ধরা দিলে, তখন আর কোন দুই বা দ্বৈতভাব থাকে না। ওই একই জায়গায় একটা অ্যাডভান্স

কোর্সের আয়জন করা হয়েছিল যেটা গুরুপূর্নিমার উৎসব পালনের মাধ্যমে শেষ হয়। সেখানে কোর্সের সময় প্রথমদিন মাঝরাতে আমাদের হঠাৎ কোর্সের ভেনুতে যেতে বলা হল। আমি বাচ্চাদের মত প্রবল উৎসাহে তাড়াতাড়ি পোশাক বদলে চলে গেলাম। গুরুর সঙ্গে কিছুটা বাড়তি সময় কাটাতে পারব, এই কথা চিন্তা করতেই নিমেষে আমার ঘুম কোথায় পালিয়ে গেল। মাঝরাতে যারা প্রধান হয়ে আসছিল, তাদের আধোঘুমে ঢুলে পড়া চলন দেখে মনে হচ্ছিল না যে সবার ক্ষেত্রে ঘুম ততটা দয়া দেখিয়ে চলে গেছে। হলে ঢুকে দেখতাম যে প্রভাত সূর্যের মত দীপ্তি নিয়ে গুরুদেব স্বয়ং সেখানে উপস্থিত রয়েছেন। সহাস্য গুরুদেব বললেন, "মশারা আমাদের অনেক গান শুনিয়েছে, তাই ভাবলাম যে ওদের আমরা একটু গান শোনাই।" তারপর সেই রাতে আমরা এক মন্ত্রমুগ্ধ সৎসঙ্গের ভাগীদার হয়ে থাকলাম, যা আজও আমার স্মৃতিতে অম্লান হয়ে আছে।

ওখানে থাকার সময় কয়েকজন মিলে একটা লঘু ব্যঙ্গ রচনা তৈরী করেছিল। ওই কোঈসে ব্যারি প্যানেলও ছিল। সে টেলিভিশনে চিত্রনাট্য লিখত। তার সাহায্যে 'আই লাভ লুসি'র অনুকরণে 'লুসি যখন গুরুর সাক্ষাৎ পেল' নামে একটা পর্ব প্রস্তুত করা হল। ফিলিপ ফ্রেজার, গুরুদেবের ভূমিকায় অবতীর্ণ হল। রবিন ভ্যান্স হল লুসি রিকার্ডো, সে গুরুদেবকে নানা উপহারে ভূষিত করল। সে একবার হোঁচট খেয়ে ভুল পদক্ষেপ ফেলে এটাই প্রমাণ করল যে ওখানে বিশেষ কলাকৌশল দেখানোর কোন প্রয়োজন নেই। জন অসবর্ন সেজেছিল ফ্রেড মার্টজের ভূমিকায়, সুদর্শনা পেনার হয়েছিল ইথেল মার্টজ, এবং মাইকেল ফিস্কম্যান হয়েছিল রিকি রিকার্ডো। সকলে মিলে সেই ব্যঙ্গ রচনাকে গুরুদেবের সামনে অভিনয় করে দেখায় এবং অভিনয় চলাকালীন গুরুদেবের প্রাঞ্জল হাসি আমদের আরও উৎফুল্ল করে তুলেছিল।

হ্রদের উপরে নীলাকাশে চাঁদের কলা প্রতিদিন একটু একটু করে পূর্ণতার দিকে এগিয়ে চলেছিল, আমাদের হৃদয়ও তারই ছন্দে যেন পা মিলিয়ে এগিয়ে চলেছিল। পূর্ণিমার চাঁদ যেন দ্বিগুণ বড় দেখাচ্ছিল। ভারতের আকাশে পূর্ণিমার চাঁদকে যতবড় দেখায়, এখানে তার থেকে অনেক বেশী বড় দেখাচ্ছিল। এখানকার আকাশ এত নীচে মনে হয় যে হাত বাড়ালেই ছোঁয়া যাবে। আর চাঁদকে দেখে মনে হল সেও যেন গুরুদর্শনের জন্য নীচে নেমে উঁকি দিয়ে দেখছে। তেমনি অনেক পূর্ণিমা পার হয়ে গেল, আমাদের অন্তর তেমনি পূর্ণ, তৃপ্ত রয়ে গেছে। প্রায়ই আমরা অতি তুচ্ছ কারণে, যেমন হয়ত জুতোটা কেউ সরিয়ে

রেখেছে বা কেকের অপর চেরিটা ঠিকমত বসানো হয়নি, ক্রুদ্ধ হয়ে পড়ি। কেক খেয়ে ফেলার পরও সেই ক্রোধ মনকে অধিকার করে রাখে। গুরু মনের এই প্রবণতাকে শুধরে দিতে পারেন। তখন জীবনের কোন ঘটনাতেই মন ক্ষিপ্ত হয় না, অন্তরে শান্তির ভাব সর্বদা বজায় থাকে।

গুরুপূজার জন্য আমরা টাটকা ফুল, চন্দন বাটা, ধূপ, ফল মূলাদি, প্রদীপ, জল ইত্যাদি জোগাড় করে রেখেছিলাম। এই সবই গুরুর প্রতি কৃতজ্ঞতার এক নিদর্শন হিসাবে আমরা করি, যাঁর জ্ঞানের প্রসাদে আমরা সমৃদ্ধ হয়ে উঠেছি, এবং যাঁর জ্ঞানের ধারা অনাদিকাল ধরে বয়ে চলেছে। আসনের উপর পাপড়ি মেলা গোলাপ, সযত্নে ভাঁজ করা একটা রুমাল নারকোলের উপর রাখা আছে, বাতিদানে মোমবাতি, সবকিছুই গুরুদেবের আসার অপেক্ষায় প্রস্তুত। কাঠের সেই কেবিনে রঙিন বেলুনের গুচ্ছ এবং আরও নানা ঘর সাজানোর দৃষ্টিনন্দন উপকরণ হাওয়ায় উড়ছে। দেখে মনে হবে হয়ত কোন জন্মদিনের পার্টির আয়োজন করা হয়েছে। প্রজ্ঞাও যেন শিশুসুলভ সারল্য ভালবাসে তাই চারপাশে বর্ণময় সাজসজ্জার মাঝে নিজেকে মেলে ধরেছে। আমরা গুরুদেবের চেয়ারের সামনে নীচে পাতা কার্পেটের উপর শান্তভাবে বসে রয়েছি। ঘরে বাজতে থাকা মৃদু সঙ্গীতের সঙ্গে আমাদের নীচু কণ্ঠের গুঞ্জন মিলেমিশে একটা অদ্ভুত পরিবেশ তৈরী করে তুলেছে। গুরুদেবের আসার খবর পেয়ে সংগীতের সুর উঁচুগ্রামে উঠে গেল। গুরুদেব মোমবাতি জ্বালালেন, ধূপ ধরালেন এবং অত্যন্ত পেলব ভঙ্গিতে একটা গোলাপ ফুলকে তাঁর আঙুলের ফাঁকে ধরে, তাঁর মৃদু সুললিত কণ্ঠে পূজার মন্ত্র পাঠ করতে শুরু করলেন। আমাদের চোখ বন্ধ হয়ে গেল এবং আমরা যেন স্বর্গীয় পরিবেশে উপনীত হলাম। এইভাবে ধ্যানস্থ অবস্থায় আমরা বেশ কিছুক্ষণ ছিলাম। চোখ খোলার আগে আমরা আরও কিছুক্ষণ চোখ বন্ধ করে বসে রইলাম।

অবশেষে গুরুদেব মুখ খুললেন। তাঁর বাণীর সে মাধুর্যকে বর্ণনা করা ভাষার অতীত। তিনি তিন প্রকারের মানুষের কথা বললেন যারা গুরুর কাছে আসে- শিক্ষার্থী, শিষ্য এবং ভক্ত।

একজন শিক্ষার্থী শিক্ষকের কাছে কিছু শিক্ষা নেবার অভিপ্রায়ে যায়, তোমরা প্রত্যেকেই প্রাইমারী, সেকেন্দারী স্কুলে গেছ, সেখানে কম্পিউটার, গণিত ইত্যাদি বিষয়ে শিক্ষার্জন করেছ। একজন শিক্ষার্থী কিছু তথ্য সংগ্রহ করে মাত্র, তথ্য কিন্তু জ্ঞান বা প্রজ্ঞার পর্যায়ে পড়ে না। তথ্য মানুষের জীবনে কোন পরিবর্তন ঘটাতে পারে না। একজন শিষ্য গুরুর চরণে আশ্রয় নেয় প্রজ্ঞার অন্বেষণে, জীবনে প্রগতি

লাভের লক্ষ্যে, প্রবুদ্ধ স্থিতি লাভের আশায়। তার জীবনে একটা উদ্দেশ্য থাকে, ফলে কিছু তথ্য সংগ্রহের প্রতি তার কোন আগ্রহ থাকে না, পরন্তু আরও গভীরে প্রবেশ করে জীবনে এক পরিবর্তন আনার লক্ষ্যে সে সচেষ্ট থাকে। একজন শিষ্য তার আত্মচিন্তায় নিমগ্ন থেকে নিজস্ব ক্ষমতানুসারে অগ্রগতি লাগ করে অবশেষে একদিন মুক্তিলাভ করে। এরপর হল ভক্ত। ভক্ত কখনো গুরু কাছে জ্ঞানের আশাতেও যায় না। সে কেবল প্রেমের আনন্দে মশগুল থাকে। সে তার গুরুর প্রতি নিঃশর্ত প্রেমে মগ্ন হয়ে থাকে এবং স্বভাবতই তার ফলে অনন্ত, অসীম তথা ঈশ্বরের প্রতিও তার প্রেম জেগে ওঠে। সে মুক্ত হতে পারল কি না, আলোপ্রাপ্তি হল কি না, এইসব নিয়ে কোন ভাবনা তার মাথাতেই আসে না। একজন ভক্তের কাছে দিব্যপ্রেমে মাতোয়ারা হতে পারাটাই সবথেকে মুখ্য ব্যাপার। শিক্ষার্থী আমরা সর্বত্র দেখতে পাই, শিষ্য দেখা যায় সে তুলনায় কম, আর ভক্তের সংখ্যা তো অতি বিরল।

প্রেমে উদগত অশ্রু হৃদয়ে আনন্দই জাগিয়ে তোলে। ভালবাসায় যাদের চোখ জলে ভরে আসে, তারা কোন না কোন সময় শরণাগতির বা ভক্তিকে অবশ্যই উপলব্ধি করতে পেরেছে। সৃষ্টিতে সকলেই শিখতে চায় কেমন করে শোকের অশ্রুকে আনন্দাশ্রুতে পরিবর্তিত করা যায়। যে অশ্রু অন্তরের আনন্দের তরঙ্গ তোলে। গুরুদেব বলেন যে গুরুপূর্ণিমা হল ভক্তের দিন। তিনি বুদ্ধদেবের এক শিষ্য , সারি পুত্রের উদাহরণ দিয়ে বলেন যে তিনি সর্বদা বুদ্ধদেবের সেবা করতে চাইতেন। কিন্তু বুদ্ধদেব তাঁকে বললেন যে তিনি প্রবুদ্ধ অবস্থা লাভ করে ফেলেছেন, সুতরাং তাঁর উচিৎ এবার বাইরে বেরিয়ে বুদ্ধদেবের জ্ঞান প্রচার করা। ভগবান শ্রীকৃষ্ণের প্রতি গোপকূলের যে প্রেম, গুরুদেব তারও উল্লেখ করেন। এইসব প্রসঙ্গে যখন তিনি আলোচনা করেন, তাঁরও চোখের কোল জলে ভরে ওঠে। সারাটা ঘর জুড়ে কৃতজ্ঞভাবের এমন এক পরিবেশ তৈরী হয়ে পড়েছিল যে উপস্থিত কেউই চোখের জল সংবরণ করতে পারেনি। 'রাধে গোবিন্দ' গানটা গাইতে গাইতে গুরুদেব এক অপূর্ব মুদ্রার ভঙ্গিতে সমাধিস্থ হয়ে পড়লেন। উপস্থিত প্রায় একশোজন, সকলেই তাঁকে প্রদক্ষিণ করতে করতে 'রাধে গোবিন্দ' গানটা গাইতে থাকলাম। ওই প্রদক্ষিণের পথ ধরেই ধীরে ধীরে আমাদের সত্তা, আমাদের চেতনা, অনাদি অনন্তে লীন হয়ে গেল।

সৎসঙ্গ শেষ হলে গুরুদেব ওই হ্রদে র‍্যাফটিং করার জন্য গেলেন। প্রত্যেকেই ছাইছে গুরুদেবের নৌকাতে চড়তে, ফলে তাঁকে অনেকবার এদিক ওদিক

যাতায়াত করতে হল। গুরুদেব স্বয়ং দড়ি ধরে টানছিলেন যেটার সাহায্যে নৌকা এগিয়ে চলছিল। সুজানা, ফিলিপ, কিষান ভার্মা এবং আরও অনেক বাঁশীবাদক সেখানে উপস্থিত ছিল। তারা একযোগে বাঁশীর সুমধুর তান ধরল। সেই সুর দূরের পাহাড়ে প্রতিধ্বনিত হয়ে ফিরতে লাগল, গোটা পরিবেশ এক মোহময় আবেশে পূর্ণ হয়ে গেল। হ্রদের উর্মিমালা ছলাৎ ছলাৎ করে নৌকার তলায় আছড়ে পড়ছে, অনেক দূরে কোন একাকী পাখির ডাকের প্রতিধ্বনি আকাশে ভেসে বেড়াচ্ছে, শীতল রুপোলী চন্দ্রিমায় চারিদিন ভেসে যাচ্ছে, রাতের অন্ধকারেও দুচোখের তারা গুরুদেবকে খুঁজে চলেছে। চারপাশের এই পরিমন্ডলে আমি আর নিজেকে স্থির রাখতে পারলাম না। অতি প্রাচীন একটা কর্ণাটকি সঙ্গীত গেয়ে উঠলাম, 'অম্বিগা না নিন্না নাম্মিদে...' অর্থাৎ হে প্রভু, তুমি আমার নৌকার কান্ডারী , ওপারে পৌঁছাবার জন্য আমি তোমার উপরেই নির্ভর করে আছি। গান সমাপ্ত হলে তিনি বললেন, "অপূর্ব, খুব সুন্দর। এইটুকুর জন্য আমাদের বারবার আসতে হবে।"

জানিনা কেন এমন ঘটে মোর সাথে।
হেরি যবে তোমা মুখ পানে।
হৃদয় উথলি উঠে,
যায় ভাসি প্রেমের জোয়ারে।
সৃষ্টি মোর হয় পুলকিত,
জানিনা কেন এমন ঘটে মোর সাথে।
রাতের আকাশে আতশবাজির মত সুউচ্চে ভেসে
আলোর ঝর্না ছড়াই চারপাশে
জানিনা কেন এমন ঘটে মোর সাথে।
জানিনা কেন এমন ঘটে মোর সাথে।
শ্বাসের নৃত্য চলে আমার অন্তরে
আঙুলের ইশারায়
আর একান্তে বসি তুমি শোন এর সুর,
জানিনা কেন এমন ঘটে মোর সাথে।

সবকিছুই সমাপ্ত হয়। কোর্সের শেষদিনটা ছিল পুরোপুরি আমাদের। সবাইকে ছেড়ে যাবার বেদনায় সকলেই বিষণ্ন, কাতর হয়ে পড়েছিল। প্রত্যেকেই চাইছিল শেষ লগ্নে যতটা পারা যায় গুরুদেবকে কাছে পেতে। সেই কাঠের তৈরী কেবিনে আমরা সকলে তাঁকে ঘিরে বসেছিলাম। তিনি মৃদু হেসে আমাদের ঘুরে পিছনের

দেওয়ালের দিকে মুখ করে বসতে বললেন। সকলেই তাঁকে দেখতে চাইছিলাম, তাই আমরা তাঁর কথায় রাজী হলাম না। তিনি আমাদের বললেন, 'আমি তোমাদের বলছি কারণ যাতে তোমরা বুঝতে পার যে আমি সর্বদা তোমাদের পিছন রয়েছি।" তিনি আমাদের ধ্যানস্থ হতে বললেন। "তোমরা আমার উপস্থিতি বুঝতে পারছ? আমি চলে গেলেও এই সত্য থেকে যাবে। আমি তোমাদের সঙ্গে সর্বদাই থাকব।" সেই মুহূর্তগুলোতে আমরা অনুভব করতে পারছিলাম যে ইন্দ্রিয়গ্রাহ্য জগতের পারে, গুরু সর্বদা আমাদের সঙ্গে রয়েছেন, আমাদের জীবনের প্রতিটা মুহূর্ত তাঁরই পরশে কৃপাধন্য হয়ে আছে।

হ্রদের জলের উপর গুরুপূর্ণিমার উৎসব উদযাপনের পর নারদ ভক্তিসূত্রের ভক্তিরসে অবগাহন করতে তথা আরও কয়েকটা অ্যাডভান্স মেডিটেশন কোর্সে অংশ নিতে সবাই দল বেঁধে গুরুদেবের সাথে হ্যালিফক্সের অপর প্রান্তে চলল। একটা স্কুলের বাসকেটবল কোর্টের উপর ছাউনি দিয়ে এবং একটা স্টেজ তৈরী করে অ্যাডভান্স মেডিটেশন কোর্সের নতুন ভেনু তৈরী করা হয়েছিল। সেই সময় গুরুদেব ভারতী ভার্মাকে হোলি উৎসবের জন্য রঙ তৈরী করতে বললেন। (যদিও তখন হোলির সাময় ছিল না।)। কয়েক বালতি জলে চন্দন গুলে তারসঙ্গে ফুলের পাপড়ি মিশিয়ে যে যার দিকে পারছে ছেটাচ্ছে; সে এক অভূতপূর্ব আনন্দ। আরও একদিন গুরুদেব ফিলিপকে বললেন যে যার কাছে যা আছে সেটা অন্যকারো সাথে বদলে ফেলতে! অনিচ্ছায় নিজের জিনিস দিয়ে দেওয়ার পর আমরা গভীরভাবে ধ্যানের মধ্যে ডুবে গেলাম। ধ্যানের শেষে আবার আশ্চর্য কিছু হবার আশঙ্কা নিয়ে নীরবে সবাই ঘরে চলে গেলাম। ভাবতে আশ্চর্য লাগে যে জীবনে সামান্য বস্তুর প্রতি স্বত্বাধিকারবশে আমরা কতখানি আসক্ত হয়ে থাকি! এমন গভীর ধ্যানের পরেও এক মুহূর্তে সেই হারানো বস্তুর কথা ভেবে মন অশান্ত হয়ে পড়ে। প্রত্যেকেই তাদের নিজের জিনিস পত্র ঠিকঠাক ফিরে পেয়েছিল, তবে খুব অল্পসংখ্যক মানুষই ভাগ্যবান বলতে পারা যায় এর প্রকৃত তাৎপর্য উপলব্ধি করতে সক্ষম হয়েছিল।

পরে সেইদিন সন্ধ্যায় গুরুদেব বললেন, "তুমি স্বয়ং এক সঙ্গীতের অংশ, তোমার অন্তরে এক অশ্রুতপূর্ব সঙ্গীত ধ্বনিত হয়ে চলেছে। তার গভীরতার স্পর্শ পেতে হলে গাও, নাচতে ইচ্ছা করলে নাচো, তোমার দেহমনকে একাত্ম করে তোল, তাহলেই সেই ভাবাবেশের উচ্ছ্বাসে সমাধির অনুভূতি লাভ হবে।" সেই মূল্যবান এবং চিরস্মরনীয় স্মৃতির সরণি বেয়ে উজানে চলতে গিয়ে সুজানা বলছিল,

"গুরুদেবের সেই সৌন্দর্যমন্ডিত রূপ, একাধারে তা কৌতুকে ভরা, আবার অন্যদিকে তিনি শ্রদ্ধেয়, বন্দনীয়, উপাস্য, আমাদের বুদ্ধির অগম্য! তাঁর সেই অপরূপ রূপই আমাদের আকর্ষিত করত। একদিকে তিনি শিশুর মত সহজ সরল, অপরদিকে তিনি অতি প্রাচীন, অনাদি অনন্ত সৃষ্টির মতই অপার। কিন্তু গুরুর ওই সাকার রূপের প্রতি আকৃষ্ট হয়ে প্রকৃতপক্ষে আমরা অসীমের প্রতিই গতিলাভ করতে পেরেছি।"

গুরুদেব প্রায়ই বলেন, "প্রেম কোন ভাবাবেশ নয়, তোমার অস্তিত্ব হল প্রেমে।"

ত্রয়োদশ অধ্যায়

সম্পূর্ণ ডুবলেই নিরাপদে ভাসতে শিখবে

এক প্রচণ্ড ঝড়ের মধ্য দিয়ে একটা লঞ্চে চেপে আমরা মালদ্বীপে যাচ্ছিলাম। চারপাশে তাকিয়ে মনে হচ্ছিল যে কেবল আমাদের লঞ্চটাই জলে ভেসে রয়েছে। মালদ্বীপের রাষ্ট্রপতির নিমন্ত্রণে তাঁর ডিনারে যোগ দেবার জন্য গুরুদেব রওনা দিয়েছিলেন। প্রচণ্ড হুঙ্কারে বিশাল বিশাল ঢেউগুলো আমাদের লঞ্চের উপর আছড়ে পড়ে সেটা নিয়ে যেন খেলা করছিল। আমাদের লঞ্চের ডেকে আছড়ে পড়া ঢেউগুলোর আওয়াজ শুনলে মনে হবে যেন কোথাও বিকট শব্দে ড্রাম বাজানো হচ্ছে, তারই সঙ্গে সঙ্গতি রেখে চলেছে প্রবল বৃষ্টি। মনে হচ্ছিল আমরা যেন কোন ভয়ঙ্কর অভিযানে বেরিয়েছি।

লঞ্চের ক্যাপ্টেন ছিলেন অত্যন্ত আত্মবিশ্বাসী এবং দক্ষ। তিনি সমুদ্রের ওই উন্মত্ততার মধ্যেও কীভাবে আমাদের নিরাপদে গন্তব্যে নিয়ে যাবেন সেই দিকে সমগ্র দৃষ্টি নিবদ্ধ রেখে কঠোর প্রয়াস করে যাচ্ছিলেন। হঠাৎই একটা পাহাড় প্রমাণ ঢেউ সামনের দিকে এগিয়ে আসতে লাগল। তার বিশাল আকারের কাছে আমাদের লঞ্চটাকে একটা খড়কুটোর মত মনে হচ্ছিল। মনে হচ্ছিল সেটার হাত থেকে আমরা কোনমতেই নিস্তার পাব না। ক্যাপ্টেন এখন কী করবেন? তিনি লঞ্চটাকে ঢেউয়ের সঙ্গে লম্বালম্বি সমকোণে ঘুরিয়ে নিলেন। ঢেউ ক্রমশ আমাদের মাথা ছাড়িয়ে ফুলে উঠছিল। তারপর ক্যাপ্টেন সেই পাহাড় প্রমাণ ঢেউয়ের ভিতর দিয়ে লঞ্চটাকে চালিয়ে নিয়ে গেলেন। মুহুর্তের জন্য মনে হল আমরা বিশাল একটা জলের সুড়ঙ্গের মধ্যে ঢুকে পড়েছি, আর তারপরেই দেখলাম ঠিক আমাদের লঞ্চের পিছনেই প্রবল জলোচ্ছ্বাসের সেই পর্বতাকৃতি ঢেউ ভেঙে পড়ল। আমি ভীত না হলেও, গোটা ঘটনাটা আমার মনে এক সম্ভ্রম ও বিস্ময় জাগিয়ে তুলল। বিগত অনেক বছর ধরে এই মনের মধ্যে কত না ভাবাবেগের উত্থান পতন ঘটে গেছে, আমি সবকিছু কেবল লক্ষ্য করে গেছি। একমাত্র প্রজ্ঞার সাহায্যেই এই অশান্ত আবেগের ঝড় থেকে রেহাই পাওয়া যায়। এই প্রজ্ঞার মধ্যে সম্পূর্ণ ডুবে যেতে পারলে, তখন এই অশান্ত আবেগের ঝড় কোনদিন আমাদের ভাসিয়ে নিয়ে যেতে পারবে না।

রাষ্ট্রপতির বাসভবনে পৌঁছালে আমাদের চা পান করতে দেওয়া হয়। এই ভয়ঙ্কর যাত্রার শেষে জমিতে পা রাখতে পেরে আমরা খুব স্বস্তিবোধ করলাম। সুন্দর কারুকার্য করা চায়ের কাপটা হাতে নিতেই কাপের চায়ের মধ্যে ছোট্ট ঢেউ উঠে সুবাস ছড়িয়ে পড়ল। এই ছোট্ট ঢেউগুলো যেন কৃপার পরশ, গুরু অবিরাম যা সকলকেই বর্ষন করে চলেছেন। গুরু যখন কিছু বলেন, সেই শব্দ তখন তার যথার্থ রূপে জীবনে প্রতিফলিত হয়। তাঁর প্রবচন আমাদের আত্মোপলব্ধির পথে পরিচালিত করে নিয়ে চলে।

১৯৯১ সালের আগস্ট মাসে ব্যাঙ্গালোর আশ্রমে এক প্রবচন অনুষ্ঠানে বিশ্বের নানা প্রান্ত থেকে প্রচুর জ্ঞান পিপাসী মানুষ এসে উপস্থিত হয়েছিলেন, কারণ গুরুদেব তাঁদের স্বয়ং বলেছিলেন, "আগস্ট মাসে আশ্রমে এসো।" অনেকেই গুরুদেবের সেই ডাকে এসে হাজির , কিন্তু কেউই জানেন না যে তাঁদের জন্য কী অপেক্ষা করছে! সন্ধ্যায় সৎসঙ্গের সময় তিনি দেবী হলে চলে গেলেন, সেখানে সুগভীর প্রশান্ত নীরবতা বিরাজ করছিল। গুরুদেবকে দেবী হলের দিকে যেতে দেখে আমার মনে হল একটা কিছু অবশ্যই ঘটতে চলেছে। এই প্রশান্ত নীরবতার মধ্যে তিনি বলতে শুরু করলেন 'অষ্টাবক্র গীতা' - এই গীতার বিষয় বস্তু হল অষ্টাবক্রমুনি এবং মিথিলার রাজা জনকের মধ্যে কথোপকথন। এই প্রবচন চলাকালে আমার অন্তর একজন মুনির মতই শান্ত, তৃপ্ত ছিল এবং আমার বুদ্ধি কাজ করছিলে এক প্রখর রাজার মত। তেত্রিশদিন ধরে এই প্রবচন চলেছিল। প্রবচন শুরু হওয়ার আগে গুরুদেব 'অলখ নিরঞ্জন' গানটা গাইতেন, এবং আমরা তাঁকে অনুসরণ করে গাইতাম। ওই সুরটুকু গাইতে গাইতে মনে হত আমি অন্য কোন জগতে হারিয়ে গেছি। গুরুদেবের 'অষ্টাবক্র গীতা'র উপদেশ অনেক ব্যক্তির চিন্তা ভাবনা, তাঁদের জীবন এবং জগতকে সম্পূর্ণ বদলে দিয়েছে। ক্ষুদ্র ধারণার গন্ডী ভেঙে গেছে, জীবনের গতি প্রকৃতি বদলে গেছে, এবং নতুন দিগন্তের উন্মেষ ঘটে গেছে তাঁদের জীবনে। প্রতিদিনের প্রবচনের শেষে গুরুদেব কারও জন্মদিন বা বিবাহ বার্ষিকী আছে কি না জানতে চাইতেন এবং সেটাও পালন করা হত। এভাবে হয়ত তিনি আমাদের মনকে বাস্তবে মাটিতে নামিয়ে আনতেন, পার্থিব জগতের মধ্যে ফিরিয়ে আনতেন। আমাদের মনে ধারণাগুলোকে যেমন অতিযত্নে পরিহার করা হয়, জন্মদিনের কেকটাও ঠিক ততটাই যত্ন নিয়ে কাটা হত।

সমস্ত 'অষ্টাবক্র গীতা'র প্রবচন শোনার সৌভাগ্য আমার হয়েছিল এবং পরে অন্য ভাষাতেও তিনি যে প্রবচন দিয়েছিলেন, সেখানেও আমি উপস্থিত থাকতে পেরেছিলাম। 'ঈশ্বর পরিচয় কী?' 'অশান্ত আবেগের ঝড়' 'দ্বন্দ্বমুক্ত হয়ে খুশীতে ভরে ওঠো' 'আকাশের রূপভেদ'- ইত্যাদি বিভিন্ন বিষয় সেই প্রবচনের অঙ্গ ছিল। এখনও আমি যখন সেই সমস্ত প্রবচনের রেকর্ড শুনি, বিশেষ অনুভূতিতে মন ভরে ওঠে, জীবনের অন্য এক অর্থ যেন খুঁজে পাই। সুইজারল্যান্ডের ওয়েগিসে গুরুদেব পাতঞ্জল যোগসূত্রের ওপর ভাষ্য দেন। আমরা সাধারণত আমাদের শরীরের গঠন, তার কাজকর্ম, পাতার কাজ ইত্যাদি জাগতিক ব্যাপারে প্রভূত তথ্য আহরণ করতে পারি, কিন্তু খুব নগন্য সংখ্যক মানুষই নিজের মন সম্বন্ধে জানার ব্যাপারে আগ্রহী, যে মন অত্যন্ত সূক্ষ্ম এবং যার বিষয়ে মনোবিদেরাও এখনও পর্যন্ত দিশাহারা হয়ে থাকেন। কিন্তু যোগসূত্রে মহর্ষি অত্যন্ত পরিষ্কার এবং বিষাদে মনের গতিপ্রকৃতির বিষয়ে বিবৃত করে গেছেন। একটা মাছের পক্ষে সমুদ্রের বিশালতাকে পরিমাপ করা সম্ভব নয়, কিন্তু একটা পাখির পক্ষে তার বিস্তৃতির একটা আন্দাজ করা সম্ভব হতে পারে। যিনি আত্মজ্ঞানে প্রতিষ্ঠিত হতে পেরেছেন, একমাত্র তাঁর পক্ষেই মনের গতি প্রকৃতি সম্বন্ধে সঠিক জ্ঞানোপদেশ করা সম্ভব।

আমেরিকার পশ্চিম উপকূলে গুরুদেব পর পর কিছু প্রবচন দেন, সেগুলোকে 'সান্তা মনিকা সিরিজ' নামে অভিহিত করা হয়েছে। এই সময়ে যিশুখ্রিস্টের বিষয়ে গুরুদেবের আলোচনার পর এক ভদ্রলোক তাঁকে জিজ্ঞাসা করেন যে মেরী ম্যাকডালেন সম্পর্কে তাঁর কী মত। গুরুদেব যদিও তাঁকে বলেন যে তাঁর বিষয়ে তিনি বিশেষ অবগত নন, তবুও তিনি কিছুক্ষণ চোখ বন্ধ করে থাকার পর মেরী ম্যাকডালেন সম্পর্কে কিছু কথা বলেন। ভদ্রলোক গুরুদেবকে ধন্যবাদ জানিয়ে বলেন যে বর্তমানে মেরী ম্যাকডালেন সম্পর্কে যে মূল্যায়ন হচ্ছে, তা অনেকটাই সেই রকমই।

সেই সময়কার একটা ঘটনা, গুরুদেব সান্তা মনিকায় প্রবচন দিতে যাবেন, খবর পাওয়া গেল যে সমস্ত শহর জুড়ে বিদ্যুৎ বিভ্রাট চলছে। কিছু স্বেচ্ছাসেবক যারা সেখান থেকে দশ মিনিটের দূরত্বে ছিল, দেখল যে তাঁদের সেখানে পৌঁছাতে প্রায় দেড় ঘন্টা দেরী হয়ে যাবে। তারা ফোন করে পরিস্থিতির কথা জেনে নিয়ে অনুষ্ঠানটা স্থগিত করার কথা জানালো। গুরুদেব তাঁদের জানালেন যে অনুষ্ঠান শুরু সময় বিদ্যুৎ ব্যবস্থা চালু হয়ে যাবে এবং সেটাই হয়েছিল। কয়েক হাজার মানুষ সান্তা মনিকা সিভিক অডিটোরিয়ামে গুরুদেবের কথা শুনতে উপস্থিত

হয়েছিলেন। গুরুদেবের প্রকৃষ্ট জ্ঞানের উপদেশের সঙ্গে সৎসঙ্গে গান ধ্যান ইত্যাদিতে তাঁরা যোগ দিয়ে মেতে ওঠেন। গুরুদেবে সেখানে যে সমস্ত প্রবচন দিয়েছিলেন, সেগুলো বিভিন্ন শিরোনামে রেকর্ডিং করা হয়েছিল, যেমন, 'দি এনশিয়েন্ট নিউ এজ', 'দি কসমিক কানেকশন; দি প্ল্যানেটস স্টারস অ্যান্ড লাইফ', 'দি আল্টিমেট রিলেশনশিপ', 'বুদ্ধ; দি ম্যানিফেস্টেশন অফ সাইলেন্স', 'কৃষ্ণ; দি অ্যাবসলিউট জয়', এবং 'ডেথ অ্যান্ড বিয়ন্ড'। সমস্ত প্রবচনগুলোর টেপ সঙ্গে সঙ্গে প্রস্তুত করে বিক্রি করা হয়েছিল যাতে সবাই তা বাড়ি নিয়ে যেতে পারে। আমি কেবল অনুভব করলাম যে যীশুর প্রেম, বুদ্ধদেবের প্রশান্ত মৌন এবং কৃষ্ণের আনন্দ, আমি আমার জীবনে চলার পথে নিত্যসাথী হিসাবে লাভ করতে পেরেছি। প্রবচন চলাকালীন একজন গুরুদেবকে 'ব্যবহৃত গাড়ীর' বিষয়ে কিছু জানতে চাইল। তার আগে অবধি আমার ধারণা ছিল যে একজন গুরুর কাছে লোকে ঈশ্বর, প্রেম অথবা ওই ধরণের কোন বিষয়েই প্রশ্ন করে। এই পরিবেশে ওই ধরণের প্রশ্ন শুনে আমি খুব বিহ্বল হয়ে পড়েছিলাম। 'ব্যবহৃত গাড়ীর' নিয়ে তারপর গুরুদেব আমাদের প্রায় চল্লিশ মিনিট ধরে তাঁর স্বভাবসুলভ সুর সঙ্গীতে গভীর জ্ঞানের উপদেশ দিয়ে গেলেন! ব্যাটারি চার্জের মত মনকেও সতেজ প্রাণবন্ত করে তোলার প্রয়োজনীয়তার কথা যথারীতি সরসভাবেই বিবৃত হল এবং তিনি আরও বললেন যে ব্যবহারিক জীবনে সরসতা, রসিকতার একটা গুরুত্বপুর্ণ স্থান রয়েছে। অতি সামান্য পার্থিব বিষয় থেকেও যে গভীর জ্ঞানের সন্ধান পাওয়া যায়, তা তিনি কত সহজে বুঝিয়ে দিলেন।

একবার আদি চুনচানাগিরি ব্লাইন্ড স্কুলে একটা শিব মন্দির এবং সৎসঙ্গ হলের উদ্বোধন করার জন্য আমন্ত্রণ পেলেন। তাঁর সঙ্গে টিচার ট্রেনিং নিচ্ছে এরকম একশো পঁচিশজন উদ্বোধনী অনুষ্ঠানে যোগ দেওয়ার জন্য গেল। অনুষ্ঠান শেষে সকলে মিলে সামনেই একটা জলপ্রপাত ছিল, সেটা দেখতে গেল। একটা আনন্দ মুখর সন্ধ্যা ছিল সেটা। তখন সূর্যাস্তের সোনালী আভায় আকাশ রঙিন হয়ে গেছে, তার কোলে নানা আকারের পুঞ্জীভূত মেঘেদের আনাগোনা, দূরে ঢেউয়ের মত পাহাড়ের শ্রেণি, শীতল বাতাস বয়ে চলেছে, আর সামনে অবিরাম জলের ধারা উপর থেকে নীচে আছড়ে পড়ছে। ঠিক তখনই আচমকা দিনেশ গোখড়ে নামে এক টিচার, সে ইন্ডিয়ান ইন্সটিটিউট অফ টেকনোলোজি থেকে এসেছে, বলে উঠল, "এবার আমরা এখানে এলে গুরুদেবকে ছাড়াই আসব।" তার কথা শুনে উপস্থিত সকলেই অবাক হয়ে গেল, কারণ গুরুদেবের জন্যেই সবাই সেখানে

যেতে পেরেছে। ব্যাপারটা বুঝতে পেরেই দিনেশ সঙ্গে সঙ্গে বলে ওঠে, "আমরা এখন সবাই কেবল গুরুদেবের দিকেই তাকিয়ে রয়েছি।" গুরুদেব তার দিকে তাকিয়ে একটু হেসে বললেন, "দেখ, উপর থেকে যদি পাথর পড়ত, তাহলে সেগুলো গুঁড়িয়ে চূড় চূড় হয়ে যেত, কিন্তু জল পড়ছে, তাই দিয়ে বিদ্যুৎ শক্তি উৎপন্ন হচ্ছে, শুধু তাই নয়, দৃশ্যটাও কত মনোরম হয়ে উঠেছে। আমি বিশেষ কেউ, এই ভাবনাটা হল পাথরের মত, আর আমি কেউ নই, এই ভাবনাটা হল জলের মত, আবার আমিই সবার মধ্যে রয়েছি, এই ভাবনাটা হল বাষ্পের মত।"

আধ্যাত্মিকতা ব্যাপারটা একটা বিমূর্ত এবং দুর্বোধ্য বিষয় বলে ধরা হয়। কিন্তু গুরুদেব অত্যন্ত সহজ সরল করে গূঢ় জ্ঞানের বিষয়কে সবার পক্ষে সহজবোধ্য করে তুলেছেন, ফলে বহু মানুষ এই পথে আকৃষ্ট হয়েছেন এবং যুক্ত হতে পেরেছেন। তিনি বলেন যে আমাদের উৎসাহ হবে প্রদীপের শিখার মত, প্রদীপকে উলটো করে রাখলেও তার শিখা উপরের দিকেই উঠবে। আবার জলের ধারা সর্বদাই নীচের দিকে বয়ে চলে। কত উপরে সেই জল জমে আছে সেটা কোন ব্যাপার নয়। এই সবই আমাদের মানবিক মূল্যবোধ সম্বন্ধে সচেতন করে তোলে। পদ্মপাতায় জলের বিন্দু আমাদের নিরাসক্ত হতে শেখায়। নারকোল গাছ, তার পাতা, কান্ড, ফল সবকিছুই বিভিন্ন কাজে ব্যবহৃত হয়। এটাও আমাদের ইঙ্গিত করে জীবনে বিভিন্ন কাজে উপযোগী হয়ে ওঠার। একটা প্রজাপতির জীবন চক্র আমাদের স্মরণ করিয়ে দেয় যে গুরুর আশ্রয়ে থাকলে জীবনে কত পরিবর্তন ঘটে, তা কত সুন্দর হয়ে ওঠে। একটা মৌচাকে রানী মৌমাছি না থাকলে সেই মৌচাক খালি হয়ে যায়, কোন মৌমাছি সেখানে থাকে না। রানী মৌমাছি হল আমাদের ভিতরের দৈবী সত্তা, যা না থাকলে এই শরীর শবে পরিণত হয়ে যায়। ফুল আমাদের চেতনার পূর্ণ বিকাশের দ্যোতক। বাঁশের বাঁশি আমাদের শিক্ষা দেয় যে ঈশ্বরের হাতের যন্ত্র হয়ে থাকতে। এইভাবে সৃষ্টির প্রতিটা বস্তুই সর্ব্দা আমাদের বার্তা দিয়ে চলেছে, যাকে একবার হৃদয়ঙ্গম করতে পারলে অন্তর্মুখী হয়ে আত্মস্থ হওয়া সহজ হবে।

একবার আমাদের একজন পারিবারিক বন্ধু ব্যাঙ্গালোরে আমাদের বাড়ি মঞ্জুলায় একটা ফ্যাক্স মেশিন নিয়ে এল। তখনকার সময় সেটা একটা আধুনিক মেশিন বলে আমাদের কাছে মনে হয়েছিল। সেটা আমাদের কাছে ম্যাজিকের মত মনে হয়েছিল কারণ পৃথিবীর একপ্রান্তে কেউ কিছু লিখলে সেটা অন্য প্রান্তে ছাপা হয়ে যেত! তার কিছুদিন পরেই গুরুদেব আমেরিকা সফরের সময়

ক্যালিফোর্নিয়ার বিগ শুরে ছিলেন। সেখান থেকেই সাপ্তাহিক জ্ঞানবাণী প্রচারের সূত্রপাত হয়। প্রতি বুধবার তিনি তাঁর সঙ্গে উপস্থিত অনুগামীদের কাছে কোন একটা প্রসঙ্গ আলোচনার জন্য উত্থাপন করতে বলতেন। তারপর তিনি সেটাকে নিয়ে আলোচনা করতেন। সেই বক্তব্য টাইপ করা হত এবং যেখানে যেখানে আর্ট অফ লিভিং এর কেন্দ্র রয়েছে সব জায়গায় তা ফ্যাক্স করা হত এবং পরের বৃহস্পতিবার সৎসঙ্গে তা পাঠ করা হত। আম্মা প্রতি বৃহস্পতিবার সেই মেশিনের সামনে অধীর হয়ে অপেক্ষা করতেন এবং তাঁর পড়া না হলে আর কাউকে তিনি সেই লেখা পড়তে দিতেন না। ইংরাজি যে তিনি খুব ভাল জানতেন তা নয়, তবুও তিনি নিজে পড়তে চাইতেন। আমি ছটফট করতাম কখন আমার পালা আসবে - প্রত্যেকটা জ্ঞানবাণী ছিল সংক্ষিপ্ত, সহজবোধ্য , কিন্তু গভীর মননের উপাদান স্বরূপ।

একবার নবরাত্রির সময় গুরুদেব মৌন ছিলেন। স্বামী সদ্যোজাত গুরুদেবের শোবার ঘর পরিষ্কার করে তালা দিয়ে সারাদিনের মত চলে গেলেন। মৌনে যাবার আগে গুরুদেবের কাছে সেই সপ্তাহের জ্ঞানবাণী তিনি চাইতে ভুলে গেলেন। কথাটা যখন তাঁর মনে পড়ল তখন তিনি বুঝে উঠতে পারছিলেন না যে কী করবেন, ঠিক সেই সময় আশ্রমের কয়েকজন বালক তাঁর হাতে একটা কাগজ দিয়ে চলে গেল। তারা বলল যে গুরুদেব তাদের সেটা দিয়েছেন। তিনি দেখলেন যে সেই কাগজে কিছু লেখা রয়েছে। স্বামীজী অবাক হয়ে গেলেন, কারণ তিনি নিজে গুরুদেবকে ঘরে প্রবেশ করতে দেখেছেন এবং বাইরে থেকে তালা লাগিয়ে দিয়েছেন! আর তাছাড়া গুরুদেব মৌনে রয়েছেন! যাইহোক জ্ঞানবাণীর কাগজ তাঁর হাতে এল এবং কেউই সে ব্যাপারে কিছু জানতে পারল না।

প্রতিটা শ্বাস যখন প্রার্থনায় পূর্ণ
তাই হল নীরবতা
প্রতিটা শ্বাস যখন প্রেমে পূর্ণ
তাই হল নীরবতা
অনন্তের প্রতি অকুণ্ঠ প্রেম
তাই হল নীরবতা
শব্দহীন প্রজ্ঞার প্রকাশ
তাই হল নীরবতা
অকারণ করুণার ধারা

তাই হল নীরবতা
অকর্তাভাবে কর্মের সাধন
তাই হল নীরবতা
সৃষ্টিকে হাসিমুখে আলিঙ্গন করা
তাই হল নীরবতা।

গুরুদেব যেখানেই থাকুন, তাঁর জ্ঞানবার্তার মাধ্যমই ছিল আমাকে সঙ্গে তাঁর যোগসূত্রের ভিত্তি। সাপ্তাহিক এই জ্ঞানবার্তাকে গুরুদেব নামাকরণ করেছিলেন, 'ইনটিমেট নোট টু সিন্সিয়ার সিকার' - দীর্ঘ সাত বছর ধরে এই ধারা অব্যাহত ছিল। এই ধারাবাহিক জ্ঞানবাণী যখন শেষ হল, তখন দেখা গেল যে সর্বমোট তিনশো পঁয়ষট্টিটার একটা সংকলন তৈরী হয়েছে- বছরের প্রতিটি দিনের জন্য একটা করে।

১৯৯০ সালে গুরুদেব প্রথমবারের জন্য পোল্যান্ড সফরে যান। তাঁর সঙ্গে আমেরিকার একজন টিচার স্কট হাগও ছিলেন। পরে স্কটের কাছ থেকে আমি তাঁর অভিজ্ঞতার কথা শুনি। তাঁদের পৌঁছাতে বেশ দেরী হওয়া সত্ত্বেও কোর্সে অশংগ্রহণকারীরা গুরুদেবের জন্য অধীর আগ্রহে অপেক্ষা করছিল। পোলিশ দলটার মধ্যে একটা প্রথা প্রচলিত ছিল যে তারা একজন অন্যজনের হাতের মোমবাতি জ্বালিয়ে দেবে। এইভাবে ধীরে ধীরে সবকটা মোমবাতি জ্বলে উঠলে ঘরটা খ্রিষ্টমাসের সন্ধ্যার মত মোহময় হয়ে উঠল। একটু পরেই সকলে ঘুমাতে চলে গেলেন। পরের দিন সকালে গুরুদেব বলতে শুরু করলেন যে কেউ যদি ক্রোধান্ধ হয়ে কিছু করে বা বলে, তাহলে তার সেই কথায় বা ব্যবহারে প্রতিক্রিয়া করা উচিৎ নয়। ঠিক তখনই হঠাৎই বিদ্যুৎ প্রবাহ আচমকা বেড়ে যাওয়ায় দামী ক্যামেরার একটা বাল্ব ফেটে যায়। পরক্ষণেই গুরুদেব বলে উঠলেন, "দেখ, তোমাদের আশেপাশে যদি কোন বিস্ফোরণও ঘটে যায়, তাহলেও তোমাদের মুখের হাসি যেন অক্ষুন্ন থাকে।" শেষদিন মৌন ভঙ্গ হবার পর কোর্সে অশংগ্রহণকারীদের কাছে তাঁদের অভিজ্ঞতার কথা জানতে চাওয়া হলে তাঁরা বললেন যে তাঁদের মধ্যে যে একটা পরিবর্তন ঘটে গেছে, সেটা তাঁরা উপলব্ধি করতে পেরেছেন। তাঁরা গুরুদেবকে প্রতিদানে গুরুদক্ষিণা হিসাবে কিছু দিতে আগ্রহ প্রকাশ করলে গুরুদেব বলেন, "অপরের প্রতি ভালবাসার প্রকাশ হল সেবা। তোমার পক্ষে যতটুকু সম্ভব ততটুকুই সেবা কর। দেখ একটা গাছ আমাদের কত কাজে লাগে। সে আমাদের অক্সিজেন দেয়, ফুল ফল দেয়, ছায়া দেয়, আর মারা

যাবার পর কাঠ থেকে আসবাবপত্র তৈরী হয়, জ্বালানী হিসাবেও ব্যবহার হয়। মারা যাবার পরও গাছ আমাদের কাজে লাগে। তেমনিভাবে আমাদের চারপাশের মানুষজন তথা বিশ্বের প্রতিটা মানুষের কাছে কীভাবে আমরা উপযোগি হয়ে উঠতে পারি সেই চিন্তা করতে হবে। তখনই আমাদের অন্তর বিকশিত হবে এবং এক নতুন দিশায় জীবন গতিলাভ করবে। নতুবা কেবল নিজের সুখ সুবিধা, নিজের স্বার্থ স্বাচ্ছন্দ্য নিয়ে বদ্ধ হয়ে থাকলে সেটা হবে সময়ের অপচয়। পঞ্চাশ বছর পর আমরা হয়ত কেউ এই পৃথিবীতে থাকব না, কিন্তু যতদিন বেঁচে আছি, যতটা পারা যায় কিছু করা উচিৎ। আর সবথেকে শ্রেষ্ঠ উপহার হল জ্ঞানদান। অনেকে অনেক কিছু দিতে পারে কিন্তু একমাত্র জ্ঞানই মনকে বিশুদ্ধ করে মানুষকে উত্তরণের পথে এগিয়ে দিতে পারে। আমাদের জীবন যে শাশ্বত, এই জ্ঞানই জীবনে খুশীর জন্ম দিতে পারে, এবং শ্রেষ্ঠ কাজ হল আশেপাশের সকলের মধ্যে এই জ্ঞানের প্রচার করে তাঁদের মধ্যেও খুশী জাগিয়ে তোলা।"

চতুর্দশ অধ্যায়

সব লীলার শ্রেষ্ঠ লীলা

ন'গজের মেরুন রঙের সিল্কের শাড়ীটা আলমারি থেকে বার করে হাতে নিয়ে মনে হল কত কোমল, পবিত্রতায় ভরা। নবরাত্রি উৎসবের আর বেশী দেরী নেই, নয়দিন ধরে চলা এই উৎসব মায়ের গর্ভের শিশুর নয়মাসের গর্ভবাসের ইঙ্গিত বহন করে। আমার মা এই নয়দিন সিল্কের শাড়ী পরিধান করতেন। আমি কিন্তু ছ'গজের শাড়ীই বেশী পছন্দ করতাম কারণ সেগুলতে নানা ধরণের কাজ করা থাকত, আর ন'গজের শাড়িগুলো এক রঙা হত। পূজার কোন দিন কি রঙের শাড়ী পড়ব, তার সঙ্গে কোন বালাটা পরব, কী রঙের বিন্দি লাগাবো ইত্যাদি সবকিছু আগে থেকেই ঠিক করে রাখতাম, কিন্তু আমার প্রধান লক্ষ্য থাকত পূজার সময় মানসিকভাবে প্রস্তুত রাখা। মা আমাকে ন'গজের শাড়ী পরতে বললে, আমি কৌশলে মায়ের কথা এড়িয়ে বলতাম, "তুমি পর, আমার পক্ষে এগুলো অনেক বড় হয়ে যায়।"

আমি মায়ের সঙ্গে পূজায় বসে পূজার মন্ত্র, ধ্যান এবং চারপাশে রঙের সমারোহকে উপভোগ করতাম। ঘরে পূজার বেদী কাগজের মণ্ড দিয়ে তৈরী নানা বর্ণের পুতুল দিয়ে সাজানো হত। আমি আর গুরুদেব ছোটবেলায় সবার বাড়ি ঘুরে ঘুরে পুতুলের সাজগোজ দেখতাম। আমি সাধারণ সিল্কের স্কার্ট আর ব্লাউজ পরতাম, বিনুনী করা চুলে লাগাতাম জুঁইয়ের মালা। যে বাড়ীতে আমরা যেতাম, সকলেই আমাদের ভজন করতে বলতেন এবং আমরা খুব মন দিয়ে গান করতাম, অবশ্য এরজন্য কয়েকটা লাইন আমরা বাড়ীতে অভ্যাস করে নিতাম। একটা বাড়ীতে ভজন করার পর তাঁরা আমাদের মুসুরডালের তৈরী শাণ্ডল দিলেন। তার থেকে খুব সুন্দর গন্ধ বের হচ্ছিল। আমাদের যে যা দিতেন, আমরা সব বাড়ী নিয়ে আসতাম এবং মা যেগুলো আমাদের খাবার উপযুক্ত মনে করতেন সেগুলোই খেতে দিতেন। একটু বড় হবার পর নবরাত্রির সময় নয় দিনেই 'ললিতা সহস্রনাম' পাঠ আমাদের নিয়ম ছিল। পরে গুরুদেব সকলের মঙ্গলার্থে 'চণ্ডী যজ্ঞ' শুরু করেন।

যজ্ঞ হল দিব্যতার বহুধা প্রকাশকে সম্মান জানানো এবং এর ফলে শরীর মন এবং পরিবেশ শুদ্ধ হয়ে ওঠে। এর প্রভাব আমাদের সমূহ চেতনার উপর পড়ে

এবং তার সমৃদ্ধি হয়। নবরাত্রির সবসময়েই এক উৎসব মুখর অনুষ্ঠান; বর্তমানে তার সঙ্গে মন্ত্রপাঠ, ধ্যান, মৌনবলম্বন ইত্যাদি যুক্ত হয়েছে। ওই সময়টাতে গুরুদেব মৌনব্রত অবলম্বন করতেন এবং আমার উপরেও তার প্রভাব পড়ত। এই সময় মনে কোন ভাবনাই আসত না, সেই কারণে আমরা যা করবার তা আগে থেকেই সেরে রাখতাম। মন্ত্রের প্রভাব আমাকে অন্য এক জগতে নিয়ে যেত। এইভাবে অনেক বছর চলল, তারপর উৎসবের সমস্ত দায়িত্বভার আমার উপর এসে গেল। ১৯৯৯ সালে আম্মা আমাদের ছেড়ে চলে গেলে, আমাকে প্রথমবার সেই ন'গজের শাড়ী পড়তে হল। অতবড় শাড়ী পরাটা আমার কাছে অগ্নিপরীক্ষার মত মনে হত, বয়স্ক কারও সাহায্য নিতে হত এবং অনেক সময়ও লাগত। এসবের উপর ছিল আমার স্বামীর তাড়া দেওয়া। তিনি বলতেন, "তাড়াতাড়ি কর, শুভ মুহূর্ত পেরিয়ে যাবে।"

নবরাত্রির ষষ্ঠদিন অর্থাৎ ষষ্ঠি থেকে যজ্ঞ শুরু হয়। পঞ্চমদিন বিকেলে মেয়েরা সাবাই ফুলের আকারে হাতে মেহেন্দী লাগায়। সমস্ত মেয়েরা এতে অংশগ্রহণ করে, এটা একটা শিল্পকলাও বটে। পরের দিন ভোর চারটের সময় আন্না আমাকে ডেকে তুলতেন। এই সময়টা ধ্যান করা ছাড়া অন্য যে কোন কাজের পক্ষে ঠিক উপযোগী বলে মনে হয় না। হয়ত আমি একটু ঢিলেঢালা গোছের তাই আমার এরকম মনে হয়েছে। কিন্তু আন্না রাস্তার জ্যাম এড়াতে মঞ্জুলা থেকে সকাল সকাল বেরিয়ে পড়তে চান। তৈরী হয়ে যখন আমরা পুরনো মেডিটেশন হলে- যেখানে যজ্ঞানুষ্ঠান হবে, গিয়ে পৌঁছালাম, সেখানে তখন এত ভোরে প্রায় কেউই এসে উপস্থিত হয় নি, পুরোহিতেরাও তখন কেউ আসে নি। চারদিকে অদ্ভুত শান্ততা, সবকিছু অত্যন্ত প্রাণবন্ত লাগছিল, তার মাঝে নানা রঙের টাটকা ফুল দিয়ে সাজানো মণ্ডপ যেন আরও সুন্দর লাগছিল। প্রাচীন প্রথানুসারে হলের মেঝে গোবরের প্রলেপ দিয়ে সুন্দর করে মোছা হয়েছে।

এই বিশেষ দিনে যজ্ঞের নিমিত্ত তিনটে হোমকুন্ডের ব্যবস্থা করা আছে দেখলাম। একটু পরেই পুরহিতেরা প্রবেশ করলেন। তাঁরা চালের গুঁড়ো, হলুদ গুঁড়ো এবং প্রাকৃতিক রঙ দিয়ে কিছু জ্যামিতিক আকারের নকশা তৈরী করলেন। তাঁদের আঙুলগুলো খুব দক্ষতার সঙ্গে নকশার উপর দিয়ে ঘুরতে লাগল এবং সমগ্র নকশাটা নিখুঁত সমানুপাতিক হারে তৈরী হয়ে গেল! গুরুদেব পরে আমাকে বলেছিলেন ওই জ্যামিতিক আলপনা বা নকশাকে বলা হয় 'যন্ত্র' । ওই বিশেষ আকারের ক্ষেত্র বা যন্ত্র বিভিন্ন প্রকারের শক্তির প্রবাহকে আকর্ষণ করতে সাহায্য

ব্যাঙ্গালোর আশ্রমে রুদ্র পূজার সময় গুরুদেব আরতী করছেন

১৯৯০ সালের শেষদিকে নবরাত্রির সময় পিতাজী গুরুদেবের উপর পবিত্র জল সিঞ্চন করছেন

নবরাত্রি পূজার সময়
গুরুদেবের বীণাবাদন

নবরাত্রি পূজার সময়
গুরুদেবের দর্শন দান

কানাডায় গুরু পূর্ণিমার সময় আম্মা এবং গুরুদেব,
১৯৯৩ সাল

প্রজ্ঞানন্দজী মহারাজ এবং অন্যান্য সন্ন্যাসীদের সঙ্গে হৃষীকেশে গঙ্গার সামনে গুরুদেব

কানাডার ল্যরেনশিয়াল পর্বতের লা মরিস ন্যাশনাল পার্কে জলের ধারে ধ্যানস্থ গুরুদেব

পাঞ্জাব হয়ে এক ভ্রমণে যাওয়ার পথে ঐতিহ্যবাহী শিখ পরিধানে সজ্জিত গুরুদেব

আসামে স্থানীয় বোরো ও বাঙালি মুসলমানদের মধ্যে ঘটা হিংস্রতার সময় বাঙালি মুসলমানদের দুর্ভাবনার কথা শুনতে ব্যস্ত গুরুদেব

২০১৪ সালে, সিঞ্জার পর্বতে রেফিউজি ক্যাম্পে বাচ্চাদের সঙ্গে দেখা করে গুরুদেব তাঁদের মিষ্টী বিতরণ করছেন

এরবিলের রাজধানী কুর্দিসে 'প্রোটেকটিং উইমেন অ্যান্ড ব্রিংগিং স্টেবিলিটি অ্যান্ড পিস' নামক এক শান্তিড় সম্মেলনে বক্তৃতারত গুরুদেব

কুর্দিস সংসদের স্পিকার ডঃ ইউসুফ মোহম্মদের সঙ্গে আলোচনারত গুরুদেব, ২০১৪ সাল

২০১৬ সালে, হাভানায়, ফার্ক (রেভেল্যুশনারী আর্মড্ ফোর্সেস অফ কলম্বিয়া) নেতা ইভান মার্কুয়েজ এবং পাওলো কাটাটুমবোর সঙ্গে প্রেস কনফারেন্সে গুরুদেব

২০১২ সালে, নেদারল্যান্ডের নেনরোড ইউনিভার্সিটি থেকে সাম্মানিক ডক্টরেট সম্মান পাওয়ার পর গুরুদেব

কলম্বিয়া সরকার থেকে সর্বোচ্চ নাগরিক সম্মাননা প্রাপ্তির পর গুরুদেব, সাল ২০১৬

২০০৪ সালে তুর্কিতে তুর্কিশ এথিক্যাল ভ্যাল্যুস সেন্টার ফাউন্ডেশন এবং ওয়ার্ল্ড ব্যাঙ্ক আয়োজিত এক আন্তধর্মীয় সম্মেলনে প্রধান বক্তা হিসাবে গুরুদেব

ব্রাসেলসে, ইউরোপিয়ান সংসদে ব্যবসায় মূল্যবোধের অংশগ্রহণকারীদের সম্ভাষণ কালে গুরুদেব

২০১২ সালে, আর্জেন্টিনায় এক সার্বজনীন সম্মেলনে গুরুদেব

২০১২ সালে, বুয়েনোস এয়ার্সের এক সার্বজনীন সম্মেলনে গুরুদেব, যেখানে ১৫০,০০০ আর্জেন্টেনিয়ান ছিলেন

রজত জয়ন্তী অনুষ্ঠানের
সময় মঞ্চ থেকে তোলা
দৃশ্য, সাল ২০০৬

কেরালায় মহাসৎসঙ্গ কালে গুরুদেব

ফেব্রুয়ারি ২০০৬ সালে, ব্যাঙ্গালোরে রজত জয়ন্তী অনুষ্ঠানকালে পিতাজী স্বাগত জানাচ্ছেন ভারতের প্রাক্তন রাষ্ট্রপতি মাননীয় ডঃ এ.পি.জে আব্দুল কালামকে

২০১৬সালের নিউ দিলীতে যমুনা নদীর তীরে অনুষ্ঠিত বিশ্ব সাংস্কৃতিক উৎসবের মঞ্চ থেকে তোলা এক দৃশ্য, যেখানে ৩৫ লক্ষ মানুষ সমবেত হয়েছিলেন

মার্চ ২০১০ সালে যমুনা নদী পরিষ্কারের জন্য স্বেচ্ছাসেবকদের উদ্বুদ্ধ করার জন্য 'মেরি দিলী মেরি যমুনা' নামক এক অনুষ্ঠানে গুরুদেব

২০১০ সালে বহু নৌকায় প্রায় শ'খানেক স্বেচ্ছাসেবক সহ গুরুদেব নদী থেকে প্রচুর পরিমাণ আবর্জনা সরাচ্ছেন

করে এবং আমাদের দেহ মনের ওপর সেই শক্তি প্রভাব বিস্তার করে। ওই হাতে আঁকা একটা জ্যামিতিক নকশা শক্তিকে একটা নির্দিষ্ট দিকে প্রবাহিত করতে পারে, ব্যাপারটা আমাকে বিহ্বল করে তুলল! পূজা শুরু হওয়ার আগেই পরিপূর্ণ হয়ে গেল। গুরুদেবও যথারিতি এসে উপস্থিত হলেন। আমিও আন্নার সঙ্গে গুরুদেবকে প্রণাম করে নিজের আসন গ্রহণ করলাম। সেই মুহূর্তে মনে হল আমার বয়স যেন অনেক বেড়ে গেছে এবং আমি অনেক পরিণত হয়ে গেছি। আমি যেন মায়ের মত হয়ে গেছি!

মন্ত্রমাঠ শুরু হল এবং আমার মনে হল চারপাশের সবকিছু যেন জীবন্ত হয়ে উঠেছে। এতদিন যা কিছু দেখে এসেছি, আজ যেন সবকিছু এক পরিণত দৃষ্টিতে আমার চোখে ধরা পড়ল। পূজায় উপস্থিত সকলকে আমার মনে হল সবাই আরামে বসতে পেরেছে তো? তাঁদের কিছুর প্রয়োজন আছে কি? শাড়ী আর বালা তখন আমার কাছে গুরুত্ব হারিয়ে ফেলেছে। আমার বয়স যখন কম ছিল, তখন স্বপ্ন দেখতাম যে এক জায়গায় অনেক ছেলে মেয়ে জড়ো হয়েছে, মহিলারা অনেক সুস্বাদু খাবার প্রস্তুত করছেন, তাঁদের একত্রে গল্পগুজব করা এবং ভজনে অংশ নেওয়া থেকে তাঁদের একাত্মভাব সহজেই অনুমান করা যাচ্ছে। হলের চারপাশে তাকিয়ে আমার মনে হল আমার সেই স্বপ্ন বাস্তবে পরিণত হয়েছে।

প্রত্যেকেই তাদের সবথেকে ভাল পোশাক পরেছে, সেইমত সাজগোজ করেছে এবং তাদের মুখের অনাবিল হাসিই দিব্যতার প্রতি তাদের আন্তরিক ভালবাসাকে প্রকাশ করছে। আমার মনে তখন সঙ্গীতের সুরের মত, প্রীতিপ্রদ এইসব ভাবনাগুলো পাক খেয়ে চলছিল আর আনন্দে নেচে উঠছিল। এই অনুষ্ঠানে ভজনও কত মধুর হয়, মনে হয় এক স্বর্গীয় ভাব যেন সুরের মাধ্যমে পরিবেশে ছড়িয়ে পড়ছে। উপস্থিত সকলেই এক দিব্য আবেশে আবিষ্ট হয়ে অন্য এক জগতে হারিয়ে যায়। পূর্ণাহুতি প্রদানের সময় আমার মনে হল যে স্বয়ং শ্রী গণেশ যেন গুরুদেবের মধ্যে আশ্রয় নিয়েছেন। আমি তাঁর সামনেই বসেছিলাম কিন্তু মনে হল আমার সামনে এক অতিকায় হাতি অবস্থান করছে। লালবাগে আমি শ্রী গণেশের মূর্তি দর্শন করেছি। সেই বিশালাকার মূর্তির সামনে গিয়ে দাঁড়ালে নিজেকে অত্যন্ত ক্ষুদ্র বলে মনে হবে। গুরুদেবের সম্মুখে নিজেকে ঠিক সেই রকমই মনে হল। তাঁর উপস্থিতি তেজোময় অথচ শান্ত। কিছুক্ষণ পরেই যজ্ঞ সমাপ্ত হল এবং সকলে মধ্যাহ্নভোজনের জন্য চলে গেল।

সেইদিন সন্ধ্যায় চণ্ডী প্রারম্ভ বা পরের দিন যে চণ্ডী হোম অনুষ্ঠিত হবে তার সূচনা করা হয়। ভারতবর্ষ হল ঋষি আর কৃষির দেশ। বীজ বপনের মাধ্যমে তাই সমস্ত পূজা শুরু করা হয়। ছোট মাটির পাত্রে ন'রকমের বীজ ছড়িয়ে তার উপর দুধ ও জলের মিশ্রণ ঢালা হয়। গুরুদেব বলেন যে পূজা এবং জীবনের মধ্যে কোন তফাৎ নেই। জীবন স্বয়ং এক পূজা। আমাদের হাঁটা হল তাঁকে প্রদক্ষিন করা। যখন আহার করি, সেটা হল নৈবেদ্য; এইভাবে আমাদের জীবনের প্রতিটা আচার আচরণের মধ্যে দিব্যভাবকে আমরা প্রত্যক্ষ করতে পারি, এবং তা আমাদের জীবনকে পবিত্র ও নির্মল করে তোলে। জীবনে এই পবিত্রভাব জেগে উঠলে তখন মনও শক্তিশালী হয়ে ওঠে, বুদ্ধি তীক্ষ্ণ হয় এবং জীবন উৎসাহে পুর্ণ হয়ে ওঠে। এমনকি বীজ বপন করার সময়েও এক শুভ মুহুর্ত বেছে নেওয়া হয়। সাতজন মহিলার একটা দল, পরনে তাঁদের ন'গজ শাড়ী, তাঁদের পা যেন ঢাকা থাকে সে ব্যাপারে তাঁরা সজাগ থাকেন, মুখে নির্মল হাসি এবং অন্তরে তাঁদের ভক্তি; তারাই সেই বীজ বপন করেন। সেই সময় তাঁদের মানসিক অবস্থার কথা অনেকের কাছেই অজানা থাকলেও তাঁরা খুব প্রফুল্ল চিত্তে হাসি মজার সঙ্গে সেই কাজটুকু সমাধা করেন এবং সকলের মধ্যেই অফুরন্ত খুশির ঝলক প্রত্যক্ষ করা যায়।

পরের দিন সকালে অনুষ্ঠিত হল রুদ্র হোম। রুদ্র হল ভগবান শিবের এক রূপ। হোম যত এগিয়ে চলে, সমগ্র পরিমন্ডলে এক দিব্য শক্তির প্রভাব উপলব্ধি করা যায়। সেইদিন সন্ধ্যায় আমাদের সকলের প্রাণ ভরিয়ে দিল গুরুদেবের বীণা বাদন, আমার বড় ছেলে অরবিন্দ তলবা বাজাল, মনিকান্ত মেনন বাজালেন বাঁশী এবং ছোট্ট মালবিকা সেতার বাজিয়ে শোনাল। সময় মনে হল পাখায় ভর করে উড়ে চলল। কোনটার পর কোন অনুষ্ঠান হবে বা সৎসঙ্গে কোন কোন ভজন গাওয়া হবে তাই নিয়ে আমরা অনেকদিন ধরে রিহার্সাল দিয়ে আসলেও, অনুষ্ঠান যখন শুরু হল তখন কোনকিছুই আর কাজে এল না, সবকিছু তার আপন হিসাবে ঘটতে লাগল।

পরের দিন সকালের জন্য আমরা প্রতীক্ষা করে রইলাম, কারণ তখন বহু প্রতীক্ষিত চণ্ডী হোম হবে। পরের দিন ভোর থেকেই সর্বত্র একটা ব্যস্ততা চোখে পড়ল। বাতাসে ঝাঁকে ঝাঁকে ফড়িংদের মত্ত ওড়াউড়ি, কোকিলের অবিশ্রান্ত কুহুধ্বনি, আকাশ বাতাস কীট পতঙ্গও যেন দেবীর আগমনের বার্তা পেয়ে আনন্দে মাতোয়ারা হয়ে উঠেছে। প্রথাগত ন'গজী শাড়ী পরিহিতা ন'জন এয়োতি নারী; ন'জন প্রবীন দম্পতি, ন'জন বালিকা, যাদের দেখে মনে হচ্ছিল স্বয়ং দেবী কন্যার

সাজে সেজেছেন; এর সঙ্গে ছিল পন্ডিত সমুদায়, ব্রাহ্মণ বালক সমুদায়, একশো আট প্রকারের ভেসজ ঔষধি, যা অগ্নিতে আহুতি দেওয়া হবে; যন্ত্র; ইন্দ্রাণী ও মহেশ্বর নামে আশ্রমের দুটো হাতি; এবং এর সঙ্গে যুক্ত হল বৈদিক মন্ত্রপাঠ। সবকিছু একত্রিত হয়ে পরিবেশে এক অভাবনীয় আবেশ সৃষ্টি করল।

চোখ বন্ধ করলেই সমগ্র ছবিটা চোখের সামনে স্পষ্ট ভেসে ওঠে। দেখি প্রতিটা বিষয় কত নিখুঁত, কত যত্নের সঙ্গে এবং সুন্দরভাবে একের পর এক অনুসৃত হয়ে চলেছে। প্রতিকৃতিগুলোও মনে হচ্ছিল জীবন্ত। উপস্থিত সকলের মুখেই প্রশান্তি ও খুশীর আভাস নজরে পড়ছে। সেই নির্মল, পবিত আবহাওয়ায় এক জলপূর্ণ কলসে দেবীকে আহ্বান করা হয়। বিভিন্ন ব্যদ্যযন্ত্র যেমন ঢোল, কাড়া নাকাড়া, এবং শঙ্খধ্বনির সাহায্যে নানা অলঙ্কারে ভূষিতা দেবীকে মূল বেদীতে প্রতিষ্ঠার জন্য নিয়ে আসা হয়। প্রধান পুরোহিত, গুরুদেবকে অনুসরণ করে দেবীকে মাথায় বহন করে আনেন। তখন তাঁদের মাথায় ফুল ছড়ানো হতে থাকে এবং বেদমন্ত্র পাঠ চলতে থাকে। ভক্তরা রাস্তার দুধারে করজোড়ে দাঁড়িয়ে অপরূপা দেবীর সে রূপ দর্শন করে নিজেদের ধন্য বোধ করেন। গুরুদেবের সঙ্গে আমিও থাকি। তাঁর প্রেমময় এবং তেজোময় উপস্থিতি অনুভব করে মন আপ্লুত হয়ে পড়ে আবার তার সঙ্গে একটা ভাবনাও আমাকে কিছুটা উদাস করে তোলে যে এই মুহূর্তটুকু লাভ করার জন্য , দেবীর এই রূপ দর্শন করার জন্য আবার এক বছর অপেক্ষা করতে হবে। আবার এরই পাশাপাশি মনে একটা সান্তনাও জেগে ওঠে যে দেবী সর্বদা আমার অন্তরেই আছেন। পূজা সমাপ্ত হলে গুরুদেবকে সেই পুণ্যবারিতে স্নান করানো হয় এবং সেই জল ভক্তদের মাথাতেও ছিটিয়ে দেওয়া হয়। মনে হয় এ এক ঈশ্বরীয় লীলা। এরই পরিকল্পনা প্রসূত বৃহত্তর লীলার ক্ষেত্র হল আমাদের জীবন। তবুও এই লীলা অবশ্যই এক মহান লীলা। প্রত্যেক বছর আমার মনে হয় তাঁকে নতুন করে পেলাম, এই প্রকার জীবনই আমি চেয়ে এসেছি। অনেকেই উচ্চারিত মন্ত্রের অর্থ বা পূজার ক্রিয়াকর্ম বুঝতে পারেন না, কিন্তু তাতে কোন ক্ষতি নেই। আপন আত্মায় স্থিত হবার পথে যুক্তি বিচারের কোন স্থান নেই।

পরের দিন সকালে শুরু হল ঋষি হোম। অনাদি কাল থেকে যে সনাতন জ্ঞানের ধারা বয়ে চলেছে, যাঁদের মাধ্যমে আমরা বর্তমানে তা লাভ করতে পারছি, সেই ঋষিদের উদ্দেশ্যে নিবেদিত অর্ঘ্য হল হল ঋষি হোম। যোগাসন অভ্যাসের সময় আমরা যেমন একটা আসন থেকে অন্য আসনে অনায়াসে চলে যাই, তেমনি একটা দিন যেন পরের দিনে সাবলীলভাবে গড়িয়ে যেতে লাগল। গুরুদেব স্বয়ং

সেদিন গুরুপূজা করলেন। আমি মন্ত্রপাঠ শুরু করলাম এবং আমার সঙ্গে বিশ্বের অন্যান্য দেশে যারা এই গুরুপূজা আমার কাছে শিখেছিলেন, তাঁরাও একসঙ্গে মন্ত্রোচ্চারণ করতে শুরু করলেন। মুরগীর বাচ্চা যেমন সর্বদা তাদের মাকে ঘিরে থাকে, আমার মনে হল আমি তেমনিভাবে আমার শিষ্যদের দ্বারা পরিবেষ্টিত হয়ে আছি। এটা এক প্রকার অহংকার হলেও তা সাত্ত্বিক অহংকার, এর জন্য আমি মোটেও উদ্বিগ্ন নই। প্রত্যেকদিন পূজার শেষে- 'অভয়ম্ অভয়ম্ আম্মা...' গানটা গাওয়া হত, যার অর্থ ছিল দেবী মায়ের শরণ প্রার্থনা করা। আমার মাও ঘরে প্রতিদিন তাঁর পূজা সমাপনান্তে এই গানটা গাইতেন। এই গান শুনতে শুনতে গুরুদেব এক অতীন্দ্রিয় জগতে চলে যেতেন এবং এক বিশেষ মুদ্রায় সমাধিস্থ হয়ে পড়তেন। তাঁর প্রতিটা অঙ্গ সঞ্চালনে যে সৌন্দর্য ছিল এবং যে শক্তির প্রবাহ বিকীর্ণ হত তা ভাষায় প্রকাশ করা অসম্ভব। এই অবস্থায় আমি একটা থালায় আরতি প্রদীপ নিয়ে তাঁকে প্রদক্ষিণ করতাম। সেই পবিত্র মুহুর্ত ছিল আমার কাছে পরম প্রাপ্তি। চারপাশ এক পবিত্র তেজোময় দীপ্তিতে আবৃত হয়ে যেত। আমার চারপাশে যারা থাকতেন তাঁদের কারও দেহ বা মুখ আমার চোখে পড়ত না, কেবল এক একটা আলোকচ্ছটা বলে মনে হত! একবার দুজন পেশাদার 'কিরলিয়ান ফটোগ্রাফার' ঋষি হোমের পূজা চলার সময় হলের ছবি তোলেন। ছবি ছাপা হবার পর দেখা গেল বিভিন্ন বর্ণের তরঙ্গ গোটা হলে বয়ে চলেছে! গুরুদেবের চারপাশ থেকে সবুজ বর্ণের আলোকচ্ছটা ছড়িয়ে পড়ছে এবং তা হলের বাইরে অনেকদূর পর্যন্ত বিস্তৃত হয়ে গেছে। তাঁরা বললেন যে সবুজ রঙের অর্থ হল আরোগ্যদায়ী শক্তি। হলে উপস্থিত প্রায় সকলেই ধ্যানস্থ হয়ে ছিলেন এবং তাঁদের প্রত্যেকের চারপাশে বিভিন্ন বর্ণের বলয় উৎপন্ন হয়েছে। আমার যে অনুভূতি হচ্ছিল এবং সেটা যে প্রকৃত সত্য, এইসব ছবি সেই সত্যতাকে প্রমাণিত করল।

পুজার জন্য গঙ্গা এবং অন্যান্য নদী থেকে জল আনা হত। যজ্ঞশালার উপরে শাওয়ার লাগানো হয়েছিল। পূজার শেষে সেই পবিত্র মন্ত্রপূত জল সমস্ত ভক্তদের মাথায় শাওয়ার দিয়ে স্প্রে করা হত। হোমের চূড়ান্ত পর্যায়ে সেই পবিত্র জল আশীর্বাদ স্বরূপ প্রত্যেকের মাথার উপর বর্ষিত হত। আমার মনে হত আমি যেন পুণ্যসলিলা গঙ্গায় অবগাহন করছি এবং তখন মাকে খুব মনে পড়ত। তিনি যে আমাকে এই অনুভূতি লাভের উপযুক্ত করে গড়ে তুলেছেন, সেই জন্য আমি মনে মনে তাঁকে প্রণাম জানাই। মা তাঁর শেষ পূজার অনুষ্ঠানে যখন উপস্থিত

ছিলেন, তখন আমাকে বলেছিলেন যে তাঁর মনে হয়েছিল দেবী স্বয়ং যেন এক ষোড়শী রূপে তাঁর সঙ্গে নাচ করছেন। এটা ছিল তাঁর ষোড়শতম পূজা। ২০১৬ সালে আমারও একই ধরণের অনুভূতি হয়েছিল এবং আমার মনে হল আরও ষোলটা বছর অতিক্রান্ত হয়ে গেল। সময় এগিয়ে চলে কিন্তু পূজার সেইসব মুহুর্তগুলোর বিশুদ্ধতা এবং পবিত্রতা আজও সমানভাবে রয়ে গেছে, এ বিষয়ে কোন সন্দেহ নেই।

আশ্রমে পূজায় অংশগ্রহণকারীর সংখ্যা কয়েকগুণ বেড়ে গেছে। বর্তমানে এই পূজা উপলক্ষে দশ বিশ হাজার মানুষ আশ্রম থেকে পূজায় অংশগ্রহণ করে, ফলে তাঁদের থাকার এবং অন্যান্য আনুষঙ্গিক ব্যবস্থা করতে বিশাল আয়োজনের প্রয়োজন হয়ে পড়েছে। কিচেনে অনেক আগে থেকেই এত মানুষের আহারের সামগ্রী মজুত করে রাখতে হয়। গুরুদেব স্বয়ং কবে কী প্রসাদ প্রস্তুত হবে তা ঠিক করে দেন। একটা হিসাব দিলে গোটা কর্মযজ্ঞের একটা ধারণা করা সম্ভব হবে, যেমন ২০১৫ সালে, চাল লেগেছিল তিরিশ হাজার কিলো, নুন সাড়ে তিন হাজার কিলো, সব্জী নব্বই হাজার কিলো! প্রতিদিন তিনবার করে, প্রতিবারে আশিহাজার মানুষের জন্য আহার্য প্রস্তুত করতে হত। যেটা অবশ্য পাহাড় প্রমাণ চ্যালেঞ্জের মোকাবিলা করার মত ব্যাপার। তার উপর শুধু যে একটা কি দুটো পদ রান্না করা হত তাও নয়, যজ্ঞ শুরুর দিন থেকে ষোল থেকে আঠারো রকমের পদ প্রসাদ হিসাবে রান্না করা হত। বর্তমানে উন্নত মেশিনারি ব্যবহারের ফলে এত মানুষের আয়োজন করতে অনেক সুবিধা হয়েছে, কিন্তু প্রাথমিক দিনগুলোতে স্বেচ্ছাসেবক যারা ছিল তাদের ঘুমের অবকাশ থাকত না, দিনরাত এক করে তারা সেবা করে যেত।

নবরাত্রির সময় বৃষ্টি একটা অনিবার্য বিষয়। কোথাও কোথাও ছাদ দিয়ে জল চুঁইয়ে পড়ছে, পিচ্ছিল রাস্তা, তার সঙ্গে থাকত বিদ্যুৎ বিভ্রাট। আশ্রমে যত লোক ধরত, সব সময় তার থেকে বেশী এসে উপস্থিত হত। অনেক সময় স্বেচ্ছাসেবকেরা এই সমস্যা ঠেকাতে প্রস্তাব দিয়েছেন যে যারা আগে আসবে তাদের জায়গা দেবার ব্যবস্থা করা হবে। কিন্তু গুরুদেব বলেন যে আশ্রমে সকলের জন্য দ্বার মুক্ত সেখান থেকে কেউ ফিরে যেন না যায়। সুতরাং এত অতিথি থাকার ব্যবস্থাপনার দায়িত্বে যারা থাকত তারা শেষ মুহুর্ত অবধি ব্যস্ত থাকত আগতদের থাকার বন্দোবস্ত করার জন্য। কতজন অতিথি আসতে পারেন, এটা কারো পক্ষে আগাম ধারণা করা সম্ভব হত না, সেটাই ছিল একটা মস্ত বড় চ্যালেঞ্জ। ঘরে এক

দুজন অতিথি এলে আমরা কত ব্যস্ত হয়ে পড়ি, আর সেখানে একসঙ্গে দশ বিশ হাজার অতিথির ব্যবস্থা করতে হলে কত বিশাল পরিকল্পনা নিতে হয় সেটা ভাবলে অবাক হতে হয়।

মাসখানেক আগে থেকেই পরিকল্পনা তৈরি হতে থাকে, এবং প্রতি বছরেই তার আকার এবং মান, দুটোই বাড়তে থাকে। প্রতিটা খুঁটিনাটি বিষয়ে নজর দেওয়া হয়। এই পূজার সময় যত মানুষেরই সমাগম হোক না কেন গুরুদেব প্রত্যেককে দর্শন দেন এবং তাদের সঙ্গে নিজে কথা বলেন। দর্শনের জন্য অনেকগুলো দীর্ঘ লাইন পড়ে। অনেক সময় সেই লাইন আশ্রমের মূল গেট থেকে শুরু করে যজ্ঞশালা অবধি চলে যায়। গুরুদেব প্রত্যেকের সঙ্গে কথা বলেন এবং তাঁদের আশ্বস্ত করেন যে তাঁদের দেখভাল ঠিক মতই করা হবে। অন্যান্য মন্দির থেকে যে সব পুরোহিতেরা পূজায় অংশ নিতে আসেন, পূজার পর তাঁরা আমাকে বলেছেন যে এখানে এই পূজায় যে অনুভূতি তাঁরা লাভ করেন, অন্য কোথাও তা পান না। স্বয়ং গুরুর উপস্থিতি সমস্ত পরিমন্ডলে এমন এক জাগরণ ঘটিয়ে দেয় যা কোনভাবেই ব্যক্ত করা সম্ভব নয়। কয়েকজন প্রবুদ্ধ পুরুষদের মধ্যে গুরুদেব একজন যিনি সমৃদ্ধ এই পরম্পরাকে সঞ্জীবিত করে তুলছেন এং এগিয়ে নিয়ে চলেছেন।

একজন 'পাম-লিফ-রিডার' একবার নবরাত্রির সময় আশ্রমে এসেছিলেন এবং তাঁর অনুভূতির কথা আমাকে বলেছিলেন। তিনি এক গুরু শিষ্যের কথোপকথনের কথা উল্লেখ করে বলেছিলেন যে - ঋষি তাঁর শিষ্যকে বলছেন নবরাত্রির পূজার সময় সমস্ত দেবী দেবতারা গুরুদেবের সান্নিধ্য লাভের আশায় এই আশ্রমে উপস্থিত হন। শিষ্য তখন প্রশ্ন করেন, "সব দেবী দেবতারা যদি এখানে চলে আসেন তাহলে অন্যান্য আশ্রমে যে পূজা হচ্ছে সেখানে কী হয়?" উত্তরে ঋষি শিষ্যকে বলছেন, 'এই আশ্রমে যে পূজা হয়, তা সমগ্র বিশ্বমানবের কল্যানের জন্য। এখানে ব্যক্তিগত লাভের উদ্দেশ্যে কিছু করা হয় না। সুতরাং সমস্ত দেবী দেবতারা এখানে উপস্থিত হলে তাতে বিশ্বেরও মঙ্গল হয়।"

একটা গাছে প্রচুর ফল ধরে থাকলেও যারা সেগুলো পাড়তে পারে তারাই কেবল তার মিষ্টি স্বাদ পেতে পারে। মাঝে মধ্যে কখনো কখনো গাছ নিজে থেকেই কিছু পাকা ফল মাটিতে ঝরিয়ে দেয়, যাতে বাচ্চারাও তার মিষ্টি স্বাদ নিতে পারে। তেমনি আধ্যাত্মিক জগতেও কাঙ্ক্ষিত ফল লাভ করা সহজ নয়, এমনকি এই পথে যাঁরা অনেক এগিয়ে রয়েছেন তাঁদের পক্ষেও তা মোটেই

সহজলভ্য নয়। কিন্তু বিশেষ কিছু ক্ষেত্রে যেমন নবরাত্রির সময়ে গুরুর উপস্থিতিতে চেতনার সর্বোচ্চ ভূমি লাভ করা সম্ভব হয়।

আবার সেই সেপ্টেম্বর মাস এসে গেছে। আমি যখন ন'গজের সিল্কের শাড়ীটা গায়ে জড়িয়ে নিই, মায়ের স্মৃতি মনে আসে, মনে হয় মায়ের মমতা যেন আমাকে আলিঙ্গন করে রয়েছে, সেই কোমলতা অনুভব করি। প্রকৃত পক্ষে, বিগত তিরিশ বছরেরও বেশী ধরে তিনি এই পূজার সাক্ষী হয়ে রয়েছেন। সেই লীলা এখনও চলছে।

পঞ্চদশ অধ্যায়

সময় স্তব্ধ হলে, জ্ঞানের প্রবাহ বইতে থাকে

ঠাণ্ডা জলের স্রোত আমার পায়ে আছড়ে পড়ছে, যেন তার চলার পথে বাধাপ্রাপ্ত হয়ে আরও জোরে ধাক্কা দিয়ে সে তার পথ করে নিতে চাইছে। পুণ্যসলিলা এই নদী যেমন অতি প্রাচীনা তেমনি আবার প্রতি মুহুর্তে নবীনাও বটে। প্রায় চার হাজার বছর ধরে উভয় তীরের অসংখ্য মুনি ঋষিদের উচ্চারিত মন্ত্রের ধ্বনি তিনি তাঁর স্রোতের ধারায় আত্মীকরণ করে নিয়ে চলেছেন। নদীর স্রোতে ছোট ছোট ডালপালার সঙ্গে আরতির প্রদীপও ভেসে চলেছে। জনা কয়েক নারী পুরুষ লম্বা শ্বাস নিয়ে নাক বন্ধ করে এই বিশ্বাস নিয়ে ডুব দিয়ে স্নান করছে যে এই পুণ্যসলিলা জাহ্নবীতে স্নান করলে সমস্ত পাপ ধুয়ে যায়। একটা ছোট ডোবা বা পুকুরে কয়েকজন মানুষ পা ধুলেই তার জল ময়লা হয়ে যায়, কিন্তু গঙ্গার জল কখনো মলিন হয় না। কোন কিছুই তাঁকে অপবিত্র করতে পারে না, বরং তাঁর স্পর্শে সবকিছু পবিত্র হয়ে ওঠে। কত বড় একটা সান্তনা, আশ্বাসন! প্রাচীনকালে মুনি ঋষিরা শিষ্য চয়নের ক্ষেত্রে অত্যন্ত সতর্ক থাকতেন কারণ তাদের শিষ্যত্ব স্বীকার করে নিলে তাদের কর্মের ভারও গুরুর উপর বর্তাবে। আর গুরুদেব! লক্ষ লক্ষ মানুষ তাঁর কাছে আসছে, আরও কত আসবে, তিনি কাউকে বিমুখ করেন না। তাঁর অপার করুণার কথা চিন্তা করে আমি কোন কুল কিনারা খুঁজে পেতাম না। কিন্তু আজ পুণ্য গঙ্গার তীরে দাঁড়িয়ে, আমার মন থেকে এক ভ্রান্তির আবরণ সরে গেল। গুরুদেব কোন ক্ষুদ্র জলাশয় নান। মুহুর্তে আনন্দময়ী মা'র কথা আমার মনে পড়ে গেল। তরুণ রবিকে যখন মহর্ষি মহেশ যোগী আনন্দময়ী মা'র আশ্রমে নিয়ে গেছিলেন, তখন তাঁকে দেখেই মা বলেছিলেন, "আপনি তো আমার কাছে গঙ্গাকে নিয়ে এসেছেন।"

হৃষীকেশের চারপাশে সমুন্নত পর্বতশ্রেণী তাদের আপন মহিমায় বিস্তৃত হয়ে রয়েছে, তার কোল বেয়ে গঙ্গার পবিত্র জলধারা বয়ে চলেছে, আর এর সঙ্গে গুরুদেবের আনন্দোজ্জ্বল উপস্থিতি, সব মিলিয়ে চারপাশে এক স্বর্গীয় পরিবেশ তৈরী হয়েছিল। প্রত্যেকটা স্থানের নিজস্ব একটা বৈশিষ্ট্য এবং মহিমা রয়েছে, হৃষীকেশও তার ব্যতিক্রম নয়। এই পবিত্র শহরে আমরা কয়েকটা অ্যাডভান্স মেডিটেশন প্রোগ্রাম করেছি, শিবরাত্রি উৎসব পালন করেছি, এবং গুরুদেবের

মুখে অবিস্মরণীয় প্রবচন শুনেছি। সেদিনের অনুষ্ঠানের জন্য আমরা নদীর ধারে একটা আশ্রমের ঘর ভাড়া নিয়েছিলাম। প্রত্যুষে, আমাদেরই একজন স্বেচ্ছাসেবকের বাঁশীর সুমধুর সুরে আমাদের ঘুম ভেঙে গেল এবং আমরা ধীরে ধীরে মেডিটেশন হলে প্রবেশ করলাম। সেখানে আমরা 'ওম্ নমঃ শিবায়ঃ' মন্ত্রোচ্চারণ করলাম। অনুভব করতে পারছিলাম যে মন্ত্রোচ্চারণের ফলে আমাদের ভিতর থেকে একটা শক্তি জেগে উঠছে। মন্ত্রস্নানের পর এবার এল দৈহিক স্নানের পালা। প্রায় সকলেই গঙ্গার পবিত্র ধারায় অবগাহণ করে যোগ সাধনায় যোগ দিলাম। হলের বাইরে একটা ছোট নোটিশে লেখা ছিল, 'আপনার জুতো এবং অহংকার বাইরে রেখে ভিতরে প্রবেশ করুন।'

গুরুদেব সাধারণত মার্চ মাসে মাকে নিয়ে কয়েক সপ্তাহের জন্য হৃষীকেশে আসতেন। ওই সময় আমার ছেলের পরীক্ষা থাকার জন্য আমাকে বাড়ীতেই থাকতে হত। একবার বাচ্চাদের পরীক্ষা একটু আগে হয়ে যাওয়াতে সপরিবারে হৃষীকেশে উপস্থিত হলাম। আমার বড় ছেলে অজয় তখন দশম শ্রেনীর পরীক্ষায় উত্তীর্ণ হয়েছে। গুরুদেব তাকে আর্ট এক্সেলের টিচার করে দিলেন (আর্ট এক্সেল হল বাচ্চাদের সার্বিক উন্নতির জন্য গুরুদেবের তৈরী একটা বিশেষ কোর্স)। আমাদের হৃষীকেশের এই সফরে গুরুদেব অজয়কে সমস্ত ছোট ছোট বাচ্চাদের সামলানোর দায়িত্ব দিলেন। সন্ধ্যাবেলায় গঙ্গার তীর ধরে আমরা গুরুদেবের সঙ্গে হাঁটতাম। কখনো কখনো গুরুদেব নদীর পাড় দিয়ে হাঁটতে হাঁটতে হঠাৎ গঙ্গার জলে নেমে যেতেন। বাকী সবাই তাঁকে অনুসরণ করে জলে নেমে যেত। কে দামী শাড়ী পরে আছে বা কেউ সাধারণ জামা পরে রয়েছে, সে সব তখন আর কারও মাথায় থাকত না।

আশ্রমের যে রান্নাঘর ছিল, সেটার প্রতি আমার একটু আকর্ষণ ছিল। আম্মা প্রতিদিনই রাঁধুনিদের একটা করে নতুন পদ রাঁধার জন্য শিখিয়ে দিতেন। যারা সেখানে রান্না করত, তারাও গুরুদেবের অনুরক্ত ছিল। আমরা সেখানে কুটনো কেটে দিতাম এবং কিছুটা ডিম্বাকৃতির চাপাটি বানাতাম। গুরুদেব মাঝে মধ্যেই রান্নাঘরে এসে দেখে যেতেন যে আমরা সেখানে কতটা কী করতে পেরেছি। মাঝে মাঝে তিনি বিশালাকার হাতা নিয়ে খাবার নাড়তে শুরু করে দিতেন। কত কী করতে এখনও বাকী রয়ে গেছে! যা রান্না করা হত প্রায়ই তা দ্রুত শেষ হয়ে যেত ফলে আমাদের আবার তা রান্না করতে হত। গুরুদেব একটা হিন্দী প্রবাদ বলতেন- মন মিঠা তো জগ মিঠা- অর্থাৎ তোমার মন যদি খুশীতে ভরা থাকে, জগতের সব

কিছুই তখন তোমার কাছে সুন্দর মনে হবে। গুরুদেবের উপস্থিতিতে আমাদের মনের দোষ দেখার যে প্রবণতা, তা নিশ্চিহ্ন হয়ে যেত। অনেকের মনে নগন্য বিষয় নিয়েও অভিযোগ থাকতে পারে, অথবা বড় কোন বিষয়েও কিছু বলার থাকতে পারে, কিন্তু গুরুদেবের সান্নিধ্যে এলে তখন আর সেইসব নেতিবাচক ভাবনাগুলোর মধ্যে ফিরে যাবার কোন ইচ্ছাই মনে জাগে না। দশ পা কেউ সামনে এগিয়ে গেলে, বড়জোর দু একপা পিছিয়ে আসতে পারে, কিন্তু দশপা পিছিয়ে আসা কোনদিনই সম্ভব নয়। একমাত্র সেবার মাধ্যমে সদর্থক ভাবনা চিন্তা জেগে ওঠে।

ব্যাঙ্গালোরে ফিরে আসার পর হৃষীকেশের দিনগুলো যেন স্বপ্নের মত মনে হত। যুগ যুগ ধরে কত পুণ্যাত্মা, কত মুক্ত পুরুষ, গঙ্গার তীরে বাস করেছেন। গঙ্গাকে পবিত্র নদী বলার কারণ হল তাঁর ধারায় কত ঋষি মহর্ষিদের পুণ্যের ফল মিশে রয়েছে। তাঁদের সেই পুণ্য প্রভাব পুণ্যতোয়া গঙ্গার জলের ধারায় আমি অনুভব করতে পারি। গঙ্গার জলের স্রোতের দিকে অপলকে তাকিয়ে থাকতে থাকতে মনে হত আমার অন্তরের সমস্ত কলুষ যেন সে ধুয়ে মুছে নিয়ে চলেছে এবং এক পরম তৃপ্তি, বৈরাগ্য আমার ভিতর জেগে উঠত। আম্মার দেহত্যাগের পর তাঁর পারলৌকিক শেষকৃত্য আমরা এই পবিত্র নদীর ঘাটেই সম্পন্ন করেছিলাম। আজ এই পুণ্যসলিলার দিকে যখন তাকাই বা তাঁর ধারাকে স্পর্শ করি, আমার মায়ের কথা মনে পড়ে যায়।

১৯৯৯ সালের ৯ই নভেম্বর আম্মা শেষ নিঃশ্বাস ত্যাগ করেন। সেই সময় গুরুদেব বারানসীতে সেই গঙ্গার তীরেই ছিলেন। তিনি তখন সেখানে শক্তিপীঠে দেবী বিশালাক্ষীর নতুন বিগ্রহ প্রতিষ্ঠা করার জন্য প্রস্তুতি নিচ্ছিলেন। প্রায় দুপুর দেড়টার সময় আম্মা দেহত্যাগ করেন এবং গুরুদেব বলেন যে তাঁর দেহ সৎকার যেন বিকাল সাড়ে পাঁচটার মধ্যেই শেষ করে ফেলা হয়। একজন সন্ন্যাসীর কাছে শারীরিক বন্ধন (সামাজিক প্রথানুযায়ী একজন পুত্রের যা করণীয়) ততক্ষণই থাকে যতক্ষণ দেহটা বর্তমান থাকে। আম্মার শেষ কৃত্যের খবর পাওয়ার পর তিনি সন্ধ্যা ছটার সময় গঙ্গায় স্নান করে বিশালাক্ষী দেবীর বিগ্রহ প্রতিষ্ঠা করেন। আম্মা তাঁর প্রিয় মাস্টার্ড রঙের শাড়ী পরেছিলেন, আমি তাঁর কপালে একটা বড় মেরুন রঙের বিন্দি লাগিয়ে দিলাম। তাঁর শরীর নিথর , কিন্তু মুখে তখনও এক পরম তৃপ্তির হাসি লেগে রয়েছে। তাঁর দিকে তাকিয়ে আমার ভিতর থেকে একটা প্রবল ইচ্ছা জেগে উঠল যে আম্মাকে লাল রঙের শাড়ীতে সাজিয়ে দিই। কিছুদিন আগে তিনি একটা

লাল রঙের মাইসোর সিল্কের শড়ী কিনেছিলেন এবং সেটা বার দুয়েক পরেছিলেন। তাঁর আলমারি থেকে সেটা নিয়ে এসে তাঁকে ঢেকে দিলাম। আমাদের হাতে তখন সময় খুব কম ছিল। আমরা তাঁর দেহ আশ্রমে নিয়ে গেলাম। সেখানে প্রচুর মানুষ ফুল হাতে তাঁকে শেষ শ্রদ্ধা জানাতে অপেক্ষা করছিলেন। আমি শক্তি কুটিরে গিয়ে একটা চন্দনকাঠের মালা দেখতে পেলাম। সেই মালাটা আম্মার গলায় পরিয়ে দিলাম- সেটাই ছিল গুরুদেবের অন্তিম প্রসাদ।

দেহ সংকার হওয়ার পর আমরা দ্রুত শহরে ফিরে গেলাম। সবকাজ মিটে যাওয়ার পর গুরুদেব আমাকে ফোন করে বললেন, "তুমি মাকে লাল শাড়ীতে সাজিয়ে দিয়েছিলে, আমিও সেটাই ভাবছিলাম।" আমি অবাক হয়ে ভাবলাম অতদূর থেকে তিনি কী করে সব কিছু বুঝতে পারেন! সন্ধ্যাবেলায় গুরুদেব প্রায় আট হাজার মানুষের উপস্থিতিতে এক সৎসঙ্গে যোগ দেন কারণ তিনি তাঁদের হতাশ করতে চান নি। সেই সৎসঙ্গে উপস্থিত কয়েকজনের কাছে আমি পরে জানতে পারি যে গুরুদেবকে সূর্যের মত প্রখর তেজোময় মনে হচ্ছিল। এই বিষয়ে তাঁকে প্রশ্ন করলে তিনি বলেন, "আমার দেহের প্রতিটি কোষে যেন আগুন জ্বলছিল।" দাহকার্য সমাপ্ত হয়ে গেলেও তার তাপ তিনি তখনও অনুভব করতে পারছিলেন। কাশী থেকে গুরুদেব হরিদ্বারে চলে আসেন এবং আমরাও সেখানে তাঁর সঙ্গে আম্মার ভস্মাবশেষ নিয়ে মিলিত হই। তিনি যেখানে আমাদের জন্য অপেক্ষা করছিলেন, আমরা সেখানে পৌঁছলে তিনি এগিয়ে এসে ভস্মাবশেষের পাত্রখানা দুহাত বাড়িয়ে তুলে নিলেন। এত মমতাভরে তিনি সেই পাত্রখানা দুহাতে ধরলেন, মনে হল যেন আম্মাকেই ধরে রয়েছেন! এই দৃশ্য সারাটা জীবন আমার মনে অক্ষয় হয়ে থাকবে। আমার চোখের জল কোন বাধা মানছিল না। কয়েকমাস পর, গুরুদেব ইটালিতে একটা অ্যাডভান্স মেডিটেশন কোর্স নিতে গেছিলেন। সেখানে গিয়ে একজনের কাছে একটা পত্রিকা দেখতে পেলেন যাতে আম্মার ছবি ছিল। সেই কোর্সে প্রায় দুহাজার জন অংশ নিয়েছিল। একসময় গুরুদেব বললেন, "আমি একজন মহিলাকে জানি যিনি তাঁর নিজের থেকেও আমাকে বেশী ভালবাসতেন।" এইটুকু বলে তিনি আম্মার ছবির দিকে এক ঝলক তাকিয়ে সজল চোখে বললেন, "ইনি আমার মা।"

আম্মার কথা আমার খুব মনে পড়ে। তাঁর পরলোক যাত্রার কয়েকমাস আগে থেকেই তিনি যেন উপলব্ধি করতে পেরেছিলেন তাঁর পরম্পরাগত ঐতিহ্যের ধারাকে অন্য কারও হাতে তুলে দিয়ে যেতে হবে। হয়ত তারই প্রস্তুতি হিসাবে

নবরাত্রির সময় তিনি এবং পিতাজীর সঙ্গে আন্না আর আমাকেও সংকল্প নিতে বসান। আমাকে তিনি তাঁর পাশে বসান, যেন উত্তরাধিকার তিনি আমার হাতে সঁপে দিয়ে যেতে চান। চণ্ডীপূজা সমাপ্ত হবার পর তাঁর পিঠে অসহ্য যন্ত্রণা শুরু হয়। আমি বুঝতে পারলাম যে কিছু একটা অসুবিধা হচ্ছে। বাচ্চারা যেমন তাদের বাবা-মাকে অসুস্থ দেখলে প্রবোধ দেয়, আমিও তেমনি আম্মাকে বললাম, "একটু বিশ্রাম নাও, তুমি সুস্থ হয়ে যাবে।" সেদিন রাত্রে ঋষি হোম হবার পর আমি তাঁর সঙ্গে ছিলাম। তিনি একে একে তাঁর সমস্ত গহনা খুলতে শুরু করলেন। এইসব অনুষ্ঠানে আম্মা সাধারণত তাঁর সব থেকে ভাল এবং পছন্দের গহনাগুলো পরতেন, কিন্তু তিনি আজ সব খুলে আমাকে দিয়ে বললেন, "ইন্দা নি বেচ্চুকো-এগুলো তোমার কাছে রাখ।" আমি মোটেই চাইনি তিনি তাঁর গহনাগুলো খুলে ফেলুন, কারণ তাঁর সালাঙ্কারা রূপই আমার ভাল লাগত। তবুও কয়েকটা অলংকার আমি পরলাম এই ভেবে যে হয়ত ওগুলো তাঁর কাছে ভারী মনে হচ্ছিল। যদিও মন থেকে দুর্ভাবনা দূর করার জন্য আমি নিজেকে নানা প্রবোধ দেবার চেষ্টা করছিলাম, কিন্তু অন্তর থেকে বুঝতে পারছিলাম যে একটা কিছু অঘটন ঘটতে চলেছে। সেই রাতে আমি আশ্রমে আম্মার কাছে থাকতে চাইলেও তিনি আমাকে জোর করে বাড়ীতে পাঠিয়ে দিয়ে বললেন, "বাড়ীতে তোমার সন্তানরা তোমার অপেক্ষায় আছে। তুমি বাড়ি চলে যাও।" পরের দিন ভোর চারটের সময় তাঁকে হাসপাতালে নিয়ে যেতে হল। গুরুদেব নিজে তাঁকে হাসপাতালে নিয়ে গেলেন, আর আমাকে বললেন, "তাঁর বিজয়যাত্রা শুরু হয়ে গেছে।"

কয়েকমাস পরে কার্তিক পূর্ণিমা ছিল। এইদিনে মায়েরা তাঁদের মেয়েদের কিছু উপহার দেন। গুরুদেব এই সময়টা সাধারণত বাইরেই থাকেন, কিন্তু সেই সময় তিনি আশ্রমেই ছিলেন। আমি যখন তাঁর কাছে গেলাম, দেখলাম যে মা যেমন করতেন, ঠিক তেমনি তিনি প্রচুর উপহার সামগ্রী সাজিয়ে আমার জন্য অপেক্ষা করছেন। কিছু বলার ভাষা আমি হারিয়ে ফেললাম, কেবল অসীম কৃতজ্ঞতায় আমার অন্তর ভরে গেল। আমাদের জীবনে তিনি সব রকমের ভূমিকা পালন করে চলেন এবং আমাদের ভিতরে কণামাত্রও শূন্যতাবোধ জাগার অবকাশ দেন না।

গুরুদেব বলেন যে শূন্যতাবোধ এক দুয়ার যার মধ্যে দিয়ে পার্থিব জগত থেকে আধ্যাত্মিক জগতে প্রবেশ করা যায়, এবং এমন এক স্থানে পৌঁছে মানুষ চেতনার স্বরূপকে উপলব্ধি করতে পারে। শূন্যতা থেকেই পূর্ণতার জন্ম হয়। এই

শূন্যতার একদিকে যেমন রয়েছে দুঃখ-দুর্দশা, অপরদিকে তেমনি রয়েছে শান্তি, আনন্দ। গুরুই হাত ধরে এপার থেকে ওপারে নিয়ে যান। অত্যন্ত পিচ্ছিল পাথরের উপর পা ফেলে অনায়াসে প্রবল স্রোত ঠেলে নদী পার হওয়ার ক্ষমতা গুরুদেবের মধ্যে লক্ষ্য করেছি। শুধু নদীর পার ধরে বা নদীতে এমনি চলার সময় নয়, বন্যা প্লাবিত অঞ্চলেও দেখেছি যে তিনি কত দ্রুত জলের উপর দিয়ে হেঁটে চলে যান। তাঁর সঙ্গে যারা থাকেন তাঁদের পক্ষেও তাল মিলিয়ে চলা কঠিন হয়ে পড়ে। নদীর পারে দাঁড়িয়ে মনে হয় কত সহজ কাজ, কিন্তু জলে নেমে তখন বোঝা যায় কী করে তিনি শরীরের ভারসাম্য বজায় রেখে ধুতি না ভিজিয়ে বা তাতে কোন কাদা না লাগিয়ে অত দ্রুত এগিয়ে যান।

এইভাবে কিছুক্ষণ হাঁটাচলার পর গুরুদেব আমাদের ধ্যান করান। আমার মনে হয় যেন একটা দরজা খুলে গেল, তারপর আরেকটা, তারপর আরেকটা, আমি একটা লোক থেকে অন্য লোকে এগিয়ে চলি। সাধারণত আমরা একটা লোকের বা অস্তিত্বের একটা স্তর বা ভূমির কথাই ভাবি। কিন্তু সেখানে অনেক উচ্চতর স্তর বা ভূমি রয়েছে। আমাদের শাস্ত্রে বিভিন্ন লোকের কথা বলা হয়েছে, তাদের মধ্যে পিতৃলোক, দেবলোক অন্যতম। কয়েক মিনিটের মধ্যেই আমি সেই বিভিন্ন লোকের অস্তিত্বকে অনুভব করতে পারলাম। কেউ কোথাও বেড়াতে গেলে বাইরের প্রাকৃতিক দৃশ্যি দেখে বেড়ায়। এখানে গুরু অন্তর্মুখী যাত্রায় নিয়ে চলেন। তবে এই অন্তর্মুখী যাত্রার ক্ষেত্রে পরিবেশ এবং পরিস্থিতির এক গুরুত্বপূর্ণ ভূমিকা অবশ্যই রয়েছে, তবে গুরুদেব নিজেই উপযুক্ত পরিসর সৃষ্টি করে নেন। তোমার কাছে চা তৈরী করার চা, চিনি, দুধ ইত্যাদি সমস্ত উপকরণ থাকতে পারে, কিন্তু আগুন বা তাপ না থাকলে কী করে চা করবে! গুরুর উপস্থিতি, তাঁর সান্নিধ্য সেই অনুভূতি জাগিয়ে তোলে। আবার একবার যখন কেউ সেই সূক্ষ্ম জগতের অতীন্দ্রিয় অনুভূতি লাভ করে তার প্রতি বা যেখানে সে লাভ করেছে সেই জায়গার প্রতি আসক্ত হয়ে পড়ে, গুরুদেব তক্ষুনি সেই জায়গা বদলে দেন। আগেকার মত হৃষীকেশে প্রতি মার্চ মাসে আর আমাদের অনুষ্ঠান হয় না। গুরুদেব চান না যে কেউ বিশেষ কোন কিছুর প্রতি আসক্ত হয়ে পড়ুক। একই মন আমাদের বন্ধনে আবদ্ধ করতে পারে অথবা মুক্তিও দিতে পারে। একবার কেউ আপন আত্মার সঙ্গে যুক্ত হতে পারলে সমস্ত আসক্তি নাশ হয়ে যায়। একজন মুনি অথবা ঋষি অটলভাবে আত্মস্থ হয়ে থাকেন।

হৃষীকেশে গুরুদেব যখন থাকতেন তখন অনেক পুণ্যাত্মা তাঁর সঙ্গে সাক্ষাৎ করার জন্য আসতেন। তাঁরা পরম সুহৃদের মত পরস্পরকে সম্বর্ধিত করতেন। প্রজ্ঞানন্দজী মহারাজ রোজই গুরুদেবের সকাশে উপস্থিত হতেন। তাঁদের আলোচনা আমাদের কাছে খুব আকর্ষনীয় ব্যাপার ছিল। উপনিষদের আলোচনা কালে গুরুদেব বলতেন, "শাস্ত্রে কী বলেছে সে ব্যাপারে মহারাজজী আপনি আমাদের বলুন।" মহারাজজী সর্বদাই অত্যন্ত সস্নেহে অনুরাগের সঙ্গে উত্তর দিতেন। একবার তিনি গুরুদেবকে বললেন, "যখন আপনার থেকে সরাসরি আমি জ্ঞানপ্রাপ্ত হতে পারি, তখন শাস্ত্রের আমার কী প্রয়োজন?"

আমরা বাচ্চাদের নাম রাখি। কিন্তু মহারাজ নামের তাৎপর্য সম্বন্ধে সকলকে সচেতন করে দিতেন। তিনি বলতেন যে মৃত্যুকালে কেউ যদি ঈশ্বরের নাম স্মরণ করে তবে সে পরম শান্তি লাভ করে। মানুষ তাদের ভালবাসার জনকে সর্বদাই স্মরণ করে, সেইজন্য তাদের একটা অর্থবহ সার্থক নাম রাখা প্রয়োজন। গুরুদেব তাঁকে হেসে বলতেন, "মহারাজজী, নবজাতকের নামকরণের জন্য প্রতিদিন আমার কাছে অসংখ্য অনুরোধ আসে। আমি সমস্ত প্রকারের মিথ্যা পরিচয়ের মুখোশগুলো খুলিয়ে দিতে চাই, তবুও আমাকে এই কাজ করতে হয়!"

তাঁরা উভয়ে গঙ্গার তীর ধরে গিরিপথ বেয়ে অনেকদুর পর্যন্ত চলে যেতেন। কখনো কখনো আমার সৌভাগ্য হয়েছিল তাঁদের সঙ্গে যাওয়ার। এরকমই একদিন যেতে যেতে কেউ মন্তব্য করে যে তারা তখনো পর্যন্ত কোন পশুপ্রানীর দেখা পায়নি। একটু পরেই একটা শব্দ পেয়ে আমরা থেমে গেলাম। গুরুদেব বললেন যে হরিণের দল আসছে। কিছুক্ষণের মধ্যেই বিশাল একটা হরিণের দল এসে উপস্থিত হল। আমাদের দিকে চেয়ে একটু দেখল, তারপর পাহাড়ী রাস্তা বেয়ে চলে গেল। এরপর এল বাঁদরের পাল। তাঁরাও এসে হাজির হল, গুরুদেব এবং মহারাজজীকে প্রণাম জানিয়ে তারাও বিদায় নিল। সে এক অভূতপূর্ব দৃশ্য! এরপর কত পাখি উড়তে উড়তে এসে গেল এবং তারা দল বেঁধে না এসে একের পর এক আসতে লাগল। মনে হল তারা যেন লাইন দিয়ে দর্শন করে চলেছে। কী চলছিল তাদের মনে? তারা বুঝলই বা কী? এখনো ওইসব ভাবলে আমি বিস্মিত হয়ে যাই। পশুপ্রাণীরা প্রকৃতির দ্বারা নিয়ন্ত্রিত হয়, আর মানুষকে নিয়ন্ত্রণ করে তাদের আসক্তি, মানসিক বিকার। এমনকি কোন সৃষ্টিমূলক ভাবনা পিছনে যদি জ্ঞান না থাকে তবে সেই ভাবনাও ত্রুটিযুক্ত হয়ে যায় এবং বন্ধনের কারণ হয়ে দাঁড়ায়। কিন্তু জ্ঞান সমৃদ্ধ ভাবনা চিন্তা মুক্তি প্রদান করতে সাহায্য করে। গুরুদেব একবার

কথায় কথায় বলেছিলেন, "তুমি যদি সুখের পিছনে দৌড়াও তবে দুঃখ পাবে, আর তুমি যদি জ্ঞানের আশ্রয়ে থাকো, সুখ তোমাকে অনুসরণ করবে।"

ষোড়শ অধ্যায়

সারা বিশ্বই গুরুদেবের রঙ্গমঞ্চ

আগের মত এক অবসরের শান্ত অবকাশে মন ডুব দেয় স্মৃতির উজানে। নীরব অবকাশে দাঁড়িয়ে ছিলাম ক্যালিফোর্নিয়ার হোটেলের জানালার পাশে; আমার সামনে উন্মুক্ত আকাশের নীচে অসীম সমুদ্র তার মৃদুমন্দ তরঙ্গবিস্তারে তটরেখাকে ছুঁয়ে ছুঁয়ে আবার ফিরে যাচ্ছে আপন আলয়ে। হাওয়ায় ভেসে আসছে তার কলকল ধ্বনি, যেন প্রকৃতি সকলের প্রতি তার ভালবাসার বার্তা ছড়িয়ে চলেছে। আমার মনে ভাবনার ঢেউ জেগে ওঠে - ঢেউগুলোর এই অবিরাম ওঠাপড়া, তা কি কোন নিয়ম মেনে চলে? গুরুদেব যা কিছু করেন তা কি পূর্ব পরিকল্পনামাফিক না কি যেখানে যান সেখানকার অবস্থা অনুসারে সিদ্ধান্ত নেন?

একদিন গুরুদেবকে তাঁর কুটিরে ঢোকার মুখে বলতে শুনলাম , "ভক্তরা ভয়ঙ্কর"। মুখে তাঁর মৃদু হাসি, সেই ভাবেই আবার তাঁর কথার পুনরাবৃত্তি করলেন। দুদিনের তামিলনাড়ু সফর শেষে সদ্য তিনি আশ্রমে ফিরেছেন। সফরটা বেশ রোমাঞ্চকর হয়েছিল। তাঁর হেলিকপ্টারে করে নেইভেলিতে একটা অনুষ্ঠানে গিয়ে আবার সেখান থেকে ফিরে আসার কথা ছিল। কিন্তু ফেরার সময় প্রবলবেগে বৃষ্টি শুরু হওয়ায় হেলিকপ্টারকে বাধ্য হয়ে একটা ফাঁকা ধানক্ষেতের মধ্যে নামতে হয়। পাশের গ্রাম থেকে কয়েকশো কৌতুহলী মানুষ সেই চমকপ্রদ বাহন এবং তার আরোহীদের দেখতে দৌড়ে এলো। তারা সবাইকে কাছের একটা দেবী মন্দিরে নিয়ে তুলল। গুরুদেবের কাছে তারা তাদের নানা সমস্যার কথা নিবেদন করলো, তার মধ্যে আবার অনাবৃষ্টিও ছিল একটা সমস্যা। গুরুদেব তাদের কথা শুনে বললেন তাদের সব সমস্যার সমাধান হয়ে যাবে (বৃষ্টি তো শুরু হয়েই গেছিল) । এর মধ্যে খবর পেয়ে আর্ট অফ লিভিংএর একজন স্থানীয় স্বেচ্ছাসেবক তার গাড়ি নিয়ে গুরুদেবকে সেখান থেকে নিয়ে যাবার জন্য উপস্থিত হল। ঘটনাক্রমে দেখা গেল যে সেই স্বেচ্ছাসেবক একজন সরকারী অফিসার এবং কাছাকাছি তার অফিস। গুরুদেব তাকে গ্রামবাসীদের সমস্যার কথা বললেন এবং তাকে যথাযথ ব্যবস্থা নিতে নির্দেশ দিলেন।

সেখান থেকে গুরুদেব ঠিক করলেন যে থিরুবান্নামালাই যাবেন, সেখানে একটা অ্যাডভান্স মেডিটেশন কোর্স চলছিল। তিনি যখন সেখানে পোঁছলেন, কোর্সের অংশগ্রহনকারীরা নিজেদের চোখকে বিশ্বাস করতে পারছিলনা। তারা বলেছিল যে নেইভেলি যাওয়ার পথে গুরুদেব যখন হেলিকপ্টারে করে তাদের মাথার উপর দিয়ে চলে গেলেন, তারা ভাবছিল যদি কপ্টারটা একবার পাসের জমিতে কোথাও নামতো, তাহলে খুব ভাল হতো। তাদের সঙ্গে কথা বলার পর গুরুদেব স্থানীয় এক একটা শিব মন্দিরে গেলেন। সেই মন্দিরে শিবকে অগ্নিতত্ত্বের দেবতা হিসাবে পূজা করা হয়। সেই মন্দিরের পুরোহিত বললেন যে তাঁরা প্রায় চারমাস আগে গুরুদেবকে সেই মন্দিরে কুম্ভাভিষেকম অনুষ্ঠানের উদবোধনের জন্য আমন্ত্রন জানিয়ে ছিলেন। সেই উৎসব বারোবছর অন্তর হয়। কিন্তু গুরুদেবের অফিস থেকে তাঁদের জানানো হয় যে গুরুদেব অন্যান্য অনুষ্ঠানে ব্যস্ত থাকার কারণে ওই অনুষ্ঠানে যোগ দিতে পারবেন না। কিন্তু এমনই ভবিতব্য যে গুরুদেব সেইদিনই সেখানে এসে উপস্থিত। সেই মন্দিরের প্রাচীন প্রথা হল যে এই অনুষ্ঠানে কোন গুরু এসে উদবোধন করবেন, এবং তাঁর অনুমতি লাভের পর পূজা শুরু হবে। ভগবান তাঁদের সেই ইচ্ছা স্বয়ং পূরণ করে দিলেন। মন্দির থেকে বেরনোর সময় কিছু কাশ্মিরী যুবকের সঙ্গে তাঁর সাক্ষাৎ হলো। তারা পাশেই একটা হস্তশিল্পের দোকান চালাত। তারা গুরুদেবকে প্রণাম করে বলল, "আমরা জানি কাশ্মীরের জন্য আপনি কত কিছু করেছেন, আপনাকে অনেক ধন্যবাদ। আমাদের খুব ইচ্ছা ছিল আপনার সঙ্গে দেখা করার, কিন্তু এইভাবে আপনার দেখা পাবো স্বপ্নেও ভাবতে পারিনি।"

তাদের সঙ্গে কথা শেষ করে গুরুদেব গাড়িতে চাপলেন, এবার লক্ষ্য সোজা আশ্রম। যে স্বেচ্ছাসেবকের গাড়িতে তিনি আসছিলেন সে বলল, "গুরুদেব আমার ইচ্ছা ছিল আপনাকে গাড়িতে চাপিয়ে নিয়ে লম্বা পাড়ি দেবো, আজ আমার আশা পূর্ন হল।" সকলের আশাই পূর্ণ হল! এসবই কি পরিকল্পনা করে হয়!

আরও একবার গুরুদেব কোন রকম পরিকল্পনা ছাড়াই হিমাচল প্রদেশ যান। তাঁর মুখেই শোনা, "সেখানে একটা তাপবিদ্যুৎ কেন্দ্রের উদ্বোধন করতে হত। কথা ছিল সেখান থেকে হেলিকপ্টারে দিল্লি আসবো, কিন্তু কিছু যান্ত্রিক গোলযোগের জন্য আমাকে গাড়ী করেই ফিরতে হল। পথে একজায়গায় গাড়ী দাঁড় করাতে হল, কারণ দেখি প্রায় পাঁচশো লোক আমার জন্য অপেক্ষা করছে। তারা তুষারপাতের জন্য আমার অনুষ্ঠানে যোগ দিতে পারে নি। কিন্তু এবার পথে

আমার সঙ্গে দেখা হয়ে গেল। আরেকটু পথ এগিয়ে যাবার পর একজন ভক্তের বাড়ীতে গাড়ী দাঁড় করাতে হল কারণ সেখানে একজন আশি বছরের বৃদ্ধা ছিলেন যিনি তাঁর অসুস্থতার কারণে সেই অনুষ্ঠানে যেতে পারেন নি। আর সব থেকে আশ্চর্যের ব্যাপার হল যে সেই বাড়ীতে একটা তিন বছরের বাচ্চা ছিল, সে স্বপ্ন দেখেছিল যে ২রা মার্চ আমি তাদের বাড়ী হাজির হয়েছি। ছোট বাচ্চাটির দিকে কারোরই নজর ছিলনা কিন্তু আমি তার ইচ্ছামত ঠিক সেই দিনেই তাদের বাড়ীতে হাজির হয়েছি।" মনে হয় এটাই ছিল আসল পরিকল্পনা।।

মাঝে মধ্যে গুরুদেব কোন প্রস্তুতি ছাড়াই বেড়িয়ে পড়তেন, এবং কোথায় যেতে হবে সে ব্যাপারে তাঁর গাড়ীর চালকের কোন ধারণাই থাকতো না। সে কেবল মাঝে মাঝে নির্দেশ পেতে থাকত কোন দিকে যেতে হবে অথবা কোথায় কোন ছোট একটা ঘরের সামনে দাঁড়াতে হবে। এমনি একদিন গুরুদেবের গাড়ী একজন কৃষকের বাড়ীর সামনে গিয়ে দাঁড়াল। সে তো বাড়ীর দরজায় গুরুদেবকে দেখে বিস্ময়ে অভিভূত হয়ে পড়ল। স্থানীয় একটা কাগজে 'অমৃতবিন্দু' নামে একটা বিশেষ পৃষ্ঠায় প্রতিদিন গুরুদেবের নিবন্ধ প্রকাশিত হত। সেই কৃষক সমস্ত নিবন্ধগুলোকে কাগজ থেকে কেটে নিয়ে তার ছোট ঘরের দেওয়ালে সেঁটে রেখেছিল। তার গুরুদেবকে দর্শন করার প্রবল ইচ্ছা থাকলেও প্রথমত চাষের জমি অরক্ষিত রেখে অতদূর যাওয়া সম্ভব ছিল না আর শহরে যাওয়ার কোন উপায়ও তার জানা ছিল না। কিন্তু এখন ওসবের কোন সমস্যা রইলনা। গুরুদেবকে ঘরের দরজায় দেখে সে কৃতজ্ঞতায় আপ্লুত হয়ে গেল। তবে এমন নয় যে যারা তাকে চেনে বা জানে তাঁকে দর্শন করার জন্য প্রতীক্ষা করত তারাই কেবল তাঁর দর্শন লাভ করত।

১৯৯৩ সালের মে মাসে গুরুদেব যখন প্রথমবারের জন্য রাশিয়ায় গেলেন, উদ্যোক্তারা ভেবেছিলেন যে গুরুদেব সেখানে পৌঁছবার পর ভিসা পেয়ে যাবেন। অভিবাসন দপ্তরের অফিসার এর আগে কখনও কোন ভারতীয় গুরুর সঙ্গে সাক্ষাৎ করেননি। যখন গুরুদেব তাকে বললেন যে,"রাশিয়ায় আমার পরিবারের অনেকে রয়েছেন, আমাকে তাদের সঙ্গে দেখা করতে হবে," তিনি অবাক হয়ে গেলেন। অনেকে গুরুদেবকে দর্শন করার জন্য, তাঁর ভাষণ শোনার জন্য এক জায়গায় অপেক্ষা করছিল। গুরুদেব তাড়াতাড়ি একটা ট্যাক্সিতে চেপে তাদের উদ্দেশ্যে রওনা হয়ে গেলেন। গুরুদেবকে নিয়ে হলে পৌঁছানোর পর দেখা গেল হল কানায় কানায় ভরে গেছে আর বাইরেও প্রচুর মানুষ অপেক্ষা করছে। সকলেই তাঁর কথা

শুনতে চায়, সুতরাং গুরুদেবকে একবার হলে , আর একবার হলের বাইরে যারা ছিল তাদের জন্যও একবার বক্তৃতা দিতে হল।

আর্ট অফ লিভিং এর একজন টিচার স্কট হাগ একবার গুরুদেবকে জিজ্ঞাসা করেন যে তিনি কী করে এতজন মানুষের সাথে একসঙ্গে কথা বলেন। উত্তরে গুরুদেব তাঁকে বলেন, "আমি কখনই একদল মানুষের সাথে কথা বলি না, আমি প্রত্যেকের সাথে আলাদাভাবে কথা বলি।"

সেদিন সন্ধ্যায় টুলা শহরে গুরুদেবের একটা অনুষ্ঠান ছিল। অনুষ্ঠানের প্রচার সেরকম কিছু করা যায় নি। কেবল রেডিওতে একবার প্রচার করা হয়েছিল। তা সত্ত্বেও শ'খানেকের বেশী লোক সেখানে উপস্থিত হয়েছিলেন। গুরুদেব তাঁরা কথা শুরু করলেন। তিনি যেই ধ্যান শব্দটা শুরু করলেন অমনি সকলে সোজা হয়ে বসলো। এটা থেকেই বোঝা গেল যে তারা সেখানে কোন প্রারম্ভিক ভাষন শুনতে আসেন নি। এসেছেন ধ্যান করতে। গুরুদেব সেটা উপলব্ধি করতে পেরে বললেন,"তাহলে আমাদের কোর্স এখন শুরু হচ্ছে।" একজন জিপসী ভদ্রমহিলা অনুষ্ঠানের প্রায় শেষলগ্নে মঞ্চে উঠে গুরুদেবের হাত দেখতে চাইলেন। গুরুদেবের হাত দেখে তিনি বিস্ময়ে প্রায় চিৎকার উঠলেন, "এটা সম্ভব নয়, আপনার হাজার হাজার সন্তান।" স্মিত হেসে গুরুদেব তাঁকে বললেন, "আপনি ঠিকই বলেছেন, সারা বিশ্ব জুড়ে আমার অসংখ্য সন্তান রয়েছে।"

রাশিয়া সফরের পর গুরুদেব বেলারুশের মিনস্ক শহরে উপস্থিত হলেন। সেখানে স্থানীয় আর্ট অফ লিভিং এর একজন টিচার ইগর সোরোকো, কয়েকজন স্বেচ্ছাসেবককে নিয়ে বিমানবন্দর থেকে গুরুদেবকে নিয়ে যাবার জন্য অপেক্ষা করছিলেন। তখন বৃষ্টি পড়ছিল, গুরুদেব ছাতা মাথায় বিমান থেকে নেমে এলেন। সেখানকার প্রথা অনুসারে তারা গুরুদেবকে পাঁউরুটি ও নুন দিয়ে আপ্যায়িত করলেন। গুরুদেব অতি আদরের সঙ্গে সেই নৈবেদ্য গ্রহন করে তার থেকে একটুকরো রুটি নিয়ে বাকীটা সকলের মধ্য ভাগ করে নিতে বললেন। সন্ধ্যায় স্থানীয় কনসার্ট হলে গুরুদেবের বক্তৃতার আয়োজন করা হয়েছিল। শ্বেতশুভ্র বসনে গুরুদেব যখন হলে প্রবেশ করলেন, সারা হল হাততালিতে ফেটে পড়ল। গুরুদেবের মুখের হাসি তাদের মুখেও ছড়িয়ে পড়ল। তারা অত্যন্ত উদগ্রীব হয়ে উঠল তিনি কী বলেন তা শোনার জন্য। গুরুদেব তাঁর চিরাচরিত মৃদু সুরেলা কণ্ঠে তাদের উদ্দেশ্যে বললেন, "একবার ভেবে দেখুন, আমরা কীভাবে জীবন যাপন করি এবং কীভাবে আমাদের দিনগুলো কাটিয়ে দিই। গড়ে একজন মানুষ আশি

বছর বাঁচেন। তার মধ্যে ঘুমিয়ে কাটান তিরিশ বছর, কাজের ক্ষেত্রে যাতায়াত আরো তিরিশ বছর, খাওয়াদাওয়ার পিছনে দশ বছর, বাথরুমে পাঁচ বছর, তাহলে জীবনে ভালবাসার আর হাসিখুশী থাকার জন্য কতটুকে পড়ে থাকে? সামান্য কটা দিন, আর সারা জীবনে ওই দিনগুলিতেই আমরা প্রকৃত অর্থে বেঁচে থাকি; বাকী দিনগুলি চলে যায় প্রস্তুতিতে।" উপস্থিত প্রতিটা মানুষ অত্যন্ত মনোযোগ দিয়ে গুরুদেবের প্রতিটা কথা শুনছিলেন। প্রতিটা শব্দ যেন তাদের অন্তরে নুতন বোধ জাগিয়ে তুলছিল। গুরুদেব বলে চললেন, "বার বার নিজেকে প্রশ্ন করা প্রয়োজন জীবনে আমরা কী চাই? কেবল আহার , অর্থ আর প্রতিষ্ঠা? কী আমাদের প্রকৃত পরিচয়? কোথা থেকে আমরা এসেছি? এই জীবনের উদ্দ্যেশ্যই বা কী ? যখন এই প্রশ্নগুলো মনের মধ্যে জাগতে শুরু করবে বুঝতে হবে আমাদের যাত্রা শুরু হয়েছে। তখন পার্থিব জগতের কোন কিছু তোমাকে আনন্দ দিতে পারবে না। জীবনের গভীরতাকে জানার আগ্রহ মনে জেগে উঠবে। আর তখন নিজে সৌভাগ্যবান ভেবে তুমি নিজেই তোমার পিঠ চাপড়ে দিতে পার।"

ভাষন শেষে গুরুদেব উঠে দাঁড়িয়ে "ওঁম নমঃ শিবায়ঃ" মন্ত্রোচারণ করতে শুরু করলেন। উপস্থিত সকলেই স্বতঃস্ফুর্তভাবে উঠে দাঁড়িয়ে গুরুদেবের সঙ্গে মন্ত্রোচ্চারণ করতে শুরু করে দিল। হাতে একটা বিশাল মালা নিয়ে গুরুদেব মঞ্চ থেকে নেমে এগিয়ে যেতে লাগলেন এবং মালা থেকে একটা করে ফুল খুলে সকলের মধ্যে বিলিয়ে দিতে থাকলেন। এরপর তিনি মঞ্চে যখন ফিরে যাবেন, তখন পর্যন্ত প্রচুর মানুষ সেই রাস্তায় দাঁড়িয়ে রয়েছে, এবং তাদের নড়ার কোন লক্ষণ দেখা যাচ্ছিল না। তারপর গুরুদেব যে ঘরে ছিলেন, তার সামনের বারান্দায় বিশাল এক লাইন পড়ে গেল। সেখান থেকে চলে যাবার আগে আরোও একবার গুরুদেব তাদের দর্শন দিলেন, কিন্তু তারা গুরুদেবকে ছাড়তেই চাইছিলেন না। গুরুদেবের গাড়ী চলে যাবার পর অনেকক্ষণ পর্যন্ত তাদের মধ্যে তাঁর সান্নিধ্যলাভের খুশি, আনন্দ, কৃতজ্ঞতার আবেশ সহজেই চোখে পড়ছিল। তারা এইটুকু উপলব্ধি করতে পারলেন যে যাই ঘটুক না কেন সবই তাদের জীবনের মঙ্গলের জন্যই ঘটবে।

গুরুদেবের সাথে ভ্রমন করলে আনন্দ উত্তেজনার অভাব হয় না। ১৯৯৪ সালে প্যারিসে গুরুদেবের একটা অনুষ্ঠান চলছিল। সামনের সারিতে একজন তরুন বসেছিল, এবং তাকে দেখেই মনে হচ্ছিল যে সে ভিতরে ভিতরে খুব অস্থির হয়ে আছে। গুরুদেবের কথার মাঝেই সে হঠাৎ রাগে চিৎকার করে বলে

উঠল "আপনি কি করে ভালবাসা এবং শান্তির কথা বলতে পারেন?" এইটুকু বলেই সে রাগে কাঁপতে কাঁপতে হল ছেড়ে বেরিয়ে গেল। সে বেরিয়ে যাওয়াতে সকলে স্বস্তিবোধ করল। কিন্তু গুরুদেব একজনকে বলে পাঠালেন, "তাকে একটু শান্ত হতে দাও, তারপর তাকে এখানে নিয়ে এস।" সে ফিরে এসে বসল এবং কিছুক্ষন পর আবার চিৎকার করে হল ছেড়ে বেড়িয়ে গেল। আবার গুরুদেব তাকে নিয়ে আসার জন্য একজনকে পাঠালেন। তৃতীয়বার সেই ব্যক্তি সোজা মঞ্চের দিকে এগিয়ে গেল। কিছু একটা অঘটন যদি ঘটে এই ভেবে উপস্থিত সবাই একটু ঘাবড়ে গেল। গুরুদেব কিন্তু যথারীতি শান্ত, হাসিমুখে বসে আছেন। ছেলেটা গিয়ে গুরুদেবের কোলে মাথা রেখে কাঁদতে শুরু করে দিল। ধীরে ধীরে সে শান্ত হয়ে গেল।

একবার বাল্টিমোরে গুরুদেব একটা সাধারণ সভায় প্রার্থনার বিষয়ে বক্তৃতা দিচ্ছিলেন। এই সময় পিছন থেকে একজন প্রায় সাতফুট লম্বা বিশাল চেহারার মানুষ তাঁর কথায় বাধা দিতে লাগল। তার মতে প্রার্থনার নামে মানুষ এমন ভাবে হাসাহাসি করে যেন অন্যদের তারা উপহাস করছে। এই ব্যাপারটা তার কাছে হাস্যকর বলে মনে হয়।। বলতে বলতে সেই ভীষণদেহী ব্যক্তি মঞ্চে গুরুদেবের দিকে এগিয়ে যেতে লাগল। আমরা সবাই হিংসাত্মক কিছু ঘটার আশঙ্কায় আতঙ্কিত হয়ে পড়লাম। কিন্তু গুরুদেব আমাদের শান্ত থাকতে বললেন। সে গুরুদেবের কাছে গিয়ে ভয়ংকর দৃষ্টিতে তাকিয়ে জিজ্ঞাসা করল, "আপনি কি পবিত্র নন?" গুরুদেব কিছু না বলে স্মিত হেসে শুধু তার কপাল স্পর্শ করলেন। সেই বিশালাকার মানুষটা নিমেষে কান্নায় ভেঙে মাটিতে লুটিয়ে পড়ল। পরবর্তী কালে সে বেসিক ও অ্যাডভান্স কোর্স করেছিল, এবং গুরুদেবের অনুরক্ত হয়ে পড়ে। পাতঞ্জল যোগসূত্রে বলা হয়েছে যে আন্তরিকভাবে অহিংসা ব্রতে প্রতিষ্ঠিত হলে তাঁর সান্নিধ্যে প্রাণীর বৈরীভাবের নাশ হয়ে যায়। (অহিংসাপ্রতিষ্ঠায়াং তৎসন্নিধৌ বৈরত্যাগঃ - পা যো সাধনপাদ-৩৫) আমার চোখের সামনেই এর প্রত্যক্ষ প্রমান পেলাম।

'গুরু' - এই বিষয়টা বোধগম্য হওয়া খুব কঠিন। বিশেষত ভারতবর্ষের বাইরে তো আরোও বিরল বলা যায়। ১৯৯৬ সালে গুরুদেব তখন ক্রোয়েশিয়ার জ্যাগরেবে একটা ধ্যানের ক্লাস নিচ্ছিলেন। ক্যাটজা গ্রিগল এবং কিরণ দুজন তাঁর সঙ্গে ছিল। মাত্র একবছর হল ক্রোয়েশিয়ার স্বাধীনতা যুদ্ধের অবসান হয়েছে, কিন্তু সেই ভয়াবহ স্মৃতি তখনও মানুষের মনকে আচ্ছন্ন করে রেখেছে।, কিছুতেই তারা

সেই বিভীষিকা ভুলতে পারছিল না। কিন্তু তারা একটা উপায় খুঁজছিল যাতে তার থেকে মুক্ত হওয়া যায়। ভাত্রোস্লাভ লিসিন্সকীতে যে হল পাওয়া গেছিল সেটা উপস্থিত আটশো লোকের জায়গা হবে না। অনুষ্ঠান শেষে গুরুদেব বাইরে অপেক্ষায় থাকা প্রত্যেককে আলিঙ্গন করলেন এবং আশীর্বাদ দিলেন। ক্রোয়েশিয়ায় যেমন তিনি প্রত্যেককে আলিঙ্গন করেছিলেন তেমনটা সব জায়গাতে করা তাঁর পক্ষে সম্ভব নয়, তবে যাঁরাই তাঁর আশীর্বাদ লাভ করেছেন, জীবনে শান্তির সন্ধান পেয়েছেন। এরপর তিনি শ্লোভানিয়ায় যান। সেখানে এলজুব্লাজানায় ওয়ার্ল্ড ট্রেড সেন্টারে 'টক উইথ এ গুরু' শীর্ষক একটা অনুষ্ঠানের আয়োজন করা হয়। শয়ে শয়ে মানুষ সেই অনুষ্ঠানে জমা হল। সেই অনুষ্ঠানে গুরুদেব বললেন, "একজন শিষ্যের কর্তব্য হল গুরুকে খুশি করা, তৃপ্ত করা, কিন্তু যিনি তৃপ্ত হয়েই আছেন , তাঁকে কী করে তৃপ্ত করবে? একজন গুরু যদি তৃপ্ত হয়ে যান তাহলে তোমাদের প্রগতি বা উন্নতি বাধা পাবে। আবার একজন গুরু যদি অতৃপ্ত থাকেন, তার অর্থ হল তিনি আত্মজ্ঞানে স্থিত হতে পারেন নি। তাহলে একদিকে দেখা যাচ্ছে যে গুরু তৃপ্ত হয়ে থাকলে তাঁর পক্ষে কাউকে প্রেরণা দেওয়া সম্ভব হবে না আবার অন্য দিকে একজন গুরু তৃপ্ত হতে না পারলে তিনি গুরু পদবাচ্য হতে পারেন না। সংক্ষেপে বলা যায় যে একজন তৃপ্ত বা অতৃপ্ত যাই হোক না কেন, তাঁকে গুরু বলা যায় না। তাহলে এর উত্তর কি হবে? সমাধান কোথায় পাওয়া যাবে?" তাঁর কথায় উপস্থিত সকলের মনে একযোগে বিস্ময়, খুশী ইত্যাদি মিলে এক আলোড়ন তুলে দিল। সকলে তাদের খুশী কে ব্যক্ত করতে গুরুদেবের উদ্দ্যেশ্যে ফুল ছুঁড়তে শুরু করে দিল। শ্লোভানিয়ার আর্ত অফ লিভিং এর টিচার আন্দ্রেজ ট্রাঞ্জ সেখানে উপস্থিত ছিলেন। তিনি বলছেন যে গোটা পরিবেশ কৃতজ্ঞতা এবং উৎসবের মেজাজে ভরে উঠেছিল।

আরও একটা ঘটনার কথা মনে পড়ছে, গুরুদেব তখন ইটালীতে গেছেন। গাড়ীতে যেতে যেতে হঠাৎই তিনি একজায়গায় গাড়ী দাঁড় করাতে বলে, সঙ্গে যারা ছিল তারা কিছু বোঝার আগেই একটা ঝোপের দিকে এগিয়ে গেলেন, আর একটু বাদেই একজনকে সঙ্গে নিয়ে ফিরে এলেন। জানা গেল যে ভদ্রলোক আত্মহত্যা করার উপক্রম করছিলেন।। আরও জানা গেল যে তিনি একজন স্কুবা ডাইভার ছিলেন। অনেকদিন আগে ডাইভিং এর সময় তাঁর হঠাৎই সমাধিলাভ হয়েছিল। সেই অনুভূতি পাওয়ার জন্য তিনি অনেক কিছু করেছেন কিন্তু কোন কাজ হয় নি। তাঁর আর কোন কিছুই ভাল লাগছিল না। তিনি ঈশ্বরের কাছে

আকুলভাবে প্রার্থনা করছিলেন যে তিনি যদি সত্যিই থেকে থাকেন তাহলে যেন তাকে রক্ষা করেন। ঠিক সেই সময়েই গুরুদেব তাকে নিয়ে আসেন।

বালরিয়ার সোফিয়াতে গুরুদেবের একটা অ্যাডভান্স কোর্স ছিল। হঠাৎ তিনি কোর্সটা চারদিন এগিয়ে নিয়ে আসতে বলেন। কিন্তু আগের তারিখ অনুসারে হল বুক করা হয়ে গেছে, দুশো ব্যাগ পাইপারদের একটা প্রদর্শনীর আয়োজন করা হয়েছে, অনুষ্ঠানের টিকিটও সব বিক্রী হয়ে গেছে। আবার নতুন করে সবকিছুর ব্যবস্থা করতে হবে। বালগেরিয়ার একজন স্বেচ্ছাসেবক, কনস্ট্যান্টিন ড্রাগভ প্রথমটায় খুব বিপদের পড়ে গেছিল। সে আমাকে বলল যে বালগেরিয়া ভারতের মত নয়, ইউরোপে আগে থেকে ঠিক করা অনুষ্ঠান হঠাৎ এমন করে বদলে যাবার কথা কেউ ভাবে না। যাই হোক, অবশেষে নতুন করে সবকিছু ব্যবস্থা করে চারদিন আগেই কোর্স শুরু হল। সেই কোর্সে যারা যোগ দিয়েছিল, তিনদিন তারা গুরুদেবের সান্নিধ্য পেয়েছিলেন। সুতরাং কোর্সের ব্যাপারে আর বলার কিছু থাকতে পারে না। গুরুদেবকে বিমান বন্দরে বিদায় জানিয়ে অত্যন্ত তৃপ্তি এবং আনন্দ নিয়ে উদ্যোক্তারা বাড়ী ফিরে গেলেন। সেই রাতেই বালগেরিয়াতে এক মারাত্মক ভূমিকম্প হল। বালগেরিয়ার ইতিহাসে সবথেকে মারাত্মক ভূমিকম্পগুলোর মধ্যে সেটা ছিল অন্যতম। আগের তারিখ অনুসারে প্রোগ্রাম ঠিক থাকলে তা হতেই পারত না। সবচেয়ে আশ্চর্যের ব্যাপার হল যে যদিও মাঝরাতে ভূমিকম্প হয়েছিল যখন সবাই ঘুমাচ্ছে, কিন্তু পরেরদিন খবরের কাগজে কোন হতাহতের সংবাদ পাওয়া যায়নি!

কত ঘটনা, বলে শেষ করা যায় না, একবার ইন্দোনেশিয়ার বালিতে গুরুদেব যজ্ঞ করার মনস্থ করলেন। ইন্দোনেশিয়ার উদ্যোক্তারা অনুষ্ঠানটা কয়েকদিন পরে করার জন্য অনুরোধ করলেন, কারণ ওই সময় স্থানীয়দের একটা উৎসব ছিল, কিন্তু গুরুদেব তাঁর নির্ধারিত দিনেই যজ্ঞ করার পরামর্শ দিলেন। যজ্ঞের নামকরণ করা হয়েছিল 'শান্তির বার্তা যজ্ঞ'। একটা খোলা জায়গায় যজ্ঞের স্থান নির্বাচন করা হয়েছিল এবং পূজায় যাঁরা অংশ নিতে এসেছিলেন, তাঁরা চারপাশে বসেছিলেন। যজ্ঞ শুরু হতেই বৃষ্টি শুরু হল। বৃষ্টিকে বালির অধিবাসীরা মঙ্গলকারী ইঙ্গিত বলে মনে করেন। ধীরে ধীরে বৃষ্টির তেজ বাড়তে থাকল এবং এক সময় অঝোর ধারায় পড়তে লাগল। কিন্তু বিস্ময়ের ব্যাপার হল যে যজ্ঞানুষ্ঠানের স্থানে তার খুব একটা প্রভাব পড়েনি। যজ্ঞ সমাপ্ত হলে সেখানকার স্থানীয় পুরোহিত বললেন যে আজ থেকে প্রায় দুহাজার বছর আগে মহর্ষি মার্কন্ডেয় এই যজ্ঞ করেছিলেন বহিশর্ত্রুর

আক্রমণ থেকে ইন্দোনেশিয়াকে রক্ষা করার জন্য। ঠিক সেই সময় সেখানে একজন চাইনিজ ব্যক্তি উপস্থিত ছিলেন। তাঁর নাকি বিশেষ ক্ষমতা ছিল কাউকে দেখে তাঁর মনে তখন কী চলছে সেটা বলে দেবার। অনেকে তাঁকে অনুরোধ করল যে একবার চেষ্টা করে দেখতে সেই সময় গুরুদেবের মনে কী চলছে তা জানার। কিন্তু তিনি ব্যর্থ হলেন। তখন তারা তাঁকে বললেন, "গুরুদেবের মন কি আপনার থেকে অধিক শক্তিশালী, যে আপনি সেটা ভেদ করতে পারলেন না?" তিনি বললেন, "মোটেই সেটা নয়, কোন বাধার পাঁচিলও সেখানে নেই। আসলে আমি তাঁর মনকে পড়তে পারিনি কারণ তাঁর কোন মনই নেই!" তাহলে যদি মনের কোন অস্তিত্বই না থাকবে তাহলে গুরু আগে থেকে কোনকিছুর পরিকল্পনাই বা করবেন কী করে!

'মনহীন' অবস্থাটা যেমন খুব বিরল তেমনি এর সান্নিধ্যে এসে অনেকে আবিষ্ট হয়ে পড়ে তারও মন শূন্য হয়ে যায়। ২০০৫ সালে ব্যাঙ্গালোর আশ্রমে আন্তর্জাতিক নারী সম্মেলন অনুষ্ঠিত হয়। সেই অনুষ্ঠানে অস্ট্রেলিয়া থেকে রুথ অস্ট্রো নামে এক প্রবীন সাংবাদিক এবং ভিডিও প্রযোজক এসেছিলেন। তিনি অস্ট্রেলিয়ার সংবাদপত্রের জন্য গুরুদেবের একটা সাক্ষাৎকার এবং মতামত নেবেন বলে যথেষ্ট প্রস্তুতি নিয়ে এসেছিলেন। অনেক প্রশ্নের একটা দীর্ঘ তালিকাও তৈরী হয়েছিল, যেমন- রাজনীতি, হিন্দুধর্ম, পাশ্চাত্য বৌদ্ধধর্ম, ভারতীয় সমাজজীবনে নারীদের ভূমিকা, আধ্যাত্মিকতা এবং সবশেষে অবশ্যই জীবনের উদ্দেশ্য কী। তিনি মনে মনে প্রস্তুত হয়ে গুরুদেবের কাছে গেলেন, কিন্তু যেই গুরুদেব তাঁকে বললেন, "বল রুথ কী জানতে চাও?" অমনি তাঁর মন সম্পূর্ণ খালি হয়ে গেল। সারা ঘর নিস্তব্ধ, শুধু গুরুদেবের মুখে মৃদু হাসি। এই ঘটনাটায় রুথ হতবাক হয়ে গেল তবে তাঁর মনে আরও কিছু আসার আগেই একজন আমেরিকান সাংবাদিক তাঁকে আশ্বাস দিয়ে বললেন, "উনি আমাদের সকলের সঙ্গে এমনটাই করেন। তুমি হয়ত অনেক কিছু প্রশ্ন ভেবে এসেছ, কিন্তু গুরুদেবের এক দৃষ্টিতে সব কিছু তুমি ভুলে যাবে!" ঘরে হাসির রোল পড়ে গেল। তবে আমি নিশ্চিত নই যে রুথ ব্যাপারটাকে কতটা মজার বলে মেনে নিতে পেরেছিল। তবে আমি দেখেছি যে অনেক মানুষ মনে মনে প্রচুর প্রশ্ন সাজিয়ে নিয়ে এসেছে, কিন্তু যেই গুরুদেবের সামনে গিয়ে হাজির হয়েছে, অমনি তাদের আর কিছু মনে থাকে না। পরেরদিন রুথ আমার কাছে তাঁর একটা উপলব্ধির কথা বলেছিলেন, "গুরুদেবকে অনেকেই ফুলের মালা দিচ্ছিল, গুরুদেব আবার

সেগুলো অন্যদের আশীর্বাদ হিসাবে ফিরিয়ে দিচ্ছিলেন। আমি তাঁকে দেখছিলাম আর একটা কথাই আমার মনে ঘুরছিল যে এখনও পর্যন্ত আমার কাগজের জন্য কোন কাহিনী আমি জোগাড় করে উঠতে পারিনি। তিনি আমার দিকে এগিয়ে এলেন, একটা ফুল তুলে নিলেন, আমি ভাবলাম যে তিনি হয়ত আমাকে সেটা দেবেন। কিন্তু তিনি হঠাৎ আমার মাথায় একটা আলতো টোকা দিলেন। আমি আবার হতবাক হয়ে গেলাম! তিনি হেসে উঠলেন এবং আমিও তাঁর সঙ্গে হাসতে লাগলাম। চারদিকে হাসির ঢেউ উঠতে লাগল। প্রত্যেকেই গুরুদেবের মতই ছোট বাচ্চাদের মত সহজ, সরল, দিলখোলা হাসিতে মেতে উঠল আর আমিও সেই হাসির জোয়ারে ভেসে গেলাম। গুরুদেব আমার দিকে তাকিয়ে বললেন, "রুথ, এখন তুমি বুঝতে পেরেছ?" আমি বললাম, "হ্যাঁ গুরুদেব, আর তারপর থেকে সব কিছুই আমার ঠিক মনে থাকত।"

জীবনে কিছু কিছু মুহূর্ত থাকে যেগুলো কখনো ভোলা যায় না। দিল্লীতে একজন ভক্তের বাড়ীতে গুরুদেব উঠেছেন। গুরুদেব ঘরে বসে রয়েছেন। যথারীতি তাঁকে ঘিরে কিছু অনুগামীও রয়েছেন। গুরুদেব তাঁদের সঙ্গে কথা বলছেন। কিছুটা দূরে সেই ভদ্রমহিলা, যাঁর ঘরে গুরুদেব রয়েছেন, তিনি বসে কমলালেবু ছাড়িয়ে রস তৈরী করছেন, আর একটা পাত্রে খোসাগুলো জড়ো করছেন পরে বাইরে ফেলে দেবেন বলে। আমি তাঁর ঠিক মুখোমুখি বসে তাঁর কাজ করা দেখছি। তিনি লেবুর রস করছেন আর মাঝে মাঝে গুরুদেবের দিকে তাকিয়ে হাসছেন। একটু পরে নির্মল ভক্তিভরে তিনি রসের বদলে সেই লেবুর চোকলার পাত্রটা গুরুদেবকে খেতে দিলেন। তিনি কী করতে যাচ্ছেন সে ব্যাপারে তাঁর বিন্দুমাত্র খেয়ালই ছিল না। আমি ভীষণ অবাক হয়ে একবার তাঁর দিকে, আর একবার গুরুদেবের দিকে তাকাচ্ছিলাম, আমি বুঝে উঠতে পারছিলাম না যে ব্যাপারটা কী ঘটতে চলেছে। কিন্তু তিনি নির্বিকার আর আমি নির্বাক। গুরুদেবের চোখে হাসির ঝিলিক দেখা গেল, তিনি বললেন লেবুর চকলাগুলো খুব মিষ্টি ছিল। সকলে উচ্চৈঃস্বরে হাসিতে ফেটে পড়ল। কিন্তু গুরুদেব দেখলেন না কী তাঁকে দেওয়া হয়েছে, তিনি কেবল ভদ্রমহিলার ভক্তির নিবেদনটুকু সহাস্যে প্রীতিভরে স্বীকার করে নিলেন। ভদ্রমহিলা বিমূঢ় হয়ে কী করবেন ভেবে পেলেন না, আবার গুরুদেব যে তাঁর নৈবেদ্যটুকু নিঃশর্ত এবং পরম ভালবাসায় গ্রহণ করেছেন সেটা ভেবে তাঁর অন্তর কৃতজ্ঞতায় ভরে উঠল। কেউ গুরুর সঙ্গে কবে কোথায় মিলিত হবে, সে ব্যাপারে তার একটা পরিকল্পনা থাকতে পারে, কিন্তু লেবুর ছিলকা

খাওয়া! সেটারও কি কোন আগাম পরিকল্পনা করা থাকে?! (এই প্রসঙ্গে মনে পড়ে প্রায় পাঁচ হাজার বছর আগে, দুর্যোধনের রাজসভা থেকে বেরিয়ে ভগবান শ্রী কৃষ্ণ গেছেন মহামতি বিদুরের বাড়ী, তাঁর পিসিমা কুন্তী দেবীর সঙ্গে দেখা করতে। বিদুর ঘরে ছিলেন না। স্বয়ং ভগবান তাঁর ঘরে পদার্পন করেছেন, বিদুর পত্নী কি করবেন ভেবে উঠতে পারছেন না। ঘরে তেমন কিছু নেই যে শ্রী কৃষ্ণকে দেবেন। একটা কলা ছিল, তিনি কলাটা ফেলে দিয়ে খোসাটা শ্রীকৃষ্ণকে খেতে দিলেন। ভগবান আম্লানবদনে সেই কলার খোসা খেয়ে চলেছেন। ইতিমধ্যে বিদুর ঘরে প্রবেশ করে তা দেখে বিমূঢ় হয়ে গেলেন। প্রসন্ন হাসিতে মুখ ভরিয়ে শ্রীকৃষ্ণ বললেন, "তাত, আপনার বিব্রত হওয়ার কোন কারণ নেই, এটা আমাদের ব্যাপার।") - বোধহয় এই কারণেই বলা হয় ভক্তের ভগবান।

কেবল গুরুই যে সব সময় সুস্বাদু খাবারের স্বাদ পান, তা মোটেই নয়। আমরা তখন দক্ষিণ আফ্রিকার প্রিটোরিয়ায় আর্ট অফ লিভিং এর টিচার নিয়তির বাবার ঘরে ছিলাম। তখন প্রাতরাশের সময়, ঘরে আমরা প্রায় জনা তিরিশেক উপস্থিত ছিলাম। পাউরুটি, ফল, নানা রকমের আচার ইত্যাদি টেবিলে সাজানো রয়েছে। প্রাতরাশের সময় চা পান করা সেখানকার এক বিশেষ প্রথা। দক্ষিণ আফ্রিকার বাসিন্দারা সেখানকার সুগন্ধি চায়ের জন্য খুব গর্ববোধ করেন। গুরুদেবের সঙ্গে সেখানকার রাষ্ট্রপতির একদিন আগে এক সাক্ষাৎকার হয়েছিল। স্থানীয় একজন স্বেচ্ছাসেবক হেমা, সে গুরুদেবের কাছে পরবর্তী পরিস্থিতি নিয়ে হালে যে সমস্ত খবর বেড়িয়েছে তা জানাচ্ছে। হাতে চায়ের কাপ নিয়ে হেমা গুরুদেবের সঙ্গে কথা বলে চলেছে। হঠাৎ সে একটা আচারের শিশি থেকে চামচে করে কিছুটা আচার নিয়ে তার চায়ে গুলে নিল। কাপ থেকে অদ্ভুত গন্ধ বের হতে সে আরও এক চামচ গুলে নিল। সে কী করছে, সে ব্যাপারে তার কোন হুঁশ ছিল না। সে গুরুদেবকে রিপোর্ট দিয়ে চলল, "গুরুদেব, আপনি যা করেছেন তা ওঁদের খুব ভাল লেগেছে। আজ পর্যন্ত এমন অনুভূতি ওঁরা পাননি, তাই ওঁরা চাইছেন যে আপনি ওদেরকে আরও একটু সময় দিন।" আমি বিস্ফারিত চোখে দেখলাম হেমা আরও এক চামচ আচারের খোঁজ করছে! এবার আমি গুরুদেবের দিকে তাকালাম, দেখি তিনিও মিটিমিটি হাসছেন। গুরুদেব হেমাকে কিছু জিজ্ঞাসা করাতে সে চায়ের কাপে চুমুক দিতে দিতে গুরুদেবের প্রশ্নের উত্তর দিয়ে চলল। আমি এক দৃষ্টিতে হেমার মুখের দিকে তাকিয়ে দেখছিলাম যে চায়ের অদ্ভুত স্বাদটুকু পাওয়ার পর তার কী প্রতিক্রিয়া হয় সেটা দেখার জন্য। তার মুখ দেখে

মনে হল যে স্বাদটা একটু অন্যরকম মনে হলেও হালফিলের সমস্ত খবর গুরুদেবকে অবগত করাতে সে এতই ব্যস্ত ছিল যে চায়ের স্বাদের ব্যাপারটা তার কাছে গুরুত্বহীন হয়ে পড়েছিল। কিন্তু কাপের চা টাও শেষ করতে হবে। সমস্ত খবরাখবর দেওয়া শেষ হলে গুরুদেব তাকে জিজ্ঞাসা করলেন, "চা কেমন লাগল?" হেমার উত্তর এল, "একটু মশলাদার..." বলতেই সে গুরুদেবের থেকে আমাদের দিকে মুখ ফেরাল, এবং দেখল যে প্রচণ্ড কৌতূহল নিয়ে আমরা সবাই একদৃষ্টে তার দিকে তাকিয়ে রয়েছি। একটু নিস্তব্ধতা, আর তারপরেই সমস্ত ঘর অট্টহাসিতে ভরে উঠল।

প্রিটোরিয়াতে আমরা তিনদিন ছিলাম। শেষদিনে গুরুদেব হঠাৎ উঠে পাশের ঘরে চলে গেলেন। ঘরে অন্যান্যদের সঙ্গে বিনোদ মেনন এবং স্বামী ব্রহ্মতেজও ছিলেন। টেবিলের উপর একটা প্যাকেট রাখা ছিল, চকিতে গুরুদেব সেটা তুলে নিয়েই বেরিয়ে এলেন এবং আমাকে যত্ন করে রাখতে বললেন। ঘটনাটা হল নিয়তির বাবা গুরুদেবের জন্য শ্রীলঙ্কার উৎকৃষ্ট সুগন্ধি চায়ের একটা প্যাকেট পাঠিয়েছিলেন। যেহেতু গুরুদেব চা পান করেন না সেহেতু বিনোদ মেনন সেটা গুরুদেবকে না দিয়ে ঘরেই রেখে দিয়েছিল। ফলে স্বয়ং গুরুদেবকে নিজের জিনিসটা পাশের ঘর থেকে চুরি করে নিয়ে আসতে হয়েছিল। আচার গোলা চা, টি ব্যাগ চুরি- ভক্ত ভগবানের লীলার এমন সব মধুর স্মৃতি মনে পড়লে মন্টা অদ্ভুত আবেশে ভরে ওঠে।

গুরুদেব বলেন, "ভক্তি হল ঈশ্বরের প্রসাদ। কারোরই তারজন্য গর্ববোধ করা উচিৎ নয়। যদি কারও অন্তরে ভক্তির উদয় হয়, জানবে তা ঈশ্বরের আশীর্বাদ।" লোকে তাঁর কাছে আসে স্বাস্থ্যোদ্ধার বা একটা চাকরীর খোঁজে যাতে সেটা পেলে বিয়ে করতে পারে, এমনকি শপিং মলে কেনাকাটা করতে যাওয়ার জন্যেও আশীর্বাদ চাইতে! কিন্তু মঙ্গোলিয়ার মানুষদের দেখেছি সম্পূর্ণ আলাদা। দেখেছি তাঁরা তাঁদের শিশুদের নিয়ে গুরুদেবের আশীর্বাদ নেবার জন্য লম্বা লাইনে দাঁড়িয়ে আছেন এবং তাঁরা প্রার্থনা করেন যে তাঁদের বাচ্চারা যেন প্রবুদ্ধ পুরুষ হতে পারে! এটা অবাক করার মত কোন ব্যাপার নয়, কারন মঙ্গোলিয়ার জনসংখ্যার প্রায় ষাট শতাংশ মানুষ সুদর্শন ক্রিয়া শিখে নিয়েছেন এবং প্রতিদিন তাঁরা ধ্যান করেন।

ব্যাঙ্গালোর আশ্রমে একবার অ্যাডভান্স কোর্সের পর গুরুদেবের দর্শনের জন্য সবাই লাইন দিয়ে দাঁড়িয়ে রয়েছেন। এক ভদ্রমহিলাও তাঁর তিন বছরে বাচ্চাকে

নিয়ে দাঁড়িয়ে ছিলেন। বাচ্চাটা তার মাকে জিজ্ঞাসা করল, "গুরুদেব কাউকে জড়িয়ে ধরলে কী হয়?' তার মা তাকে বললেন, "একটু পরেই তোমারও সুযোগ আসবে, তখন তুমি আমাকে বলবে যে তোমার কী মনে হল।" গুরুদেবকে জড়িয়ে ধরার পর সেই বাচ্চাটা তার মাকে বলল, "আম্মা, সেখানে কেউই ছিল না, আমার মনে হল আমি নিজেকেই জড়িয়ে ধরে রয়েছি!"

ছোট্ট বাচ্চাটার অভিজ্ঞতা শুনে গুরুদেবের লেখা একটা কবিতার কথা মনে পড়ে গেল।

যদি কিছু আশ্বাস চাও, কী দিব তোমায়?
সর্বদা আরামেতে থাক, পারিব না দিতে; কারণ
নিরন্তর আরামেতে সর্বনাশা অবসাদ, কর্মবিমুখতা।
সব আশা পূর্ণ হোক, তাও দিতে অপারগ আমি।
বাসনা, পূর্ণ বা ব্যর্থ হলে জানি, হতাশাই জমে খালি মনে।
সর্বদা সুসময়ে থাক, তারই বা আশ্বাস কোথায়?
অসময় জীবনে না এলে, সুখটুকু অধরাই থাকে!
ধন, মান , প্রতিষ্ঠার আশীর্বাণী চাও?
জেনে রাখ সবকিছু দুখেরই আকর।
একত্রে থাক সুখে, বলি তা কেমনে
বিচ্ছেদে মধুর হয় মিলনের সুর।
তবু যদি যাঞ্চা থাকে মোর সাথে যেতে,
জগতে সর্বোচ্চ মানো প্রেমকেই শুধু,
আশীর্বাণী বরষিবে পূর্ণ জীবনের,
অবিনাশী আনন্দের দ্বার দিব খুলি,
আপন উষ্ণীষে রাজা যেমন রক্ষিছে,
অধিক যত্নে তোমা রক্ষিব যে আমি, লহ সে আশ্বাস।
মাতার অধিক যত্নে অঙ্কে লব তুলি,
থাক যদি মোর সাথে হাতে হাত ধরি,
ইচ্ছা কর লীন হতে হৃদয়ে আমার।
রয়েছ অপেক্ষায় যার কতজন্ম ধরি,
লভিবে সাক্ষাৎ তারই মোর বাহুপাশে,
লহ এ আশ্বাস, পূর্ণ আশ্বাসন।

বাচ্চাদের অনুভূতি অত্যন্ত তীক্ষ্ণ হয়। তারা খুব দ্রুত জীবনের মূল্যবোধ এবং অন্যান্য সবকিছু আয়ত্ত করে ফেলে। পরিচ্ছন্নতার মত এক মূল্যবান বোধ গুরুদেব আমার সন্তানদের মধ্যে সঞ্চারিত করে দিয়েছেন। তিনি যখন যখন আমাদের ঘরে আসতেন, গিয়ে ভালভাবে দেখে নিতেন যে ঘরের সব কিছু গোছানো আছে কি না, জানলার গ্রিলে ধুলো বা ঝুল জমে আছে কি না, আর তারপর তারা ঘর পরিচ্ছন্ন রাখার জন্য তাদের প্রশংসা করতেন। এই পরিচ্ছন্নতা বোধ তিনি ওদের মধ্যে খেলাচ্ছলে প্রবিষ্ট করে দিয়েছিলেন।

তখন গুরুদেব বাইরে ছিলেন, সেই সুযোগে আমরা শক্তি কুটির পরিষ্কার করছিলাম। তাঁর ঘরে যে সমস্ত আয়ুর্বেদিক ওষুধ ছিল বা ক্রিম ছিল আমি সেগুলোর মেয়াদ পেরিয়ে গেছে কি না দেখছিলাম। হঠাৎ আমার চোখে পড়ল দুটো 'ফেয়ার অ্যান্ড লাভলি'র টিউব এবং যেগুলো অনেক পুরনো, সুতরাং কোন দ্বিধা না করে আমি সেগুলো বাইরে ফেলে দিলাম। গুরুদেব ফিরে এসে তাঁর ঘরের চারপাশ ভাল করে দেখে জাভের প্যাটেলকে (আশ্রমের একজন স্বেচ্ছাসেবক) জিজ্ঞাসা করলেন, "এখানে দুটো 'ফেয়ার অ্যান্ড লাভলি'র টিউব ছিল, সে দুটো কোথায় গেল?" জাভের সেটার ব্যাপারে কোন কিছু জানত না। আমি গুরুদেবকে বললাম যে টিউব দুটো অনেক পুরনো হয়ে গেছিল, তাই ঘর পরিষ্কার করার সময় ফেলে দিয়েছি। গুরুদেব বললেন, "আমাকে না জিজ্ঞাসা করে আমার ঘরের কোন জিনিস ফেলবে না।" গুরুদেব বললেন যে তিনি ওই দুটো কখনো ব্যবহার করেন নি, কিন্তু তা সত্ত্বেও সেদুটো তাঁর ঘরে রেখে দিয়েছিলেন। গুরুদেবের গায়ের রঙ ঈষৎ কৃষ্ণাভ থাকায় তিনি নিজেই তাই নিয়ে মজা করায় মুম্বইয়ের একজন ভক্ত তাঁকে ওই টিউবদুটো উপহার দিয়ে তারসঙ্গে লিখে পাঠায় - আপনি এই দুটোর থেকে দ্বিগুণ 'ফেয়ার অ্যান্ড লাভলি'। তাঁর স্মরনার্থে টিউবদুটো রাখা ছিল। পরে আমি বুঝেছিলাম যে হয়ত সেই সময়ে তার প্রতি গুরুদেবের দৃষ্টির প্রয়োজন ছিল। আমি তাঁকে গোটা ব্যাপারটা জানিয়ে বলি যে পরে সে যখন আশ্রমে আসবে তখন যেন নতুন দুটো টিউব নিয়ে আসে।

উত্তর ভারত থেকে একটা পরিবার একবার গুরুদেবের কাছে উপস্থিত হয়েছিলেন। তাঁদের মেয়ের বিবাহ ছিল, তাই তাঁরা তাঁর আশীর্বাদ নেওয়ার জন্য এসেছিলেন। তাঁরা গুরুদেবের জন্য দুটো বড় বাক্সে ড্রাই ফ্রুটস নিয়ে এসেছিলেন। তাঁরা চলে যেতেই গুরুদেব মধ্যাহ্ন ভোজনের জন্য উঠে গেলেন। আমি আর জাভের একটা করে বাক্স হাতে নিয়ে তাঁর পিছন পিছন চললাম। জাভের

আচমকাই তার হাতের বাক্সটা আমার হাতে দিয়ে বলল, "একটা নিলে অন্যটা ফ্রি।" গুরুদেব আমাদের থেকে কয়েক হাত এগিয়ে ছিলেন। তিনি ঘুরে হেসে বললেন, "তোমরা সবাই যখন একের সঙ্গে থাক, তখন প্রত্যেকেই ফ্রি।" আমাদের জন্য সেটাই তাঁর সংকল্প; আমাদের মুক্ত করা, পার্থিব জগতের নীরসতা থেকে মনুষ্যজীবনের পূর্ণতার পথে উত্তরণ ঘটানো।

ফলের কথা বলতে গিয়ে পোলাও এর কথা মনে পড়ে গেল। এত সুস্বাদু পোলাও আমি কোনদিনও খাইনি। সিয়েরা নেভেদার লেক তাহোতে একটা অ্যাডভান্স মেডিটেশন কোর্স চলছিল। শুরুতে যতদিন থাকার কথা ছিল, গুরুদেব তার থেকে একদিন বেশী থাকার জন্য মনস্থির করলেন। অংশগ্রহণকারীরাও সেই মত আরও একদিন বেশী থাকার জন্য রাজী হয়ে গেল। যেখানে কোর্স হচ্ছিল, সেটা শহর থেকে অনেক দূরে সুতরাং অতজন লোকের তড়িঘড়ি সব ব্যবস্থা করাটা খুব কঠিন হয়ে পড়ল। দুপুরের খাওয়ার সময় এগিয়ে আসছে এবং আমাদের সকলের খাবার ব্যবস্থা করতে হবে। উদ্যোক্তারা ভাবলেন যে পিৎজার ব্যবস্থা করবেন, কিন্তু সেটা পেতেও কম করে তিন ঘন্টা লাগবে। এই সময় গুরুদেব রান্নাঘরে এলেন এবং কী কী আছে একবার দেখে নিলেন। গুরুদেব সব থেকে বড় পাত্রটা আনতে বলে তার মধ্যে যত চাল ডাল ছিল সব ঢালতে বললেন। অবশিষ্ট যা সবজি বা ফল ছিল, সব কেটে তিনি রান্নার পাত্রে মিশিয়ে দিতে বললেন। মশলার কৌটো আমরা তাঁর হাতে দিলাম। সেখানে হলুদ, দারুচিনি, গোলমরিচ ইত্যাদি ছিল। তিনি তার থেকে অল্প অল্প করে সব কিছু নিয়ে মিশিয়ে দিলেন। তারপর পাত্রে জল আর নুন মিশিয়ে বললেন, "চল আমরা একটু ধ্যান করে নিই।" কিছুক্ষণ পরের রান্নাঘর থেকে একটা সুবাস বাতাসে ভেসে আসতে লাগল। গুরুদেব রান্নাঘর থেকে একটা পাত্রে পোলাও নিয়ে এসে সকলকে পরিবেশন করতে লাগলেন, সে এক স্বর্গীয় স্বাদ! প্রায় সকলে দু'তিনবার করে চেয়ে খেল, আর অনেকে আবার কিছুটা প্রসাদ হিসাবে বাড়ীতেও নিয়ে গেল। পোলাও শুধু যে সুস্বাদু হয়েছিল তাই নয়, সবাই পেট ভর্তি করে খেয়েও বেঁচে গেল। একবার গুরুদেব বলেছিলেন, "আমার পথে চললে তোমাদের কোনকিছুর অভাব হবে না।"

ইরাকে দীর্ঘদিন সেনাবাহিনী অবরুদ্ধ করে রেখেছিল। সেখানে কিছু প্রশিক্ষক দৃঢ় অধ্যাবসায়ের সঙ্গে নিরন্তর কাজ করে চলছিল, তাদের কয়েকজনকে আমি জানতাম। তাদের মুখে শুনেছি যে তারা গুরুদেবের প্রতি সম্পূর্ণ সমর্পিত ছিল

এবং তাদের কোনকিছুর অভাব কোনোদিন হয়নি বা তারা ভীতও হয়নি। তাদের দৃঢ় বিশ্বাস ছিল যে গুরুদেব সর্বদা তাদের সঙ্গে আছেন। তখন পর্যন্ত গুরুদেব তিনবার ইরাকে গেছেন। কিছু দেশে তিনি অনেকবার গেছেন কারণ সেই দেশের প্রধানেরা তাঁকে আমন্ত্রণ জানিয়েছিলেন। গুরুদেবের সফর কেবল উচ্চপর্যায়ের ব্যক্তিদের সঙ্গে আলোচনার মধ্যেই সীমাবদ্ধ থাকে না, তিনি সমস্যা পীড়িত এলাকায় যান, দুর্গত মানুষদের সঙ্গে মিলিত হন এবং তাদের ভিতরে আশা এবং শান্তি জাগিয়ে তোলেন। গুরুদেবের এইসব সফরের কথা আমরা সফরের পর সংবাদ মাধ্যমের থেকে জানতে পারি, এবং গুরুদেব আশ্রমে ফিরে এলে তখন তাঁর মুখ থেকে সরাসরি সে বিষয়ে জানা যায়। আমরা তাঁর নিরাপত্তার কথা ভেবে উদ্বিগ্ন হতে পারি তাই ভেবে তিনি আগে থেকে তাঁর সফরের বিষয়ে আমাদের জানান না। সি.এন.এন কে দেওয়া সাক্ষাৎকারে ইরাক প্রসঙ্গে তিনি বলেছিলেন, "বেশীরভাগ জায়গায় মানুষ প্রাকৃতিক বিপর্যয়ের ফলে বিপর্যস্ত হয়, কিন্তু এখানে মানুষ ক্রোধ আর হতাশার শিকার। একটা মানুষের তৈরী বিপর্যয়।" যুদ্ধের আতঙ্ক থেকে মুক্তিলাভ করার জন্য তিনি ইরাকীদের শ্বাস প্রক্রিয়ার কিছু কৌশল এবং ধ্যান শিখিয়েছিলেন।

সরকারীভাবে কার্ফিউ জারী থাকার জন্য তিনি সেখানকার নেতাদের সঙ্গে রাত্রে সাক্ষাৎ করেন এবং পারস্পরিক অবিশ্বাসের পরিবেশকে দূর করতে উভয়ের মধ্যে আলোচনার গুরুত্বের কথা বোঝাতে সক্ষম হন। তিনি তাদের উদ্দেশ্যে বলেছেন, "আমি আপনাদের একথাটাও জিজ্ঞাসা করতে পারব না যে আপনারা কেমন আছেন, কারণ আমি দেখেছি যে যুদ্ধের আতঙ্কে কীভাবে আপনাদের দিন কেটেছে। ইরাকে এখন শান্তির প্রয়োজন। এর কারণেই সবকিছু ছেড়ে আমি এখানে এসেছি।" গুরুদেবকে সরকারীভাবে নিমন্ত্রণ করে কড়া সশস্ত্র নিরাপত্তার মধ্যে দিয়ে গ্রিন জোনে নিয়ে যাওয়া হয়। কিন্তু অন্তর থেকে তিনি রেড জোনের মানুষদের জন্য একটা গভীর আকর্ষণ অনুভব করছিলেন। তাঁদের তাঁকে বেশী প্রয়োজন রয়েছে সেটা উপলব্ধি করতে পারছিলেন। স্থানীয় আয়োজকেরা তাঁর এই সিদ্ধান্তকে সমর্থন না করলেও গুরুদেব বললেন, 'আমি এখানে কেবল হোটেলে নিরাপত্তার বলয়ে আটকে থাকার জন্য আসিনি। আমি প্রত্যেকটি মানুষের কাছে শান্তির বাণী শোনাতে এসেছি, শান্তি দিতে এসেছি।" পরেরদিন সকালে তিনি রেডজোনের এক শহর নাজাফের উদ্দেশ্যে রওনা হলেন। নিরাপত্তার খাতিরে তাঁকে দুবার গাড়ী বদলাতে হল। সেই এলাকায় যখন তখন

গুলি চলার আশঙ্কা থাকায় কেউই সোজা রাস্তা ধরে গাড়ী চালাত না। গুরুদেব সেখানকার মাদ্রাসায় গিয়ে মহাত্মা গান্ধীর অহিংসার বাণী শোনালেন। তিনি সেখানকার ইমামদের সঙ্গে সাক্ষাৎ করে হিংসার পথ পরিহার করে অহিংসার পথে সমস্যা সমাধান করার জন্য অনুরোধ করলেন। একজন রেড ক্রিসেন্ট অফিসার গুরুদেবকে বললেন, "এতদিন পর্যন্ত আমরা কেবল মৃত্যুর মুখই দেখেছি, আপনার কাছে ইরাকীরা এখন জীবনের মুখ দেখতে পাচ্ছে।"

গুরুদেবের অনুপ্রেরণায় প্রায় পঞ্চাশজন ইরাকী তরুণ তরুণী ব্যাঙ্গালোর আশ্রমে যোগ এবং ধ্যানের প্রশিক্ষণ নিয়ে ফিরে তাদের এলাকায় তার সাহায্যে শান্তি প্রসারে ব্রতী হয়েছে। দুবছরের মধ্যে গুরুদেব আবার ইরাকে যান। তৃতীয়বারে তিনি হিংসা বিধ্বস্ত আরবিল, কুর্দিস্থানে শান্তি অধিবেশনের আয়োজন করেন। তিনি বলেন, "যেখানে শান্তি রয়েছে, সাধারণত সেখানে শান্তি অধিবেশনের আয়োজন করা হয়। আমি এমন জায়গায় শান্তি অধিবেশনের আয়োজন করতে চাই যেখানে সংঘর্ষ, অশান্তি রয়েছে; যেখানে প্রকৃত শান্তির প্রয়োজন।" তিনি সিঞ্জর পর্বতে ইয়াজেদি ক্যাম্পে যান এবং সেখানে কুর্দ, খ্রিষ্টান এবং আরবদের সঙ্গে মিলিত হন। একটা ক্যাম্পে কেবল ছোট বাচ্চারা ছিল যারা তাদের মা-বাবার মধ্যে একজনকে বা উভয়কেই হারিয়েছে। তারা গুরুদেবকে দেখতে পেয়ে দৌড়ে এসে তাঁকে ঘিরে দাঁড়িয়ে পড়ল। স্থানীয় লোকেরা বলল যে কয়েকমাস পরে বাচ্চাগুলোর মুখে হাসি দেখা গেল। বাচ্চাগুলো গুরুদেবকে জড়িয়ে ধরল। তিনি তাদের প্রত্যেককে আশীর্বাদ করে বললেন যে তারা প্রত্যেকে ভাল ঘরে থাকতে পারবে এবং তাদের খুব ভালবেসে যা প্রয়োজন তা মেটানো হবে। গুরুদেবের নির্দেশ মত সেই পাহাড়ে বিমানে করে খাদ্যদ্রব্য ফেলা হল এবং প্রায় দুশো তরুণীকে উদ্ধার করা হল যাদের নিন্দার্হ কাজে লিপ্ত করতে বাধ করা হত। ইরাকের প্রাক্তন প্রধানমন্ত্রী ন্যুরী-আল-মালিকি বলেছিলেন, "বৃহৎ শক্তিধর দেশগুলোর প্রচুর শক্তি থাকতে পারে কিন্তু মানুষকে একত্রিত করে তাদের হৃদয় এবং মনকে জোড়া দেবার ক্ষমতা একমাত্র একজন আধ্যাত্মিক পুরুষেরই আছে।"

২০০১ সালে ফ্রাঙ্কফার্টে ইভানজেনিক্যাল চার্চ ডে'র অনুষ্ঠানে গুরুদেব প্রধান বক্তা হিসাবে উপস্থিত ছিলেন। সেখানে কয়েক হাজার খ্রিস্টান উপস্থিত ছিলেন। বক্তৃতাকালে তিনি বলেন, "ধর্ম হল কলার খোসার মত, এবং তার মূল্যবোধ ও আধ্যাত্মিক দর্শন হল ভিতরের শাঁসের মত। বর্তমানে আমরা শাঁসটাকে ফেলে দিয়ে উপরের খোসাটা নিয়ে বিবাদে মত্ত। প্রত্যেক ধর্মের দার্শনিক তত্ত্বের প্রতি

আমাদের দৃষ্টি দিতে হবে তাহলেই আমরা উপলব্ধি করতে পারব যে আমরা সকলেই এক এবং অভিন্ন।" বহু বছর ধরে গুরুদেব বিশ্বের নানা ধর্ম তথা নানা সম্প্রদায়ের নেতাদের সঙ্গে মিলিত হয়ে পারস্পরিক বিশ্বাসের ভিত্তিতে পারস্পরিক মৈত্রীর বন্ধনকে সুদৃঢ় করতে নিরলস প্রয়াস করে চলেছেন।

প্রথমবার গুরুদেব যখন জাপানে যান, তখন টোকিওর একটা দ্বীপে বৌদ্ধ মঠে ছিলেন। স্কট হাগ গুরুদেবের সঙ্গে ছিল। সেই পবিত্র মঠের চারপাশে সুন্দর করে সাজানো বাগানে কত রকমের পাখি, আর তাদের নানা রকমের সুরেলা ডাকে স্বমগ্র পরিবেশটা আরও মনোরম হয়ে উঠেছিল। মঠের ঘরগুলোর মাঝখানে পাতলা কাগজের দেওয়াল, এবং সকলে মাটিতে মাদুর পেতে জাপানী কায়দায় শুয়ে থাকতেন। কিছু লোক স্টেশনে গুরুদেবের সঙ্গে সাক্ষাৎ করার জন্য এসেছিলেন। স্কট তাদের সঙ্গে দেখা করল। ভীড়ে ঠাসা সরু রাস্তা ধরে যেতে যেতে স্কট তাঁদের সাথে গুরুদেবের সঙ্গে তার ব্যক্তিগত অভিজ্ঞতার কথা আলোচনা করতে করতে এগিয়ে চলল। দলটা মাঠে পৌঁছালে গুরুদেব মৌন থাকলেন। স্কট সকলের সঙ্গে পরিচয় করিয়ে দিল। সে চাইছিল যাতেও কথাবার্তা চলতে থাকে, কিন্তু গুরুদেব হাসিমুখে নীরব রইলেন। অবশেষে দলের একজন কাঁদতে শুরু করলেন, তারপর আরেকজন, কিন্তু কারও মুখে কোন কথা নেই। সমস্ত হলে এক অদ্ভুত শান্তির পরিবেশ তৈরী হল এবং সবাই যেন একসূত্রে বাঁধা পড়ে গেল। একটু পরে গুরুদেব সেখান থেকে উঠে গেলেন। স্কটের সঙ্গে স্টেশনে ফেরার পথে সেই দলের লোকেরা বলল যে আজ পর্যন্ত জীবনে তাঁরা এই ধরণের অনুভুতি লাভ করেননি। তাঁরা আগামীকালও আসতে পারেন কিনা তা জানতে চাইলেন। তাঁরা সকলেই স্বীকার করলেন যে গুরুদেবের উপস্থিতি চারপাশে এক শান্তি এবং আনন্দের পরিমন্ডল সৃষ্টি করেছিল। পরেরদিন তাঁরা তাঁদের বন্ধুবান্ধবদেরও নিয়ে এলেন এবং গুরুদেব তাঁদের উদ্দেশ্যে কিছু কথা বললেন। পরেরদিন গুরুদেবের প্রস্থানের পালা, তিনি প্রত্যুষে উঠে মঠের সন্ন্যাসীদের প্রার্থনায় যোগ দিতে চলে গেলেন। মন্ত্রোচ্চারণের পর সন্ন্যাসীরা প্রথামত বুদ্ধদেবের মূর্তিকে প্রণাম করেন। তবুও সেইদিন সকালে তাঁরা গুরুদেবের দিকে ঘুরে তাঁকে প্রণাম করলেন। প্রধান সন্ন্যাসী বললেন, "আমরা দিব্যতাকে প্রণাম জানাই, কিন্তু আজ এই প্রত্যুষে কেবল বুদ্ধদেবের মূর্তির মধ্যেই নয়, আপনার উপস্থিতির মধ্যে দিব্যতাকে অনুভব করতে পেরেছি, তাই আপনাকেও আমরা প্রণাম জানাচ্ছি।"

বিশ্বের অনেক দেশের সরকার এবং নেতৃবর্গ গুরুদেবকে নানা সম্মানে ভূষিত করেছেন। তাঁর এই বিশাল কর্মযজ্ঞ দেখে আমি যুগপৎ বিস্ময় এবং গর্ববোধ করি। আমার এই মনোভাবের কথা তাঁর কাছে ব্যক্ত করলে তিনি বলেন, " তোমার জীবনই তোমার গুরু। গুরু কোন স্কুলের শিক্ষক নন যে তাঁর কাছে কিছু শিখে তুমি তাঁকে ছেড়ে চলে যাবে। জীবন এবং গুরু পরস্পর অভিন্ন।" এক সৎসঙ্গে একজন গুরুদেবকে প্রশ্ন করেছিল, "আমি কি আপনার সঙ্গে যুক্ত আছি?" উত্তরে গুরুদেব তাঁকে বলেন, "না, আমি তোমার সঙ্গে যুক্ত নই, আমি যদি তোমার থেকে বিচ্ছিন্ন থাকি তবে তো যুক্ত হওয়ার প্রশ্ন আসে!"

এই গভীর একাত্মবোধই মানুষকে তাঁর দিকে আকর্ষিত করে এবং পক্ষান্তরে তাঁকেও মানুষের কাছে টেনে নিয়ে যায়। উত্তর কোরিয়া সফরের সময় তাঁর অনুষ্ঠানের তারিখ সেখানকার খবরের কাগজে ভুল ছাপা হয়েছিল। ব্যাপারটা অনুষ্ঠানের কয়েকঘন্টা আগে সেখানকার আয়োজক সিসেলিয়া অ্যাঞ্জেলোনির নজরে আসে। যতজনকে সম্ভব খবর করা হল, এবং অ্যাঞ্জেলোনি ভেনুতে গিয়ে দেখল যে সেখানে জনা পঞ্চাশেক লোক উপস্থিত হয়েছে। গুরুদেব কিন্তু সেখানে যাওয়ার জন্য প্রস্তুত। কী করে ভুলটা তাঁর চোখ এড়িয়ে গেল? যাই হোক, ভেনুর কাছে এসে গুরুদেব তাকে বললেন যে ভেনুতে ঢোকার আগে একবার কাছের মোড় থেকে ঘুরে আসতে। সেটা পাঁচ মিনিটের পথ হবে, সে চলে গেল। ফিরে আসার সময় দেখা গেল যে প্রায় পাঁচশো লোক হলে ঢোকার জন্য হুড়োহুড়ি করছে কারণ হল তখন কানায় কানায় ভর্তি হতে চলেছে।

প্রথমবার গুরুদেব যখন আর্জেন্টিনা যান, যেখানে তিনি যান সেখানে প্রবল বৃষ্টির মধ্যে পড়েন। আর্জেন্টিনা প্রধানত ক্যাথলিক পন্থীদের দেশ, এবং গুরু সম্বন্ধে তাঁদের কোন ধারণাই ছিল না। উদ্যোক্তারা একটা হল ভাড়া করলেও লোকজন আসবে কিনা তা নিয়ে তাঁদের মনে যথেষ্ট সংশয় ছিল। অনুষ্ঠান শুরুর কয়েক মিনিট আগে থেকে ধীরে ধীরে লোক ঢোকা শুরু হল এবং অল্প সময়ের মধ্যে হল ভর্তি হয়ে গেল। আর্জেন্টিয়ানরা এর আগে কখনো কোন গুরুকে দেখেনি, তাই সকলে কৌতূহল বশত এসেছিল। কিন্তু অনুষ্ঠানের শেষে তাঁরা গুরুদেবকে 'আলোর দিশারী পুরুষ' বলে অভিহিত করলেন এবং সকলেই তাঁর সঙ্গে একবার গলা মেলাতে বারান্দায় সারি দিয়ে দাঁড়িয়ে পড়লেন। তেমনি ২০০০ সালে ইউনাইটেড নেশনে 'মিলেনিয়াম ওয়ার্ল্ড পিস সামিটে' শ্রমণ সন্ন্যাসীর একটা দল গুরুদেবকে 'আলোর দিশারী পুরুষ' হিসাবে অভিবাদন জানান এবং যে

হোটেলে গুরুদেব ছিলেন তার লবিতে তাঁকে ঘিরে ধরে, তাঁর সঙ্গে আলাদা ভাবে কথা বলেন।

'আলোর দিশারী পুরুষ' এবার শ্রীলঙ্কার 'নো ম্যানস ল্যান্ডে' যাবার জন্য সিদ্ধান্ত নিলেন। ২০০৬ সালে শ্রীলঙ্কার তৎকালীন রাষ্ট্রপতি মহিন্দা রাজাপক্ষ, গুরুদেবকে সরকার এবং এল.টি.টি.ই প্রধান ভেলুপিল্লাই প্রভাকরণের মধ্যে শান্তি আলোচনা শুরু করার জন্য অনুরোধ করেন। সেই আমন্ত্রণে সাড়া দিয়ে গুরুদেব শ্রীলঙ্কায় উপস্থিত হলেন। আলোচনা প্রক্রিয়া শুরু করার জন্য গুরুদেব ভোর চারটের সময় রওনা হলেন। সরকারী কর্তারা গুরুদেবের সঙ্গে এল.টি.টি.ই সীমানা পর্যন্ত গেলেন। সেখান থেকে গুরুদেব একজন স্বেচ্ছাসেবক যে গাড়ী চালাচ্ছিল এবং দুজন যোগ প্রশিক্ষককে নিয়ে 'নো ম্যানস ল্যান্ডে' গেলেন। চারপাশে উন্মুক্ত মাঠ, উষর রুক্ষ মাটি, সর্বদা সেখানে এল.টি.টি.ই দের সশস্ত্র নজরদারী চলছে এবং ওই এলাকায় যত গুলিবৃষ্টি হয়েছে তত বৃষ্টির জল মনে হয় পড়েনি। 'নো ম্যানস ল্যান্ড' পেরিয়ে ইউনাইটেড নেশনের চেকপোস্ট। গেট খোলানোর জন্য তাদের খবর পাঠানো হল। প্রায় একঘন্টা মত সময় লাগল তাদের পাশপোর্ট পরীক্ষা করতে তারপর তখনকার এল.টি.টি.ইদের সদর দপ্তর কিলিনোচ্ছি যাওয়ার অনুমতি পাওয়া গেল। এল.টি.টি.ইদের ওয়াচ টাওয়ারে যারা ছিল, বা যে সমস্ত অফিসারেরা তাঁদের কাগজপত্র পরীক্ষা করল, বা গেস্ট হাউসের রক্ষীরা যারা ছিল সকলেরই বয়স কুড়ি থেকে তিরিশের মধ্যে। প্রায় গোটা শহর জুড়ে মৃত এল.টি.টি.ই যোদ্ধাদের ছবি লাগানো রয়েছে। কিলিনিচ্ছোতে পৌঁছে গুরুদেব জানতে পারলেন তিনিই হাতে গোনা কয়েকজনের মধ্যে অন্যতম ব্যক্তি যিনি বিনা গুলি বর্ষনে নির্বিবাদে সেখানে পা রাখতে পেরেছেন। কারণ সেখানে যারাই আসত গুলি বৃষ্টির মাধ্যমে তাদের স্বাগত জানানো হত। গুরুদেবকে তারপর এল.টি.টি.ই প্রধানের আস্তানা থেকে প্রায় এক কিলোমিটার দূরে একটা জায়গায় অপেক্ষা করতে বলা হল। যাইহোক, প্রাথমিকভাবে রাজী হওয়া সত্ত্বেও প্রভাকরণ গুরুদেবের সঙ্গে দেখা করতে এলেন না পরিবর্তে আলোচনা করার জন্য তাঁর কয়েকজন সহকারীকে পাঠালেন।

যেভাবে তাদের উদ্দেশ্য পূরণের লক্ষ্যে এল.টি.টি.ই তাঁদের আন্দোলন চালাচ্ছিলেন, গুরুদেব তাঁদের দৃষ্টিভঙ্গি পরিবর্তন করে অন্য উপায়ে তাকে চালনা করতে অনুরোধ করলেন এবং ভারতবর্ষ থেকে যে জামাকাপড়, ওষুধ ইত্যাদি ত্রাণ সামগ্রী নিয়ে গেছিলেন সব তাঁদের দিলেন। যারা আলোচনার ক্ষেত্র প্রস্তুত

করেছিলেন তাঁরা গুরুদেবের কাছে আক্ষেপ করে বললেন যে তাঁদের শেষ প্রচেষ্টাটুকুও ব্যর্থ হয়ে গেল এবং বোধহয় এর ফলে আগামীদিনে কোন ভয়ঙ্কর পরিণাম অপেক্ষা করছে। প্রভাকরণ আলোচনায় যোগ দিলে হয়ত হাজার হাজার মানুষের প্রাণ বাঁচত। পরে গুরুদেব বলেন যে এই সমস্যার শান্তিপূর্ণ সমাধানের জন্য তিনি কোন কিছুই করতে বাকী রাখেননি। এরপর ২০০৮ সালে শ্রীলঙ্কার সেনাবাহিনী যুদ্ধবিরতি চুক্তি অগ্রাহ্য করে এল.টি.টি.ই অধ্যুষিত অঞ্চলে প্রবল আক্রমণ চালায়। ২০০৯ সালে যুদ্ধের উত্তপ্ত পরিবেশেও গুরুদেব শ্রীলঙ্কায় গিয়ে যুদ্ধবিধ্বস্ত গৃহহীন মানুষদের সঙ্গে মিলিত হন। যুদ্ধাবসানের পর সীমিত কয়েকটা এন.জি.ও সেখানে কাজ করেছিল, তারমধ্যে শ্রীলঙ্কা সরকারের বিশেষ অনুরোধে সেখানকার মানুষদের পুনর্বাসনের জন্য আর্ট অফ লিভিং এর স্বেচ্ছাসেবকরা দিনরাত সেবার কাজ করে গেছেন। কিছু প্রশিক্ষক এবং স্বেচ্ছাসেবকেরা ত্রাণ শিবিরে থেকে হাজার হাজার মানুষের মন থেকে যুদ্ধের আতঙ্ক দূর করার লক্ষ্যে অবিরাম কাজ করে গেছে।

২০১২ সালে গুরুদেব ইস্রায়েল সফরে গেলে সেখানকার দূরদর্শনের একজন প্রথিতযশা সঞ্চালক ডান শিলোন, গুরুদেবকে বলেন, "আপনি বোধহয় হতাশ বোধ করছেন, কারণ আপনি যেভাবে চাইছেন পৃথিবীটা সেইমত চলছে না!"উত্তরে তিনি বলেন, "আমাকে দেখে কি মনে হচ্ছে আমি হতাশ হয়ে গেছি? আমি ধৈর্য এবং অধ্যাবসায় নিয়ে চলি।" শিলোন বলে চলেন, "মুখের অমলিন হাসিকেই আপনি জীবনের সাফল্য হিসাবে ধরেন, কিন্তু জগতে সবাই হাসতে পারছে কোথায়?" স্বভাবসুলভ ভঙ্গিতে গুরুদেব বলেন, "ডাক্তারের কাজ হল রোগীর চিকিৎসা করা। ডাক্তার নিজেই অসুস্থ হলে রোগীদের চিকিৎসা করার আশাই থাকবে না। সংস্কারক হিসাবে আমি যদি হাসতে ভুলে যাই, তাহলে অন্যের মুখে হাসি ফিরিয়ে আনব কী করে?"

ইস্রায়েল সফরের সময় গুরুদেব 'ডোম অফ দি রক মসজিদ' এ যান। সেখানে তিনি ইসলামের প্রথা অনুসারে মাথায় ঢাকা নিয়ে প্রবেশ করেন এবং মসজিদের কেন্দ্রস্থলে যে শিলাখন্ডটি রয়েছে অত্যন্ত শ্রদ্ধাভরে সেখানে প্রণাম জানান। তাঁর সঙ্গে হাসান তাফতি ছিলেন, তিনি গুরুদেবের এই আচরণে অত্যন্ত বিস্মিত এবং মুগ্ধ হলেন। গুরুদেবের এই ধরণের আচরনের কারণ জিজ্ঞাসা করাতে গুরুদেব তাকে বললেন, "একটা পাথর যদি এত মানুষের মনের শ্রদ্ধা জাগিয়ে তুলতে পারে, তা অবশ্যই প্রণামের যোগ্য।" গুরুদেবের এই উত্তর শুনে হাসনের

মনে বিগ্রহপূজার প্রতি যে সংশয় তখনও ছিল তা শেষ হয়ে যায়। হাসান আরও জানান, "গুরুদেব ওয়েলিং হলে গিয়েও তাঁর শ্রদ্ধা জানান। তিনি এতটাই নিজের মধ্যে মগ্ন ছিলেন যে যারা অন্যপ্রকারের সাধনায় যুক্ত তাদের কারো সামনে পর্যন্ত যাননি। সমস্ত ধর্মকে গুরুদেব সমান শ্রদ্ধা করেন, তাঁর এই আচরণ আমাকে ভীষণভাবে স্পর্শ করেছে।"

২০০৯ সালে জেরুজালেমে প্রেসিডেন্সিয়াল কনফারেন্সের অঙ্গ হিসাবে 'আগামীর মুখোমুখি' শীর্ষক এক বিশেষ অনুষ্ঠানের আয়োজন করা হয়েছিল। সেখানে তেরটা রাজ্যের প্রধানেরা এবং সাড়ে তিন হাজার প্রতিনিধি অংশ নেন। গুরুদেব সেই অনুষ্ঠানে আমন্ত্রিত হয়ে ভাষণ দেন। ইস্রায়েলের ষাটতম প্রতিষ্ঠা বার্ষিকী হিসাবে সেই অধিবেশনের আয়োজন করা হয়েছিল। গুরুদেব সেখানে বলেন, "ইস্রায়েলে আমি যখন আসি, তখন আমাকে জিজ্ঞাসা করা হয়েছিল যে আমার পাসপোর্টে ইস্রায়েলের স্ট্যাম্প লাগাতে আমি রাজী আছি কি না। আমি বলি হ্যাঁ, অবশ্যই রাজী আছি।" তাঁরা আবার আমাকে বলেন, "পাসপোর্টে স্ট্যাম্প লাগবে না অন্য একটা আলাদা কাগজে সেটা করে নিন, এমনকি দূতাবাসেও এরকম করা হয়। আলাদা একটা কাগজে আপনি ভিসাও পেয়ে যাবেন, নাহলে আরব দেশগুলোতে গেলে তখন আপনি সমস্যায় পড়ে যাবেন।" আমি তাদের বললাম যে আমার পাসপোর্টে ইস্রায়েলের স্ট্যাম্প লাগাতে চাই। সমগ্র বিশ্ব আমার ঘর, ইস্রায়েলের প্রতি আমি দায়বদ্ধ। ইরাক, ইরান বা পাকিস্থানের মানুষদের সঙ্গে আমার যেমন সম্বন্ধ ইহুদিদের সঙ্গেও আমার তেমনি সম্বন্ধ। আমাদের এই সংকীর্ণ গন্ডী অতিক্রম করে ভাবতে হবে 'এক পৃথিবী, এক পরিবার', এবং আমরা প্রত্যেকে তার অংশ, সদস্য।

একবার রাশিয়া সফরকালে গুরুদেবকে এগারোটা টাইমজোনেই ঘুরতে হয়েছিল এবং তার মধ্যে কোন রকমের জেটল্যাগ জনিত ক্লান্তি চোখে পড়েনি। তিনি সর্বদা মানুষের সঙ্গে কথা বলার জন্য প্রস্তুত। সেই সফরের সময় একেবারে শেষ মুহূর্তে মস্কোতে একটা মিটিং এর ব্যবস্থা করা হল। উদ্যোক্তারা আগের দিন রাতে একটা হল ভাড়া করলেন এবং পরের দিন সকাল নটার সময় অনুষ্ঠান। সকাল থেকেই হাড় কাঁপানো ঠাণ্ডা, তার সঙ্গে তুষারপাত হয়েই চলেছে। এর মধ্যেও দেখা গেল যে অনেক মানুষ হলে ঢোকার জন্য লাইনে দাঁড়িয়ে রয়েছেন। আমাদের রাশিয়ার একজন স্বেচ্ছাসেবক স্তানিস্লাভ গোমস জানাচ্ছেন, "এমন কান্ড রাশিয়ায় আজ পর্যন্ত কেউ দেখেনি। পৃথিবীর বিখ্যাত রকস্টার এলেও তাঁরা

এই আবহাওয়ায় এমন করে ঘর ছেড়ে বের হতেন না। আমি সবাইকে বলি যে গুরুদেবের সঙ্গে কোথাও গেলে বোঝা যায় যে তিনি সাধারণের থেকে সম্পূর্ণ ভিন্ন।" একবার এক উৎসুক ভক্ত গুরুদেবকে জিজ্ঞাসা করেন, "আপনি কী করে বুঝতে পারেন যে আপনাকে কোথায় যেতে হবে?" গুরুদেব হেসে বলেন, "আমার ভক্তরা যেখানে আমাকে ডাকে, আমাকে সেখানেই যেতে হয়।" আর একজন গুরুদেবকে প্রশ্ন করেছিলেন, "আপনি এত সফর করেন, এত কাজ করেন, তাহলে কখন বিশ্রাম নেন?"

গুরুদেব সপ্রতিভ হেসে উত্তর দেন, "দুটো জন্মের মাঝে।"

সপ্তদশ অধ্যায়

জীবন প্রভাতের শিক্ষা

দোলনায় বসে আছি, হাতের থালায় রাখা ইডলি থেকে ধোঁয়া উঠছে, তার সঙ্গে রয়েছে চাটনি আর সম্বর। বেশিরভাগ দিনই সকালের ইডলি বাড়ীতেই তৈরী হত। স্পঞ্জের মত নরম গোলাকার ইডলিগুলো দেখতে এক রকমই মনে হলেও টুকরোগুলো মুখের মধ্যে অনায়াসে মিলিয়ে যাবার সময় মনে হতো এগুলো আগের দিনের থেকে আলাদা স্বাদের। প্রত্যেকদিনের সূর্যোদয় মনে হয় আগের দিনের থেকে আলাদা এবং পূর্ণ। আমাদের চেতনা সর্বদা নূতনের টানে ধেয়ে চলে। যখনই ধ্যানে বসি, প্রত্যেকবারেই নিত্যনূতন অনুভূতি। "আরেকটা ইডলি দেবো?" রাঁধুনির কথায় বাধা পড়লো। "আর মাত্র একটা দিতে পারো," আমি আবার খাবারে মন দিই। সত্যি কারো কাছে শুনেছি যে অন্যান্য পুষ্টিকর এবং সম্পূর্ণ আহারেরর মধ্যে ইডলি অন্যতম। গুরুদেব বলেন,"কেউ যদি পৃথিবীর বিভিন্ন প্রকার খাবার অথবা সঙ্গীতকে ভালবাসতে পারে, তার প্রতি আগ্রহ থাকে, তবে জ্ঞানের প্রতি থাকবে না কেন?"

একবার ইরানের আয়াতুল্লা খোমেইনির সহকারী, প্রায় আটাত্তর বছর তাঁর বয়স, আশ্রমে এসেছিলেন। তিনি গুরুদেবকে বলেন, " একটা প্রশ্ন নিয়ে আমার মনে গভীর সংশয় রয়েছে। মনে হয় আপনি আমার সংশয় নিরসন করতে পারবেন।" গুরুদেব বললেন, "বলুন, কি আপনার প্রশ্ন।" তিনি বললেন , "একটা প্রশ্নের অনেকগুলো সদুত্তর কী করে থাকতে পারে। সত্য যদি একটাই হয়, তাহলে উত্তরও একটাই হওয়া উচিৎ। দুটো আলাদা সঠিক উত্তর থাকতে পারে না। আর উত্তর যদি একটাই হয়, তাহলে এত রকমের ধর্মীয় মতবাদের কোন প্রয়োজন নেই। একটাই প্রকৃত ধর্মমত থাকা উচিৎ। সব পথই সঠিক কী করে হয়? সত্য যদি এক হয় তাহলে এত প্রকারের শাস্ত্র সব সত্য হতে পারে না।" তাঁর যুক্তির মধ্যে সারবত্তা আছে সহজে উপেক্ষা করা যাবে না। গুরুদেব হেসে বললেন, "দেখুন, এখানে আপনি বিভিন্ন রাস্তা দিয়ে আসতে পারেন, কেউ সোজা পথে চলে আসতে পারে, কেউ সোজা গিয়ে ডানদিকে ঘুরে আসতে পারে, আবার কেউ সোজা গিয়ে আবার বাঁদিকে ঘুরে এখানে আসতে পারে। সবটাই নির্ভর করছে কে কোথায় রয়েছে তার উপর।" তিনি বলে চললেন,"ভারতবর্ষে একটা

কথা বলা হয় যে, যেদিক দিয়েই আসুক না কেন জ্ঞানকে আসতে দাও। সত্য এক কিন্তু তা বিভিন্ন ভাবে অনুভূত হয়,- 'একং সৎ বিপ্রা বহুধা বদন্তি' - অর্থাৎ সেই এক পরমকে বিশিষ্ট প্রজ্ঞাবানেরা (বিপ্র) বিভিন্ন ভাবে ব্যক্ত করে গেছেন।" তিনি গুরুদেবের উত্তরে সন্তুষ্ট হয়ে তাঁকে ধন্যবাদ জানালেন।

তবে একমাত্র তিনিই যে এই প্রশ্নের উত্তর খুঁজছেন তা নয়। সত্য যে বহুমুখী, এই উপলব্ধি অনেকেই লাভ করেছেন এবং তাদের জীবনে যে পরিবর্তন ঘটে গেছে তার অনেক দৃষ্টান্ত পাওয়া যায়। গুরুদেব একবার ইউনেসকো দ্বারা আয়োজিত 'ওয়ার্ল্ড কংগ্রেস অফ ইমামস্ অ্যান্ড র‍্যাবাইস ফর পিস' এ বক্তৃতা করার জন্য আমন্ত্রিত হয়ে প্যারিস যান। সম্মেলনে ইমাম এবং ইহুদি শাস্ত্রব্যাখ্যাতাদের মধ্যে মতভেদ হয় এবং সেই মতভেদ তাঁরা নির্দ্ধিধায় প্রকাশ্যে ব্যক্ত করেন। ইস্রায়েল এবং প্যালেস্তাইনের মধ্যে দীর্ঘকালের বিবাদের সমঝোতা সূত্র খুঁজে বার করার জন্য মূলত এই অধিবেশনের মঞ্চকে ব্যবহার করা হয়েছিল। গুরুদেব যখন বলতে শুরু করেন, প্রত্যেকেই তাঁর কথাকে আধ্যাত্মিক পথে শান্তি প্রতিষ্ঠার বার্তা হিসাবে স্বাগত জানান। তিনি তাঁর 'এক বিশ্ব, এক পরিবার' এই ভাবনাকে ব্যক্ত করেন। শতাধিক বছরের মতবিরোধ এই মতানুসারে এক সমাধানের দিশা দেখাতে সমর্থ হতে পারে। তিনি বলেন প্রজ্ঞাবান ব্যক্তিরা বিভিন্ন ধর্মের মধ্যে এককেই দেখেন এবং তাদের বৈচিত্রকেও স্বীকার করেন। বিশ্বের কোন এক কোণেও যদি চরমপন্থার বীজ লুকিয়ে থাকে, তাহলে বিশ্বকে নিরাপদ আশ্রয় হিসাবে ভাবা উচিত হবে না। যারা মনে করেন যে একমাত্র তাদের ধর্মানুসরণেই মানুষ স্বর্গলাভ করতে পারবে, তাহলে তা অন্য মানুষদের পক্ষে নরকের সামিল হতে বাধ্য। সর্বপ্রথম এবং সর্বপ্রধান যে সত্য, সেটা হল আমরা একই ঈশ্বরীয় সত্তার অংশ এবং আমাদের সকলের জীবন তাকে আশ্রয় করেই আবর্তিত হয়ে চলেছে। প্রথমে এই কথাটা হৃদয়ঙ্গম করতে পারলে তারপর ভিন্ন জাতি বা ধর্মকে স্বীকার করে নিতে অসুবিধা হবে না। আমরা যে মানুষ এই পরিচয়টাই বাকী সমস্ত পরিচয়ের মধ্যে সমধিক গুরুত্ব পায়। আমাদের উচিত বাচ্চাদের, জগতের সমস্ত ধর্ম সম্বন্ধে সামান্য কিছু পরিচয় দেওয়া, তাহলে ছোটবেলা থেকেই তাদের ভিতরে উদার মানসিকতা গড়ে উঠবে এবং বিভিন্ন ধরনের সংস্কৃতিকে তারা সহজে আপন করে নিতে পারবে। বিভিন্ন ধর্ম এবং সংস্কৃতি সমন্বিত শিক্ষা ব্যবস্থার একান্ত প্রয়োজনীয়তা রয়েছে। তাহলেই পৃথিবীতে অন্ধ গোঁড়ামি দূর হয়ে যাবে।

২০১২ সালের মার্চ মাসে যখন তালিবানেরা আমেরিকার সঙ্গে শান্তিচুক্তির ব্যাপারে কথা বলতে অস্বীকার করে, তখন 'দি ডেইলি বিষ্ট' সংবাদপত্রে দেওয়া এক সাক্ষাৎকারে গুরুদেব জানান যে তিনি পাকিস্তানে তালিবানদের সঙ্গে কথা বলতে প্রস্তুত আছেন। যখন সেখানে অল্পকিছু মানুষ ধ্যান করতে রাজী হন তখন গুরুদেব বলেন, "আমাদের সকলের খোলা মন নিয়ে কথা বলতে হবে, দেখতে হবে যারা বিচ্ছিন্ন হয়ে আছেন তাদের মনোভাবটা কী এবং তাদের অসুবিধাই বা কোথায় হচ্ছে, আমি সর্বদা এই মনোভাব নিয়েই এগিয়ে চলি। যারা যুদ্ধে রত, তারা তাদের ভয় ও নিজস্ব কিছু ভাবনা থেকেই সেটা করছে; তারা নিজেদের গুরুত্বপূর্ণ প্রমাণ করতে চাইছে। কোন মানুষের বিচারের মধ্যে, ভাবনার মধ্যে প্রথমে দ্বন্দ্ব-সংঘাতের জন্ম হয় পরে তা ধীরে ধীরে সম্প্রদায়ের মধ্যে সংক্রামিত হয়ে পড়ে। তিনি সর্বদাই কোমল, দয়ার্দ্র হৃদয় নিয়ে সকলের সঙ্গে ব্যক্তিগত আলোচনায় অগ্রণী হন, সেই কারণেই সমস্ত প্রকার সরকারী কূটনৈতিক প্রচেষ্টা যখন ব্যর্থ হয়ে যায়, তিনি সেখানে সফলভাবে সমস্যার সমাধানে সমর্থ হন।

২০১৪ সালে ভিয়েনায় প্রায় পঞ্চাশ জন রাষ্ট্রপ্রধানদের নিয়ে 'ইন্টার ফেত কাউন্সেলে'র এক অনুষ্ঠানে গুরুদেবকে বিশেষ অতিথি হিসাবে ভাষন দেবার জন্য আমন্ত্রণ জানানো হয়। সেখানে গুরুদেবকে একজন ধ্যানসিদ্ধ পুরুষ হিসাবে পরিচয় প্রদান করা হয়। একই বছর পোপের আমন্ত্রণে ভ্যাটিকান সিটিও সফর করেন। সেখানে বিশপেরা আন্তরিক শ্রদ্ধার সঙ্গে স্বাগত জানান এবং বিশ্বের বিভিন্ন ধর্মমতের মধ্যে ঐক্য স্থাপন করে সেই শক্তিকে দারিদ্র দূরীকরণ এবং শিশুদের উপর নির্যাতন রোধের কাজে নিয়োগ করার ব্যাপারে তাঁর মত ও সহযোগিতা প্রার্থনা করেন। ১৯৮৪ সালে গুরুদেব যখন প্রথমবার সেখানে যান, তখন যোগ ও ধ্যান শিক্ষার জন্য তাঁকে এতই বাধার সামনে পড়তে হয়েছিল যে মনে হয়েছিল যেন তিনি সেখানে কোন নিষিদ্ধ জিনিষ শেখাতে গেছেন। কিন্তু গুরুদেবের নিরন্তর প্রয়াসের ফলে যোগশিক্ষা আজ সারা বিশ্বে সমাদৃত হয়েছে, বর্তমানে সকলেই এর গুরুত্বের কথা বুঝতে পেরেছেন।

২০১৪ সালে ইউনাইটেড নেশান, ২১শে জুন 'বিশ্ব যোগ দিবস' হিসাবে ঘোষনা করেন। তারপরেই গুরুদেবকে ইউরোপিয়ান পার্লামেন্টে বিশেষ অতিথি হিসাবে আমন্ত্রণ জানানো হয় এবং সেখানে তিনি 'যোগের পথ' শীর্ষক বক্তৃতা দেন। উপস্থিত বিশিষ্ট অতিথিদের মধ্যে একজন জানান যে আজ পর্যন্ত কোন অনুষ্ঠানেই পাঁচশো লোকের উপস্থিতি ঘটেনি। সেই প্রথমবার সেখানে সমস্ত

প্রতিনিধিরাই উপস্থিত হয়েছিলেন। গুরুদেব তাঁর স্বভাবসুলভ রসিকতার ছলে বলেন যে সমস্ত দেশের লক্ষ হল জি .ডি. পি (গ্রস ডোমেষ্টিক প্রোডাক্ট) বাড়ানো, কিন্তু আমাদের লক্ষ হল জি. ডি. এইচ - গ্রস ডোমেষ্টিক হ্যাপিনেস বাড়িয়ে তোলা এবং সেই লক্ষ্য পূরণে, মানুষের তথা জাতির জীবনে উল্লেখযোগ্য পরিবর্তন আনতে গেলে যোগশিক্ষা হল অন্যতম এবং প্রধান মাধ্যম।

২০১৫ সালে নিউইয়র্কে ইউনাইটেড নেশনের প্রধান কার্যালয়ে , ২১ জুন 'বিশ্ব যোগ দিবস' উপলক্ষে তিনি যোগ প্রশিক্ষণ দেন, তারপরই তিনি চলে যান টাইম স্কোয়ারে, সেখানে কয়েক হাজার মানুষ তাঁর জন্য অপেক্ষা করছিল। অতি প্রাচীন এক সাধন পদ্ধতিকে তিনি জয়নগরের ছোট্ট এক ঘর থেকে ইউনাইটেড নেশন, ইউরোপিয়ান পার্লামেন্ট থেকে শুরু করে সারা বিশ্বের প্রত্যন্ত অঞ্চল অবধি, কোটি কোটি মানুষের কাছে পৌছে দিয়েছেন। নিউ ইয়র্কের লিঙ্কন সেন্টারে 'দি ওয়াল ষ্ট্রিট জার্নাল' পত্রিকার এক সাংবাদিক গুরুদেবকে প্রশ্ন করেন যোগশিক্ষা কি কোন ধর্মীয় বিষয়ের মধ্যে পড়ে? উত্তরে গুরুদেব তাঁকে বলেন, - যোগ, আয়ুর্বেদ এবং বেশ কিছু ইংরেজি মাসের নাম সুপ্রাচীন বৈদিক পরম্পরা থেকে সৃষ্টি হয়েছে। কিন্তু এর সঙ্গে কোন ধর্মীয় বিশ্বাসের সম্বন্ধ নেই। ঈশ্বরের রূপক তো বটেই, এমনকি ঈশ্বরকে মানতেও কাউকে বাধ্য করা হয় নি। নিউটন মাধ্যাকর্ষণ শক্তি আবিষ্কার করেছিলেন, তার মানে এই নয় যে তাকে খ্রিষ্টানবিধি বলে আখ্যা দেওয়া হবে। উপস্থিত এক বিশাল সমাবেশে গুরুদেব বলেন, "বর্তমান কালে অত্যন্ত ব্যস্ত জীবনে যোগের গুরুত্ব অপরিসীম কারণ মানুষের কাছে কোন কিছু অভ্যাস করার সময় খুব কম অথচ সে চায় সবথেকে বেশি লাভবান হতে।"

যোগ মানে বিশেষ কিছু আসন বা কিছু ব্যায়াম করা নয়, যোগ হল সমন্বয় সাধন। তিনি বলেন, "যোগ মানে একটা ঢেউয়ের তার আপন উৎসে মিলে মিলে যাবার মত।" গুরুদেবের নির্দেশে আসন করা এক অভাবনীয় অনুভূতি এনে দেয়। কিশোরী বয়সে এবং বিয়ের পরেও আমি বাড়ীর কাছে একটা যোগ-স্কুলে অভ্যাস করতে যেতাম। কিন্তু গুরুদেবের কাছে তাঁর নির্দেশে যখন আরম্ভ করলাম তার অনুভূতিই আলাদা। প্রতিটা ভঙ্গিতে শরীরের কোন অংশে কি ধরণের প্রভাব পড়ছে এবং তা যে ধীরে ধীরে বিশুদ্ধ হয়ে উঠছে তা খুব স্পষ্টভাবে অনুভব করা যেত। সাধারণত কেউ যখন আসন অভ্যাস করে তখন তার অঙ্গ সঞ্চালনের সঙ্গে শ্বাসের ওপরেই নজর থাকে। কিন্তু একজনের নাড়ির গতি, পাকস্থলির প্রসারণ, প্লীহার সংকোচন! আমি এর আগে প্লীহার সংকোচন নিয়ে ভাবতেই পারতাম না।

প্রায়ই ধ্যানের শেষে গুরুদেব শরীরের প্রতিটা অংশে মনকে চালিত করার নির্দেশ দিতেন। তাঁর নির্দেশানুসারে সচেতনভাবে সব কিছু করার মধ্যে দিয়ে এক নতুন অভিজ্ঞতা লাভ হতো, অনুভূতির এক নতুন জগতে পৌঁছে যেতাম। তিনি বলতেন যে সমাধিস্থ অবস্থায় যোগী পুরুষদের ভিতর থেকে স্বাভাবিকভাবে এক একটা যোগের ভঙ্গি বা আসনের ভঙ্গি জেগে উঠতো। যে কোন আসনেই ধ্যানের গভীরে চলে যাওয়া সম্ভব। মনে হয় যে শীর্ষাসন, বা ভূজঙ্গাসনে সমাধির অবস্থা লাভ সম্ভব নয়, কিন্তু বাস্তবে তা সম্ভব। প্রত্যেকটা আসনের সঙ্গে প্রকৃতির যে সম্বন্ধ রয়েছে, গুরুদেব তা সহজ করে ব্যাখ্যা করে দেন। ফলে কেবল মার্জার আসনেও একজন তার পারিপার্শ্বিকতার মধ্যে লীন হয়ে যেতে পারে, তার ক্ষুদ্র মন অনন্তের অনুভূতি লাভ করতে পারে।

সুখী এবং প্রাণচঞ্চল মানুষের লক্ষণ হল সে তার অধীত শিক্ষাকে যতটা সম্ভব সেবার মাধ্যমে অন্যান্য লোকের মধ্যে ছড়িয়ে দেয়। ২০১২ সালে নেদারল্যান্ডের নিয়েনরোদে বিজনেস ইউনিভারসিটি , তাদের ষাট বছর পূর্তি উপলক্ষ্যে গুরুদেবকে সাম্মানিক ডক্টরেট উপাধিতে ভূষিত করেন। সেই বিশ্ববিদ্যালয় তাঁকে সমকালীন বিশ্বে সর্বাপেক্ষা প্রভাবশালী আধ্যাত্মিক পুরুষ হিসাবে স্বীকৃতি প্রদান করে। তাঁরা প্রদত্ত ভাষনে বলেন যে, "গুরুদেবের আধ্যাত্মিক শিক্ষা, তাঁর সেবামূলক প্রকল্পগুলি বিশ্বের বিভিন্ন দেশের বহু তরুণ তরুণী, তথা নেতৃবর্গকে একসূত্রে যুক্ত করে প্রগতির পথে এগিয়ে যেতে উদ্বুদ্ধ করেছে। তাঁর বাস্তবধর্মী প্রজ্ঞা এবং আধ্যাত্মিকতার যথার্থ প্রয়োগ, বিশ্বের ছোট বড় অনেক সংস্থাকে প্রগতির পথে এগিয়ে চলতে সাহায্য করছে।" পুরস্কার প্রদান অনুষ্ঠানে গুরুদেব বলেন, "বর্তমান বিশ্বের ব্যাবসা বাণিজ্য এক অনিশ্চয়তার মধ্য দিয়ে চলছে। সামাজিক এবং রাজনৈতিক আদর্শ তথা মূল্যবোধের ওপর ব্যবসা বাণিজ্য অনেকটাই নির্ভরশীল। উভয়ের সার্থক সমন্বয় ঘটাতে এবং প্রগতি এবং সমৃদ্ধি ঘটাতে আধ্যাত্মিকতার এক মহান ভূমিকা রয়েছে।" 'আর্ট অফ লিভিং' এর সদস্যরা গুরুদেবকে অভিনন্দন জানালে তিনি বলেন -"এখন এটা উৎসবের মুহূর্ত হলেও এই স্বীকৃতি বিশ্বকে আরও সুন্দর করে গড়ে তোলার লক্ষ্যে আমাদের দায়িত্বকে আরও বাড়িয়ে তুলল।"

কয়েক বছর আগে দাভসে 'ওয়ার্ল্ড ইকোনমিক ফোরামে' গুরুদেবকে বক্তৃতা করার জন্য আমন্ত্রণ জানানো হয়। সেই ফোরামে বিশ্বের বড় বড় বাণিজ্য সংস্থার কর্ণধার এবং সি.ই.ও দের নিয়ে একটা গোলটেবিল বৈঠক অনুষ্ঠিত হয়।

কয়েকটা দলে সদস্যদের ভাগ করে দেওয়া হয় এবং প্রত্যেক দল থেকে দশজন করে প্রতিনিধি তাঁদের বক্তব্য রাখেন। গুরুদেব অত্যন্ত মনোযোগ সহকারে প্রত্যেকের বক্তব্য শোনেন এবং সবশেষে তাঁর বলার সময় আসে। এক আনন্দময় জীবন যাপনের জন্য তিনি পাঁচটা মূল সূত্রের উল্লেখ করেন যেগুলি তিনি 'আর্ট অফ লিভিং' এর বেসিক কোর্সে আলোচনা করে থাকেন। উপস্থিত সকলেই স্বীকার করে নেন যে গুরুদেবের এই সূত্রগুলো ভবিষ্যতে এক সমৃদ্ধ জীবন গড়ে তোলার ক্ষেত্রে মূলমন্ত্র হিসাবে কাজ করবে। তাঁকে সমস্ত দলের মুখপাত্র হিসাবে বক্তব্য রাখতে বলা হলে তিনি তাঁর বক্তব্য রাখেন এবং তাঁর বক্তৃতা শেষ হলে সকলেই উঠে দাঁড়িয়ে তাঁকে সম্বর্ধনা জানান।

গুরুদেব বলেন, "বিশ্বাস হলো বাণিজ্যের শ্বাস, অর্থাৎ জীবনী শক্তি; নীতি হলো তার অঙ্গ প্রত্যঙ্গ আর লক্ষ হল মানুষের মধ্যে কর্মশক্তি ও উদ্দীপনা জাগিয়ে তোলা। ২০০৬ সালে গুরুদেবের পঞ্চাশবছর জন্মজয়ন্তী উপলক্ষে নীরজ দেবা নামে ইউরোপিয়ান পার্লামেন্টের একজন সদস্য তাঁকে অনুরোধ করেন যে ২০০৩ সাল থেকে ব্যাঙ্গালোর আশ্রমে যে 'কর্পোরেট কালচার অ্যান্ড স্পিরিচুয়ালিটি' নিয়ে সম্মেলন অনুষ্ঠিত হয়ে আসছিল, সেটা যেন সেই বছর ইউরোপিয়ান পার্লামেন্টে করা হয়।। গুরুদেব এই আবেদনে রাজি হলেন। স্বেচ্ছাসেবকরা যখন তাঁর কাছে অধিবেশনের নির্ঘন্ট সম্বন্ধে জানতে চাইলো তিনি বললেন, 'ব্যবসা বাণিজ্যের ক্ষেত্রে নীতির স্থান সহযোগী না বিরোধী' - এই বিষয় নিয়ে সেখানে আলোচনা হবে। অনুষ্ঠানটা পরিচালনায় সাহায্য করার জন্য আমরা মুখিয়ে রইলাম, কারণ অতবড় মাপের একটা অধিবেশন পরিচালনা করার মত সাংগঠনিক পরিকাঠামো তখন ইউরোপে আমাদের ছিলনা। তখন জার্মানীর একটা বিখ্যাত পরিচালন সংস্থার সঙ্গে যোগাযোগ করা হলে তারা ন'মাস সময় আর সাত লক্ষ ইউরো চায়। আমাদের হাতে অত সময় আর টাকা কোনোটাই ছিল না। সুতরাং দলটা ফিরে এসে গুরুদেবের পরামর্শ চায়। তিনি তাঁর স্বভাবসুলভ ভঙ্গিতে বললেন, - 'তোমরা করতে থাক, সব কিছু ঠিক হয়ে যাবে।' চার মাস পরে আমরা সর্বপ্রথম ইউরোপীয়ান পার্লামেন্টে 'ওয়ার্ল্ড ফোরাম ফর এথিকস ইন বিজনেস' এর আয়োজন করি। বিভিন্ন দেশের প্রায় তিনশো জন প্রতিনিধি সেই অনুষ্ঠানে অংশগ্রহণ করেছিলেন।

২০১৪ সালের জুন মাসে গুরুদেব আমেরিকান এন্টারপ্রাইজ ইনস্টিটিউট পরিদর্শনে যান। তিনি ওয়াশিংটন ডি সি ভিত্তিক মানব জীবন উন্নয়ন এবং সমৃদ্ধির

বিষয়ে গঠিত এক বিশেষ চিন্তাশীল ব্যক্তিবর্গের সঙ্গে মিলিত হন। সেই ইনস্টিটিউটের সভাপতি আর্থার ব্রুকস গুরুদেবকে প্রশ্ন করেন, "সমবেদনা এবং মুক্ত বাণিজ্য নীতি কি পরস্পরের সঙ্গে সম্বন্ধযুক্ত, তারা কি একে অপরকে বৃদ্ধি পেতে সাহায্য করে?" গুরুদেব বলেন, "পুঁজিবাদ, সাম্যবাদ, সমাজতন্ত্রবাদ বা যেকোন বাদই হোকনা কেন, মানবতাবাদ ছাড়া আর কোন বাদই কাজে আসবে না।" তিনি আরও বলেন যে, "পুঁজিবাদের সঙ্গে সমবেদনার কোন সংঘাত আমার নজরে পড়ে না। বরং সমবেদনা বা সহানুভূতিকে আশ্রয় করে পুঁজিবাদ তার সম্প্রসারণ ঘটাতে পারে। সমবেদনা বা সহানুভূতি সেই ব্যক্তিই জানাতে পারে যার মধ্যে তা পূর্ণ করার সামর্থ রয়েছে।"

গুরুদেবের বিচরণ ক্ষেত্র কেবল বাণিজ্য জগতের মধ্যেই সীমাবদ্ধ ছিলনা, তা বহুমুখী এবং বহুদিকেই প্রসারিত ছিল, আর খেলাধুলার জগতও তার অন্তর্গত ছিল। পর্তুগালের ঘটনা, সেখানকার যে স্বেচ্ছাসেবক গুরুদেবকে গাড়িতে নিয়ে যাচ্ছে, সে গুরুদেবকে অনুরোধ করলো, গুরুদেব যদি রেডিওটা খোলেন কারণ পর্তুগাল তখন একটা খুব গুরুত্বপূর্ণ ম্যাচ খেলছে। কিন্তু যতক্ষন রেডিওটা খোলা রইল কেবল গোলমালের আওয়াজ ছাড়া সেই ম্যাচের কোন ধারাবিবরণীই শোনা গেলনা। যখন ভালভাবে কিছুই শোনা যাচ্ছিল না তখন সেই স্বেচ্ছাসেবক রেডিওটা বন্ধ করে দিল। কিন্তু গুরুদেব তাকে বললেন যে রেডিওটা খুলে মন দিয়ে ধারাবিবরনী শুনতে। পর্তুগালের সে ঘটনাটা ঘটেছিল আটলান্টিক মহাসাগরের ধারে সন্ধ্যাবেলায়। সেদিনের অনুষ্ঠান গুরুদেব খেলার প্রসঙ্গ দিয়ে শুরু করে বলেন, "বর্তমানে আমরা আমাদের জীবন যুদ্ধটাকে খেলার মত মনে করি, আর খেলাটাকে যুদ্ধের পর্যায়ে নিয়ে গেছি।"

দু'বছর পর ফিফা যখন দুর্নীতির দায়ে অভিযুক্ত হল, গুরুদেব তখন ২০১৪ সালে ফিফার প্রধান কার্যালয় জুরিখে ' ওয়ার্ল্ড ফোরাম ফর এথিক্স ইন স্পোর্টস' এর আয়োজন করেন। সেই অনুষ্ঠানে গুরুদেব বলেন যে, "খেলাধুলার মাধ্যমে তরুণ সমাজের মধ্যে যে অফুরন্ত প্রাণশক্তি রয়েছে, তাকে সঠিক দিশায় পরিচালিত করা যায়। বন্দুকের বদলে আমরা তাদের হাতে যদি ব্যাট অথবা ফুটবল তুলে দিতে পারি, বিশ্ব শান্তি প্রতিষ্ঠার পক্ষে তা হবে এক সঠিক পদক্ষেপ। খেলাধুলার জগতে প্রকৃত মানসিকতা গড়তে তিনি একটা কাহিনী শোনান, "একবার একটা ছোট ছেলে প্রতিযোগীতায় হেরে গিয়ে বিষন্ন হয়ে পড়েছিল। আমি তাকে বললাম, তুমি হেরে গেছ ঠিক আছে, কিন্তু যে জিতেছে তাকে কি

তুমি তোমার বন্ধু বলে মেনে নিতে পারছো? তোমার বন্ধু জিতেছে বলে তোমার মনে আনন্দ হচ্ছে না? মনে কর তুমি যদি জিতে যেতে আর সে খুশী না হত, তাহলে তোমার কী রকম মনে হত?" আমার কথা শুনে বাচ্চাটা তার হারকে অন্যভাবে দেখতে শুরু করলো একটা খেলায় যে কেউই জিততে পারে, কিন্তু সকলেই সেটা নিয়ে আনন্দ করা উচিত। এই মানসিকতা যদি না থাকে তাহলে সেটা খেলা রইলো না যুদ্ধক্ষেত্রের মত হয়ে গেল।, প্রতিদ্বন্দ্বীতামূলক ব্যবসার ক্ষেত্র হয়ে গেল। খেলাধুলার জগতে এই মানসিকতাকে সঞ্চারিত করতে পারলে তা মানষের চেতনাকে সমৃদ্ধ করে তুলতে সাহায্য করবে।

গুরুদেব বলেন যে কেউ যখন জেতে বা জেতাতে সাহায্য করে, সেক্ষেত্রে জিত দুজনেরই হয়। তিনি সবক্ষেত্রেই এমন এক পরিবেশ সৃষ্টি করেন যেখানে সকলেই জয়ী বলে ভাবে। কেউ যদি ভাবে সে কিছু হারিয়েছে, সেটা তার মানসিক দীনতার লক্ষণ, তার নিজের সমস্যা, উদ্বেগ, দুশ্চিন্তা।

অষ্টাদশ অধ্যায়

এই বিশ্ব এক পরিবার

বর্ষাকাল এসে গেছে। জানলা দিয়ে তাকিয়ে দেখছি বাইরের বৃষ্টিধারায় প্রকৃতির স্নান, গাছপালা, সামনের গাছের আমগুলোও জলে ধুয়ে চকচক করছে, আর ছাদের উপর তার অবিরাম ঝরঝর আওয়াজ, সব মিলিয়ে এক অদ্ভুত আনন্দ হচ্ছিল। বৃষ্টির বিন্দুগুলো আকাশ থেকে ঝরে পড়লেও এখন তারা আমাদের নাগালের মধ্যে, তাদের ছুঁয়েই যেন আকাশ এবং আকাশে ভেসে চলা মেঘের সঙ্গে একটা সম্বন্ধ অনুভব করা যায়। মনকে মেঘাচ্ছন্ন না করে বরং মনকে মেঘের ভেলায় ভাসিয়ে দিয়ে অসীমের পানে পাড়ি জমানো যায়, উদার অনন্তের মধ্যে নিজেকে মেলে ধরা যায়।

সেটা ২০১০ সাল, গুরুদেব নেদারল্যান্ডে একদল অনুগামীদের কাছে আর্ট অফ লিভিং এর তিরিশ বছর পূর্তি উৎসব প্রসঙ্গে একটা প্রস্তাব রাখলেন, "আর্ট অফ লিভিং এর তিরিশ বছর পূর্তি উৎসব কোথায় এবং কীভাবে উদযাপিত করা যায়?" নানাজনের কাছ থেকে নানা রকম মত আসতে লাগল, কেউ কেউ এমন কথাও বলল যে প্রথমে ব্যাপারটা অসম্ভব বলে মনে হল। অনেকেই বলল যে এই বিশেষ স্মরণীয় দিনটা তারা ইউরোপের কোন বড় স্টেডিয়ামে পালন করবে। গুরুদেব সবকিছুতেই যেমন সম্মতি প্রকাশ করেন এখানেও যথারীতি তাই করে বললেন, "ঠিক আছে, আমরা তাই করব।" পূর্ণোদ্যমে প্রস্তুতি পর্ব শুরু হল এবং ঠিক হল যে বার্লিনের ঐতিহাসিক স্টেডিয়ামে অনুষ্ঠানের আয়োজন করা হবে।

জুলাই মাসে অনুষ্ঠানের দিন স্থির হল, তার কয়েক মাস পরেই, ২০১১ সালের জুলাই মাসেই দিল্লীতে ছিল 'ওয়ার্ল্ড কালচারাল ফেস্টিভ্যাল' (ডব্লিউ. সি. এফ)। গুরুদেব সুইজারল্যান্ডের টিচার স্টিফেন চপার্ডকে সকলের জন্য শাল কিনে আনার নির্দেশ দিলেও আমরা কিন্তু একটা রৌদ্রস্নাত দিনের আশাই করেছিলাম। কিন্তু সেইদিন অসময়ে বৃষ্টি নামল এবং সেই বৃষ্টির কনকনে ঠান্ডায় শালগুলো আমাদের প্রত্যেকের খুব কাজে লেগেছিল। অবিরাম বৃষ্টি ধারার মধ্যেও উপস্থিত সত্তর হাজার মানুষের কেউই স্টেডিয়াম থেকে একপাও নড়েনি। কয়েকশো ছাতায় স্টেডিয়ামের খোলাকাশের নীচে বসার সিটগুলো ঢেকে গেছিল। সাধারণত বৃষ্টি হলে সবাই কোন না কোন ছাউনি খোঁজে, কিন্তু সেদিন আমি খোলাকাশের

নীচে বৃষ্টির মধ্যেই দাঁড়িয়ে ছিলাম। মনে হচ্ছিল যেন আকাশ থেকে আমার উপর আশীর্বাদের ধারা বর্ষিত হয়ে চলেছে। বৃষ্টির প্রতিটা ফোঁটা বরফ কণার মত মনে হলেও উপস্থিত ১৫০টা দেশের মানুষের একাত্মবোধ, তাদের আনন্দের উষ্ণতা যেন আমার মধ্যেও সঞ্চারিত হয়ে পড়ছিল, তাদের সেই উদ্দীপনা আমি অনুভব করতে পারছিলাম, আমার একটুও শীত করছিল না। রাশিয়ার শিল্পীরা 'সোয়ান লেক' নামে একটা ব্যালে নৃত্য পরিবেশন করে, প্রকৃত অর্থেই পুরো নৃত্যানুষ্ঠানটা বৃষ্টিতে ভিজে জলের মধ্যেই তারা করল। তাদের চোখ ধাঁধানো পোশাক আর মুখের উপর বৃষ্টির ফোঁটাগুলো আলোর প্রতিফলনে হীরের মত দ্যুতি ছড়াচ্ছিল, তাদের আকর্ষণীয় করে তুলেছিল। তারা যখন হাত নেড়ে গোল হয়ে ঘুরছিল, তখন তাদের আঙুলের মাথা থেকে জলবিন্দু চারদিকে ছড়িয়ে পড়ে এক মোহময় সৌন্দর্যের ছবি ফুটে উঠছিল। তাদের প্রতিটা পদক্ষেপের ঢেউ স্টেডিয়ামের চারপাশে ছড়িয়ে পড়ছিল। আমি অবাক হয়ে দেখছিলাম বালগেরিয়ার শিল্পীদের গান এবং নাচ। মাঠের ওই ভিজে পিছল ঘাসের উপর তারা যেভাবে লাফিয়ে নেচে চারপাশে তাদের অফুরন্ত প্রাণশক্তি ছড়িয়ে দিচ্ছিল, এক কথায় তা অভাবনীয়। সেই দলের প্রধান গায়িকা, তিনি নিজেও ড্রাম বাজাতে দক্ষ শিল্পী, তাঁর ড্রামের কাঠিগুলো যখন দ্রুতবেগে ওঠানামা করছিল, সেই কাঠির মাথা থেকে জলের ফোয়ারা যেন চারপাশে ছড়িয়ে পড়ছিল, আর চারপাশের আলোর প্রতিসরণে তাঁর চারপাশে একটা ছোট রামধনু তৈরী হয়ে গেছিল। 'কালারস অফ দি রেনবো' গানের মাধ্যমে অনুষ্ঠানের সমাপ্তি হল।

সংগঠক, স্বেচ্ছাসেবক, সকলের মনেই একটা প্রশ্ন উঠল, কেন এমন অসময়ে বৃষ্টিটা এল? গুরুদেব বললেন যে প্রায় প্রতিটা গানেরই বিষয় বস্তু ছিল জল, সুতরাং সেই প্রবল সংকল্পই হয়ত অসময়ে বৃষ্টিকে নামিয়ে এনেছে। গুরু হলেন কল্পতরু বৃক্ষের মত। তাঁর সামনে আমরা কী সংকল্প করছি সেটার প্রভূত গুরুত্ব থাকে, এবং প্রকৃতি তা পুর্ণও করে দেয়। তাঁর প্রকৃতি প্রেমও অকল্পনীয়- তাঁর 'নদী পুনরুজ্জীবন প্রকল্প', 'নদী এবং বিভিন্ন বড় জলাশয়কে পরিষ্কার এবং দূষণ মুক্ত করার উদ্যোগ' কয়েক লক্ষ বৃক্ষের চারা রোপণ, দেশী বীজের সংরক্ষণ এবং তাদের প্রসার, গৃহপালিত তথা সমস্ত প্রকারের বন্য পশুপ্রাণীদের সংরক্ষণ প্রকল্প ইত্যাদি তারই সাক্ষ্য বহন করছে। অনেকেই তাঁকে প্রশ্ন করে, "গুরুদেব, আপনি ক্লান্তিবোধ করেন না?" উত্তরে তিনি বলেন, "সূর্য কখনো তার আলো এবং তাপ বিকিরণ করতে বা নদী কখনো আপন গতিতে বয়ে যেতে ক্লান্তবোধ করে?

কেউ যখন তার আপন প্রকৃতি অনুসারে কর্ম করে চলে, কোনকিছুই তাঁকে ক্লান্ত করতে পারে না।"

বার্লিনের সাংস্কৃতিক অনুষ্ঠানের জন্য একটা গানের সুর সংযোজন করা হয়েছিল। সেই গানের মধ্যে গুরুদেবও কয়েকটা লাইন সংযোজন করে দিয়েছিলেন, "আমার আহ্বান তুমি শুনতে কি পাও, অনাদি সে প্রেমের আহ্বান..."। তাঁর সেই ডাকই যেন বিশ্বের নানা প্রান্ত থেকে উপস্থিত হাজারো মানুষের অন্তরকে নাড়া দিয়ে এক সূত্রে গেঁথে নিয়েছে, তাঁরা সকলে একটা ছাতার তলায় আশ্রয় নিয়েছে। বার্লিন স্টেডিয়ামে দাঁড়িয়ে চারপাশে আনন্দ উদ্দীপনায় ভরা মানুষদের দেখে সেই গানের লাইন কটার সারবত্তা উপলব্ধি করতে পারছিলাম। 'প্রথম দর্শনে প্রেম,' কথাটার সঙ্গে আমরা প্রায় সকলেই পরিচিত। কিন্তু প্রায়ই দেখা যায় যে সেই প্রেমের বেগ ধীরে ধীরে স্তিমিত হয়ে আসে, তাতে বিকার উৎপন্ন হয় এবং অবশেষে তা ঘৃণায় পর্যবসিত হয়। এই প্রসঙ্গে গুরুদেব বলেন যে, "একটা গাছ যেমন সার, জল ইত্যাদি পেলে তা ফুলে ফলে ভরে ওঠে, তেমনই প্রেম যখন জ্ঞানের আশ্রয়ে প্রতিপালিত হয়, তা অমর হয়ে ওঠে, জন্মজন্মান্তর ধরে তার ধারা অবাধে বয়ে চলে, কারণ তা আমাদের চেতনারই অংশ। তোমাদের এই বর্তমান শরীর, আমাদের সামাজিক প্রতিষ্ঠা, মান বা তোমাদের চারপাশের লোকজনদের সঙ্গে তোমাদের সম্বন্ধ, এর কোনটাই আমাদের প্রকৃত পরিচয় নয়। তোমাদের বা অনাদি অস্তিত্ব সম্বন্ধে কোন জ্ঞান নাও থাকতে পারে, কিন্তু তুমি যে অনাদি অনন্ত, এইভাবনাটুকু ভাবতে পারলেও যথেষ্ট।"

সেই অনাদিকাল থেকে বয়ে আসা ডাক যে আমার অন্তরে ধ্বনিত হয়ে উঠেছে, তারই আহ্বানে সাড়া দিয়ে জন্মজন্মান্তরের বয়ে চলা ধারায় আমিও যে নিজেকে সংযুক্ত করতে সক্ষম হয়েছি, তাঁর জন্য নিজেকে আমি অত্যন্ত ভাগ্যবতী বলে মনে করি। বারংবার সেই আহ্বানেই লক্ষ লক্ষ মানুষের মহামিলন ঘটেছে, তারা একত্রে উদযাপিত করেছে জীবনের আনন্দকে, নতজানু হয়ে প্রকাশ করেছে তাদের কৃতজ্ঞতা। ১৯৯০ সালের কথা, গুরুদেব একটা বড় হলের নকশা এঁকে দেখাচ্ছিলেন যেখানে অনেক মানুষ একত্রে বসে ধ্যান করতে পারবে। তখন তাঁর সামনে রাজ্যশ্রী প্যাটেল- শুরুর দিকে তিনি যোগ শিক্ষক ছিলেন- বসে ছিলেন। তিনি গুরুদেবের প্রাথমিক নকশা দেখে বললেন, "আমার তো মনে হচ্ছে এটা বিবাহ বার্ষিকীর কেকের মত।" গুরুদেব তাঁর কথা শুনে একটু হেসে নকশার একটা উঁচু জায়গাকে দেখিয়ে বললেন, "এখানে আমি বসব আর এখান

থেকে গেট অবধি অসংখ্য মানুষ বসে থাকবে।" তাঁর ভঙ্গিতে মনে হচ্ছিল যে সেই বিশাল হলের একটা ছবি তাঁর চোখের সামনে ভেসে উঠছে, তিনি সেটাকে প্রত্যক্ষ করতে পারছেন। গুরুদেব আরও বললেন যে, "এখানে একটা বড় স্ক্রিন থাকবে আর তাতে উপস্থিত সকলে আমাকে দেখতে পারবে।" তখনকার দিনে এল. ই. ডি স্ক্রিনের নামই আমরা শুনিনি। সুতরাং আমি ভাবলাম যে সিনেমা হলে যেমন পর্দার উপর প্রোজেক্টার দিয়ে ছবি দেখানো হয়, সেরকমই কিছু একটা হবে। তিনি বলে চলেছেন, "আমরা একটা বিশাল অনুষ্ঠান করব সেখানে সারা বিশ্বের মানুষ অংশগ্রহণ করবে। বিশ্বের বিভিন্ন দেশের শিল্প এবং সংস্কৃতি নিয়ে আমরা একটা অনুষ্ঠানের আয়োজন করব।" প্রাথমিক অবস্থায় সৎসঙ্গে জনা তিরিশেক মানুষ আসতেন। তিনশো লোক হলে মনে হত অনেক লোক হয়ে গেছে, তিন হাজার লোক ভাবলে মনে হল বিশাল ব্যাপার, আর তিরিশ হাজার লোকের কথা ভাবলেই মনে হত যেন স্বপ্ন। একমাত্র গুরুদেবই তিরিশ লাখ লোকের কথা ভাবতে পারেন।

২০০৬ সালে আর্ট অফ লিভিং এর রজত জয়ন্তী বর্ষ (১৭, ১৮ এবং ১৯শে ফেব্রুয়ারি, ২০০৬) উদযাপনের সময় গুরুদেব বলেছিলেন, "প্রচুর সৎ এবং ভাল মানুষেরা আসার জন্য প্রস্তুত, দরকার কেবল একটা মাধ্যম, যার সাহায্যে সকলকে একসূত্রে গেঁথে নেওয়া যাবে।" এই অনুষ্ঠানে পঁচিশ লক্ষ মানুষ উপস্থিত হয়েছিলেন। এর আগে কখনো এত বিশিষ্ট ব্যক্তিবর্গকে একই মঞ্চে উপস্থিত থাকতে দেখিনি। তাঁদের মধ্যে অনেক দেশের প্রাক্তন প্রধানমন্ত্রী, রাষ্ট্রপতি ছাড়াও বিভিন্ন ধর্মের প্রধান ব্যক্তিরা, এছাড়াও বিভিন্ন দেশের অসংখ্য গায়ক, বাদক, নৃত্যশিল্পীরা উপস্থিত ছিলেন। এত বিশাল অভূতপূর্ব এক কর্মকাণ্ড সুশৃঙ্খল ভাবে পরিচালনা করা, আমার কাছে এক বিস্ময় ছাড়া আর কিছুই ছিল না। উপস্থিত বিশিষ্ট বক্তারা এই বিশাল কর্মকাণ্ড এবং এত বৈচিত্রের সুষ্ঠ সমাবেশ দেখে অভিভূত হয়ে পড়েন, তাঁদের বক্তব্যেও সেকথা তারা বার বার উল্লেখ করেছেন। তাঁদের সকলকে বক্তব্য রাখার সুযোগ করে দেওয়াটাও একটা দক্ষ সঞ্চালকের পরিচয় দেয়। তিন দিনের সেই বিশাল কর্মযজ্ঞ সমাপ্ত হবার পর আমাদের খেয়াল হল যে স্বয়ং গুরুদেবই তাঁর বক্তব্য রাখার কোন সুযোগ পান নি। নিজে কোন বক্তব্য না রাখলেও গুরুদেব প্রতিদিনই ধ্যান করিয়েছিলেন এবং ১৮ই ফেব্রুয়ারি তিনি লাইভ সুদর্শন ক্রিয়া করেন। মনে হয় পৃথিবীর ইতিহাসে এটা এক বিরল

ঘটনা। পঁচিশ লক্ষ মানুষের সঙ্গে আত্মীয়তাবোধ নিয়ে একত্রে বসা, একই ভাবনার মধ্যে মিশে যাওয়াটাই এক বিরল অভিজ্ঞতা।

ভারতবর্ষের উত্তর প্রদেশ থেকে একদল মানুষ এসেছিলেন, যাঁরা সেই প্রথম তাঁদের গ্রামের বাইরে পা রেখেছিলেন। তাঁরাও ব্যাঙ্গালোরে এসে উপস্থিত হয়েছিলেন এবং গুরুদেবের এই মহাযজ্ঞে একশো কুড়ি কিলো ঘি তাঁদের অর্ঘ্য হিসাবে সঙ্গে এনেছিলেন। কথিত আছে যে শ্রীরামচন্দ্র সমুদ্রের উপর দিয়ে যখন সেতু রচনা করেন, তখন তাঁকে সাহায্য করার জন্য একটা কাঠবেড়ালি তার ওই ছোট্ট ল্যাজে করে মাটি ফেলেছিল!

বিভিন্ন মানুষের এই ধরণের আন্তরিক নৈবেদ্য যেন সেই কথাই মনে করিয়ে দিচ্ছিল। (প্রত্যক্ষদর্শী যারা ছিল তারা দেখেছে যে, আমরা যাকে ভূতে কাজ করে দেওয়া বলি, কয়েকদিনের সেই বিশাল কর্মকাণ্ড যেন সেই ভাবে সংগঠিত হয়েছিল। একরাতে পাশের হাইওয়ের উপর দিয়ে একটা ফুটব্রিজ তৈরী হওয়া, প্রতিটাকে জলের সংযোগ সহ সাড়ে তিনশো টয়লেট তৈরী হওয়া, প্রায় পাঁচ হাজার লোক ধরে এমন আটটা এগজিবিশন হল তৈরী হওয়া,সারা মাঠে পঞ্চাশটা জায়েন্ট স্ক্রিন লাগানো, সবই হয়েছিল কেবল তিন রাতের মধ্যে!) অনুষ্ঠানের আগের রাতে গুরুদেব মঞ্চ তথা সামগ্রিক ব্যবস্থাপনা পর্যবেক্ষন করতে আসেন। (সেই মঞ্চে ৪৮০০ জন বিভিন্ন বাদ্যযন্ত্র বাজান এবং মাত্র দুদিনের রিহার্সালে তাঁরা সেই অনুষ্ঠান পরিবেশন করেন।) গুরুদেব যখন মঞ্চে, তখন একজন শ্রমিক অত্যন্ত সংকোচ এবং বিনয়ের সঙ্গে তাঁর হাতে ৫০০০ টাকা প্রণামী হিসাবে দেন। কঠিন পরিশ্রম করে কয়েকমাস ধরে হয়ত সে সেই টাকা সঞ্চয় করেছিল। গুরুদেব তার থেকে একশো টাকা গ্রহণ করে বাকি টাকা তাঁকে ফিরিয়ে দিয়ে বলেন যে টাকার পরিমাণের থেকেও মহত্বপূর্ণ হল সাহায্য করার মনোভাব। ড্রাইভার, সবজি বিক্রেতা, কৃষক, সমাজের প্রতিটা শ্রেনীর মানুষ উদার মনে সেই মহাযজ্ঞে তাঁদের সাহায্যের হাত বাড়িয়ে দিয়েছিল, মনে হচ্ছিল তাদের নিজেদের বাড়ীতেই যেন উৎসব হতে চলেছে।

বিমান বন্দর, রেলওয়ে স্টেশন থেকে মানুষের ঢল চলেছে আশ্রমের দিকে, সকলের হাতে নিজের নিজের দেশের পতাকা, আনন্দ, উদ্দীপনা, উল্লাসে তারা ভরপুর এবং পৃথিবীর নানা প্রান্ত থেকে এই উৎসবে যোগ দিতে পারার গর্বে তাদের খুশী কোন বাঁধন মানছিল না, সকলের ভেতরে উৎসবের মেজাজ। ব্যাঙ্গালোরে আর্ট অফ লিভিং এর স্বেচ্ছাসেবক তথা আয়োজকদের বাড়ীতে তাদের থাকার

ব্যবস্থা করা হয়েছিল। ভাবলেও অবাক হতে হয় যে বিদেশে কোথায় যেতে হবে, কোথায় থাকা হবে কিছুই জানা নেই, তবুও হাজার হাজার মানুষ পাড়ি জমিয়েছে এই অনুষ্ঠানে যোগ দেওয়ার জন্য! আর স্বেচ্ছাসেবকেরা, তারাও তাদের মা-বাবা, ভাইবোন বা আত্মীয়দের নিয়ে গড়া এতদিনকার সংকীর্ণ জগত থেকে বাইরে বেরিয়ে এসে এত অচেনা অজানা মানুষদের আশ্রয় দিল, তাদের সঙ্গে আত্মীয়তার সম্বন্ধ গড়ে উঠল। আমার মনে পড়ে যখন কিছু মানুষ আম্মাকে বলত, "আপনার ছেলে সন্ন্যাসী হয়ে গেছে, এবার ঘর সংসার ছেড়ে চলে যাবে।" আম্মা তাদের কথা শুনে বলতেন, "মোটেই নয়, আমার ছেলে গোটা বিশ্বকে আমার সংসার বানিয়ে ফেলেছে।"

আশ্রম তখন লোকে লোকারণ্য। স্বেচ্ছাসেবকদের তখন একটাই লক্ষ্য, কিভাবে প্রত্যেকের সুযোগ সুবিধা ঠিক রাখা যায়। প্রত্যেকেই তখন বাড়ীর কর্তার মত আচরণ করছে, কাউকেই অতিথি বলে মনে হচ্ছে না। প্রায় গোটা সপ্তাহ ধরে কেবল মানুষের ভীড়, যেদিকে তাকানো যায় হাসিমুখে সবাই ঘুরে বেড়াচ্ছে। থাকার জন্য রাতারাতি সাময়িক ব্যবস্থা করা হতে লাগল, আর সেগুলো তৈরী হতে না হতেই ভর্তি হয়ে যেতে লাগল। এস্তোনিয়ান, রাশিয়ান, কানাডিয়ান, দক্ষিণ আফ্রিকান, ইস্রায়েলী সকলেই কাঁধে কাঁধ মিলিয়ে সবজি কাটছে, সবকিছু পরিষ্কার করছে, সে এক অভাবনীয় দৃশ্য। অনুষ্ঠানের মাঠে তারা নিজেদের জাতীয় পোশাক পরে জাতীয় পতাকা নিয়ে হাজির। উপস্থিত সকলের উদ্দেশ্যে বলা হল ভস্ত্রিকা প্রাণায়ামের জন্য তৈরী হতে। সকলে প্রস্তুত, তারপর একসঙ্গে ২৫ লক্ষ মানুষের শ্বাস নেওয়া এবং ছাড়া! একই বায়ু যা আমরা গ্রহণ করছি বা ত্যাগ করছি, আর তারই মধ্যে আমরা সকলে মিলেমিশে একাকার। একই বায়ু যেন আমাদের সমস্ত বিভেদকে মুছে দিয়ে এক আশ্রয়ে পৌঁছে দিয়েছিল। সেই একাত্মবোধের পরম আনন্দ আর ব্যাপ্তি নিয়ে আমি ঘরে ফিরে এলাম।

সকাল বেলায় প্রাতরাশ করার সময় খবর পেলাম যে গতরাতে স্বেচ্ছাসেবকেরা পিতাজীকে চিনতে না পারার কারণে তিনি মঞ্চে প্রবেশ করতে পারেননি। ফলেও তিনি ঠিক করেন যে টি ভিতেই অনুষ্ঠান দেখবেন। কাজেই পরের দিন পিতাজী উরুগাল্লী গ্রামে, যেখানে 'মহিলা স্বশক্তিকরণ প্রকল্প' নিয়ে কাজ করছিলেন, সেখানে ফিরে গেলেন। গুরুদেব আমাকে সেখানে পাঠালেন তাঁকে নিয়ে আসার জন্য। আমি পিতাজীকে বুঝিয়ে বললাম যে মঞ্চের চারপাশে কাঠোর নিরাপত্তার কারণে অনেক ভুল ভ্রান্তি হচ্ছে। যাইহোক,তিনি আমার কথায়

ব্যাপারটা উপলব্ধি করতে পেরে আশ্রমে ফিরে এলেন। গুরুদেব হেলিকপ্টারে করে পিতাজীকে সঙ্গে নিয়ে মাঠে গেলেন এবং মঞ্চে তাঁর পাশের আসনে বসালেন। কিছুক্ষণ পরে তৎকালীন রাষ্ট্রপতি এ.পি.জে আব্দুল কালাম এসে উপস্থিত হলেন এবং গুরুদেব পিতাজীকে অনুরোধ করলেন তাঁকে স্বাগত জানাবার জন্য।

পিতাজী কংগ্রেসের গোঁড়া সমর্থক ছিলেন এবং কূটনীতিক বা রাষ্ট্রনেতাদের শ্রদ্ধা করতেন। ভারতের রাষ্ট্রপতিকে স্বাগত জানানোর মত দুর্লভ সম্মান তাঁর সন্তান তাঁকে দিয়েছেন ভেবে তিনি খুব গর্বিত হলেন। আম্মার কথা তখন আমার মনে পড়ল, তিনিও নিশ্চয়ই গর্ববোধ করেছিলেন।

সেই রাতেই কয়েকজন স্বেচ্ছাসেবকদের কাছে ফোন আসে যে অনুষ্ঠানের মাঠে আতঙ্কবাদীরা আক্রমণ চালাতে পারে। পরেরদিন সকাল থেকেই গুরুদেব বিভিন্ন দেশ থেকে আগত বিশিষ্ট ব্যক্তিবর্গকে নিয়ে এবং অনুষ্ঠানের অন্যান্য দিক ঠিকঠাক দেখাশোনার জন্য এতই ব্যস্ত হয়ে পড়েছিলেন যে আমি সেই কথাটা নিয়ে তাঁর সঙ্গে আলোচনা করার সুযোগই পাইনি। সময়টা যেন আলোর গতিতে পেরিয়ে গেল এবং বিকালে অনুষ্ঠান শুরু হওয়ার সময় এগিয়ে এল। মাঠে কয়েক লক্ষ মানুষ, মঞ্চে কয়েকশো বিশিষ্ট ব্যক্তিবর্গ আর কয়েক হাজার কলাকুশলী এবং আমার মনে আশঙ্কা, উৎকণ্ঠা। আমি অনোন্যপায় হয়ে প্রার্থনা শুরু করলাম, এবং নিশ্চিত ছিলাম যে আমার প্রার্থনার উত্তরও পেয়ে যাব। ঠিক সেই মুহুর্তেই গুরুদেব ওঁমকার ধ্বনি তুলে অনুষ্ঠান শুরু করলেন। সৃষ্টির সেই অনাদি নাদ মাঠের প্রান্ত প্রত্যন্তে সকলের কণ্ঠে ধ্বনিত হয়ে সমস্ত শক্তিকে যেন একমুখী করে তুলল। দ্বিতীয়বার ওঁমকার উচ্চারিত হল। তৃতীয়বার ওঁমকার করার পর আমি যখন চোখ মেলে চাইলাম, দেখলাম সূর্য অস্তাচলে ঢলে পড়েছে কিন্তু আমার চারপাশে সবকিছু কত দীপ্তিমান হয়ে উঠেছে। আমার দুচোখ কেবল গুরুদেবকে খুঁজে চলেছে। তাঁকে যখন দেখতে পেলাম, দেখি তাঁর চারপাশে একটা সোনালী আভার বলয়! মনে হল বৌদ্ধ এবং জৈন সন্ন্যাসীদেরও চারপাশে তেমনি আলোর বলয় ছড়িয়ে রয়েছে। এমনকি নারী, পুরুষ, নবীন, প্রবীন, যারাই সেখানে উপস্থিত রয়েছে, প্রত্যেকেই যেন আলোর শিখার মত দীপ্তি ছাড়াচ্ছে। আমার মধ্যে গায়ত্রী মন্ত্র যেন তাঁর অর্থসহ অনুরণিত হতে লাগল। সমস্ত দেবী দেবতাদের আমি এক স্বর্ণাভ আলোক বর্তিকার আকারে অনুভব করেছি, কিন্তু আজ মনে হল যেন তিনি স্বয়ং গুরুদেবের আমন্ত্রণে এই ভূ-লোকে অবতরিত হয়েছেন। গুরুদেবের থেকে

যে আলোক বিচ্ছুরিত হচ্ছিল তা তাঁর আশেপাশে যাঁরা ছিলেন তাঁদেরকেও আবিষ্ট করে সারা মাঠে বিস্তৃত হয়ে পড়েছিল। সেই স্বর্গীয় অনুভূতি আমার মন থেকে সন্ত্রাসের দুর্ভাবনাকে সম্পূর্ণ মুছে ফেলেছিল এবং এক প্রশান্ত মন নিয়ে আমি বাড়ী ফিরে গেলাম। পরদিন ভোরে ঘুম থেকে জেগে ওঠার পর তার স্মৃতি আমার মনে এল, কিন্তু তখন তা অতীত হয়ে গেছে।

দশ বছর পর ২০১৬ সালে পৃথিবীর সবথেকে বড় সাংস্কৃতিক অনুষ্ঠানের মঞ্চ তৈরী হল। এত বড় সাংস্কৃতিক অনুষ্ঠান আজ পর্যন্ত কোথাও হয় নি, এমনকি তা হয়ত মানুষের কল্পনার বাইরে ছিল। রজতজয়ন্তী বর্ষের অনুষ্ঠানের স্মৃতি তখনও আমি বিস্মৃত হইনি, কিন্তু এইবারে ব্যাপারটা ছিল অকল্পনীয়। দিল্লীতে যমুনা নদীর তীরে সাত একর (সাত হাজার বর্গ মিটার) এলাকা নিয়ে তৈরী হয়েছিল এমন এক আধুনিক ভাসমান মঞ্চ, অর্থাৎ যার একটা খুঁটিও মাটিতে পোঁতা হয়নি! মঞ্চের একপ্রান্তে দাঁড়িয়ে অপর প্রান্ত দেখা যাচ্ছিল না। ৩৫,০০০ কলাকুশলী একসঙ্গে মঞ্চে থেকে তাঁদের শিল্পকলা প্রদর্শন করছেন! 'ওয়ার্ল্ড কালচারাল ফেস্টিভ্যাল' (ডব্লিউ.সি.এফ) অনুষ্ঠান শুরু হওয়ার কথা ছিল সন্ধ্যাবেলায়, কিন্তু তার দুপুর থেকেই মানুষ আসতে শুরু করেন। অনুষ্ঠান ঠিক শুরুর মুহুর্তে আকাশ ঘনকালো মেঘে ঢেকে গেল আর প্রবল বৃষ্টি শুরু হয়ে গেল। পুরো এলাকাটা জলে কাদায় ভরে গেল। সবার কাছে ছাতাও ছিল না। সমস্ত ভি.আই.পি রা, সাধারণ মানুষ, ছোট ছোট বাচ্চারা, মঞ্চের শিল্পীরা সবাই বৃষ্টিতে ভিজে স্নান করার মত অবস্থা হল। কিছুক্ষণের জন্য বৃষ্টি থেমে গেলেও আবার দ্বিগুণ বেগে নেমে এল, আর সঙ্গে শুরু হল শীল পড়া। বাদ্যযন্ত্রও সব বৃষ্টির জলে ভিজে যাচ্ছিল, ফলে শিল্পীরা সেগুলো সব গোটাতে লাগল। আমার দুচোখ কেবল অসহায়ভাবে গুরুদেবকে খুঁজে চলেছিল। ওই বিশাল জন সমুদ্রে কাউকে খুঁজে বের করা অসম্ভবই বলা যায়, কিন্তু তাঁকে খুঁজে পেতে কোন অসুবিধা হবার কথা নয়। গুরুদেব তখন তাঁর আসন ছেড়ে প্রধানমন্ত্রীর জন্য মূল মঞ্চের পাশের আর একটা বিশেষ মঞ্চ তৈরী করা হয়েছিল, সেদিকে এগিয়ে চলেছেন। স্বেচ্ছাসেবকেরা তাঁর দিকে ছাতা নিয়ে এগিয়ে গেলে তিনি তাদের নিষেধ করে বৃষ্টিতে ভিজতে ভিজতে এগিয়ে গেলেন। বৃষ্টি তখন একটু কমেছে, কিন্তু গুরুদেব বৃষ্টিতে আপাদমস্তক ভিজে গেছেন, তাঁর সারা শরীর বেয়ে জলের ধারা গড়িয়ে পড়ছে, পরনের কাপড় গায়ের সঙ্গে লেপটে রয়েছে। তিনি পাশের মঞ্চে যখন গেলেন তখন আকাশে এক অপূর্ব রামধনু দেখা দিল। উপস্থিত সকলেই দাঁড়িয়ে বোধহয় প্রার্থনা করছিল। অনেকে হয়ত ময়দান

ছেড়ে চলে যাবার কথাও ভাবছিল, কিন্তু দেখা গেল যে ওই পিচ্ছিল কর্দমাক্ত মাটির উপর দিয়ে কোনরকমে টাল সামলাতে সামলাতে অগুনতি মানুষের সারি তখনও মাঠে প্রবেশ করছে। বৃষ্টি পড়ুক বা রোদ উঠুক, কেউই এই পরম মুহুর্তকে হারাতে চায় না। বৃষ্টির কারণে বিদ্যুৎ বিভ্রাটের ভয়ে সেদিন এল.ই.ডি স্ক্রিন গুলো চালু করা যায়নি। আমি গুরুদেবকে দেখছিলাম। তিনি তখন ৩৫ লক্ষ মানুষকে মোহিত করে রেখেছে, তাদের উদ্দেশ্যে হাত নেড়ে চলেছেন।

বেদমন্ত্র পাঠের মাধ্যমে অনুষ্ঠান শুরু হল, তার সঙ্গে নানা রকমের প্রায় হাজারখানেক বাদ্যযন্ত্র বেজে উঠল, নির্দিষ্ট শিল্পীরা নৃত্য শুরু করলেন। বিশ্বের নানা প্রান্ত থেকে শিল্পীরা এসেছিলেন এবং স্কাইপের মাধ্যমে তারা নির্দেশ অনুসারে কিছুদিনের জন্য রিহার্সাল দিলেও অত বিশাল মঞ্চে নিখুঁত সময়জ্ঞানের দ্বারা অকল্পনীয় এবং বিস্ময়কর নৃত্যশৈলীর প্রদর্শনী উপহার দিল। মঞ্চ তথা চারপাশে এত বিশৃঙ্খল অবস্থা ঘটা সত্ত্বেও একটা অতীন্দ্রিয় শক্তি যেন সবকিছুকে সুষ্ঠভাবে পরিচালিত করে নিয়ে চলেছিল। বিশিষ্ট সম্মানীয় ব্যক্তিদের অভ্যর্থনা করা এবং মঞ্চে অসাধারণ শিল্পকলার প্রদর্শনী আমি খুব শান্ত এবং নিবিষ্ট মনেই করছিলাম। অনেকের কাছেই শুনেছি যে মঞ্চে শিল্পীরা যে কুশলতার সঙ্গে তাদের নৃত্যাদি প্রদর্শিত করেছে তা এক কথায় অভাবনীয়, কিন্তু মঞ্চে প্রতি মুহুর্তে অনুষ্ঠান সূচী পরিবর্তিত হয়ে চলেছিল। মনে হয় শেষ পর্যন্ত যা হল, ত্রটাই ছিল প্রকৃত পরিকল্পনা। কী করে যেন সময় পার হয়ে গেল, তিনটে ঘন্টা যেন মনে হল তিন মিনিট।

বিশিষ্ট এবং গুরুত্বপূর্ণ অভ্যাগত অতিথিরা যাতে সেই অনুষ্ঠানে উপস্থিত হতে না পারেন সেই জন্য বিভিন্ন রাজনৈতিক তথা ধর্মীয় সংস্থাগুলো প্রবল বাধাদানের চেষ্টা করেছিল। এছাড়া অত্যন্ত পরিকল্পতভাবে অনুষ্ঠানকে বানচাল করার চেষ্টা করা হয়েছিল, যেমন দিল্লীর অটোচালকদের পয়সা দেওয়া হয়েছিল যাতে তারা যেন যারা অনুষ্ঠানে ভাগ নিতে আসছে, তাদের যেন না নিয়ে আসে; ট্যাক্সি ড্রাইভারদের বলা হয়েছিল মাঠে আসার রাস্তাগুলোতে ইচ্ছাকৃতভাবে জ্যাম সৃষ্টি করার জয়; পরিবেশ ক্ষতিগ্রস্ত করা হচ্ছে, এই অজুহাতে আদালতে মামলা দায়ের করা হয়েছিল। যে মাঠে অনুষ্ঠানের আয়োজন করা হয়েছিল, এক বছর আগে সেই মাঠ গুরুদেব পরিদর্শন করেন। তখন সেই জায়গাটা সোজা কথায় ভাগাড় ছিল, দুর্গন্ধে সেখানে পাঁচ মিনিট থাকা তো দূরের কথা তার পাশ দিয়ে যাওয়া যেত না এমন অবস্থা ছিল! এমন একটা জায়গায় তিনদিনের

আন্তর্জাতিক অনুষ্ঠান হবে? গুরুদেব বললেন, "এটা আমাদের দায়িত্ব এবং কর্তব্য হবে এখানকার এই দুর্গন্ধকে সরিয়ে সুগন্ধ ছড়িয়ে দেওয়া।" স্বেচ্ছাসেবকেরা প্রচণ্ড কষ্ট সহ্য করে এবং অক্লান্ত পরিশ্রম করে সেই জায়গাটা পরিষ্কার পরিচ্ছন্ন করে তোলে। পরিবেশগত কিছু সরকারী রিপোর্টে যমুনাকে মৃত নদী হিসাবে উল্লেখ করা হয়েছিল। পরিচ্ছন্নতার অভিযানে নদীখাত তথা চারপাশ থেকে প্রায় ৫০০ টন আবর্জনা সরানো হয়। কয়েক দশক ধরে সেখানে কোন পশুপাখির দেখা মিলত না, পরিষ্কার করার পর আবার সেখানে তাদের আনাগোনা শুরু হল। কিন্তু তা সত্ত্বেও আমাদের ওপর পরিবেশ দূষণের দায়ে বিশাল অঙ্কের টাকা জরিমানা ধার্য করা হয়েছিল। বিশ্বের ১৫৫ টা দেশ থেকে বিশিষ্ট ব্যক্তিবর্গ তথ কলাকুশলীরা এই অনুষ্ঠানে যোগ দিতে আসছেন, এমন ঐতিহাসিক অনুষ্ঠানকে ঘিরে সংবাদ মাধ্যম জনসাধারণের মনে প্রবল কৌতূহল জাগিয়ে তুলেছিল। প্রচারটা সদর্থক বা নঞর্থক যাই হয়ে থাকুক না কেন, সারা দেশের মানুষ তার সম্বন্ধে অবগত হতে পেরেছিল। কয়েক লক্ষ মানুষ অনলাইনে অনুষ্ঠানের সম্প্রচার দেখেন। আমার মনে পড়ে গেল, একবার রাজা বিশ্বামিত্র তাঁর সৈন্যদলকে ঋষি বশিষ্ঠের আশ্রমে প্রেরণ করেন তাঁর কামধেনু হরণ করে আনার জন্য। ঋষি তাঁর ব্রহ্মানন্দ রূপকে আশ্রমের সম্মুখে প্রতিষ্ঠা করে ধ্যানে বসেন, এবং রাজার সৈন্যবাহিনী পরাভব মেনে ফিরে যায়।

দ্বিতীয় দিনেও অনুষ্ঠান শুরু হওয়ার ঠিক আগে আকাশ আবার কালো মেঘে আচ্ছন্ন হয়ে যায়। গুরুদেবের চোখ ছিল আকাশের দিকে আর আমার দৃষ্টি ছিল তাঁর প্রতি। তিনি আমাকে গুরুপূজা শুরু করার ইঙ্গিত করলেন। প্রবল বেগে হাওয়া বইতে লাগল, মঞ্চে লাগানো ঝাড়বাতিগুলো ভীষণ বিপজ্জনকভাবে দুলতে লাগল। আমি চোখ বন্ধ করে পূজা শুরু করলাম। ১৫০০ পন্ডিত একসঙ্গে মন্ত্রপাঠ করতে শুরু করলেন এবং সেই পবিত্র মন্ত্রের ধ্বনি চারপাশে প্রতিধ্বনিত হয়ে সবকিছু পবিত্র করে দিতে লাগল। মনের ভাবনা চিন্তাগুলো ঠিক মেঘের মত, তারা আসে আবার চলে যায়, কিন্তু আকাশে কেবল সাক্ষী হয়ে থেকে যায়। যমুনার তীরে একত্রিত লক্ষ মানুষের মনে মন্ত্রের প্রতিধ্বনি, সৃষ্টিব্যাপী মহাশক্তির সঙ্গে যেন এক যোগসূত্র সৃষ্টি করল এবং আকাশের তথা মানুষের মনে যে আশঙ্কার মেঘ জমে উঠেছিল, তা ধীরে ধীরে সরে গেল।

গুরুদেব বললেন, "ব্যক্তি থেকে সমষ্টি এবং অবশেষে বিশ্বচেতনার সঙ্গে একাত্ম হতে পারাই মানব জীবনের প্রকৃত লক্ষ্য। এই লক্ষ্যেই মানুষ এগিয়ে চলে।

আমরা এখানে যারা উপস্থিত হয়েছি, তাদের দেশ ভিন্ন, ভাষা ভিন্ন, ভিন্ন বিশ্বাস নিয়ে তারা চলে, তবুও লক্ষ্য একটাই, তা হল সমগ্র পৃথিবীকে একটা প্রেম প্রীতির বন্ধনে আবদ্ধ করা। পারস্পরিক মৈত্রীকে সুদৃঢ় করে এক পরিবারের পরিবেশ সৃষ্টি করা। যখন ভিন্ন ধর্মীয় বিশ্বাসের মধ্যে বিবাদের সৃষ্টি হয়, সাম্প্রদায়িকতার নামে মানুষে মানুষে বিরোধ বা সংঘর্ষ বাঁধে, মানবতা তখন বিপন্ন হয়, তা হারিয়ে যায়। সেই অবস্থায় মানুষ উদভ্রান্তের মত এদিক ওদিক ঘুরে বেড়ায়, যে যা বলে সেটাই করে, কিন্তু তাতে লাভ কিছুই হয় না। বিশ্বের কোটি কোটি মানুষ যখন বিপর্যস্ত, বিপদগ্রস্ত, তখন সকলের অন্তর থেকে একটাই আর্তি জেগে ওঠে, সর্বেজনা সুখীনো ভবন্তু- অর্থাৎ জগতে সকলেই সুখী হোক। প্রত্যেকের অন্তরেই এই প্রার্থনা সুপ্ত রয়েছে কেবল তাকে একটু জাগিয়ে তুলতে হবে।"

গুরুদেব যে ধ্যান করান, তাতে কেবল উপস্থিত মানুষেরাই নয়, চারপাশের প্রকৃতিও যেন মৌনতার গভীরে ডুবে যায়! পরবর্তী সময়ে আমি যখন অনুষ্ঠানের ছবি দেখি, দেখতে পাই যে ছোট ছোট বাচ্চারাও কত প্রশান্তি নিয়ে ধ্যানে ডুবে রয়েছে। অনুষ্ঠানের শেষে চারপাশ এমনভাবে পরিষ্কার করা হয় যে সেখানে একটা খড়কুটোও কারর নজরে পড়বে না, এবং দিন সাতেকের মধ্যে সেখানে সবুজ আভা দেখা দিল। বিভিন্ন সরকারী দপ্তর থেকে রিপোর্ট দেয় যে নদী গর্ভে কোথাও কোন জঞ্জালের স্তুপ দেখতে পাওয়া যায়নি, যা নিয়ে অযথা অনুষ্ঠানের আয়োজকদের বিব্রত করা হয়েছিল। পরবর্তীকালে অনেক মানুষ গুরুদেবের কৃপায় ওই অনুষ্ঠানে অংশ নিতে পারার জন্য গুরুদেবের প্রতি তাদের কৃতজ্ঞতা আমাকে জানিয়েছে। প্রত্যুত্তরে গুরুদেব তাদের উদ্দেশ্যে লেখেনঃ-

তোমাদের প্রতি কৃতজ্ঞতার ভাষা আমার জানা নেই
কারণ সত্যি তোমরা আমারই অংশ।
প্রতি মুহূর্তে, জীবনের প্রতি পদক্ষেপে
আমরা একত্রেই এগিয়ে চলেছি।
অন্তরাত্মায় একই চেতনার অবিরাম নৃত্য
অবাধে চলে কালান্তর ধরে
নিরাকার রূপ ধরে সাকারের বেশে,
সৃষ্টি রহস্য জাগায় নির্বাক বিস্ময়।
মঞ্চ আর মঞ্চাভিনেতা, সব একাকার
দৃশ্য আর দ্রষ্টা তায় দেখি অভেদ আকার

বক্তা আর শ্রোতাতেও বিভেদ কোথায়
গুরু আর ভক্ত যত, এক দেহে লীন।
এই রূপই সত্য শুধু জেনো,
বাকী সব মায়ার ইন্দ্রজাল
কাকে দেবে ধন্যবাদ জোড়হাতে বারবার?
ভিন্ন কেউ না থাকে নেবার!

উপসংহার

সমুদ্রকে মানুষ তাদের নিজের নিজের ভাবনাচিন্তা তথা প্রয়োজনের হিসাবে বিচার করেঃ- কেউ তার শীতল হাওয়া পেয়েই সন্তুষ্ট থাকে। কেউ বা তীর ধরে হাঁটতে হাঁটতে ঝিনুক কুড়াতে ভালবাসে। কেউ বা তার ঢেউয়ের তালে তালে স্নানের আনন্দটুকু পেতে ভালবাসে। কেউ সাঁতার দিতে ভালবাসে আবার কেউ বা তার গভীরে ডুব দিয়ে মনিমুক্তো তুলে আনতে আগ্রহী। কে কী ছাইছে, বা কে কী রকম মানুষ, সমুদ্র সে ব্যাপারে সম্পূর্ণ নিরপেক্ষ থেকে সকলের ইচ্ছা পূরণ করে চলে। সমুদ্র কখনো কাউকে তার গভীরে ডুব দিয়ে মনিমুক্তো তুলে আনার জন্য বাধ্য করে না। গুরুও সমুদ্রের মত, তিনি জ্ঞান এবং প্রেম সমুদ্র। তিনিও কখনো কাউকে কোন কিছু করতে বাধ্য করেন না, তবে যে যা ইচ্ছা করে, তা অবশ্যই পূর্ণ করেন।

২০১৬ সালের ২ রা অক্টোবর, কলম্বিয়া সরকার এবং ফার্ক নেতাদের মধ্যে শান্তিচুক্তির সম্ভাবনা গণভোটের মাধ্যমে বাতিল হয়ে যায়। ৫০.২ শতাংশ মানুষই চুক্তির বিরুদ্ধে ভোট দেন। তারা মনে করেছিল যে, এর মাধ্যমে দোষীরা পার পেয়ে যাবে। জীবন যে কোন মুহুর্তে যে কোন দিকে মোড় নিতে পারে, সুতরাং সব রকম অবস্থার জন্য নিজেকে প্রস্তুত রাখতে হবে। সব সময়ে যে আমাদের মনোমত সব কিছু ঘটবে সেটা ভাবা ভুল, হঠাৎই কোন প্রতিকূল পরিস্থিতি এসে উপস্থিত হতে পারে। জীবনে বিবিধ অবস্থার মোকাবিলা আমরা কীভাবে করতে পারি, আধ্যাত্মিকতা আমাদের সেই শিক্ষাই প্রদান করে। বর্তমানে যা ঘটছে সেটাকে যদি কেউ সহজভাবে স্বীকার করে নিতে পারে, তাহলে যে কোন পরিস্থিতির একটা শান্তিপূর্ণ সমাধান হওয়া সম্ভব হয়। কলম্বিয়া সরকার এবং ফার্ক নেতাদের মধ্যে আলোচনা যখন একটা অচলাবস্থায় এসে গেল, তখন ফার্ক এবং কলম্বিয়ার স্বেচ্ছাসেবকেরা গুরুদেবের শরণাপন্ন হল। তাদের সমস্যা ছিল যে কীভাবে কলম্বিয়ার জনসাধারণকে এই নতুন ভাবনার বিষয়ে বোঝানো যায়। গুরুদেব ফার্ক নেতৃত্বকে বললেন জনগনের হৃদয়কে জয় করার জন্য তাদের কিছু কাজ করতে হবে। এই লক্ষ্যে ফার্কের নেতা এবং দীর্ঘদিনের হিংসার বলি হয়েছেন এমন কিছু পরিবারের লোকজনদের নিয়ে একটা আলোচনা করার উদ্যোগ নেওয়া হল যাতে তাদের মধ্যে পারস্পরিক আশঙ্কা বা সন্দেহের অবকাশ না থাকে। দোষীদের শাস্তিদানের বদলে তাঁরা ক্ষমা করতে রাজী হলেন।

গুরুদেবের পরামর্শ অনুসারে ফার্ক নেতারা টি.ভিতে দেশের মানুষের কাছে দীর্ঘদিনের রক্তক্ষয়ী লড়াইতে যাঁরা মারা গেছেন তাঁদের পরিবারের কাছে ক্ষমা প্রার্থনা করলেন, এবং শান্তি প্রতিষ্ঠা করার আবেদন জানালেন।

কয়েক সপ্তাহ পরে নতুন করে আবার গণভোট নেওয়া হল এবং সেখানে আগের চুক্তির কিছু কিছু সংশোধন করে শান্তিচুক্তির একটা খসড়া তৈরী করা হল। জীবনের পথে চলতে গেলে আমাদের অনেক প্রকার চড়াই উৎরাই ভেঙে চলতে হয়। আমাদের মনে তথা আমাদের চারপাশে যা ঘটে চলেছে তাই নিয়ে প্রায়ই আমাদের মনে প্রশ্ন জাগে। কিন্তু সেইসব প্রশ্নকে বিস্ময়ে রূপান্তরিত করতে পারলেই জীবনে আনন্দকে লাভ করা যায়। আমার জীবনেও এমন অনেক মুহুর্তের কথা আমি স্মরণ করতে পারি যখন আমার মনে দ্বন্দ্ব উপস্থিত হত যে তিনি আমার দাদা নাকি আমার গুরু? আমি কোন দৃষ্টিতে তাঁকে বিচার করব? যখন তাঁর মুখে জ্ঞানের নিগুঢ় তত্ত্বের আলোচনা শুনতাম, তখন অবাক হয়ে ভাবতাম, 'তিনি কি সত্যিই আমার অগ্রজ?' সেই অনুভূতিকে ব্যক্ত করার ক্ষমতা আমার নেই, শুধু আত্মীয়তার গন্ডীর বাইরে আরও কিছু একটা সম্বন্ধ যে রয়েছে, সে সম্বন্ধে আমি নিশ্চিত ছিলাম। এই প্রসঙ্গে ভাগবতে শ্রীকৃষ্ণের জননী, মা যশোদার উক্তি আমার মনে আসে। তিনি বলেছিলেন, "আমি জানি সে আমার সন্তান, তবু ভাবি যে সতত বয়ে যাওয়া বায়ুকে আমি কী করে আমার আঁচলে বেঁধে রাখতে পারি?" এটা কি কখনো সম্ভব?

আমার দাদা, আমার গুরুঃ- হৃদয় যখন এই দুইয়ের মধ্যে দুলতে থাকে, তখন কেবল একটাই আত্মীয়তা বোধের চিহ্ন থেকে যায়, সেটা হল 'আমার'। এই সম্বন্ধ মানসিক, আত্মিক। ঈশ্বরীয় সত্ত্বার সঙ্গে নিজেকে যুক্ত করতে পারার মধ্যে জীবনের সার্থকতা নিহিত রয়েছে, এবং আমি নিজেকে অত্যন্ত ভাগ্যবতী বলে মনে করি কারণ পারিবারিক সূত্র ছাড়াও আমার গুরু হিসাবে তাঁকে আমি চিহ্নিত করতে সক্ষম হয়েছি। জীবনে গুরুতত্ত্বকে উপলব্ধি করতে পারা এক অভাবনীয় ব্যাপার, আর আমার জীবনে সেই দুর্লভ কৃপা আমি লাভ করতে পেরেছি। এটাই হল জীবনের সর্বোত্তম অনুভূতি। গুরুদেব বলেন, "কোন প্রবুদ্ধ পুরুষ কখনোই কোনকিছুর শীর্ষে থাকেন না, বরং জগতের যা কিছুকে আমরা চূড়ান্ত বলে ভাবি, সমস্ত কিছুই তাঁর পদতলেই অবস্থান করে। যিনি শীর্ষে আরোহন করতে পেরেছেন তিনি নীচে অবতরণ করেন এবং সেই শীর্ষদেশ তাঁকেই খুঁজে বেড়ায় যিনি সকলের অন্তরের অধিত্যকায় সদা বিরাজ করছেন।"

সংস্কৃতে একটা শব্দ আছে, 'সহোদরা', অর্থাৎ একই উদর থেকে যার জন্ম, যার ইংরাজী প্রতিশব্দ হল সিস্টার। আমি মাঝে মাঝে অবাক ভাবি, যা অসীম, অনন্ত, তাঁকে কোন গর্ভ কি আশ্রয় দিতে পারে? করুণা বশত গুরুদেব আমার সঙ্গে তা ভাগ করে নিয়েছেন, সেইখানে আমার জন্য এতটুকু আশ্রয় তিনি রেখে দিয়েছিলেন! যদিও এক ক্ষুদ্র শরীরকে আশ্রয় করে রয়েছেন, তবুও আমার অন্তরের ছোট্ট এক কোণে সেই সম্বন্ধে সূত্রটুকু যেন রয়ে গেছে- আমি তাঁর সহোদরা। অনন্ত সত্য এবং অতীন্দ্রিয় , কিন্তু গুরু বাস্তব সত্য এবং ইন্দ্রিয়গ্রাহ্য সীমার মধ্যে থাকেন। যখনই আমার অন্তরস্থিত চিদাকাশের প্রসারণ ঘটতে থাকে, আমার জাগতিক পরিচিতির গন্ডীটা অনায়াসেই ভেঙে গিয়ে আমি সেই অনন্তের মধ্যে লীন হয়ে যাই। শরণাগতির এটাই বোধহয় প্রকৃত স্বরূপ। জীবনের পথে সব বাধা অতিক্রম করে অত্যন্ত মূল্যবান মুহুর্তগুলোকে করি, প্রতিটা শ্বাসে, প্রতিটা পদক্ষেপে দিব্যতার পায়ে নিজেকে সমর্পন করে চলি। শাশ্বত সত্যের পথে আমার প্রতিটা পদক্ষেপ তাঁরই মধ্যে দিয়ে তাঁরই শক্তিতে, তাঁর প্রতি এগিয়ে চলা।